울산문화유산연구원 학술총서 05

수장사회로서의 송국리문화

A Study on Songgukri Culture as a Reflection of Chiefdoms

안재호 지음

진인진

수장사회로서의 송국리문화

초판 1쇄 발행 | 2024년 10월 21일

지   음 | 안재호
발행인 | 김태진
발행처 | 진인진
등   록 | 제25100-2005-000003호
편   집 | 배원일, 김민경
주   소 | 경기도 과천시 관문로 92, 101-1818
전   화 | 02-507-3077~8
팩   스 | 02-507-3079
홈페이지 | http://www.zininzin.co.kr
이메일 | pub@zininzin.co.kr

ⓒ 안재호 2024
ISBN 978-89-6347-610-0 93910

* 이 책 내용의 전부 또는 일부를 다시 사용하려면 반드시 자료 제공 협조기관과 출판사 모두의 동의를 얻어야 합니다.
* 이 책은 2017년 대한민국 교육부와 한국연구재단의 지원을 받아 수행된 연구입니다.(NRF-2017S1A5B1018911)
* 책값은 표지 뒷면에 있습니다.

목차

머리말

본 책은 한국연구재단의 연구과제(NRF-2017S1A5B1018911)로 작성된 것이다. 본 연구를 위해서 2017년 5월 1일부터 2024년 6월 31일까지 몇 편의 논문을 발표하고 심사의 지적을 받아 수정 보완할 수 있었다. 본 과제를 추천해주신 한국고고학회 이남규회장님께 감사드리며 졸고를 심사해주신 여러 학회의 심사위원에게도 감사드린다.

본 연구는 송국리문화의 여러 유적을 통하여 수장의 등장과 성격을 파악하고 이를 둘러싼 문화의 내용을 적절히 요약하고자 기획하였으나, 수장에 대한 연구는 청동기가 중요한 요소임을 깨닫게 되었다. 그래서 청동기를 좇아가다 보니 기존의 연구와는 다른 방향으로 나아갈 수밖에 없었고, 짧은 기간이지만 연구재단의 연구가 끝난 22년 10월부터는 청동기와 수장에 대해서 주력하였다. 특히 김해 가락국의 성립과정을 통하여 소국의 탄생과 송국리문화의 소멸이 연관된 것을 깨닫게 되어 본 연구의 핵심에 이르게 되었다.

송국리문화의 연구는 석사논문의 일부에 해당하는 것이었다(1992, 「松菊里類型의 檢討」, 『嶺南考古學』 11, 嶺南考古學會). 그러다가 2006년부터 무문토기시대라는 용어를 버리고 청동기시대로 전환하면서 연구의 목적을 수장사회의 형성으로 잡았다. 스스로 목표를 높게 잡고서 그 초점에 맞는 개념 속에서 자료를 찾아가는 것이 연구라고 생각하였다. 그래서 우선은 방법론으로 편년을 위한 형식학이나 순서배열법에 관심을 가지고 실용적인 연구법을 개발해 나갔다. 지금까지도 많은 시행착오 속에서 진화적 발전을 이루고 있으나 분명한 점은 유물의 이해를 통하여 설정한 양식편년이 시대상을 구현할 수 있다고 판단하였다. 본 과제를 하기 전 마을고고학의 논문은 20편 정도 작성하였는데, 청동기시대 문화를 둘러싼 가족체의 변천과 수장의 출현 과정에 대한 것이었다.

26년의 교단 생활을 끝내고 이제 70을 맞이하지만, 과거 연구의 결과에 대한 확신은 없다는 것이 지나온 과정에서 느끼는 것이다. 고고학의 본령에 맞게 항상 유구와 유물을 중심에 두고 가능한 많은 논증을 끄집어 내려고 노력하였으나 인식의 변화나 새로운 자료의 출토는 또 다른 견해를 불러내곤 했다. 따라서 본 연구도 필자의 현시점적 역량과 관점에서 도달한 또 하나의 매듭일 뿐이다.

울산의 검단리·천상리·옥현 유적과 남강의 이금동·사월리 유적 등을 통하여, 수장이 출현하는 것은 대가족체의 해체와 더불어 마을 구성원의 통합이며, 동시기 단 1동의 대형가옥이 조영되고 무문토기와 적색마연토기에서 지역색이 현저해지는 양상이라고 결론을 내리고 있었다. 그리고 수장의 마을은 거점마을로서 대규모의 조상묘역을 조영하고, 묘지에서 의례를 통하여 마을의 정신적 통합과 생산의 풍요를 꾀하고자 하였다. 그런데 수장은 청동기시대 후기에 출현하지만 송국리문화의 농경사회와 검단리문화처럼 혼합경제사회에서 어떻게 달라지는지에 대해서는 구체적으로 설명하지 못하였고, 다만 검단리문화권에서는 조상묘 대신에 가옥장이나 화장장이 일반화된 것으로 판단하였다. 그리고 송국리문화권의 석조무덤에 대해서 검단리문화권에는 토광무덤이 중심으로서 이것은 농경과 채집의 차이로 해석하였다. 그러나 청동기 부장을 둘러싼 양문화권의 차이에 대해서는 성찰하지 못하였다.

하여튼 송국리문화의 수장에 대한 새로운 연구를 위해서는 대규모의 송국리형 마을유적을 선정할 수밖에 없었다. 그래서 본 연구 기간동안 김천 문천변의 지좌리와 송죽리마을 유적을 선정하게 되었으나, 연구결과로 보니 수해를 입어 수장의 직접적인 유구는 남아있지 않았다. 충남지역의 관창리와 송국리 마을유적의 연구가 핵심이지만, 관창리유적은 아직 수장이 등장하기 직전까지 형성된 유적임이 밝혀져 수장 등장과 관련된 송국리형 마을유적의 분석은 매우 열악한 상태가 되고 말았다. 이 외에 송국리문화의 소멸과 관련하여 안성 반제리·제주 예래리 마을유적을 분석하였다. 고지성마을과 해변마을로서 수렵채집이 성행한 경우이므로 농경 중심 사회와 비교를 목적으로 삼았으나 문화상의 차이는 분명하지만, 사회의 발달과정은 차이를 찾지 못하였다. 다만 수렵채집사회에서 수장의 등장에도 불구하고 여전히 가족체에서 혈연적인 유대감이 농후한 점이 특징이었다.

마을고고학을 위해서는 우선 유구의 동시성을 밝혀야 하고, 그것은 양식편년이 작성되어야 하는데 그 방법은 계기연대법 즉 순서배열법이 유일한 도구라고 생각한다. 이에 대해서는 본연구에도 계속하여 수정 보완해 가면서 사용할 수 있었다.

연구 기간동안 작성된 논문은 학회에 보고하여 수정할 기회를 받았다. 본서에는 마을고고학의 요지만 종합하여 수록하고자 했기 때문이다. 다만 청동기와 수장 그리고 송국리문화의 소멸과 소국의 탄생에 대해서는 불과 1년 만에 작성하였으므로 학회에 보고되지 못하였다. 더구나 필자는 청동기에 대해서는 문외한에 가까운 상태였으므로 많은 논란의 소지를 남겠다고 생각된다. 아래는 연구 기간동안 작성하고 본서에 이용한 논문이다. 구체적인 내용에 대해서는 참조하길 바란다.

안재호, 2018, 「송국리문화의 기원과 지역상」, 『청동기시대 송국리유적, 왜 중요한가?』, 서울대학교 박물관·중부고고학회 공동 학술대회.

안재호, 2018, 「生産과 流通의 樣式編年」, 『韓國靑銅器學報』 第22號, 韓國靑銅器學會.

安在晧, 2019, 「松菊里文化의 起源 再考」, 『嶺南考古學』 83號, 嶺南考古學會.

安在晧, 2019, 「靑銅器時代 智佐里遺蹟의 樣式編年」, 『韓國靑銅器學報』 第25號, 韓國靑銅器學會.

안재호, 2020, 「韓半島の靑銅器時代の展開と早期弥生文化」, 『新·日韓交渉の考古學』, 新·日韓交渉 の考古學研究會 外.

安在晧, 2020, 「靑銅器時代 智佐里聚落의 形成過程과 社會相」, 『韓國靑銅器學報』 No.26, 韓國靑銅 器學會.

안재호, 2020, 「경주의 청동기시대 문화와 사회」, 『경주의 청동기시대 사람과 문화, 삶과 죽음』, 국 립경주문화재연구소·한국청동기학회.

안재호, 2021, 「順序配列補充法의 實驗的 檢討」, 『嶺南考古學』 89, 嶺南考古學會.

安在晧, 2021, 「寬倉里遺蹟의 編年과 變遷」, 『考古廣場』 28號, 釜山考古學會.

安在晧, 2021, 「松菊里聚落의 編年과 社會相」, 『考古廣場』 제29호, 釜山考古學會.

안재호·김유현 외, 2021, 「松菊里文化의 傳播와 聚落網」, 『한국고고학보』 2021권 4호. 한국고고학 회.

안재호, 2022, 「金泉 松竹里聚落의 變遷」, 『嶺南考古學』 92, 嶺南考古學會.

안재호, 2023, 「安城 盤諸里聚落의 變遷相」, 『한국청동기학보』 제30호, 한국청동기학회.

김경주·안재호, 2024, 「제주 예래동마을의 변천」, 『호남고고학보』 76, 호남고고학회.

이원태·박종필·안재호, 2024, 「다호리유적 묘지의 변천과 사회상」, 『考古廣場』 34, 부산고고학회

본 연구에서 자료수집에 대해서는 동국대학교 경주캠퍼스 고고미술사학과 학부생과 대학원생들의 보조를 받았다. 특히 정다운(전 국립경주문화재연구소), 이지연(금오문화재연구원), 김유현(동국대 대학원)과 산학협력단 관계자님은 5년간 행정적인 업무를 맡아주고 협력해주셨기에 원활한 과제수행을 할 수 있었다. 그리고 류펀얼(국립경주문화재연구소)씨는 중국의 논문을 검색해주시고 또 번역도 해주셔서 송국리문화 기원에 관하여 논지 보완에 큰 도움이 되었고, 김은희(단국대 대학원)·김재윤(영남대학교)·황창한 이수홍 김현식 권용대(울산문화유산연구원)·박형렬(대한문화재연구원)·이동희(인제대학교)·이양수(국립청주박물관)·구숙현(부산대학

교) 씨들을 통해서 참고문헌이나 도면 등의 조언과 도움을 받았다. 그리고 본 과제와 관련하여 필자의 견해에 대해 열띤 토론해 주신 한국청동기학회의 중진 연구자들에게도 감사를 올린다.

본 연구를 통하여 지금까지도 글을 쓸 수 있었던 것은, 같이 토론 견학하던 동료연구자들이 있었기 때문이다. 그리고 나의 지나온 과정상의 스승과 선배 그리고 동료후배과의 고고학적 삶의 토대가 만들어졌기 때문일 것이다. 고교시절에는 향토반의 정순창선생님과 신경철 최종규 두 분 선배님의 지도로 고분 패총 등의 유적지를 답사하면서 고고학의 길로 들어서게 되었고, 불교에도 심취하던 시절이었다. 유물 실측과 유적 발굴에 엄격하시던 두 분의 교시는 불교의 諸法空相과 어울려 나의 고고학연구방법이 되었다. 대학시절에는 김정학 정징원 임효택 세분의 선생님께는 고고학의 기초와 지표조사·유적발굴을 함께하면서 유물과 유적의 중요성을 깨닫게 해주셨다. 대학원시절에는 윤용진 이백규 박영철 세 분 교수님의 지도로 청동기시대의 연구에 발을 내디딜 수 있었다. 그리고 고 한병삼선생님께서는 경주박물관장과 동국대석좌교수로서 필자의 큰 후원자이셨다. 일본고고학은 나의 성장에 투영된 그림자였는데 구주고고학회와 긴키지역의 선생님들에게도 깊이 감사의 인사를 드린다. 그리고, 대학강의를 시작할 때 고정룡 교수는 민족지고고학의 서적을 선물해주셔서 흥미로운 해석에 눈을 뜨게 해주었다. 특히 필자를 공동연구에 참가시켜준 노중국교수님, 武末純一교수님, 이홍종교수님, 藤尾愼一郎교수님, 村上恭通교수님, 오강원교수님께도 깊이 감사드린다, 그리고 논문을 공동 작성한 선배, 동료와 후배들에게도 감사드린다.

긴 발굴과 밤늦도록 지낸 사회생활은 소중한 가족 관계를 소홀하게 하였으나, 가족의 인내와 이해로 연구에 매진할 수 있었다. 그리고 가족 못지않게 보살펴주신 조영제 형과 학문의 동반자였던 후지오신이치로교수와 송계선생을 잊지 못할 것이다. 또 교육을 통하여 더 넓은 주제로 펼쳐낼 수 있었고 풍족한 삶을 영위할 수 있게 해준 동국대학교와 많은 후원과 사랑을 받았던 고고미술사학과의 동료 교수님들과 학생들에게도 존경과 감사를 보낸다.

끝으로 본 과제를 수행할 수 있게 해준 한국연구재단의 관계자와 아름다운 디자인과 인쇄를 맡아 준 진인진 그리고 출판을 후원해준 울산문화유산연구원의 관계자에게도 감사드린다.

제I장 靑銅器時代의 時期 區分

청동기시대는 5시기 즉 조기-전기-중기-후기-만기로 나눈다. 조기를 인정하지 않고 전기에 합치는 연구자(李亨源 2002, 金壯錫 2008, 朴性姬 2014)도 있고, 만기는 아직 학계에서는 사용하지 않는 시기이기도 하다. 그러나 시기를 세분하는 것은 고고학적 역사복원에 진일보한다는 것에 가치가 있다. 시기는 특정한 유구와 유물의 시간적 분류이지만, 한반도 내에서 그런 양상이 가장 먼저 출현[1]하는 지역을 기준(裵眞晟 2003; 김승옥 2015)으로 결정된다.

시기 구분은 생계의 형태와 문물의 계통에 따라 결정하였는데, 다시 말해서 주거지의 입지와 기존의 유형론(李淸圭 1988)에 입각한 것이다. 이렇게 형성된 문화 속에는 다양한 변천 과정과 형태를 지닌 지역문화가 있다. 그리고 고고학적 사회와 문화의 변천을 규명하기 위해서는 이 각각의 지역문화 속에서 다시 양식편년으로 세분된 시간 단위를 찾아야 할 것이다.

李白圭(1974)의 연구 이래로 활용되었던 유형이란 무문토기의 문양을 통한 구분으로 집단의 계통을 지시하는 것(박순발 1999)이다. 무문토기라는 것의 위신재나 위세품도 아닌 일상의 용기인 소비재이며, 그중에서도 구연에만 간략히 시문된 문양은 용기의 기능이나 장식적인 효과도 찾을 수 없는 것으로, 집단의 정체성을 나타내는 상징적 기호처럼 집단의 전통으로 이어져 왔을 뿐이다.

早·前期에 있어서 주거지의 平面 형태와 구조를 型式학적인 변천으로 설명하여 왔다. 대체로 주거지의 평면형태는 正方型 → 長方型 → 細長方型으로의 방향성, 爐址의 구조는 石床圍石式 → 土壙圍石式 → 土壙式 → 床面式이라는 방향성, 主柱는 2列楚石式 → 2列+中央1列式 → 中央1列柱穴式으로의 방향으로 상호 상관성을 가지며 조합되므로 편년에 이용하여 왔던 것이다.

그런데 최근 북한지역 주거지의 구조를 밝힌 바(朴性姬 2014)는 深貴里유적의 주거지처

---

1   필자는 청동기시대나 각 시기의 시작을 한 두 개의 요소가 나타나는 萌芽 단계부터 설정한다.

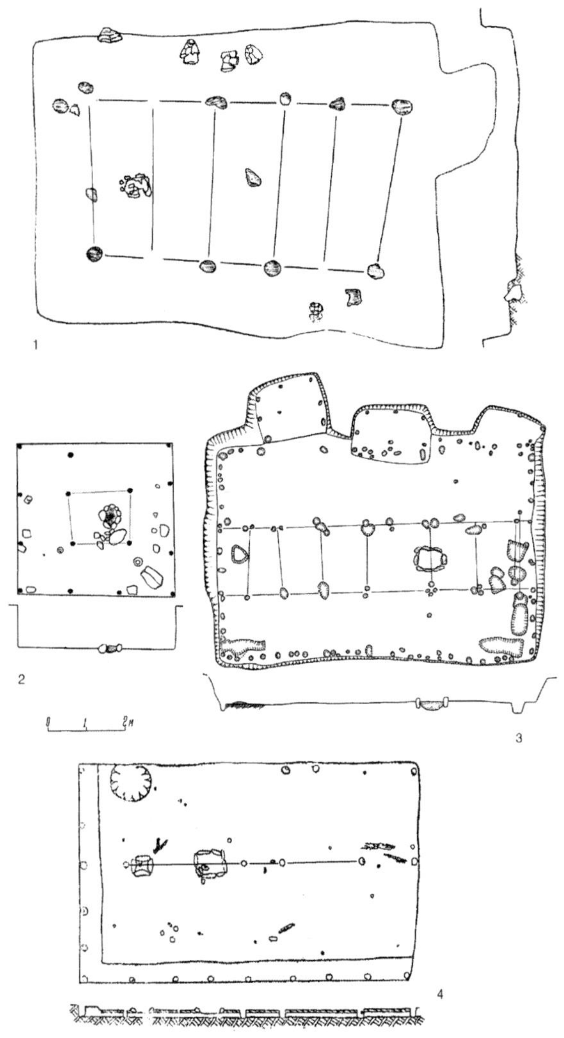

그림 1   北韓地域의 주거지 類型

1: 深貴里型 | 2·3: 五洞型 | 4: 細竹里型

럼 들보의 길이가 긴 型式과 짧은 五洞유적의 주거지를 지역색으로 인식하고 있다. 필자는 이것을 深貴里型과 五洞型으로 정하고, 심귀리형에는 심귀리유적과 공귀리유적 그리고 九龍江유적 1문화층의 주거지 등이 해당하고, 오동형의 주거지는 오동유적 이외에도 호곡유적과 강안리·고연리유적 그리고 興城유적에서 주체를 이룬다. 이 외에도 細竹里型주거지라고 부를 수 있는 구조로서는 중앙1列式의 柱穴이며, 주거지의 평면형태는 장방형이다. 세죽리유적 23호주거지 등이 해당한다.

북한지역에서 이러한 가옥의 구조 차이는 생활패턴의 차이에서 기인한 것으로 봐야 할 것이다. 남한지역과의 관계에서는 심귀리형이 남한의 渼沙里式주거지와, 세죽리형은 館山里型주거지와 연관된다고 볼 수 있다. 지금까지는 관산리형주거지는 屯山型주거지에서 변화한 것으로 보았지만 혹시 세죽리형주거지의 직접적인 영향은 아닌지 검토가 필요하다. 따라서 각 지역마다 기존의 주거지 구조와 유형 간의 관계가 새로운 과제로 남겨지게 되었다.

남한의 연구에서 항상 북한지역을 편년체계에서 제외시킨다는 문제가 있다. 青銅器時代 문화가 중국 북방지역에서 압록강과 두만강을 통하여 한반도로 유입하였다면 청동기시대의 문화 계통은 중국북방양식 – 북한양식 – 남한양식이 존재할 것이고, 그 이동순서도 분명할 것이다. 그렇다고 보면 일본에서 농경문화의 확산속도를 C14연대로써 보면 北部九州에서 서일본 끝까지는 약 400년이 경과하고, 東京까지는 약 800년이란 기간이 걸렸다.(小林謙一 2009) 그러므로 한반도의 고고학에서 한강유역의 시간성이 청동기문화의 시발점인 압록강유역의 유적들을 동시기로 봐서는 안 되며, 더구나 유물·유구 공반상에서도 오랜 시간이 경과한 만큼 분명한 변화가 일어났을 것으로 간주해야 할 것이다.

한강유역의 미사리형주거지+돌대문토기유적을 압록강유역의 공귀리형주거지+돌대문토기유적과는 상당한 시간 차이를 둬야 할 것이다. 더구나 한강유역에서 나타나는 이 문화상은 자연공동체 단위로서 출현하므로, 생계형 이주로서 정치형 이주와 같이 일시에 이주가 일어나는 형태는 아니다. 그리고 그들은 친족집단으로 완결된 생활을 통하여 사회화도 이루어지지 않았으므로 다른 집단으로의 전파도 일어날 수 없었으며, 그들의 고유한 문화를 그대로 보유한 채로 이주할 수 있었던 것이다. 그러므로 아마도 일본열도의 水田農耕문화의 속도보다도 훨씬 더디게 지역과 지역으로 전파되었을 것이다. 이런 구도 속에서 설령 한강유역에는 전기부터 청동기시대가 설정된다 하더라도 압록강유역은 이미 수백년이 지난 상태였고 그 시기를 전기로 둘 수는 없을 것이다. 당연히 조기여야 하며 그런 상황을 인식하고서 한강유역과 압록강유역의 문화적 차이를 찾아야 할 것이다.

1 조기

조기는 신석기시대와 청동기시대의 과도기(李相吉 1999)로서, 주거지는 강안의 충적지에 입지하며 규모가 초·대형이 많으나 소수로 구성된 친족단위의 자연공동체적인 마을이다. 조기의 유구는 하남 미사리유적의 一周式 돌대문토기(朴淳發 2002)만 출토되는 대부분의 주거지와 춘천 중도동유적 C1-20호 주거지(박영구 2022), 북한지역에서는 신암리 제1지점 제1문화층(김용간·리순진 1966) 등의 신암리I기(後藤直 1971)의 무문토기계 토기가 해당된다. 주거지는 평면 정방형의 심귀리형주거지이다. 공반 유물은 단신의 무경식석촉, 방

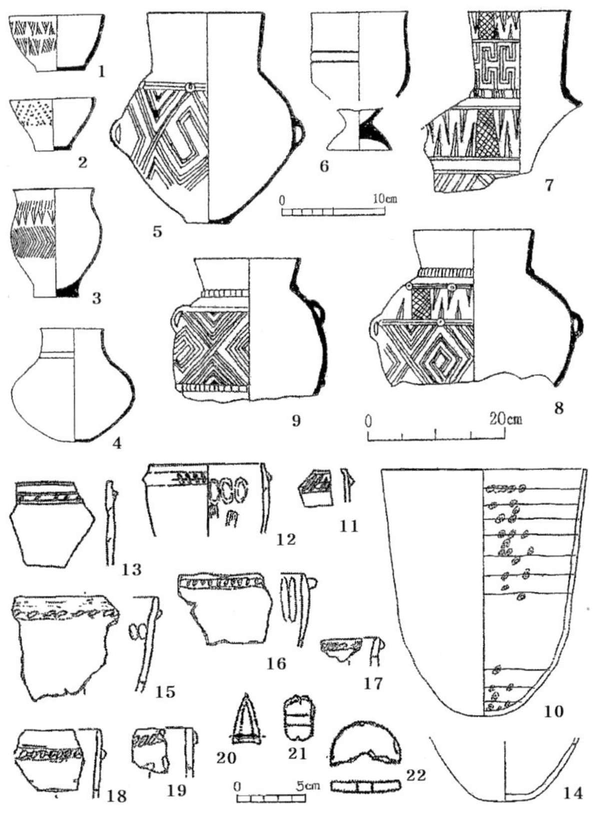

그림 2　조기의 유물

1~9: 룡천 신암리유적 제1문화층　|　10~13: 하남 미사리 K-15호 주거지　|　14~22: A-1호 주거지

형 판상의 토제어망추, 토기편을 전용한 방추차, 곡옥형석기가 미사리유적에서 확인되었다.

新岩里I기는 II기와 비교하면 분명한 특징을 찾을 수 있는데, 신석기시대의 요소는 시문된 문양이고, 청동기시대의 요소로 볼 수 있는 것은 호형토기가 주체를 이루는 것(姜仁旭 2009)과 橋狀把手 그리고 일주식의 돌대문이다. 이에 대해서 남한지역의 미사리유적과 중도유적에서는 원저의 즐문토기와 일주식의 돌대문토기가 공반한다.

과도기적 양상을 보인다고 조기로 설정해서는 안 된다. 신석기사회에 청동기문화의 유입은 지역에 따라 달리 나타날 것이다. 늦은 시기에 과도기를 맞이하는 지역에서는 늦은 시점의 청동기시대 유물이 신석기시대 유물과 혼재하게 될 것이므로 조기인가 전기인가의 구분은 청동기시대의 유물이 결정하게 된다. 그러므로 조기의 기준은 일주식 돌대문토기와 미사리유적에서 출토된 석기, 토제품 이외에도 평면 정방형의 편평석부와 끝부분이 절단된 蛤刀의 반월형석도 등을 추가할 수 있다.

남한에서 조기의 마을은 하천변에 가옥 1~3동 정도가 열상으로 배열되어 나타난다. 생계형태는 충적지 밭농사와 채집활동의 혼합경제였을 것이다. 돌대문토기와 문양의 장식인 圓板貼付文(그림 2의 5·8)의 계통을 보면 요동 산지역의 마성자문화와 요동반도의 쌍타자I기문화와 연계된다. 그리고 신암리 1기의 교상파수(5·8·9) 돌대문호를 고대산문화의 평안 보유적 2기(천선행 2010)와 관련시킬 수 있고, 대부토기(6)도 고대산문화와의 관련성이 크다(천선행 2015). 또한 마성자문화에도 교상파수가 분포하고, 쌍타자1기의 석불산유적에도 교상파수와 돌대문 그리고 번개무늬의 조합(김재윤 2013)이 보이므로, 조기에는 고대산-마성자-신암리-쌍타자문화권과의 연계를 상정할 수 있다.

〈표 1[2]〉에서 조기의 연대(이창희 2016)는

표 1 청동기시대 시기구분과 연대(이창희 2016에서 첨가)

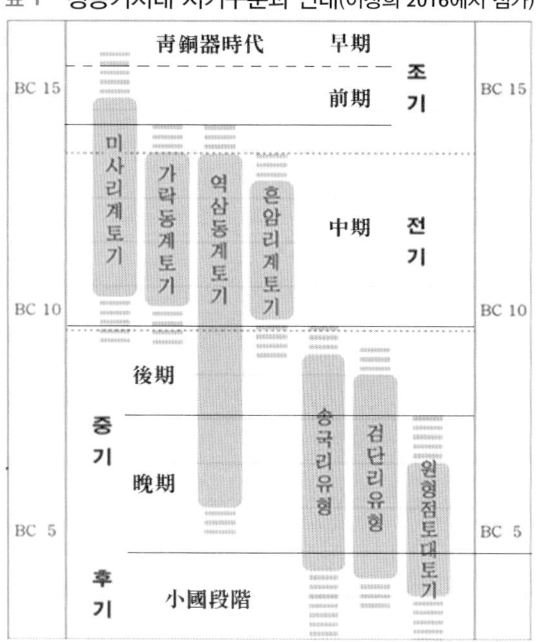

---

2 이 표는 이창희의 연구에 본서의 편년을 미리 병기한 것인데, 전기와 중기는 본서의 요동식과 가락동식의 이중구연의 차이로 구분했는데, 이창희는 이 둘을 하나로 묶는 기존의 구분법에 따르고 있어서 차이가

미사리유적의 경우가 기원전 16세기 후엽인데, 미사리유적은 남한지역에서는 가장 이른 시기의 조기 유적이지만 북한지역에 비한다면 늦을 것이다. 그러므로 북한지역에서 조기의 시작은 대략 기원전 20세기로 설정된다(안재호 2010).

2 전기

점토대 폭이 좁은 이중구연 소위 요동식이중구연(배진성 2015, 그림3의 1~6)이 표지가 되며, 突瘤文을 포함한 다양한 돌대문토기류(박순발 2003)와 공반하기도 하지만 신석기시대 요소는 보이지 않는다. 주거지는 장방형의 심귀리형이 주체를 이루며, 마을의 형태와 규모 구성원은 조기와 동일하다. 마을 입지는 강변의 충적지와 낮은 구릉이다.

신암리Ⅱ기, 심귀리 1호 주거지, 미사리 17호 주거지(千羨幸 2005), 연기 대평리 5호 주거지(정상훈 외 2012), 중도동 C1-68·163호 주거지, 김권중 (2012)의 북한강유역 1·2단계, 강병학(2012)의 서울·경기지역 I-2단계, 공민규(2012)의 금강유역 미사리유형 1·2단계, 김

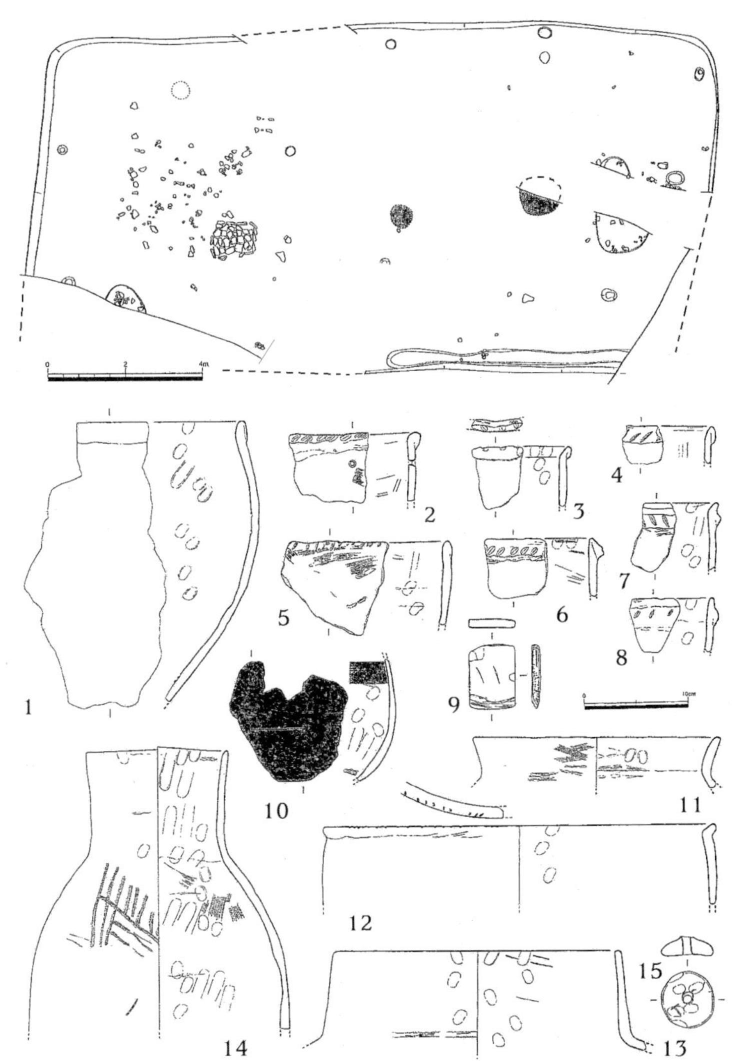

그림 3 전기의 燕岐 大平里유적 5号주거지

나고 있다.

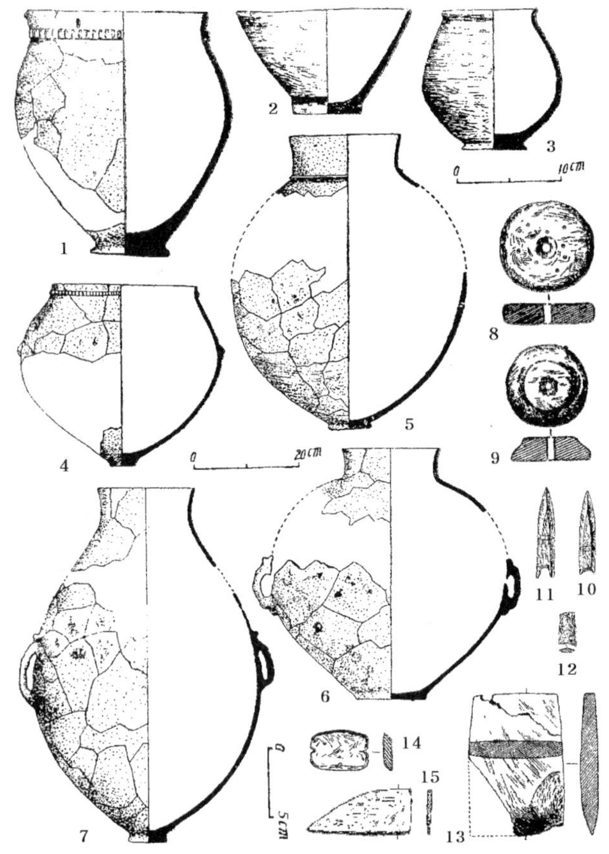

그림 4 전기의 심귀리 1호 주거지

병섭(2012)의 남강유역 조기 등이 전기에 해당한다. 이것을 참고하여 전기의 표지가 되는 유물상을 살펴보면, 석촉과 석도·어망추는 조기와 동일하지만, 무투공의 장삼각형 석도도 공반된다. 석부는 장방형의 편평형(9)과 합인의 四稜斧, 소형의 판상지석 그리고 단면 편볼록렌즈상의 방추차(15) 등이다. 그리고 돌대문에서 파생된 구순각목문(12)이 출현하는데, 구순 내측 혹은 외측에 시문되는 경향이 있다.

심귀리 1호 주거지에서는 이중구연토기를 찾을 수 없으므로 구고에서 조기로 편년한 바(안재호 2009) 있으나 장신의 무경식석촉(그림 4의 10·11)과 장방형의 편평석부(13) 그리고 무투공의 장삼각형 석도(15)는 전기의 요소에 해당하여 전기의 이른 단계로 편년할 수 있을 것이다.

위 두 사례를 보면 전기에는 지역과 시점에 따라 다양한 양상을 띤다는 것을 알 수 있다. 돌대문이 출토되는 주거지는 조기문화의 계승으로 인식할 수 있으나, 소위 요동계 이중구연토기의 출현은 돌대문토기와 공존하는 것이 아니라 다른 지역에서 다시 유입된 것으로 보인다. 이러한 이중구연토기는 요동의 쌍타자3기보다 늦은 요동반도 상마석 상층기(中村大介 2008)에 성행하는데, 이 이전 시기에도 전체 요동지역에서 보이고 있으며 청천강유역에도 집중 분포하므로, 그 기원을 요동반도로 추정할 수 있을 것이다. 그러므로 전기가 되면서 이중구연을 시문하는 집단이 요동반도에서 한반도로 유입하여 조기문화와 융합하였다고 판단된다. 이러한 정세 속에서 이주민 혹은 이를 수용한 토착계의 자연공동체 집단은 새로운 거주지역으로 구릉지를 선택하기도 하였다고 생각한다. 구릉지나 충적지에 정착한 집단의 생계방식은 차이가 없었을 것이다. 조기의 생계 형태를 그대로 계승하였을 것이다.

中期는 孔列文(突瘤文)이 출현하며 二重口緣은 可樂洞式으로 변화하여, 가락동식·역삼동

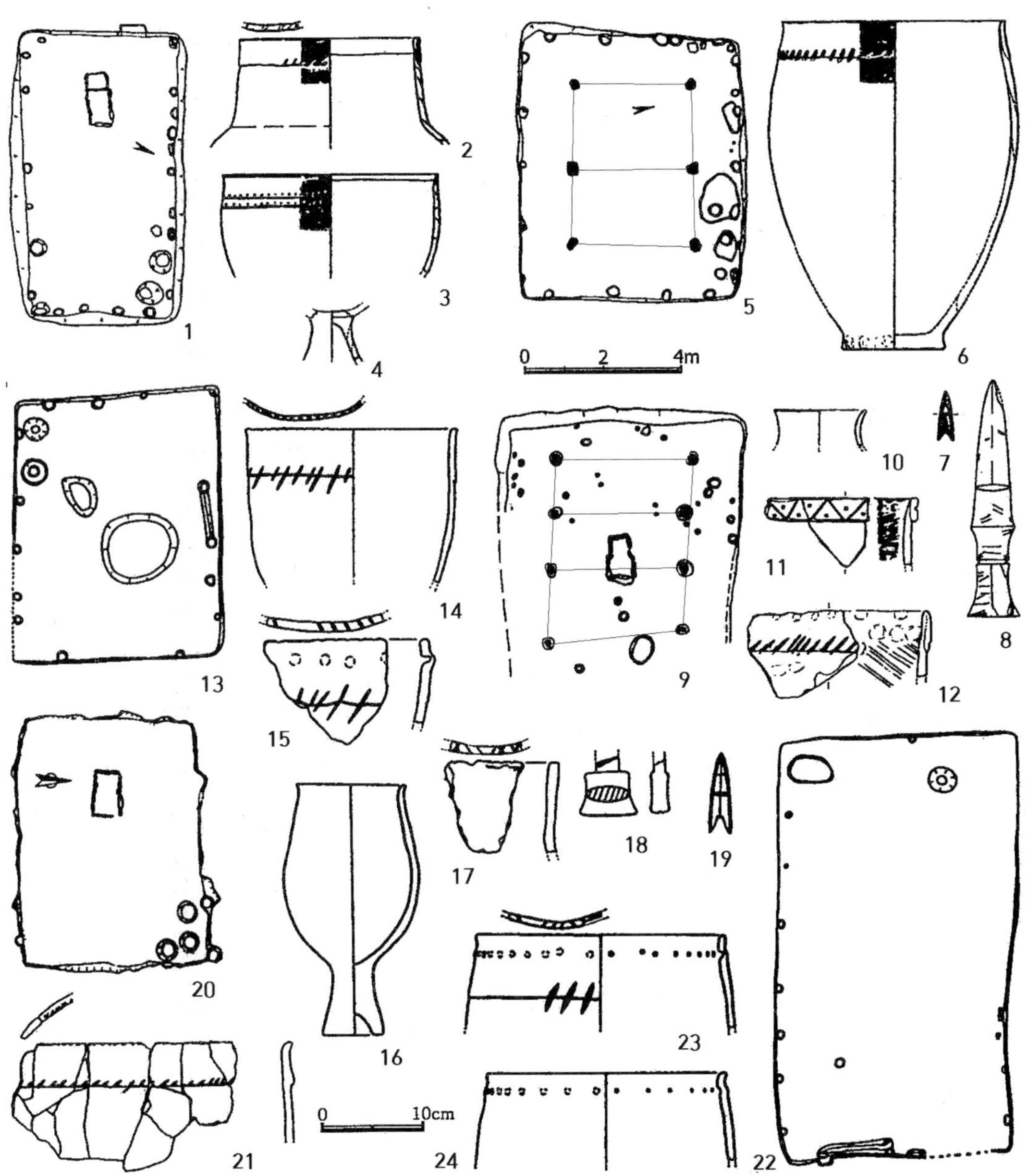

그림 5 중기의 유구와 유물(1~12: 가락동유형, 13~24: 역삼동·흔암리유형)(李亨源 2002의 改變)

1~4: 大田 屯山1号 주거지 | 5~8: 同 2号주거지 | 9~12: 大田 宮洞2号주거지 | 13~19: 江陵 朝陽洞4号주거지 | 20~21: 淸州 內谷洞주거지 | 22~24: 강릉 조양동 7号주거지

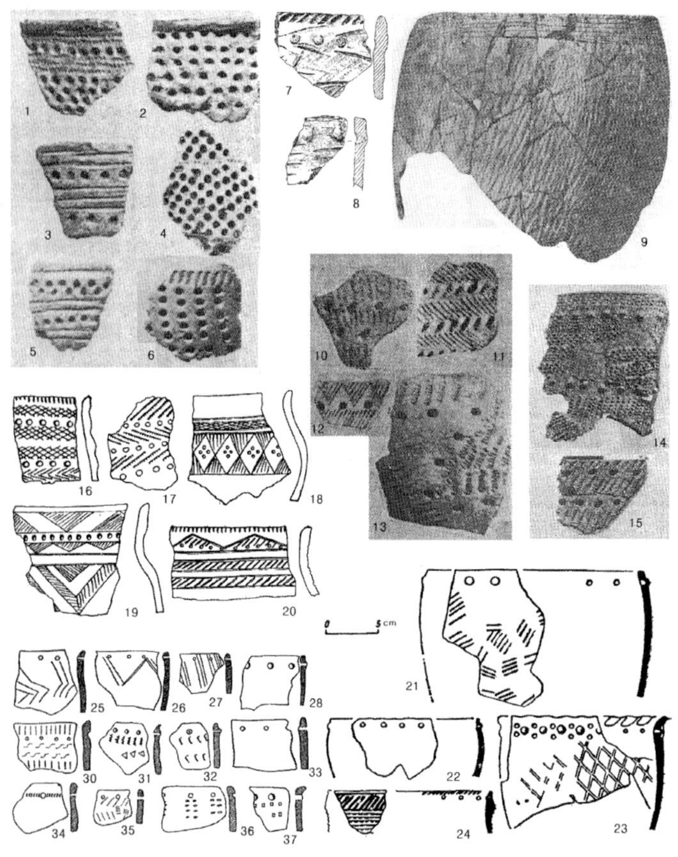

식 · 흔암리식토기가 공존하는 시기를 중기로 설정한다. 가락동식토기는 앞서 전기의 요동계이중구연토기와 동일시하기도 하여 혼란스러울 수도 있지만, 점토대의 폭이 넓고 얇은 형태에서 구별한다. 그리고 역삼동 · 흔암리식토기의 경우는 주로 복합문양이 중기에 해당한다. 토기 이외에도 중기의 표지유물은 有溝二段柄式 석검(그림 5의 8·18), 二段莖式 석촉, 長莖式 석촉(그림 7의 9), 長舟式 석도, ㄴ자상 투공 관옥(그림 7의 15), 적색마연 대부옹(그림 5의 4·16), 가지문토기[3] 등이다.

토기 계통의 유물과 공반하는 양식단위를 유형으로 설정하였는데 가락동유형은 충적지와 구릉에 분포하고, 역삼동식과 흔암리식은 구분되지 않아서 역삼동 · 흔암리유형으로 불리며 충적지와 구릉 · 산지 등으로 넓게 분포한다. 이 유형은 중부지역에서 변천해 나가

그림 6   東시베리아의 孔列文土器

1~6: 라로보型(신석기시대 전기) | 7~8: 투사마多層유적(신석기시대 後期) | 9: 벨리카치 I (BC.3000년기) | 10~13: 투로브스코에유적 | 14~15: 베스키유적(신석기시대~靑銅器時代 전기, 3000년기 말~2000년기 초) | 16~20: 엘로프카集落(靑銅器時代 제2단계, BC. 10~7c) | 21~24: 우스티-소프카유적(신석기시대 後期~靑銅器時代 말) | 25~37: 사무시 II 集落(철기시대 전기, BC.1000년기 후반)

지만 남부지역으로 확산되기도 하여 남한 전역에 넓게 분포한다(이청규 1988). 가락동유형집단은 자연공동체와 같은 소규모마을을 형성하지만, 역삼동 · 흔암리유형집단은 대규모마을을 이루고 중기의 중심문화가 된다. 최근 조동리유형이 설정(송만영 2013; 이형원 2014)되고 남

---

3   기존에 중기말 또는 중기후반이라는 시기는 송국리문화의 시작이 전기후반에 출현한다는 사실을 감안하면 이 시기의 대다수는 문화적으로는 중기일지라도 시기상으로는 후기일 가능성이 높다.

한강 중·상류지역의 지역문화로 인식
하기도 한다(김권중 2016). 그런데 김천
지좌리유적의 이른 단계에도 가락동
유형 또는 충남의 전기 주거지에 역삼
동·흔암리유형의 유물이 공반하는 양
상을 보이므로 특정 지역에 국한되지
않고 다수의 지역에서도 발견되므로
유형으로 설정해도 좋겠다. 과거 남한
의 중기문화를 3개의 유형만으로 설명
하였으나, 토기의 차이만이 아니라 주
거지를 인식하여 조동리유형을 설정
한 것처럼 향후 석기 체계도 인식하게
되면 각지역에서 새로운 지역문화와
유형이 확인될 것이다.

　　중기에 처음 등장하는 공렬(돌류)
문토기는 두만강유역의 동북계통(이백

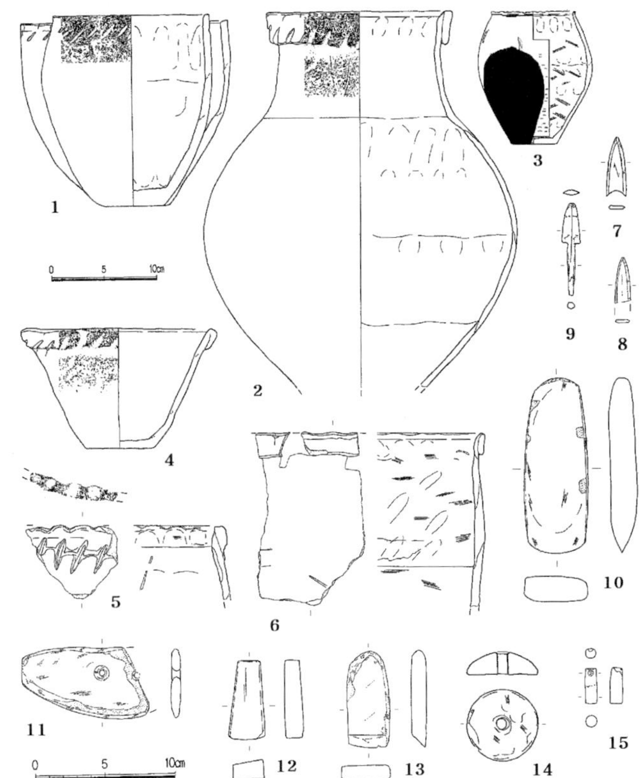

그림 7　중기의 연천 삼거리유적 3호 주거지 출토 유물

규 1974)으로서 그 기원은 시베리아와 연해주에 있다. 공열문은 東시베리아에서는 신석기시
대부터 철기시대까지(오클라드니코프 외 1975, 메드베제프 외 1983)지속적으로 시문되어 왔던 문
양(그림 6)으로서, 유입경로에는 아직 해결해야 할 과제이지만 沿海洲를 거쳐 한반도 두만강
유역으로 유입되었을 것이다. 아마도 동북형석도의 유입과 동반된 것인지에 대한 검토가 최
우선일 것이다.

　　삼거리 3호 주거지의 출토품 중에는 조기(그림 7의 7·11)와 전기문화의 요소(3·5·12·14)
도 있지만 가락동식토기(1·2·4·6)와 중기 석기의 요소(9·13·15)도 혼재하므로 〈그림 5〉의
자료보다는 이른 시기임을 추정할 수 있고, 또 가락동식토기의 이중구연의 판상 점토대의
너비도 전기와 중기의 중간적인 형태(4·6)이므로 이것이 중기의 맹아적인 공반상일 것이다.
이 주거지는 3개의 탄소14연대치가 나와 있는데, 2시그마의 보정결과가 겹치는 범위는 BC
1200~1120이므로 대략 기원전 12세기 전엽을 중기의 시작으로 둘 수 있다. 이에 따라 전기
시작의 절대연대는 기원전 14세기 전후로 잡을 수 있겠다.

　　역삼동·흔암리유형집단의 대규모마을이 등장하면서 사회는 복합화하였을 것이다. 이

시기의 특징적인 유물이 무기형 석기로서 석검이다. 석검은 이 이전 전기에도 초기석검(안재호 2017)이 존재하지만 이단병식의 석검[4]이 일반화되는 시기가 중기이다. 석검의 제작이 활발해지는 이유는 대규모 마을의 등장과 관계하며, 결국은 마을 내 階序가 형성되면서 특정유력자의 무덤까지 조영된다. 이 시기부터 조·전기문화를 유지하는 집단은 여전히 자연공동체를 이루고 있지만, 거점마을이 생성되고 주변 소규모 마을과의 지역공동체 관계망을 형성하였을 것이다.

4 후기

水田農耕을 동반한 송국리문화 출현부터 후기가 시작된다. 이 문화가 형성된 곳은 호서해안지역이지만 경기남부와 남해안과 제주도까지 전파된 문화는 토착문화와의 융합으로 다양한 지역문화를 형성한다. 송국리문화의 요소는 타날문토기, 송국리식토기, 삼각형석도, 유구석부, 옹관묘, 석개토광묘, 저장혈, 덮개식 토기가마 등의 문물이지만 가장 표지적인 것은 松菊里類型 주거지이다.

　　송국리문화기는 고조선의 존속 기간에 포함되며, 탄소14연대로서는 기원전 10~9세기에 출현하여 기원전 4세기까지 존속하였을 가능성이 있다(이창희 2016; 79). 이 시간대는 일본 야요이시대 조·전기에 해당하며, 중국에서는 서주 중기부터 전국 중기까지에 상응한다(박순발 2016a; 63). 그리고 요동에서는 쌍방문화기에 해당하며(趙賓福 2009; 194·218), 압록강유역은 미송리형토기가 유행하던 시기였다. 이에 반하여 천선행(2018; 34)은 이 시기가 요동반도의 상마석상층문화, 요북과 요동산지의 신성자문화 시기이고 압록강하류는 신암리Ⅲ기와 미송리토기기에 해당한다고 하였다. 특히 후기의 시작은 야요이 조기와 방행기((藤尾愼一郎 2003)이며, 청동기시대 이래 한랭기에 해당한다(端野晋平 2018).

　　송국리문화(이건무 1990)가 전파되지 못하거나 송국리유형 주거지가 극히 소수만 발견되는 지역인 동남해안지역에서는 검단리문화(배진성 2005; 이수홍 2005), 영서지역에서는 천전

4　이단병식 마제석검이 비파형동검의 모방이라는 주장(近藤喬一 2000)도 있지만, 탄소14연대와 공반유물의 양상에서는 비판적인 견해(春成秀爾 2006)가 우세하고, 장식석검의 경우는 후기(黃昌漢 2008; 송아름 2020)의 소산이므로 비파형동검을 생산 부장하지 않는 동남해안권에서는 비파형동검을 모방한 장식석검을 제작하였을 것이다.

리식주거지가 표지인 천전리문화(김권중 2007; 洪周希 2020)가 발달하였다. 특히 영남 내륙지역에서도 송국리유형 주거지는 밀집하고 있으나 유물과 무덤은 다른 양상을 보여서 충남지역과는 구분되는 문화권을 형성하고 있지만 아직 명확하게 밝혀지지는 않고 있다. 송국리문화는 수전농경의 보급으로 중기 사회가 농경사회로 발전하여 나타난 문화이다. 이 수전농경문화에 반하여 밭농사와 수렵채집을 병행한 토착의 혼합경제 문화를 기반으로 한 지역의 문화가 천전리문화·검단리문화이고, 영남지역은 이 송국리문화와 토착문화가 혼재한 지역문화가 성행하였다.

조기에서 중기까지는 주거지의 규모가 대형이 중심을 이루고 있지만, 후기가 되면 소형의 주거지가 다수를 차지하여 마을은 핵가족의 가옥으로 구성된다는 것이 가장 큰 변화일 것이다. 그리고 주로 충적지와 낮은 구릉에 입지하는 대형마을의 수가 증가하고, 무덤도 다수가 군집하여 대규모 묘지가 나타나며 비파형동검이 부장되기도 한다. 이러한 정황은 원거리 교역을 상정할 수 있고 이와 동시에 계층사회가 성립되었다. 후기에는 수장의 등장으로 지역공동체가 형성하고 각 지역의 지역색도 두드러지는 현상을 찾을 수 있다.

수전농경문화인 송국리문화가 일본 열도로 전파되어 야요이시대 조기가 시작(佐原眞 1983)되고, 최근 수많은 시료를 통하여 그 탄소14연대는 기원전 10세기 후반(藤尾愼一郎 2004)으로 밝혀졌다. 그러므로 한반도에서의 송국리문화는 이보다 이른 10세기 중엽까지는 상정할 수 있을 것이다.

5 만기

원형점토대토기문화가 유입한 시점부터 세형동검문화 즉 소국이 탄생하기 전까지를 만기로 설정한다. 현재로서 이창희(2006)의 탄소14연대에 따라 원형점토대토기가 가장 일찍 출현하는 유적은 안성 반제리유적이지만, 대체로 2600BP. 전후시점에는 영남지역을 제외하곤 남한 전국에서 출현한다. 대략 기원전 7~6세기에 만기는 시작된다. 이에 반하여 최근 김해지역의 송국리형 마을에서 지석묘문화가 기원전 2세기까지 존속한다는 것이 논의되고 있다. 그리고 제주도의 경우는 원형점토대토기단계 이후에도 송국리유형주거지가 지속(김경주 2018)하고, 야요이 조기 말 또는 전기 초에 한반도에서 건너간 송국리형주거지는 서일본에서는 야요이 중기후반까지 존속(中間研志 1987)한다. 그러므로 충남지역(이형원 2011)처럼 점토대토기문화

를 가장 일찍 마주하게 되는 송국리문화도 만기문화에 속하게 되며, 만기에도 송국리유형주
거지가 존속하는 지역도 있고, 세형동검문화가 일찍 들어선 충남지역같은 경우는 이미 사라
지고 없을 것이다. 〈그림 8〉은 충남지역에 최초로 나타난 만기유물에 해당하는데 점토대토
기와 공반하는 송국리문화를 정리한 것(李亨源 2005)이다. 여기에서 점토대토기와 흑색마연
장경호와 두형토기와 반환형·조합식우각형파수 등은 넣지 않았으나, 주판알 모양의 어망추
와 두께가 두터운 소형 토제방추차와 삼각형석촉도 점토대토기문화의 소산이다. 그리고 토
기에서는 관창리 D16호 주거지의 목이 긴듯한 무문토기와 배신이 직선적인 천발 그리고 장
원리와 가오동유적의 구경부와 동체의 구분이 완만하며 구연이 수직인 호 등이 후기의 송국
리형마을에서 찾아보기 힘든 새로운 유물조합이라고 추정된다. 만기문화가 가장 먼저 시작
되는 충남지역에서의 송국리식토기의 변형양식을 찾는 작업(윤재빈 2024)이 향후의 과제로
남는다.

　　만기의 유물은 박진일(2022)의 1~2기에 해당하며, 원형점토대토기, 흑색마연장경호, 반

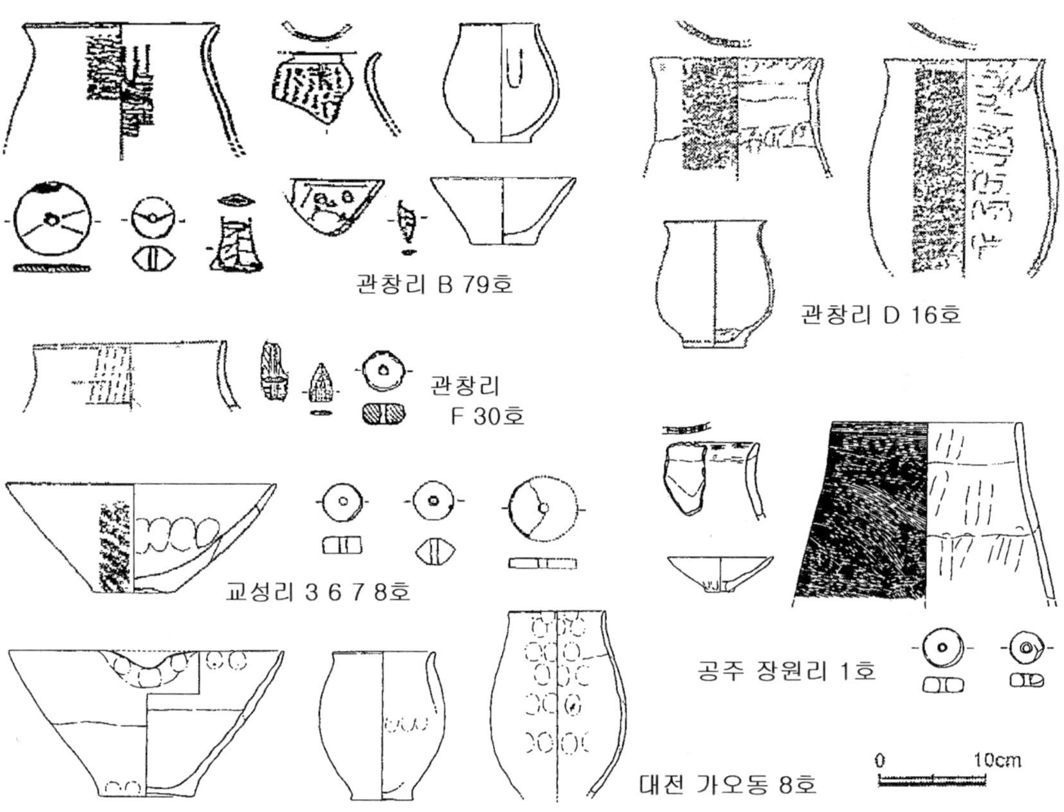

그림 8　충남지역 만기의 유물(李亨源 2005에서 발췌)

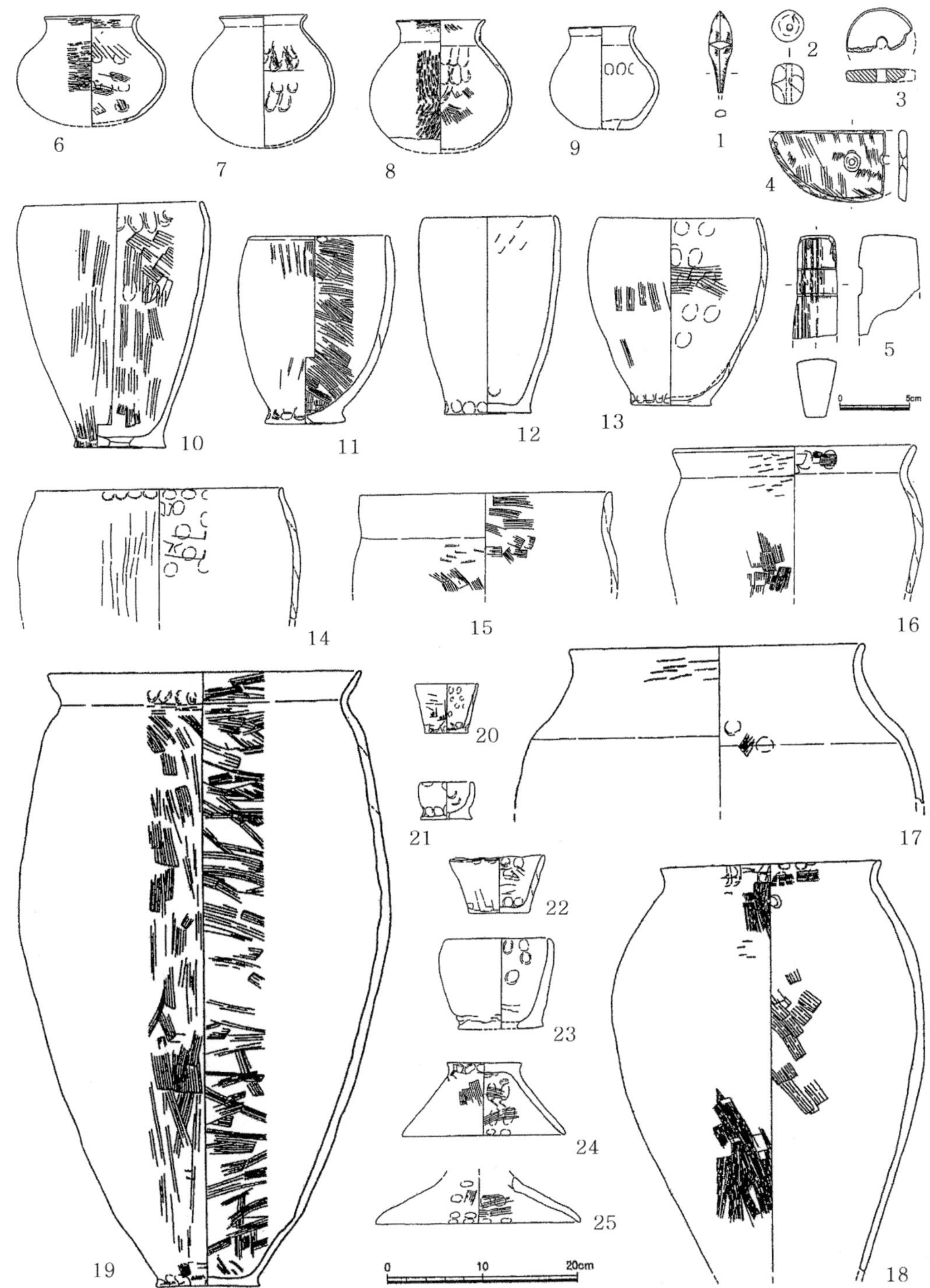

그림 9 진주 평거동 124호 제사유구 출토품(新·韓日交涉の考古學研究會 2020에서)

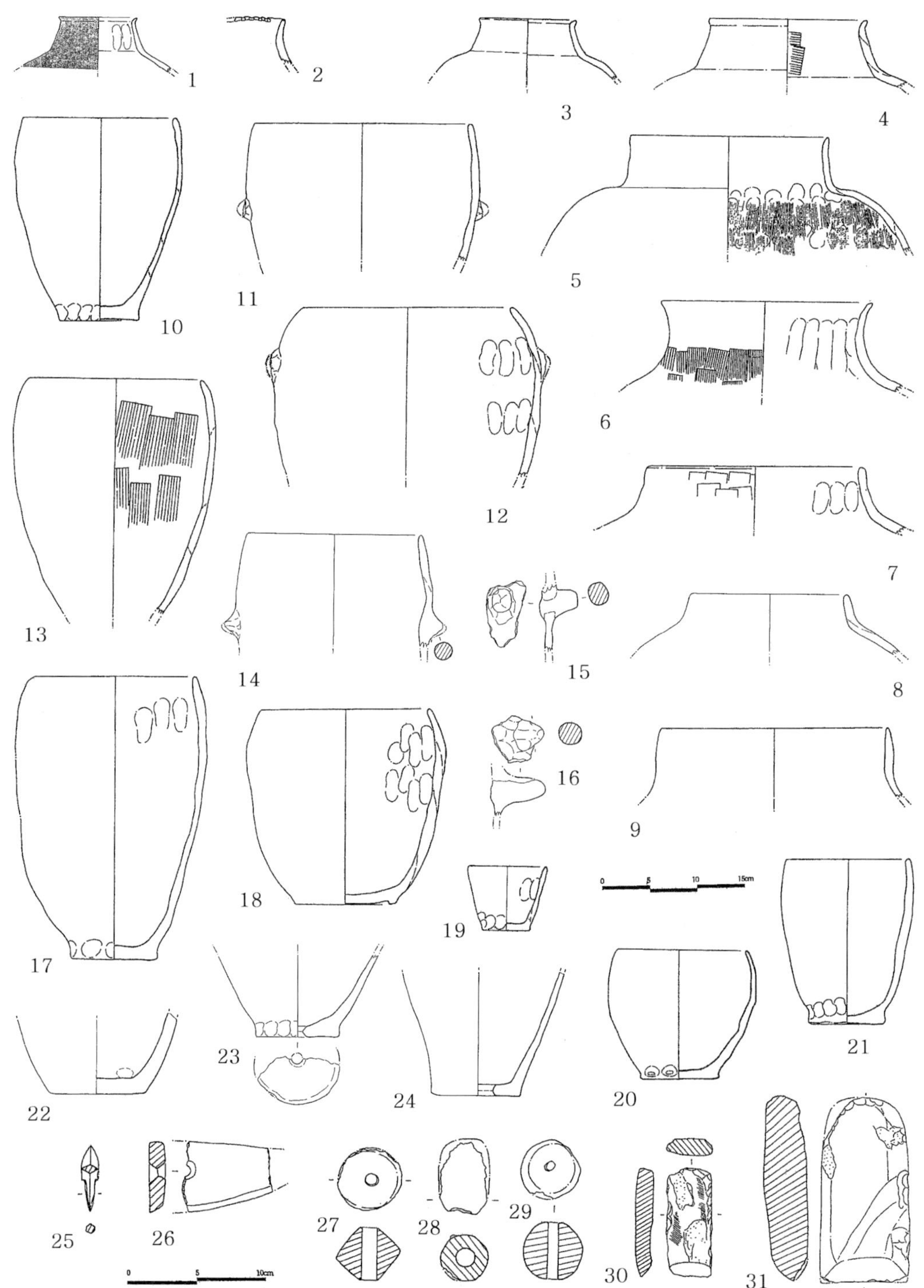

그림 10   창원 상남유적 제사유구 출토품(新·韓日交涉の考古學硏究會 2020에서)

환상·조합우각형 파수, 단각두형토기, 삼각형무경식석촉, 단면(세)장방형·삼각형의 유구석
부, 두터운 소형 방추차, 무경식 석창 등이다. 이 유물군은 모두 점토대토기문화에 속하는 것
이고, 후기의 것이 변화한 것에 대해서는 아직 밝혀진 것은 많지 않다.

그런데 만기는 외래계토기문화인 수석리계 점토대토기의 출현 시기이기도 하지만, 토
착문화의 입장에서는 송국리계의 만기문화도 공존하는 것이다. 〈그림 9·10〉은 모두 제사유
구(慶南發展硏究院 歷史文化센터 2002; 李柱憲 2001)에서 확인된 만기문화의 유물이라 추정되지
만, 이 제사유구는 인위적인 유구가 아니라 당시의 평지나 계곡에 그냥 군집된 유물더미와
같은 양상이라 일괄유물이라고 보기는 어렵지만 일부분은 만기에 해당할 것이다. 그 특징
을 살펴보면, 적색마연호 중에서 〈그림 9〉의 6은 동체고가 낮은 형태로서 김해지역의 지석
묘유적에서 다수가 발견되고, 9는 평저로서 변형된 것(배진성 2020)이다. 7의 유구석부는 등
과 배 부분이 평행하며, 14의 옹형 심발은 구연이 내경하다가 뾰쪽한 구순부가 직립하듯이
처리된 형태로서 만기에 속해도 좋겠다. 그리고 18·19는 동하반부가 매우 긴 장동옹이지만
18은 송국리식토기의 구연이며, 19는 흡사 와질토기단계의 옹관으로 사용하는 연질장동옹
과 닮았으므로 만기로 편년될 수 있다. 〈그림 10〉에서는 옹형심발에서 구연의 내경화가 심
한 12·13·18은 만기로 보고자 한다. 구연 내경화가 심하고 양이가 부착된 것은 동남해안권
에서는 초기철기시대에 가까운 시기(朴榮九 2013)의 특징이고, 울산 입암리유적과 동시기(안
재호 2014)로 추정된다. 3·4의 적색마연호는 단경으로서 구경이 대형에 속한다. 이러한 특징
은 한반도내에서는 찾을 수 없고 오히려 일본 야요이 조기유적이라고 하는 菜畑유적(唐津市
敎育委員會 1982)과 曲り田유적(福岡縣敎育委員會 1984)에서 보이며, 이와 동형인 무문토기 7·8
의 형태도 역시 두 유적에서 찾을 수 있어서 아마도 마산 망곡리유적의 죠몬토기와 절충된
돌대문토기(山崎賴人·武末純一 2020)와 함께 야요이인과 관련된 것이라 추정된다. 그렇다면 이
제사유물 중에서는 비교적 이른 시기로서 청동기시대 후기의 유물이 될 것이다.

6 소결

이상을 〈표 2〉처럼 정리한다. 조기는 부정론에 대응하기 위해 북한지역의 유적을 통하여 설
정하였으나 전기 이후로는 남한지역에 국한된 편년이 되고 말았다. 본 편년의 시기구분은 문
화의 주체가 교체되는 것을 기준으로 삼았는 것이다. 즉 새로운 집단의 문화가 한반도에 유

표 2 韓半島 靑銅器時代 無文土器의 系統과 編年

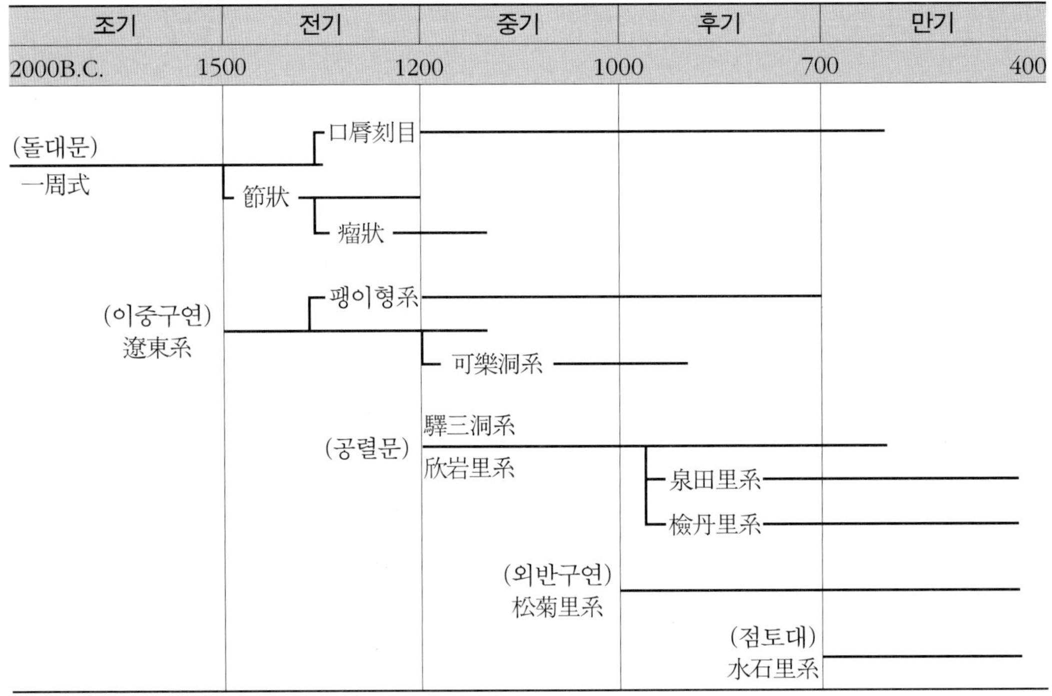

입되는 시점을 시기의 구분으로 삼았다.

각 시기의 시작은 해당 시기 문화의 맹아단계로 잡아 획기를 단순 분명하게 하였다. 절대연대에 대해서는 맹아단계 유구의 탄소14연대치가 다수 확보되면 명확해질 것이다. 조기와 전기를 구분하지 못하는 연구의 경우도 맹아단계로 시기 구분하지 못했기 때문이므로, 맹아단계의 시기구분은 명확할 뿐만 아니라 시기를 더욱 세분할 수 있는 수단이기도 하다. 그리고 시기구분은 문화상만으로는 확정되지 않고, 오히려 절대연대에 따라 설정되어야 하지만 절대연대를 알지 못하는 유구가 대다수일 것이므로 시기 구분을 예컨대 조기문화·후기문화처럼 문화단계로 구분하는 편이 바람직한 방법일 것이다.

끝으로 시기에 따라 특질을 나타내는 문물에 대해서 기존의 사고와 다른 부분에 대해서만 간략히 설명하겠다(표 3).

구획시설은 주거지 혹은 마을을 둘러싼 도랑유구로서, 구의 경우는 청원 대율리마을이 최초일 것이다. 환구는 대다수가 점토대문화와 관련되는데 경기 남부지역에서는 중기문화 속에서도 발견되고 있다. 그런데 경기도지역은 송국리문화분포권이 아니므로 〈표 2〉에서 보듯이 만기에도 공렬문토기는 존속하고 있다. 최근 경기도에서 공렬문토기의 환구가 산정에

	早期	前期	中期	後期	晚期
마을 立地	平地型				
		丘陵型			
			山地型		
마을構造 (規模)	線狀(小規模)				
			面狀(大規模)		
				求心狀(大規模)	
區劃 施設		溝			
				環溝	
				環濠	
大型家屋	多數				
				單獨	
家族體	大家族體				
			分立家族體		
				核家族體	
農耕 形態	田作				
			火田作		
				水稻作	
高床建物			大型·中型·小型		
				超大型	
墓制			石棺墓·支石墓·區劃墓		
				石蓋土壙墓·甕棺墓·家屋墓	
					木棺墓
武器形 石器		石劍(住居址)			
			石劍(墓)		
				琵琶形銅劍	

서 발견되는 경우가 있어 그 출현 시기를 전기까지 올려잡을 수도 있었으나, 환구는 제천의식과 관련된 제장(김권구 2012; 이형원 2012)으로 인식하므로 고지성마을의 출현과 관계가 깊을 것이다. 지영준(2024)은 평택 용이동·죽백동 유적에서 양식편년 Ⅲ기에 환구가 출현하며 이 단계는 BC. 800년 전후이므로 후기에 해당하고, 환호는 Ⅳ기(BC. 700과 500년 사이, 만기)에 조영되는 것이 밝혀졌다. 그러므로 남한지역에 환구가 후기에 등장한다면 아마도 지석묘 또는 구획묘의 전파와 동반될 것이다. 환호는 대부분이 영남지역에 분포하는데, 영남지역의 송국리문화가 대부분 늦은 시기에 속하고, 또 검단리문화(배진성 2005; 이수홍 2005)가 중기문화

의 잔재이므로 만기에 치중된 시간대가 많을 것이다.

　가족체에 대해서는 후술하겠지만 가족체는 고고학적으로 분별할 수 있는 요소로서 구성원과 가옥의 수에 따라서 확대가족 대신에 대가족체, 세대공동체를 대신하여 분립가족체, 핵가족체로 분류한다. 핵가족체는 후기 이전에도 나타날 수 있지만, 시간이 지날수록 가족 수가 늘어나면 결국 대가족체로 이행하는 최초의 가족임에 반하여, 후기의 핵가족체는 오히려 대가족체에서 분화된 것이며, 이 구성원이 성장하여 혼인해도 여전히 핵가족체로 남는 차이가 있다.

　농경의 형태에 대해서는 자세한 논의는 불가능하지만, 조기에는 충적지에 마을을 세웠으므로 밭농사가 주였을 것이다. 하천변이므로 어로활동도 중시하였을 것이고, 산은 수렵과 채집의 공간이었을 것이다. 이것은 인류가 채득한 자연의 혜택을 이용하는 기본적인 생계 방식이다. 전기는 문화 자체가 조기의 연속선상에 있고 마을 인구의 수도 그다지 증가하지 않은 상태였기에 거주지만 구릉으로 이동하였을 뿐 조기와 생계형태의 차이는 없었다. 중기에는 새로이 공렬문계통의 대규모 집단이 충적지에 거주하게 되지만 인구가 증가하면서 새로운 생계방식을 찾은 것이 화전농법이었을 것이다. 그래서 충적지와 산지의 마을 규모에서 차이를 보이게 되고, 양자 간의 중심과 주변으로서 사회망이 형성되었을 것이다. 후기에는 지금까지와 달리 기온이 떨어지고 건조한 기후가 되면서(端野晋平 2018; 박정재 2021) 해수면이 낮아지면서 습지를 이용할 수 있게 되었다. 습지에 자생하던 오리나무 느릅나무 등의 식물들을 벌목하여 논농사를 할 수 있었고(문영롱·이정범 2012), 이러한 기후환경 속에서 남방의 수도작문화가 유입하게 되었을 것이다.

제Ⅱ장 松菊里文化의 起源

1 松菊里文化 起源에 대한 論爭

기존의 방형계와는 다른 구조의 원형계 주거지에서 공렬문의 심발형토기가 아니라 무문양의 외반구연 옹형토기가 출토되고, 요령지역에 분포하던 비파형동검이 무덤에서 확인되면서 송국리유적(姜仁求·李健茂 외 1979)의 발굴은 한국고고학사의 큰 전환기를 가져다주었다. 이 신기한 현상을 외래계문물의 전파로 인식하게 된 것은 어쩌면 당연하였을 것이다. 그래서 송국리문화 연구의 효시로서 '송국리문화 외래계설'이 주창되었고, 이홍종(1993)은 이를 구체화하였다. 이홍종(2000·2002) 송국리문화 속의 토기를 휴암리식토기(구순각목문의 공렬토기 계통), 관창리식토기(송국리I식, 길게 외반하는 구연에 구순각목문이 시문), 송국리식토기(송국리Ⅱ식, 짧은 외반구연)로 분류하고 각각을 변천 관계로 설정하였으나, 2021년의 연구에서는 충남지역 내에서의 지역색으로 송국리유형-관창리유형-재지계유형으로 나누고 각각 별도의 방향으로 변천하는 것으로 편년하였다. 그리고 송만영(2002)은 송국리유형은 송국리유적이 위치하는 금강유역 이북에서 전기 후반 흔암리유형과 동시기에 형성하였다며 외래계설의 입장에서, 송국리문화가 주변으로 점차 확산되면서 기존의 전기문화와 접촉하여 소위 선송국리유형이 나타나는 것으로 보았다. 그러므로 서산 휴암리유적의 방형계 휴암리형주거지는 원형의 송국리형주거지와 전기주거지와의 문화접변의 결과로 해석하고, 소위 '선송국리문화 문화접변설'을 주장하였다.

이에 반하여 藤口健二(1986)는 흔암리유적에서 호의 구연이 외경 또는 외반하는 기형을 송국리식토기의 외반구연과 연관하여 이 외반구연토기를 기존의 공렬문토기의 전기와 점토대토기의 후기 사이에 두고 중기로 편년하였다. 이것은 송국리식토기가 전기토기에서 기원하였다는 '송국리문화 토착계설'의 효시가 되었다고 할 수 있겠다. 필자(1992)도 이에 동조하여 송국리식토기의 출현을 전기의 호형토기에서 형식학적인 변천을 겪은 것이며, 송국리유형과 전기문화 사이에 휴암리유적을 표지로 하는 선송국리유형을 설정하고, 각지역에서 송국리문화가 다원적으로 발생하였다고 보았다.

이 양자와는 조금 다르게 절충형이라고 할 수 있는 연구로서, 송국리문화가 전기문화에 기반을 두었으나 본질적으로는 외부의 영향으로 형성되었다는 '토착계외래영향설'(李淸圭 1988)도 주장되었다. 李健茂(1991·1992)도 외래계설의 입장이었지만, 석검 석촉 석도 등을 전기의 것과 비교하여 중기의 송국리문화 속에서는 휴암리유적이 송국리유적보다 이르다고 하며, 송국리유형의 주거지 중에서도 휴암리형주거지가 가장 이른 형식으로서 이후 남부지역과 일본까지 확산하였다고 하였다. 그리고 宋滿榮(1995)은 송국리문화가 형성되어 공렬토기문화와 공존하는 시기를 중기로 설정하고, 중기의 무문토기문화가 전기의 공렬토기문화에서 형성된 것이지만, 송국리문화가 중서부·서남부 지역에서 발생한 것으로 보고 있는 점은 '외래계설'의 주장과도 일치한다. 김장석(2003)은 천안-아산지역의 역삼동유형취락에서 인구압으로 인하여 분화되면서 서해안지역에서 휴암리유형이 송국리문화로서 처음 발생하였고, 송국리문화의 발생은 호서해안지역이라고 주장(禹姃延 2002)하였다.

송국리문화의 형성 과정을 층서학으로 밝히고자 한 연구도 있다. 김한식(2002; 119)은 송국리유형 주거지의 중복관계를 남한 전역의 유적에서 확인한 결과 방형계가 원형계보다 먼저 축조되었음을 밝히고 있다. 그리고 이형원(2006)·나건주(2005)는 천천리유적과 당진 자개리유적의 발굴 결과를 통하여 송국리유형 주거지가 전기 후반의 관산리식주거지에서 파생된 것임을 형식학과 층서 관계에서 밝혔다.

송국리문화를 둘러싼 많은 연구 중에서 가장 주목할 만한 것이 深澤芳樹·李弘鍾(2005)의 타날문에 대한 연구였다. 그들은 송국리식토기의 타날문은 산동반도의 영향으로 추정하고 그와 더불어 수전농경문화가 유입한 것이

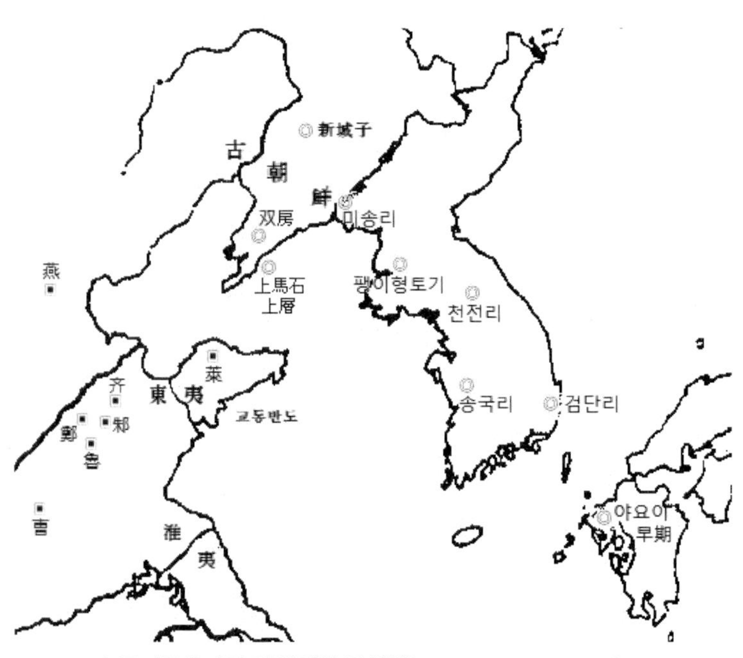

그림 1 송국리문화기의 정치체와 문화상(劉莉·陳星燦 2006 개변)

라 주장하였다. 타날기법은 무문토기 제작에 그다지 유용하지 않는 異體系의 요소로서, 호서 해안지역에 주로 분포하는 송국리식토기에 적용된 타날문은 무문토기인이 주도하여 채용한 것이 아니라 생각하였고, 또한 보령 관창리유적에서 토기의 반전업적인 생산체계(안재호 2004)도 송국리문화 사회와 부합되는 것이 아니라는 의문을 지니고 있었던 참이었다. 그러다가 2014년에 '송국리문화 산동반도 영향설'을 제안하게 되었는데, 이것은 재지계설과 외래계설의 절충안으로 '토착계 외래영향설'을 재조명한 것(안재호 2019)이다. 그런데 장웨이(2011)에 따르면, 西周代에 산동을 봉국으로 한 齊國이 춘추시대에 춘추오패로서 두각을 나타낼 수 있었던 것은 산동반도의 동반부 膠萊河 이동지역인 교동반도에 商代부터 점거해왔던 萊國(萊夷)이 농업 방직 무역 등의 경제와 문화를 협력 선도한 덕택이라고 한다. 특히 래국은 토기제작에서 당대 최고의 기술을 가졌다고 하고, 三阪一德(2022)의 연구에서도 확인되므로 요동반도를 더욱 좁혀 '膠東半島 影響說'로 인식하고자 한다.

송국리문화의 맹아기 즉 송국리문화의 일부 요소가 나타나는 시점부터 청동기시대 후기로 정하였기 때문에, 일본 야요이시대의 탄소14연대를 통한 성과(藤尾愼一郎 2004)와 한반도의 성과(이창희 2016)에 따라 10세기 후엽부터 송국리문화기의 시작으로 보고자 하므로, 대략 중국의 서주 중기~춘추시대와 병행기이다.

2 松菊里文化 요소

충남지역의 송국리문화를 구성하는 문물로는 송국리형주거지와 송국리식토기 그리고 비파형동검을 위시하여 삼각형석도·유경식석검·유구석부의 석기류와 송국리형묘제(金承玉 2001)라고 하는 옹관묘·석개토광묘, 대형 저장혈 그리고 수전농경 등을 들 수 있다. 이외에도 외래계로 인정할 수 있는 것으로는 덮개형 야외소성(덮개가마)·독립동지주건물과 활석제석추이다.

이러한 요소가 어디와 관련이 있는지를 밝혀 송국리문화의 기원과 성립과정을 파악하고자 한다. 대략 북방계와 중국의 남방계 그리고 선진계통의 요소로 나누어 본다.

1) 先進 文物

(1) 打捺技法

무문토기의 전통적인 제작기법은 輪積法으로서 상하의 점토대 겹친 부분을 손가락으로 문질러 접합한다. 쌓아 올리는 점토대가 지니는 형태 그대로가 토기의 기형이 되는 것이다. 이에 비하여 타날기법은 박자로 두드려서 상·하 점토대를 접합하고 기형을 만들어가며 성형한다. 타날은 가소성이 있는 점토를 늘리게 되면서 두드릴 때마다 형태가 달라질 수도 있다. 그러므로 타날기법은 무문토기 제작과는 전혀 다른 기획과 기술을 가져야 한다.

타날기법으로 제작된 토기는 원삼국시대의 와질토기 이후인데, 이 시기는 전문 장인에 의해 대량 생산되고 상품으로서의 가치를 가지므로 최소한 國의 단계에 이르러서야 나타날 수 있는 기법이다. 윤적법으로 토기를 제작하던 무문토기인에게 타날기법을 적용하면 실패할 확률이 높을 것이고, 송국리문화 단계에 대량생산을 통한 토기의 대외 유통은 염두에 둘 수 없다. 그러므로 타날기법을 사용하여 제작된 송국리식토기는 타날기법을 능수능란하게 사용할 수 있는 발달된 사회의 사람이 무문토기를 만들려고 한 것으로 이해할 수 있다.

송국리식토기의 타날기법은 호서해안지역에서 가장 성행하였고 충남내륙과 그 주변에도 분포하는데, 앞의 교동식 저부의 분포와도 대략 일치한다. 중국에서의 타날기법은 신석기시대 중기 이전부터 채용되었으며 내륙에서 장강하구지역까지 광범위하게 분포하고 있었고, 이것이 산동반도 해안부지역을 경유하여 水稻農耕文化와 함께 충남지역으로 전파된 것이라고 하며, 타날기법을 습득한 사람의 이동으로 전파되었다는 주장(深澤芳樹·李弘鍾 2005; 231-245) 이다. 周代에는 長江의 북쪽까지 封國이 존립했으므로 장강하류나 산동반도에도 타날기법은 성행하였을 것

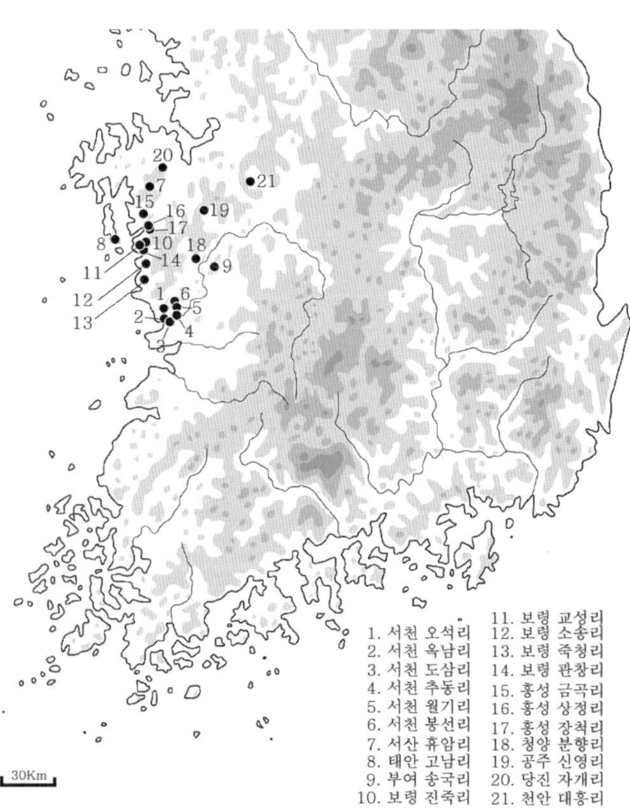

그림 2 打捺文 松菊里式土器의 分布

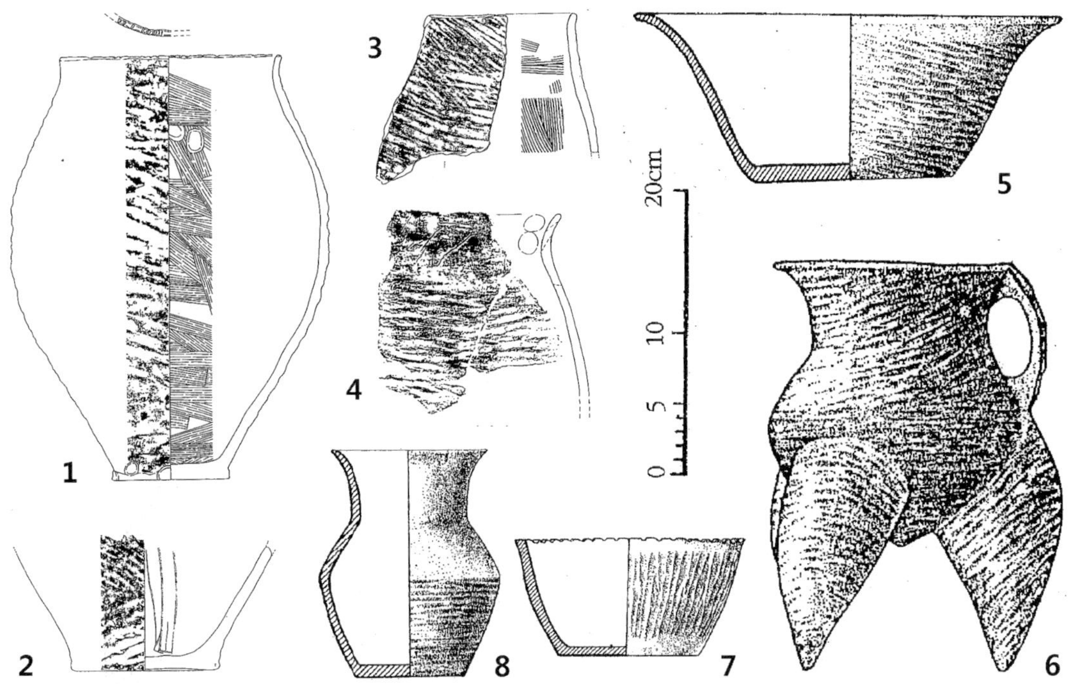

그림 3　寬倉里式土器(1~4)와 客省庄 第2期文化 土器(5~8)의 打捺文(深澤芳樹·李弘鍾 2005, 鄭漢德 2000에서)

이다. 이홍종의 연구에서는 산동반도에서 동형의 타날문을 찾지 못하였다고 하였으나, 주나라의 강역 내에서도 타날문에는 지역색이 존재하였을 것이므로 관창리식토기의 타날과 동일한 타날 문양이 필수조건은 아닐 것이다.

　　중국의 서주대에 승문의 타날문이 시문된 회도가 존재한다. 이 회도는 그 이전 신석기시대 용산문화의 제도술이 전승된 것이며, 춘추시대에는 타날기법이 대체로 채용되지 않는다(鄭德坤 1979; 221-238). 그렇다면 이 타날기법의 하한은 기원전 770년대가 된다. 또한 서주문화는 섬서용산문화(객성장 제2기문화)에서 선주문화(은허 제3-4기문화 병행)를 거쳐 영향을 받은 것이라고 한다(鄭漢德 2000; 323-330). 〈그림 3〉에서 보듯이 객성장 제2기문화의 토기에는 송국리식토기의 타날과 매우 유사한 것이 보인다. 서주대의 타날도 대체로 이와 유사하였을 것이고, 산동지역에도 전파되었을 것이다.

　　이상으로 호서해안지역을 중심으로 분포하는 타날기법이 교동반도에서 건너온 이주민이 故土에서 성행하던 타날기법을 채용 변형된 것으로 추정할 수 있다. 실제로 三阪一德(2022: 148~169)의 연구에 따르면 중국 서주대의 타날기법이 요동반도에서는 上馬石패총에서 소주산상층기~쌍타자1기에만 타날평행문으로 저부 부근에 관찰되며, 교동반도에서는 大辛

莊期~서주기의 櫻子庄유적에서 타날승문이 확인된다고 한다. 타날기법이 요동반도에서 보다 이르게 나타나는 것처럼 보이지만, 제도술의 발전과정을 보면 이것도 교동반도에서 일순간 전파된 것이다. 즉 교동반도에서 용산문화 전기부터 이미 토기 내면 바닥에서 渦文상의 회전물손질흔과 저부분리 실자르기 기법이 나타나므로 발달된 녹로가 사용되었던 시기이기 때문에 이다음 시기의 악석문화기에는 이미 타날기법이 나타났을 것이고 이것이 요동반도에 전파되었을 것이다. 그러므로 타날기법이 교동반도에서 한반도로 서주대에 전파되었다고 봐도 좋겠다.

타날기법으로 제작되기는 하였으나 그 기형 자체는 교동반도와는 무관할 것이다. 식료의 섭취방법이나 생산 등의 상황과 사회 발달도가 다른 충남지역에서 발달된 국가사회의 용도에 적합화한 기형을 그대로 수용할 수는 없었을 것이다. 다만 송국리문화기가 되면서 중기의 심발+호의 기종이 옹(+호) 중심의 기종으로 변천하는 것은 선진문화의 영향일 것이다.

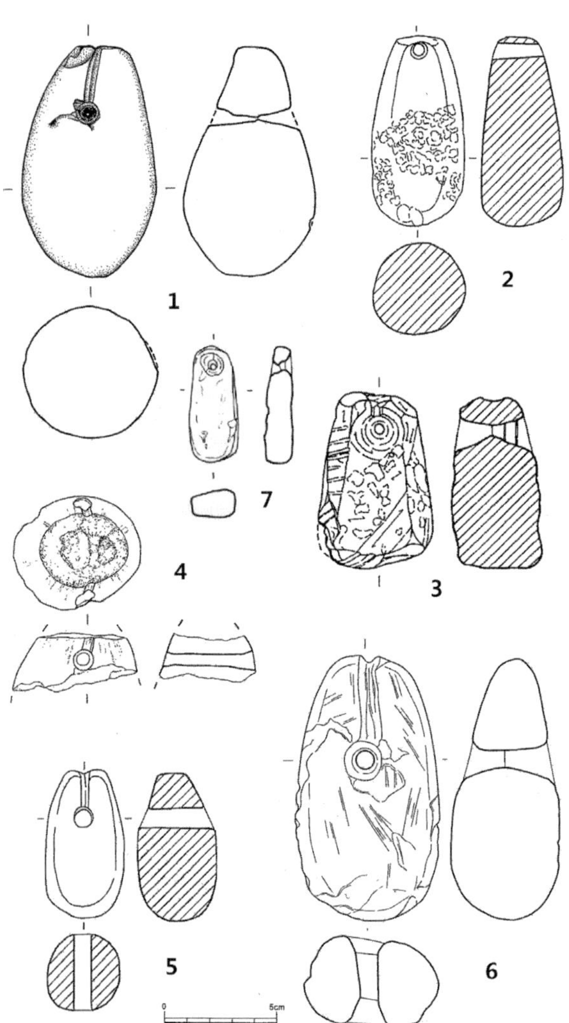

그림 4 松菊里類型住居址 出土 石錘
1: 태안 고남리패총 6~5층 사이 ㅣ 2: 서천 도삼리 3호 주거지 ㅣ 3: 보령 관창리 63호 주거지 ㅣ 4: 서천 옥남리 3호 주거지 ㅣ 5: 서천 도삼리 7호 주거지 ㅣ 6: 홍성 신진리 3호 주거지 ㅣ 7: 보령 진죽리 3호 주거지

(2) 石錘

송국리유형 주거지에서 발견되는 〈그림 4〉와 같은 석추는 충남의 태안·홍성·보령·서천 등지의 해안부에 분포한다(이홍종·허의행 외 2011). 물방울 모양을 띠면서 구멍이 윗쪽에 있고 줄을 맬 수 있게 홈 줄이 나 있는 특징을 가진다. 홈 줄이 없는 것(2·7)은 구멍이 선단부 가까이에 뚫린 경우이다.

물방울형 석추는 일본 야요이시대 중기 말부터 고분시대 전기 전반까지 사용된 어로구인 구주형석추I류(中尾篤志 2018;

8-17)와 형태·구조에서나 활석제라는 점에서 유
사성이 있다. 다만 추신에 구멍이 하나 더 있는
것이 다를 뿐이다. 이러한 관점은 이미 孫晙鎬
(2006; 136-137)도 제시한 바 있으나, 한반도 서
해안과 일본 북부구주지역과의 경로상의 상관을
설정하기는 어렵다고 하였다. 崔鍾圭(2006; 102-
103)는 늑도유적에서 출토된 〈그림 4〉의 3과 유
사한 2점의 석제추를 도량형기로 보았으며, 한군
현과 같은 이질사회와의 교섭에서 필요한 것이
며, 원료의 제한성으로 동제품이나 철제품이 아
닌 석제품으로 변환된 것이라고 설명하였다. 武

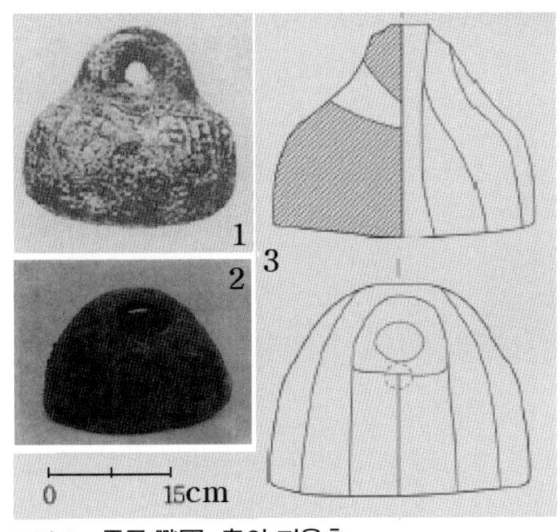

그림 5　중국 戰國·秦의 저울추

末純一(2013; 19-22)도 늑도의 석추를 저울추로 인식하고 일본의 야요이 海村 세계에서 교역
활동이 활발하였다는 사실을 증명하는 것이라고 보았으며, 輪內遼(2016)도 〈그림 4〉와 같은
석추들을 저울추로 인식하고, 중국에서는 춘추시대까지는 유물이 확인된다고 한다.

　석추는 저울추(槵秤權)로서 도량형을 실시한 증거로, 중앙집권적 경제체계를 이룬 군장
사회나 국가 단계의 표지가 되고 있다(콜린 렌프류·폴 반 2006; 213). 도량형은 시장·징세·재
분배 등과도 관련되고, 특히 공예와 관련하여 재료의 정확한 무게를 측정하는 도구로도 사용
되었을 것이다. 그러나 송국리문화 단계의 사회체제에서는 아직 잉여생산도 충분하지 못한
처지였고 호서해안지역에서는 청동기도 출토되지 않으므로 저울추의 사용을 예상할 수 없
다. 그래서 이 석추는 교동식 저부와 타날기법의 분포와 일치하고 그 성격상 송국리문화보다
는 선진지역에서 유입된 것으로 보인다.

　중국에서 도량형 저울추(石權)의 사용은 이미 서주시대에 㝵(률) 鈞(균) 斤(근) 愛(애) 등
의 중량 단위가 있었으며, 전국 중만기의 趙國에는 銖(수) 兩(량)이 추가되었고 청동제 저울
추(그림 5-1)도 사용되었다.(趙曉軍 2007) 진시황제는 도량형을 통일시켰고 중량이 대략 30kg
인 1石짜리 대형 저울추를 제작하도록 했다. 서한 조기의 제후왕묘인 사자산 초왕릉에서 출
토된 3점의 석제 저울추(그림 5-3)도 秦나라의 저울추일 가능성이 있다고 한다. 이 저울추는
직경 32cm전후, 높이 27cm전후이고 중량은 33.8kg전후로서 3점이 거의 동일하다.(賀國娟·
劉聰 2020) 그리고 진대의 철제 저울추(그림 5-2)가 강소성에서 출토된 바 있는데 높이 20cm,
직경 23cm, 수화된 중량은 27.1kg이다. 이상과 같은 저울추의 자료가 있는데, 대체로 고리

를 포함하여 반구형을 띠고 있으며 대형품으로 부장된다. 대형의 저울추는 아마도 피장자의 부귀와 권력의 상징물로서 부장되었을 것이다. 무게도 무거우므로 바닥을 편평하게 만들고 있으나 이것은 진대의 통일된 대형 저울추이고, 전국 초기나 서주시대에는 다양한 소재와 형태의 저울추가 사용되었을 가능성이 있다.

송국리문화기의 석추는 이에 비하면 소형에 해당한다. 중국에서도 소량의 상품을 매매하던 상인의 경우는 소형의 석제 저울추를 사용했을 것이다. 이런 정황에서 석제추는 周代의 교동 萊國이나 요령의 고조선지역과의 관계를 상정할 수 있고, 이곳에서의 이주민이 제작한 것으로 보인다. 이 이주민들은 이주해온 당시 도량형의 가치를 인식하고 거주하던 마을공동체 내에서 사용했겠지만, 송국리사회에서는 점점 불필요한 도구로 전락하였기 때문에 전역으로 전파될 수는 없었을 것이다.

(3) 능형첨근식석촉

송국리문화 중심권에서 볼 수 있는 석촉 중에 중기에 이어 온 형식변천에 맞지 않는 형태의 능형첨근식석촉이 보인다. 〈그림 6〉의 A와 같은 형식인데, 이것은 강원지역의 지역색을 띤 장신의 능형평근식석촉과 관련된 것으로 보았다. 충남의 것은 단신(그림 6-d)이고, 대부분은 c-3식으로서 이것의 관부 사선인 속성에서 영향이라고 추측을 할 수 있겠다. 그리고 이 c-3 식이 다시 영남지역의 첨근식(e식)과 절충으로 능형첨근식으로 제작될 수도 있겠다. 능형첨근식이 충남에서 자체적인 변천이라면 여러 형식과의 시간관계가 있게 된다. 그러나 후술할 충남 6개 유적의 편년에서 능형첨근식은 송국리·증산리유적에서는 c-3식보다 한 단계 늦게 출현하지만, 관창리·목현리·나복리·원남리유적에서는 두 형식이 동시(Ⅰ기 또는 Ⅱ기)에 출현한다. 또 원형이 될 수 있는 능형평근식은 강원지역에서는 후기 후반대(송만영 2012)로 편년되므로 양자와의 관계에서 첨근식이 오히려 이른 시기에 출현한 것이 된다. 그래서 필자는 이 석촉은 산동에서 유입된 것으로 추정하며, 요동지역은 무경식석촉이 우세하므로 관계가 멀다고 판단하였다. 유사한 사례로서 중국 하남성의 王灣三期문화(중원용산문화)와 二里頭문화(夏代)에서 찾았다(聶曉莹 2021), 이리두문화기는 夏 후반대로 설

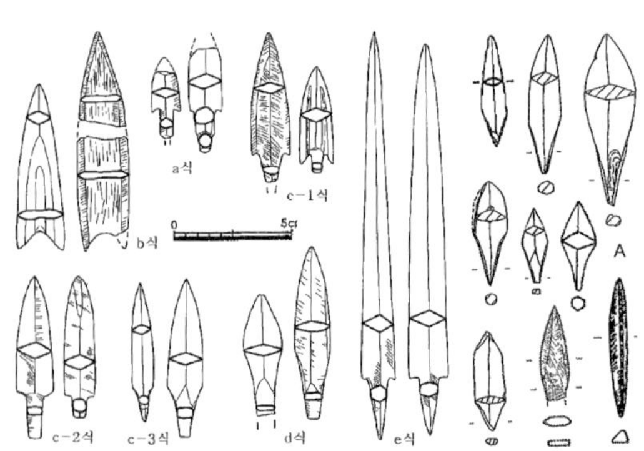

그림 6　송국리문화기의 석촉 형식(손준호 2021)과 능형첨근식석촉(A)

정(芦金峰·于新 2020)할 수도 있다.

〈그림 7〉은 능형첨근식에 해당하거나 유사한 것만 뽑아서 단계별로 배열한 것인데, 2단경식에 속하는 것도 있다. 이리두문화를 전후로 석촉 제작이 간단한 삼각형의 촉신 단면도 있고, 경부가 짧은 첨근식은 송국리문화기의 능형첨근식석촉의 특징을 그대로 보이고 있다. 그리고 이리두문화기의 2단경식석촉(그림 7 左)은 촉신 인부를 삭마하여 제작한 것인데, 관창리유적의 b1식석촉(안재호 2021)과 동일하여, 한반도 중기의 석촉이 잔존한 것이 아니라는 것을 알 수 있다. 이리두문화기는 우리나라 청동기시대 조기에 해당하므로 송국리문화기와 병행하지는 않지만, 聶曉莹(2021)의 자료에 따르면 석촉보다는 골촉이 많으며 청동촉도 일부 존재한다. 이리두문화기의 석촉도 쇠퇴의 과정에 들어섰으므로 새로운 형식을 제작하지 않고 기존의 석

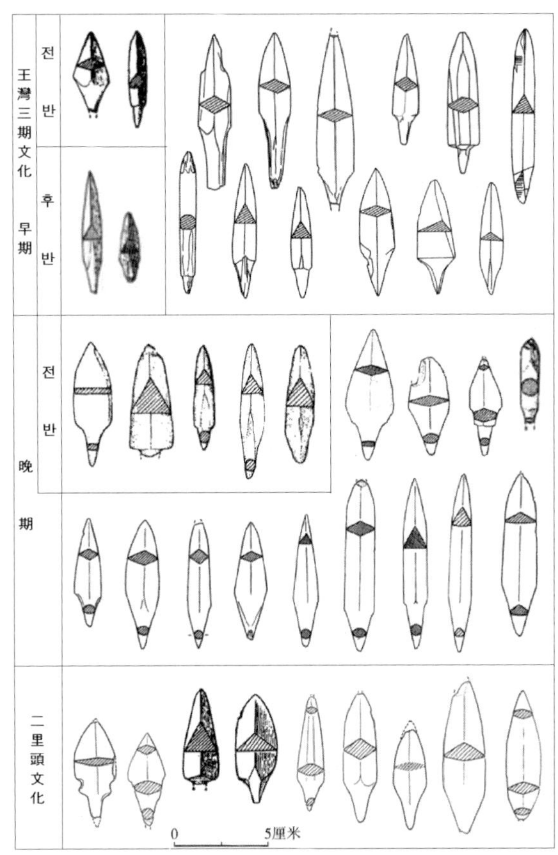

그림 7　중국 하남성의 송국리문화관련 석촉(聶曉莹 2021 에서 작도)

촉이 잔존하였을 것이다. 이 시기 산동의 석촉에 대한 정보는 없지만, 산동의 악석문화가 하남의 이리두문화와 대치하였으므로 利器에서는 상호 영향을 주고 받았을 것이라 추정된다.

그러므로 능형첨근식석촉은 용산문화기에 나타나고 하대까지 존속한 것을 확인할 수 있으며, 도시국가단계의 상대의 석촉은 봉건국가로 발전한 주대에도 유지되었을 것이다. 그리고 하상대의 이 석촉은 상대의 문화가 짙었던 회이의 문화 속에 남아 있었고, 주대 초기에 동이와 회의에 대한 주나라의 정벌로 인하여 동이족이 회의지역으로 이주도 있었으므로 회이에서 동이(래이)로 전파되고 한반도로 흘러 들어왔을 것이라는 추측을 하게 된다.

(4) 甕棺墓

옹관묘는 우리나라 신석기시대 중기부터 확인(沈奉謹 1998)되지만 일반화되는 시점은 점토대토기문화가 유입된 청동기시대 만기부터이다. 송국리문화기의 옹관묘가 과연 청동기시대 후기의 것인가? 아니면 이 시기에 유입한 점토대토기문화와 관련된 옹관인가의 의문이 있을 수 있으나, 후기의 송국리형 옹관묘는 단옹식으로서 직치 또는 사치로 안치되고 옹관의 입구를 개석으로 막지만, 만기의 옹관묘는 횡치 합구식이면서 주로 2개의 토기를 마주 보게 만들기 때문에 분명한 차이를 보인다.

송국리형옹관묘는 〈그림 8〉처럼 금강유역과 호남 북부지역을 중심으로 분포하지만, 청동기시대 만기의 유적도 포함되어있다. 외반구연의 송국리토기를 옹관으로 轉用한 것이 일반적이지만, 중기의 특징이 남아있는 토기 소위 선송국리식토기(安在晧 1992)나 심발을 사용한 예도 있는데 이 경우는 금강하류를 벗어난 지역에서 주로 나타나는 경향이 있다(김규정 2006; 이명훈 2016).

옹관묘의 분포는 타날문이나 교동식 토기저부의 분포와 거의 일치하지만, 영남에서도 사천 이금동유적과 거창 대야리유적에서 확인되는데 이 두 유적은 묘역을 가진 거점취락이란 점이 공통의 특징이다.

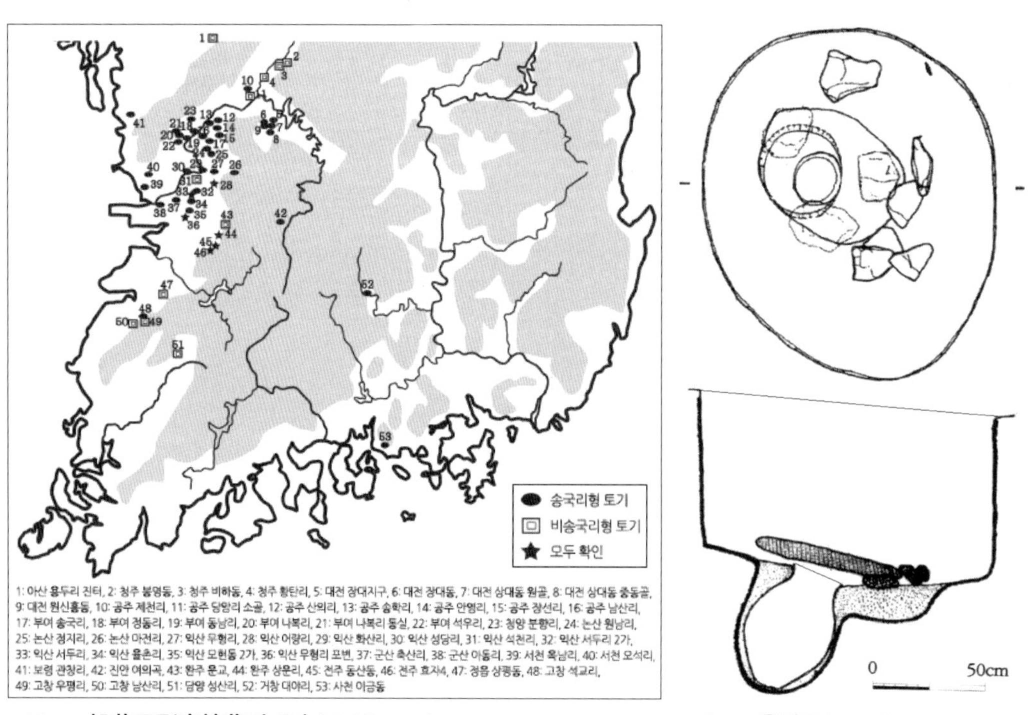

<table>
<tr><td>그림 8　松菊里型甕棺墓의 分布(이명훈 2016)</td><td>그림 9　옹관묘(斜置型)</td></tr>
</table>

송국리형옹관에서도 인골이 검증된 바는 없으나, 일반묘지의 구역에 입지하며 내부에서 관옥 등이 발견되고 또 토기의 저부나 동하부에 구멍을 뚫은 의도와 석제·토제의 뚜껑으로 구연부를 덮고 있다는 정황 등은 옹관으로 볼 수밖에 없을 것이다. 송국리형 묘제(金承玉 2001)에서 보면 옹관묘는 석관묘나 석개토광묘의 외곽에 위치하거나 혼재하기도 하는데, 석관묘나 석개토광묘는 신전장한 小兒~成人의 묘라고 한다면, 옹관은 乳兒의 묘로 볼 수 있겠다.

청동기시대의 묘는 주거지에 비하여 묘의 수가 극히 적으므로 흔히 엘리트나 특별한 인물의 묘라고 추정되고 있다. 즉 모든 구성원을 매장하는 것은 아니다. 이런 상황에서 유아의 묘를 조영하였다는 것은 또 비록 주변부이지만 취락의 묘역에다가 매장하였다면, 그 옹관묘의 피장자는 노동력도 없었고 사회구성원들에게 인식도 없었던 인물인데도 특별한 신분이나 가치를 인정받았다는 것을 시사하는 것이다. 그래서 흔히 사회 내에서 차별적인 옹관묘의 존재를 통하여 귀속지위가 인정되었다(콜린 렌프류·폴 반 2006; 199-200). 귀속지위로써도 사회 계서화가 존재할 수 있는 것은 군장사회나 국가의 정치체일 수밖에 없다. 이런 정치체를 가진 주변의 지역은 최소한 청동기를 생산하고 잉여생산이 가능했던 지역일 것이므로, 그 후보지로는 주변의 요령이나 산동에서 찾을 수밖에 없다. 그런데 충적지를 이용한 농경이 성행하고 북방계의 묘제인 구획묘가 어느 지역보다도 성행하였던 영남지역에서는 이 옹관묘의 발견 예가 적은 것을 보면, 옹관묘의 전파는 요령에서부터 충남지역으로 전파된 것이고 후보지는 산동반도가 될 것이다.

옹관묘는 중국에서는 선사시대 이래 화북지역에서의 일반적인 묘제(鄭德坤 1979; 144)였다. 옹관은 일상용토기를 이용하며 직치 사치 횡치의 방법이 있고, 직치의 경우는 단독옹관을 사용하며 다른 토기로 합구하여 뚜껑으로 사용하거나 판상개석도 있다. 그리고 중원의 신석기시대 전기에 출현하며 성인과 유아묘로서 황하 중하류와 장강 중하류에 주로 분포하고 앙소문화기에는 북으로는 길림 내몽고, 남으로는 운남 광동, 서로는 감숙 청해, 동으로는 산동 절강과 대만에 이른다(劉紅艳 2010), 전국시대부터는 유아묘로서 널리 분포한다(中國社會科學院考古研究所 외 2018).

요동지역은 大連市의 쌍타자문화 二~三기에 속하는 小黑石坨子와 上馬石 유적에서 옹관은 단독 직치식으로 개석을 가진 유아묘로서 송국리형 옹관묘와 일치하지만, 瀋陽·鐵嶺·阜新·北票 등지의 하가점하층문화기~신락상층문화기 유적에서는 대부분 합구식의 횡치식이므로(劉金友·田野 2024) 동시기의 병행관계(천선행 2020: 16)에 놓인 대련시의 옹관묘와는 계통을 달리하는 듯하다. 대련시의 옹관묘는 쌍타자2기문화기에 교동반도로부터 岳石문화와

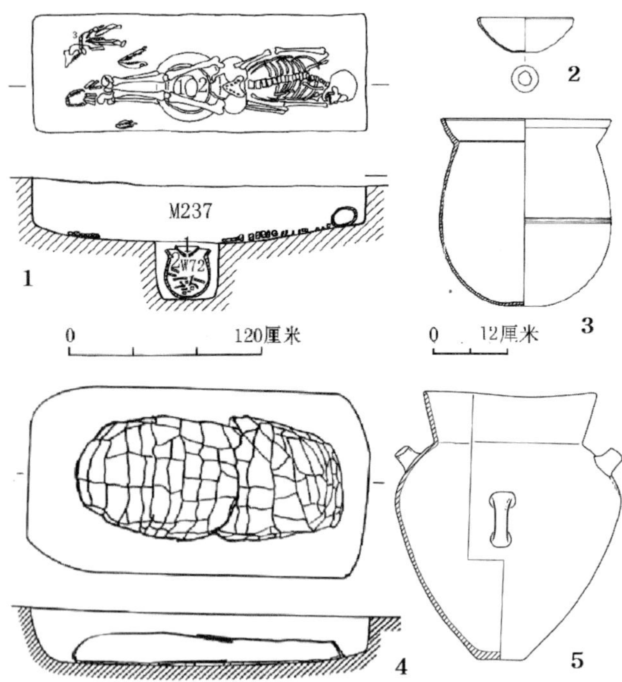

그림 10   중국 옹관(李英華 2010, 劉金友·田野 2024에서)
1~3: 상주시기, 호북 청용천M237·W72(유아묘) | 4~5: 신락상층문화기, 요령 신락 83 O六CM1(성인묘)

공반하여 유입된 한시적인 것으로 봐야 한다. 그러므로 송국리형 옹관묘가 요동반도에서 충남지역으로 전파된 것은 아닐 것이다.

중원지구의 상주시대에는 무덤의 상면에 요갱을 설치하는 장속이 유행하는데, 이 요갱 속에는 유아묘로서 직치옹관이 합장되기도 하여 이를 '甕棺腰坑合葬墓'(그림 10-1)라고 불리며, 이전 신석기시대에도 소수가 발견되고 그 원류는 남방 호북지구이다.(李英華 2010) 송국리형 옹관묘는 시간적으로나 형태적으로나 이 합장옹관묘가 원류일 것이다. 중원이 중심이던 옹관묘는 봉건체제의 서주대가 되면서 산동반도로 다시 교동반도로 전파되어 이주민의 묘제로서 한반도에도 최초로 나타나게 되었을 것이다.

(5) 저장혈

송국리문화 속의 저장혈은 〈그림 11〉처럼 다양하지만 수혈 벽면이 점점 좁아지는 좌측의 형태와 아래로 갈수록 점차 넓어지는 우측의 형태가 있다. '송국리형 저장혈'이라고 부를 수 있는 것은 플라스크형 토기의 형상인 우측 것이다. 이 형태의 저장혈은 중기에는 발견되지 않고 후기 송국리문화에서만 나타나므로 외래계라고 판단된다(손준호 2021). 그리고 이러한 저장혈은 송국리문화가 전파된 일본열도의 板付유적이나 下稽田유적 등 야요이취락에서는 밀집되어 발견된다.

저장혈은 풍화암반을 파고 만들어지지만, 깊고 벽면이 내경해서 붕괴의 위험이 있고 또 물이 고일 수 있다. 그러므로 비가 잦은 지역에는 적당하지 못한 시설임을 유추할 수 있다. 따라서 중국의 남방지역보다는 수확 후 추위를 피할 수 있는 북방지역에서 적절한 저장시설이라고 판단된다.

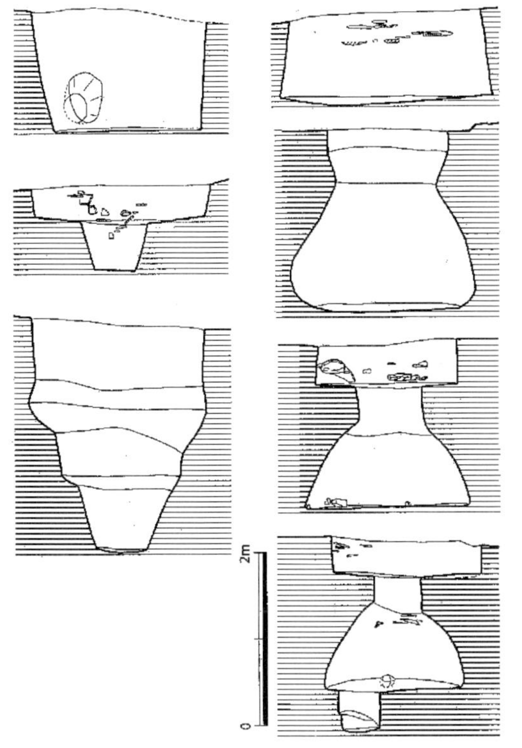

그림 11　논산 마전리유적의 수혈과 저장혈(손준호 2021에서)

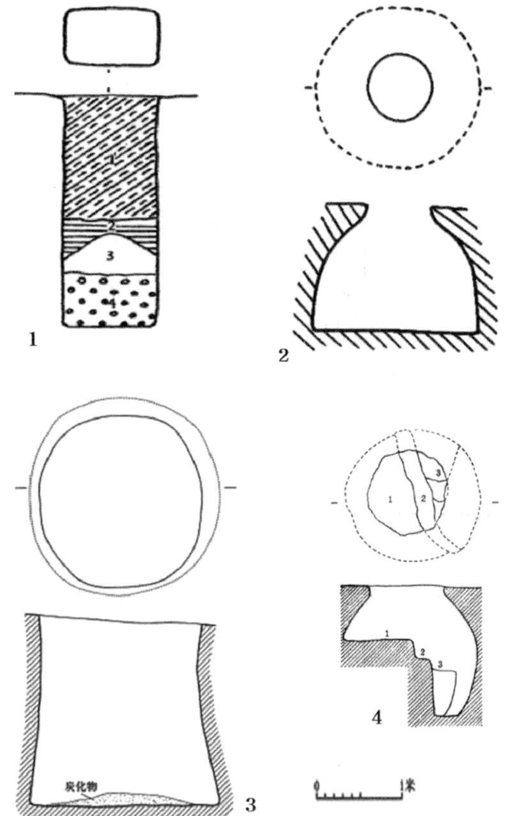

그림 12　중국 신석기시대의 저장혈(劉丹 · 張立東 2023에서)

1: 하북 磁山H346　|　2: 감숙 秦安大地灣 H219　|　3: 하남 偃師灰嘴H9　|　4: 섬서 寶 鷄北首領H17

저장혈은 온도는 일정하여 여름에는 시원하고 겨울에는 따뜻하여 저장의 기능에는 유리하지만, 습도가 높아서 곡물의 저장에는 적절하지 못하고 과실 · 견과류 · 채소류 · 구근류 등을 저장하기에 유리할 것이다(손준호 2021). 중국 신석기시대의 경우 다양한 형태의 저장혈이 발견되는데, 자산문화기에는 장방형을 띠며 밀집되는데 공공 식량 저장의 성격이며, 앙소문화기에는 습기를 방지하기 위한 소토벽을 만들거나 돗자리같은 것을 깔기도 하는데 가옥 내부에서도 곡식 저장혈로 나타나고, 용산문화기에는 농경 발전과 안정적인 정착으로 대형화하면서 초기국가와 같은 전문적인 곡식 저장건물로 발전한다. 그리고 저장혈 내부에서는 조와 기장이 주로 발견되고 있으며, 하남 하북 산서 섬서 감숙 산동에 분포한다.(劉丹 · 張立東 2023) 아직 국가체제가 완성되지 못한 신석기시대의 북방지구는 벼의 재배와 집산이 이루어지지 않았기 때문에 주로 잡곡의 저장용으로 저장혈이 조성되었다고 판단된다. 商周시기에는 중국 전역이 곡물이 집산되어 저장되겠지만, 이때에도 저장혈에서 벼의 저장은 어려웠을 것이다. 벼는 다모작 작물로서 온도와 습도가 갖추어지면 발아할 수 있기 때문에 손준호(2021)의 지적이 올바를 것이다. 그래서 벼의 경우는 지상식 창고에 저장하였을 것이다.

상주시기에는 생산력의 증대로 관창으로서 대형창고가 건립되고, 《周禮·地官·司徒》에 따르면 체계적인 창고관리 팀으로서 倉人이라는 조직을 갖추고 있었으며, 소형의 저장혈은 민중이 사용하는 일반적인 창고였다. 그리고 상주시기에는 지상식·반지하식·지하식 창고로 나누어져 있는데, 지하식 저장혈은 산동 섬서 산서 하남 하북 호북에서 발견되며, 원형수혈의 상면이 직경 5.2~1.2m까지 다양한 편이다.(時西奇·井中偉 2018)

이상의 중국의 저장혈에서 주대에는 산동의 제남에는 저장시설이 관창으로서 관리되었음을 알 수 있고, 이러한 정황은 농업기술이 뛰어난 교동반도의 래국에서도 동일한 관리체계를 가지고 있었을 것으로 추정된다.

(6) 松菊里型住居址

송국리유형주거지는 전기주거지에서 분화한 것이다. 방형계와 원형계 속에서도 주혈의 위치와 개수, 중앙토광의 형태와 위치에 따라서 다양한 변이가 존재하지만, 송국리문화 발생지로서 호서해안지역이 가장 변이가 풍부하다고는 할 수 없을 것이다. 필자(1996)는 관산리형주거지의 대가족체가 분화한 결과로서 소형화한 것이라고 추정하였으나, 羅建柱(2006)에 의해 구체화되었고, 宮里修(2005)와 李亨源(2007)도 전기주거지에서 송국리형주거지가 형성되어가는 과정을 형식학적 방법으로 제시하였다. 즉 송국리유형주거지는 현재로서는 다원적인 출현으로 예상되고 다만 그 원인은 송국리문화의 파급에 있었을 것이라 추정된다.

송국리유형주거지로의 전환은 사회의 변화로 봐야 할 것이다. 핵가족체로의 분화는 비송국리문화권에서도 동시에 진행되는 것이기 때문에 송국리문화권만의 현상으로는 볼 수 없고, 노지의 결실만이 특징이다. 아마도 수전농경을 통하여 생산성이 높아지면서 대가족체에서 핵가족체로 분화할 수 있는 사회적 여건이 조성되었을 것이라 추정된다. 그리고 잉여생산은 수장의 권한을 강화시켰고 그로 인하여 가족체는 혈연중심체에서 떨어져서 점차 지연중심의 공동체적성격을 띠게 되었을 것이다. 송국리문화가 그다지 수용되지 않은 한강유역권이나 동남해안권에서도 이 시기에는 핵가족체의 가옥으로 변천하는데, 이 지역에서도 수전농경만은 적극적으로 수용하여 인구증가로 인한 수렵채집경제의 부족한 부분을 메꾸려고 노력하였을 것이다.

중국에서 송국리형주거지와 유사한 구조를 가진 유구로서 '圓形建築'이라는 지상식창고가 있다. 상주시대의 官倉과 같은 역할을 하는 곡창으로서 염창이라는 주장도 있다.

〈그림 13〉의 F502 곡창은 지면을 평탄하게 만들고 이때 직경 9m 전후의 얕은 수혈을 파서 황색토를 깔고 夯土하여 기반층을 만들고 난 뒤에는 주기둥을 세우기 위해 직경 1.2m의 원형 중앙주혈을 굴착하고 다시 십자상의 구를 파서 그 내부와 가장자리에 소형의 기둥을 박아서

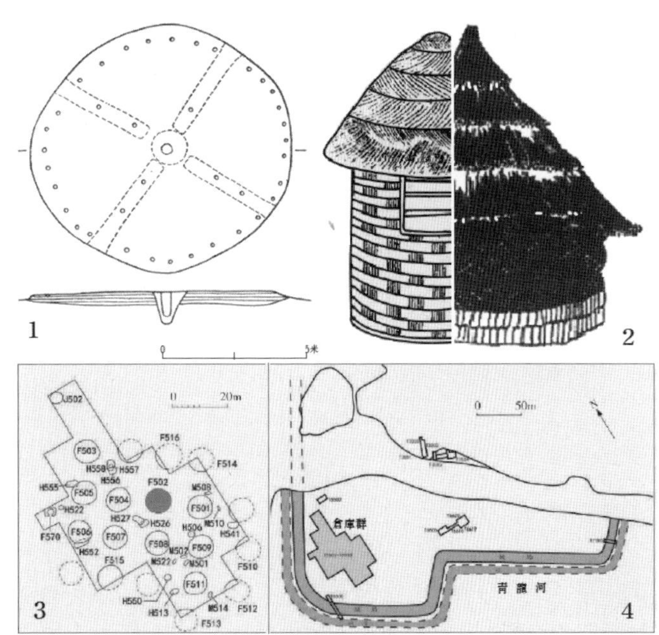

그림 13 산서 東下馮 商城의 지상식곡창 F502호와 四庫 全書(좌, 곡창)·天工開物(우, 염창)의 창고(陳國梁 2020에서 개조)

창고의 지상 벽체와 삿갓형 지붕으로 만들었다.(陳國梁 2020) 이런 구조의 건물을 明代 천공개물의 염창[5](그림 13의 2右)과 淸代 사고전서의 곡창을 참조하고 있다. 이러한 지상식곡창은 商周시기부터 시작하고 二里崗문화기에 속하는 산서 東下馮 商城과 하남 偃師 商城 유적의 사례에서 밝혀졌다(陳國梁 2020). 그래서 물류의 집산지 역할을 하는 서주대의 성곽유적에서는 성곽의 일각에 창고군을 조영한 것이 일반적인 성곽의 구조였을 것이고, 산동의 제나라나 교동반도의 래국에도 지상식 원형창고지가 설치되었을 것이다. 교동반도의 래이가 충남지역에 도착하여 재지의 방형주거지와는 다른 원형의 송국리형가옥을 건립했을 때는 축조의 간편함도 있겠지만 농경민의 상징으로 인식되었던 곡창의 형태를 취하였을 것이라 추정된다. 다만 곡창과는 다른 부분은 수혈가옥으로서 중앙 토광을 넓혀서 2개의 주기둥을 세우고 서까래를 덮어서 지면에 박아 지상 벽체는 삭제하였다고 생각한다. 화덕은 창고에는 없었기에 가옥 내에도 설치하지 않았으나, 생활은 핵가족체 이주민이기 때문에 생산과 소비를 공동으로 할 수밖에 없었고, 그래서 야외에서 공동취사의 화덕을 설치하였다고 추정된다.

5　염창은 습기에는 취약하지만 곡창처럼 해충이나 쥐로부터의 방어는 불필요하다. 그러므로 곡창과 염창의 건립에 사용되는 식물재료는 다를 수 있다.

2) 남방문화 요소

남방문화의 중심은 水稻作이다. 한반도 쌀의 기원에 대해서는 일찍부터 北路說과 南路說 이 외에도 유구석부 등과 관련하여 해로를 통하여 중국 화남해안지역에서 한반도로 전파하였다는 中路說도 상정되었다(金元龍 1964; 301-306). 한편 한반도 수전도작의 기원에 대하여 중국의 산동반도에서 중부지역으로 전래하였다는 설(全榮來 1985, 李進熙 1983)은 흑색마연장경호(흑도)와 도씨검이 산동과의 관련이 있으며, 서해안의 태안반도와 산동반도는 지리적으로 가깝다는 것이다. 그리고 여주 흔암리유적과 부여 송국리유적의 탄화미가 자포니카형이라는 점도 산동반도와의 관련성으로 추정하였다. 그리고 일본고고학자들[6]은 한반도의 수전도작은 중국 長江-淮河유역에서 산동반도를 경유하여 한반도 서부지역으로 전파되었다는 의견에 일치한다(池橋宏 2008; 74-75).

그런데 小田富士雄(1986; 184-187)는 남경유적·흔암리유적과 송국리유적의 탄화미의 계측치를 통하여 송국리탄화미는 장폭에서 거의 균등한 단립형인데 반하여, 앞의 두 유적은 단립형이 주체를 이루지만 다소의 변이가 존재하며, 북부구주의 야요이 조기의 탄화미는 송국리에 가까운 정황이라고 하며 수도작의 가능성을 시사하였다. 안승모(2011; 158-165)는 송국리와 흔암리의 탄화미가 장폭에서 분명한 크기의 차이를 보이며, 청동기시대의 탄화미 평균 길이 3.9mm보다 큰 송국리형(길이 4.0-4.3mm, 폭 2.3-2.6mm)과 작은 흔암리형(길이 3.3-3.8mm, 폭 2.1-2.3mm)으로 대별된다고 하였다. 필자는 이상의 근거를 통하여 송국리형=수전경작, 흔암리형=전작으로 보고자 하며, 수전경작이 송국리문화기에 유입된 것으로 판단한다.

(1) 水田稻作

논 유구는 중기 말에 최초로 등장하는 것으로 판단한 바(안재호 2010) 있으나, 이것은 「중기 후반 – 선송국리유형(후기 전반) – 송국리유형(후기 후반)」의 편년관에서 무문토기의 문양이 복합문 → 단독문 → 무문(송국리식토기)으로 변화한다고 판단한 송국리문화 토착계설의 입장이었기 때문이다. 그러나 외래계설이나 토착계외래영향설에 따르면 초현기의 모든 논 유적의 시기는 후기로 설정되어야 하고, 〈표 1〉과는 달리 충남지역이 영남지역보다 이른 시기의 논 유적이 발견될 수 있다.

앞서 송국리문화 속의 선진적인 요소의 유입이 교동반도에서 유래하였다면 그와 함께

---

6   岡崎敬(2002), 春成秀爾(1990), 寺澤薰(2000), 宮本一夫(2007)

시기	유적	논 형태
후기 초 (구, 중기 말)	대구 동호동	소구획식
	함안 명덕고교	소구획식
	울산 야음동 II지구	계단식
후기 전반	울산 발리 하층	계단식
	울산 옥현	소구획식
후기 후반	논산 마전리 C지구	계단식

생계 수단으로 당연히 수전농경이 유입하였다고 판단하여, 수전농경은 교동반도의 주민이 이주해와서 비로소 전파된 것이다.

池橋宏(2005; 118-122)은 수전의 이점을 다음과 같이 지적하고 있다.

① 작물의 영양으로 가장 중요한 질소는 토양 속의 유기물에 포함되어 있는데 물에 잠김으로 해서 산화를 방지하여 오래동안 작물에 공급될 수 있다는 이점이 있어서, 질소가 유실되기 쉬운 밭 경작처럼 휴한지나 윤작이 없어도 오랫동안 경작할 수 있다. 그리고 토양 속 인산의 경우도 물에 잠겨있으므로 밭에서처럼 철·알루미늄과 쉽게 결합하지 않아서 벼의 비료로 이용되기 쉽다는 이점도 있다. 또 관개수에 의해서 칼륨 등의 무기비료가 공급되는 이점도 있다. 즉 물은 벼의 생육과 결실에 필요한 영양소를 지속적으로 밭보다 풍부하게 제공한다는 이점을 들 수 있다. 이 때문에 비료를 주지 않더라도 1헥타르 당 약 2톤의 나락이 생산되며, 이것은 밭 경작의 2배에 해당한다.

② 수전에서는, 밭처럼 연작으로 인하여 축적되는 호기성 병원균이 사멸하여 매년 같은 토지에서 재배가 가능하다.

③ 밭은 降雨에 의해 토양침식이 일어나지만, 수전은 논둑이 있어서 흙의 유실이 없다. 그리고 물이 고여 있으므로 토양의 극단적인 산성 혹은 염기성화를 완화하는 작용을 한다. 또한 경작시에는 물에 흙덩이가 떠있는 상태이기 때문에 밭을 가는 것보다 노동력이 절감된다.

④ 논의 잡초는 어느 정도 물에 잠기게 하면 살아남는 풀의 종류가 적어지므로 밭보다는 훨씬 제초가 수월한 편이다. 그리고 단백질영양원으로서 수로의 물고기를 이용할 수 있다는 이점이 있다.

⑤ 중세 유럽의 맥류 재배에서 생산량은 파종량 4배에 불과하지만, 일본 나라시대의 수도작은 25배의 수확량이 기준이었다고 한다.

이러한 점에서 수전의 장점이 충분히 설명되었고, 수전이 잉여생산이 가능한 집약적인 농경이라는 점도 자연스럽게 이해할 수 있다. 이 외에도 필자는 수전의 특질은 벼의 생육은 물 속의 영양소가 고르게 공급됨으로써 논 한 면의 벼 모든 줄기의 이삭은 모두 균등한 크기로 생산됐을 것이란 점이다. 이에 반하여 밭벼의 경우는 나락 한 개에서 다수의 줄기가 올라와 각각의 벼 이삭을 맺는데 뿌리로부터 줄기로 공급되는 영양소는 밭의 각 지점마다 다를 수밖에 없고, 더구나 물 공급이 원활하지 못할 경우에는 벼 한포기 중에서도 각각의 줄기에 공급되는 정도가 벼의 생존전략에 따라 달랐을 것이다. 그러므로 밭벼에서는 낟알의 크기에 변이가 많을 수밖에 없으나, 수전의 벼는 크기도 크고 균등한 낟알을 생산할 수 있었던 것이다. 이런 관점에서 송국리형의 탄화미는 수전일 가능성이 있고, 흔암리형은 청동기시대 조기(안승모 2014) 이래로 여전히 밭벼일 것이라고 판단된다.

지금까지 확인된 청동기시대의 논은 송국리문화권만 아니라 비송국리문화권에도 발견된다. 교동반도 연안지역에서 충남지역으로 전파된 논농사는 최초 수용되기까지는 여러 상황이 있었겠지만, 벼 논농사의 이점을 깨달은 무문토기인은 생존전략으로써 문화의 이질적인 경계도 철폐하고 적극적으로 수용하였을 것이다.

(2) 덮개가마

한반도에서 청동기시대의 토기 소성유구로는 수혈식과 평지식이 있고, 다시 평면형태가 원형 혹은 부정형과 구상인 것으로 나눌 수 있다(윤호필·김미영 외 2010; 73-75). 이런 기법의 토기가마 복원은 이미 金賢(2002)에 의해 시도되었다. 그런데 민속지 자료를 활용하여 복원한 또 다른 토기가마로서 "벼과초본류 연료로 토기 전체를 덮어 요상의 구조를 이룬 것"을 덮개형 야외소성으로 명명하고, 아시아지역에서는 도작과 강한 결합을 보인다(小林正史 2007; 15-19)고 하였다.

이 덮개형 야외소성 토기가마는 송국리문화기에 나타나며 중심지는 유적이나 유구의 수로 본다면 호서 해안지역이고 분포는 송국리문화 분포권과 일치한다(庄田愼矢 2007; 190-196). 그리고 〈그림 14〉처럼 교동반도 동단부와 요동지역은 덮개가마의 분포 예상지역이지만, 민족지 자료로써 참조한다면 아시아 남방계통(北野博司 2007)이며, 한반도에 유입된 것은 중국 남방계의 도작문화와 함께 교동반도를 경유하였을 가능성이 높다고 하겠다. 이것은 타날문토기의 유입과 함께 수도농경유입설(深澤芳樹·李弘鍾 2005)을 지지하는 증거일 것이다.

수전농경문화 유입의 증거로서는 타날기법보다도 더욱 적극적인 것이 바로 이 덮개가마일 것이다. 보령 관창리유적(李弘鍾·姜元杓 외 2001)에서는 덮개가마 24기가 밀집하여 나타

낮으며, 이곳이 생산시설의 집중
화(安在晧 2004)가 보인다는 점에
서 전업적 생산체제의 일단을 엿
볼 수 있다. 관창리유적에서 덮개
가마의 집중화는 역시 교동반도
의 공장제 생산체계의 영향이라
고 봐야 할 것이다.

(3) 獨立棟持柱建物

일본 야요이시대 池上曾根유적
의 독립동지주건물은 神殿 또는
祭殿(広瀬和雄 1998, 山岸常人 2006)
으로 인식하거나, 일본 고대에는
동지주가 있는 쌀 창고의 건축이
발전하여 신사 건물로 성립하였
다는 설(岡田精司 1998)도 있다.

　　독립동지주건물은 현재 보
령 관창리유적, 부여 송국리유
적, 사천 이금동유적 등 송국리문
화기의 거점취락에 해당하는 유
적에서만 발견되고 있다. 중기부
터 나타나는 고상창고라는 굴입

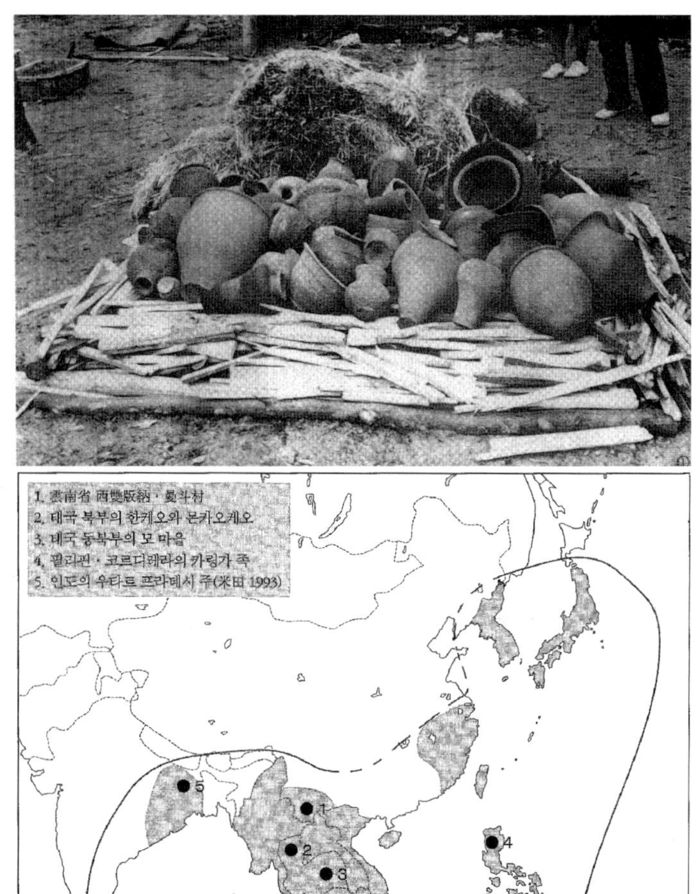

그림 14　덮개가마의 민족지와 分布圖(北野博司 2007; 小林正史 2007에서)

주건물은 대형이라도 복수로 병존하지만(안재호 2009), 독립동지주건물은 특정 시기에 1동만
확인되고 있다. 송국리유적을 분석한 결과(안재호 2021)에는 총 3동의 독립동지주건물이 확
인되었지만, 취락이 성장하면서 점차 대형화하는 독립동지주건물로 교체되고 있음을 알 수
있다. 이와 같은 양상은 사천 이금동유적에서도 소형(12호 고상건물)과 초대형(61호 고상건물[7])

---

[7]　2009년의 논문에서 동지주가 한쪽만 확인되므로 고상창고로 분류하였으나, 입지와 규모에서의 해석은
독립동지주건물처럼 제전으로 추정하였다. 본고에서는 독립동지주건물로 인식한다.

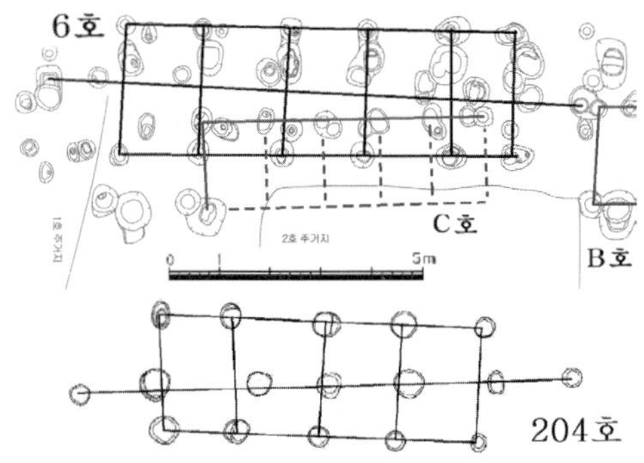

그림 15 獨立棟持柱建物址
상: 송국리 6호 | 하: 관창리 204호

각 1동이 확인되지만, 각각의 조영 시기는 다르며 이 역시 취락의 성장과 병행한다고 하겠다. 이금동 유적의 초대형이 현재까지 확인된 최대규모인데 길이 29m에 달한다.

독립동지주건물은 민족지 자료로서 〈그림 16〉의 인도네시아 술라웨시 토라자족의 건축이 있는데, 이들의 조상은 배를 타고 이주해온 수전도작인으로서 이를 기념하기 위해 배 모양을 형상화한 독립동지주건물을 조영하였다고 한다(배재훈 2018). 8-15세기에 건립된 중부 자바의 보로부두르유적의 건축 부조에는 독립동지주건물의 지붕 형태 즉 逆梯形 지붕의 가옥은 주로 곡물창고이거나 死者의 집(가종수 2016)이다. 토라자족의 독립동지주건물은 조상신을 모신 사당과 같은 것이고, 독립동지주에 매달아둔 물소 뿔은 장례의례에 공헌한 제물을 과시한 것이지만 논농사를 통해서 이룬 경제적 부를 상징하는 것이다.

중국 운남의 진녕 석채산유적의 M3 집모양 청동기에는 그 주인공인 滇人(춘추-동한의 시기)들의 船屋 또는 馬鞍形屋이

그림 16 인도네시아 수라웨시의 토라자족 사당

그림 17 雲南 石寨山M3의 64집 模型(上)과 玉縷銅鼓(下左), 黃夏銅鼓(下右)의 臼米舞

라고 부르는 역제형의 지붕을 인 고상건물에 조상신을 모셔두고 소를 공헌하면서 銅鼓를 두드리며 제사를 지내는 광경이 묘사되어 있다. 동고는 중국 남방과 동남아세아를 묶는 의례기 또는 정치체의 상징물로서 권력 지위 부의 상징일 뿐만 아니라 풍작을 주재하는 자연신으로도 간주되고 농업풍작과 자손번창을 보증한다고 믿고 있다. 동고에는 많은 문양이 묘사되는데, 그 중에서도 소를 베는 椎牛의식과 절굿공이로 절구를 찧으며 춤추는 臼米舞 그리고 개구리와 龍船 등은 벼농사 농작의례와 관련된 것(兪珊瑛 2014; 63-80)이다.

따라서 인도네시아·운남의 수도경작문화와 독립동지주건물은 한반도와 일본열도에까지 연계된 것이며, 덮개가마의 분포와 일치할 것이다.

〈그림 16〉의 독립동지주건물은 집안마다 자신의 선조를 모신 토라자족의 예이지만, 독립동지주건물의 소유가 취락의 기물념인지 혹은 한 단위의 집단 또는 가계인지에 따라서 취락내의 수가 달라질 것이다. 한반도에서 발견된 독립동지주건물이 동일 시기에 거점취락에서 1동만 존재하는 것은 취락단위의 기념물인 것을 암시한다. 그래서 이 건물의 등장도 중국 남방 이남의 농경민이 이주한 결과라고 한다면, 이주한 가족 혹은 소집단 중에서 최고의 장로가 수전경작의 지도자였을 것이므로 이를 논농사의 始祖神으로 모신 사당으로 상정할 수 있다. 이런 가정이라면 현재 우리의 문중 사당이나 산신 사당처럼 독립동지주건물 내부에는 농경 시조신과 관련된 상징적인 우상이라든가 기원 또는 추념의 대상물이 있었지 않았을까 추측된다. 이런 해석이라면 일본 池上曾根유적의 독립동지주건물을 신전으로 보고자 한 広瀬和雄(1998)의 주장도 타당한 것이다. 그리고 인도네시아의 예로서 곡창으로서의 고상건물도 독립동지주는 설치되지 않았다고 해도 지붕의 형태는 유사한 것이었는지도 모르겠다. 즉 고상창고도 의례의 대상이었기 때문에 형태상 유사성을 띠었을 것이다.

(4) 절굿공이와 耳璫

金度憲(2011; 46-54)은 절굿공이가 청동기시대 후기에 출현하며, 뒤이은 철기시대에 비하면 손잡이에 돌대가 만들어진 것이 특징이라고 하고, 절굿공이를 통한 청동기시대 후기의 식문화는 식탁에서 쌀의 비중이 높아졌으며, 시루조리법의 한계를 보완하여 떡이나 죽의 형태로 먹었을 것으로 보았다.

절굿공이는 수전 농경과 반드시 결부된 것으로 보기는 어렵지만, 수전의 발생지인 중국의 신석기시대 河姆渡유적에서 출토된 바(劉軍 1995; 115-118) 있고, 앞서 운남의 동고에도 절굿공이 춤이 묘사되어 있다. 그리고 민족지 자료에서 떡은 조엽수림문화의 가장 큰 특색이라고 한다(佐々木高明 1991; 259·310-318). 또 일본열도의 초기도 작의 특색으로도 절구와 절굿공이를 사용한 탈곡과 정백 작업을 들고 있다.

청동기시대의 절굿공이는 영남 내륙인 대구 매천동유적과 안동 저전리유적에서 출토되었다. 이 두 유적을 보고서(김도헌·이지혜 2010, 河鎭鎬·李濟東 외 2010)에서는 모두 중기 후반 혹은 중기 말에서 후기 또는 후기 초로 편년하고 있다. 그런데 대구 매천동유적(그림 19의 상)에서 절굿공이가 출토된 하도에는 주상편인석부·이단병식석검(263)·무경식석촉(270)·이단경식석촉·평근일단경식석촉(269)·흔암리계토기(240) 등 중기의 유물은 출토되지만, 후기의 표지유물인 유구석부·일단병식석검·첨근식석촉 등은 보이지 않는다. 다만 적색마연호(241)와 방형의 송국리유형 주거지는 1동이 발견되었을 뿐이다. 안동 저전리유적(그림 19의 하)의 저수시설에서는 발달하지 못한 일단병식석검(177)과 이단병식석검·평근식석촉(299-307)·주상편인석부(156)·흔암리계토기(431)·적색마연대부옹(335) 등이 검단리식토기(441·501·504)와 공반하지만, 검단리식토기는 공렬문이 압도적이고 파수가 구연 가까이에

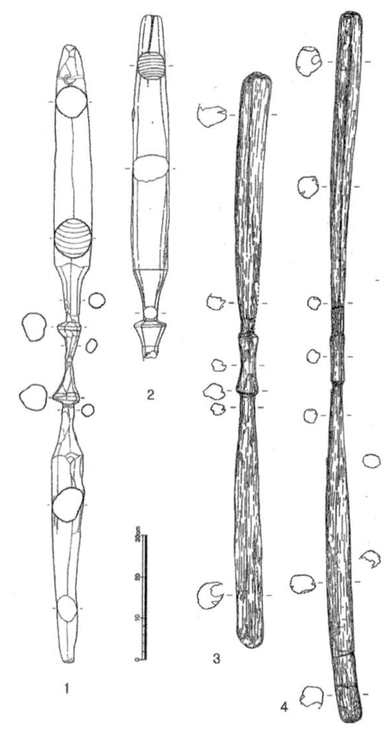

그림 18 靑銅器時代의 절굿공이(金度憲 2011)

1·2: 안동 저전리 | 3·4: 대구 매천동

부착되는 점은 검단리식토기의 始原양식처럼 보인다. 그리고 첨근식석촉·유구석부 등은 보이지 않지만, 적색마연호(232)·송국리식토기(124)와 구연이 외반된 토기도 약간 나타나고 있다. 따라서 매천동유적은 거의 중기 후반~말까지 볼 수 있겠으나 송국리유형의 주거지와 적색마연호가 존재한다는 점에서 후기의 맹아기로 볼 수밖에 없을 것이다. 저전리유적은 매천리유적보다는 시기가 늦은 것은 분명하겠으나 석기의 구성은 크게 뒤지지 않고, 송국리식토기와 외반구연토기가 상대적으로 많다는 점에서는 늦다고 볼 수도 있겠으나 유물공반상에서는 역시 후기의 맹아기로 판단된다.

이 두 유적은 절굿공이로 보아 분명히 수전 농경문화가 유입된 상황이라는 것을 알 수 있으며, 충남지역에서 멀리 떨어진 영남내륙으로 후기의 시작 시점에 전파된 것은 수전 농경의 확산이 매우 빠르다는 것을 시사한다. 이런 관점이라면 이해되는 것이 야요이 조기의 농경문화가 기원전 10세기 후반(藤尾愼一郎 2004)이라는 사실이다. 이 시기는 충남지역에서의

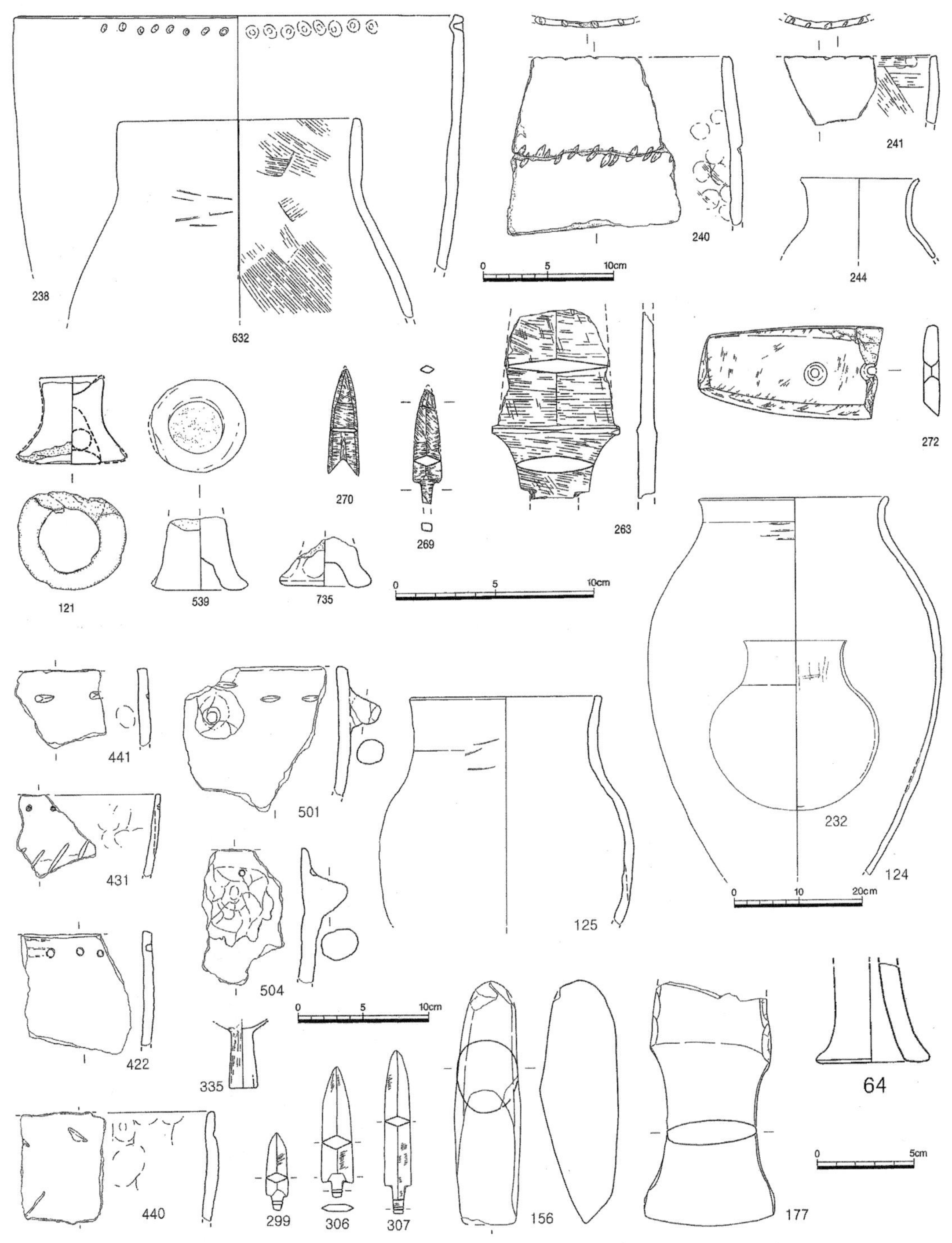

그림 19　절굿공이의 共伴遺物(上 : 梅川洞, 下 : 苧田里)

송국리문화 형성기에 해당하므로, 교동반도에서 이주해온 그들의 노하우를 전개하고 성과를 보이기 위해서 수전기술을 넓은 지역으로 확산시킨 것이라 생각된다. 이것은 반대로 충남지역에서 초기에는 수전 농경지로 적합한 곳을 찾지 못하여 주변지역으로 최적지를 찾아 다녔던 것이 아닌가 추측된다.

(5) 이당

매천동유적의 121 토제품은 토기의 대각부와 같은 형상이지만, 대각으로서는 소형이며 대각 내부에 토제구슬을 넣고 봉한 장고형의 이당이다. 〈그림 19〉의 539·735과 저전리유적의 64도 동일한 장신품이라고 추측된다. 또 유사한 이와 같은 형식의 이당으로는 묵곡리·동천동·귀산동·상촌리유적(그림 20의 上, 국립중앙박물관 2000)에도 있는데, 이 유적들은 모두 충적지의 강가에 입지하는 유적으로 수전농경에 접합한 지형을 택하고 있고, 송국리형마을을 이루고 있다. 교동반도에서 이주해온 萊夷 혹은 淮夷의 수도 농경민이 착장한 장신구 耳璫으로 추정된다.

　　중국의 耳璫은 신석기시대부터 육조시대까지 출토되는데, 매천동과 저전리의 것처럼 장고처럼 중간이 좁혀진 형태를 收腰圓筒形耳璫(李芽 2013)이라하며, 일본 조몬시대 중기(하인수 2019)에도 토제 鼓形耳飾의 형태로 출토되었고, 늦은 시기지만 한반도 평양 낙랑묘인 석암리

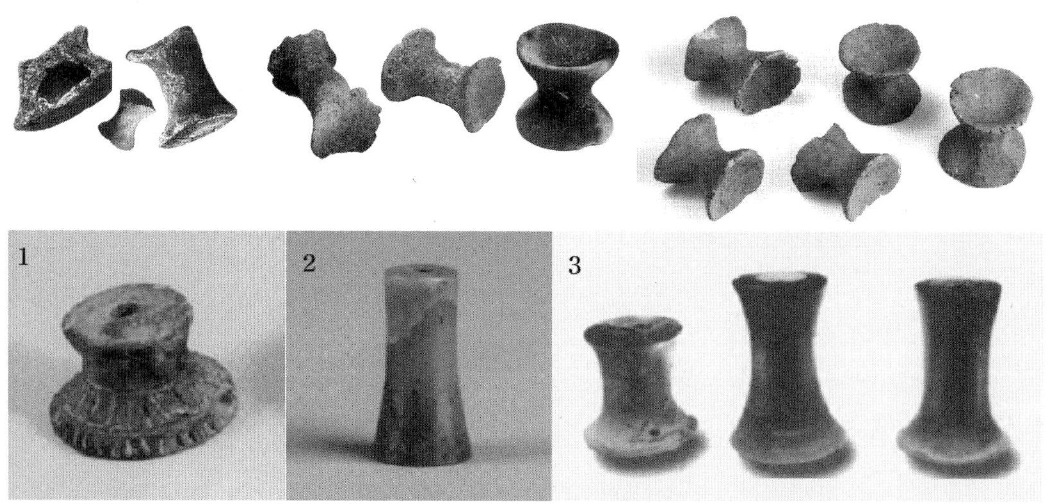

그림 20　남한의 토제이당과 중국의 장고형이당(閻淑敏·張玉安 2018에서)
上左: 산청 묵곡리　ㅣ　中下: 칠곡 동천동·공주 귀산동　ㅣ　上右: 진주 상촌리(국립중앙박물관 2000에서 변경)
1: 절강 河姆渡유적 토제품　ㅣ　2: 서주대의 하남 應國 M85묘 옥제품　ㅣ　3: 전국시대의 유리제품

205호묘, 김해 대성동 45호분 등에서도 유리제·석제품의 장고형이당이 출토된 바 있다.

　　장강 중하류에서 신석기시대와 商周시대의 높은 신분의 玉人像에서 착용한 것이 확인된다(陳東杰·李芽 2012). 전국시대에는 유리제 이당을 착용한 모습을 한 인면문단검이 출토되는데, 일직이 베트남의 동산문화에서 발견된 것이 중국 남방에서도 출토된 것으로 古越族의 유물이란 것이 밝혀졌으며, 이당은 요령·북경·산동·강소·안휘·광동·하남·호북·중경으로 서해와 장강유역을 따라 분포하는데, 신석기시대에서 신석기시대 후기 그리고 청동기시대 조기의 출토 비율을 보면 북방지역은 3.48%에서 0.85% 0.78%로 줄어드는 반면, 남방지역은 16.61%에서 청동기시대에는 26.85%로 증가하는 경향을 보인다.(閆淑敏·張玉安 2018)

　　따라서 장고형이당은 베트남을 기원으로 하며 청동기시대에는 중국 남방에 집중하기 때문에 매천리와 저전리의 이당 주인공은 중국 남방계의 수도작인이라는 확률이 높으며, 이들이 후기 초에 영남 내륙 깊숙이 이동한 것은 송국리문화 속에서도 특히 수도작문화의 전파는 매우 급속하게 확산되었다는 것을 시사한다.

3) 요령지역의 문물

송국리문화 속에서 요령지역계 문물로 알려진 것이라면 비파형동검과 소형 편인주상석부 그리고 구획묘와 가지문토기일 것이다. 이중에서 가지문토기는 충남지역에서는 출토된 바 없으나, 호남과 영남에서는 후기의 이른 시기부터 나타나고, 일본열도의 福岡[8] 兵庫 愛媛에도 출토되었다. 이것의 기원지는 요령지역이지만 그 문양기법만 채용하고 기형은 토착 형태라는 특징을 가지며(안재호 2010), 구획묘와 함께 전파되었을 것이다. 비파형동검은 당연히 고조선의 요령에서 전파된 것이지만, 충남지역의 비파형동검은 송국리동검을 제외하면 모두 2차 가공품이고 경부에 홈이 있는 형식이라서 후술하겠지만 오히려 여수반도와의 관계가 높아 보인다. 또 소형의 편인주상석부는 쌍타자문화에서 발달한 것이지만 한반도에는 이미 중기 이전에 유입되어서 사용되던 것(裵眞晟 2014)이므로 토착 요소로 분류해야 할 것이다. 구획묘의 분포는 영남지역이 절대다수를 차지하지만, 주구식과 석조묘역식[9]이 있고 충남지역

8　新日韓交流の考古學 연구회에서 福岡 荣畑유적(唐津市教育委員會 1982)의 9~12층 524번 무경식호의 동체에 2개의 가지문양을 확인한 바 있다.

9　구획묘는 크게 2종류가 있는데 묘역 경계를 단순히 주구 토광으로 한 것과 돌을 이용하여 한 것이 있다. 이 돌을 이용한 각종의 구획묘를 石造墓域式이라고 부르고자 한다.

에는 서천 오석리유적과 보령 관창리유적에서 주구식구획묘가 확인된 바(안재호 2021) 있으며 또 보령 평라리에서도 석조묘역식이 군집으로 발견되었다. 이중에서 서천 오석리 구획묘는 이른 시기이므로 송국리문화 형성에 잠시 영향을 미쳤을 것이다.

(1) 쌍타자식 土器底部

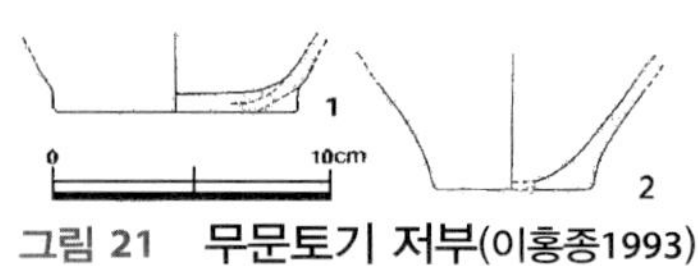

그림 21　무문토기 저부(이홍종1993)

무문토기의 저부는 축약저부로서 내면이 오목하거나 평평하지만 내면 외측에 점토띠를 덧대어 보강하여 동체에서 저부로 부드럽게 곡선을 이루는 것이 일반적인 형태이다. 송국리식토기도 이와 동일한 형태로 제작(그림 21)되는데, 李弘鍾(1993)은 저부 내면의 특징을 통하여 1형·2형(그림 21의 1·2)으로 나누었다.

그런데 몇몇 토기의 저부는 이와 다른 형태가 관찰된다. 즉 중국이나 요령의 토기와 유사한 형태로서 토기의 저면의 두께나 동체의 두께가 동일하여, 저부의 내면이나 외면의 형태가 같은 모양을 띠는 것이다. 이런 특징을 가진 토기 저부를 구고(2019)에서는 중국계토기 저부라고 명명하고 A형(그림 22의 3·4·7~9·11~13)과 B형(1·2·5·6·10·14~15) 2종으로 분류였다(안재호 2019). 중국계 저부의 제작은 점토를 얇게 펼쳐서 이것을 적절하게 잘라 저부와 동체 성형에 사용한 것이라 추정되는데, 얇은 점토대가 붕괴하지 않고 균일한 두께로 쌓아 올릴 수 있었던 것은 우수한 비짐 점토를 사용한 까닭일 것이다. 이러한 특징은 원삼국시대의 와질토기나 삼국시대의

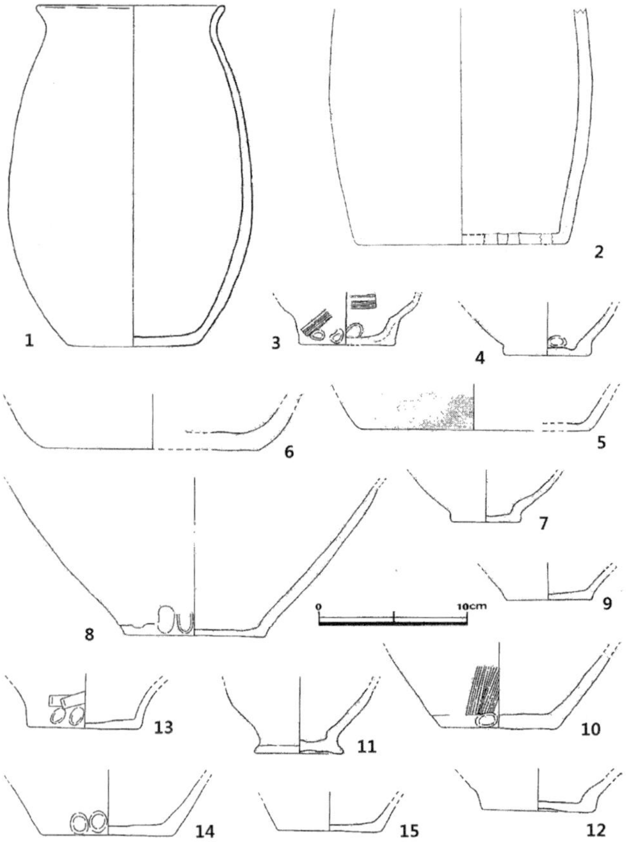

그림 22　충남지역 출토 쌍타자식 底部(1/5)

[扶餘 松菊里遺蹟] 1: 54-14호住　|　2: 55-4호住
[保寧 寬倉里遺蹟(B지역)] 3: 7호住　|　4·5: 10호住　|
6~8: 20호住　|　9: 30호住　|　10·11: 63호住　|　12: 69
호住　|　13: 71호住　|　14: 82호住　|　15: 93호住.

도질토기에서 확인되는 것으로, 결국 토기생산의 전문화와 대량생산 체제에서 발생할 수 있는 기법이다.

중국계토기 저부의 분포는 호서해안지역에 집중하고 내륙에도 소수가 산포한다. 중국에서 西周 이전의 토기는 B형이 우세하고 A형도 존재한다. A형 저부는 중국의 하남용산문화(鄭漢德 2000; 214)에도 보이며, 요동반도의 대취자유적 쌍타자1기에서 3기(大連市文物考古研究所 2000; 6-87)까지도 제작된다. 그리고 쌍타자3기문화에 후속하는 상마석상층문화(大貫靜夫 외 2007)의 토기는 A형이 현저히 적어지고, 송국리식토기의 2형 저부와 동일한 것이 대부분을 차지한다. 이상에서 중국계 저부는 요동지역에서는 쌍타자3기까지 유행하며 산동반도에서는 전국시대까지도 제작되지만, A형의 경우는 하남 용산문화에서 요동반도의 쌍타자문화기에 성행한 기법이므로, 송국리문화의 시기를 감안하면 쌍타자3기에 충남지역으로 유입된 선진적인 제도기술이라고 판단된다.

그런데 중국계토기 저부는 산동 혹은 요동반도의 주민이 한반도에 이주해와서 송국리식토기와의 절충형으로 만든 것으로 추정하였으나, 최근 동이와 회의의 지역에서 이와 관련된 토기의 저부를 찾아보니 다른 결과가 나타났다. 〈그림 25〉[10]에서 보듯이 하대의 악석문화에서 주대의 문화를 살펴보면 대부분은 B식저부이고 A식 저부는 악석문화에 잠시 보일 뿐이다. 교동반도에서는 상·주대에는 무문토기 저부2식도 보이며, 회하에서도 역시 B식 저부가 중심이다. 악석문화는 교동반도에

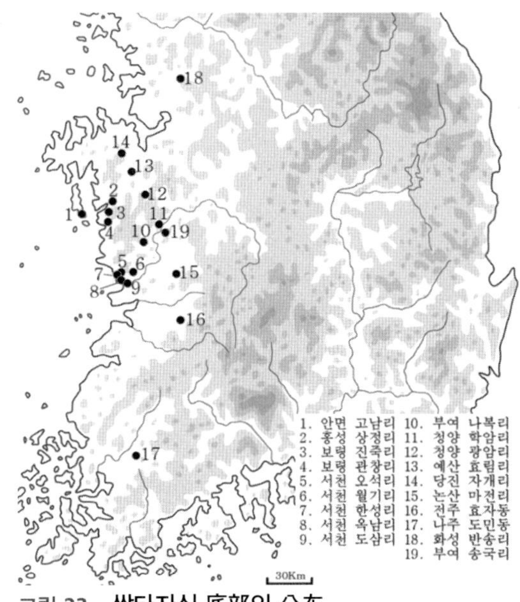

그림 23 쌍타자식 底部의 分布

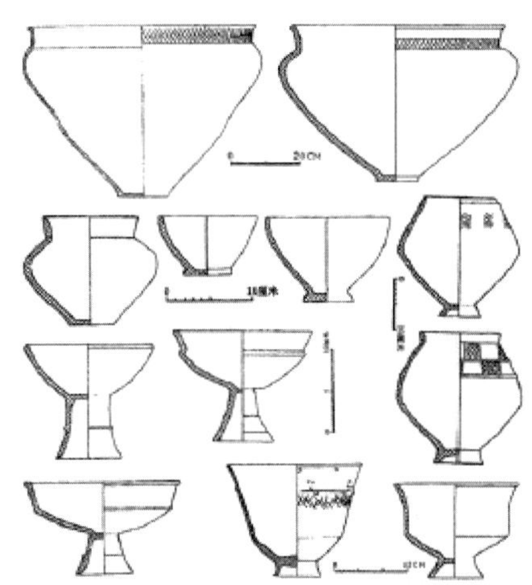

그림 24 대취자유적 Ⅲ기의 쌍타자식 저부

---

10 하대에 발달한 제 문화에서 악석문화는 산동반도가 중심이고, 두계대유형은 안휘성 소호 서쪽이고, 나머지 유형은 〈그림 29〉를 참조하기 바란다.

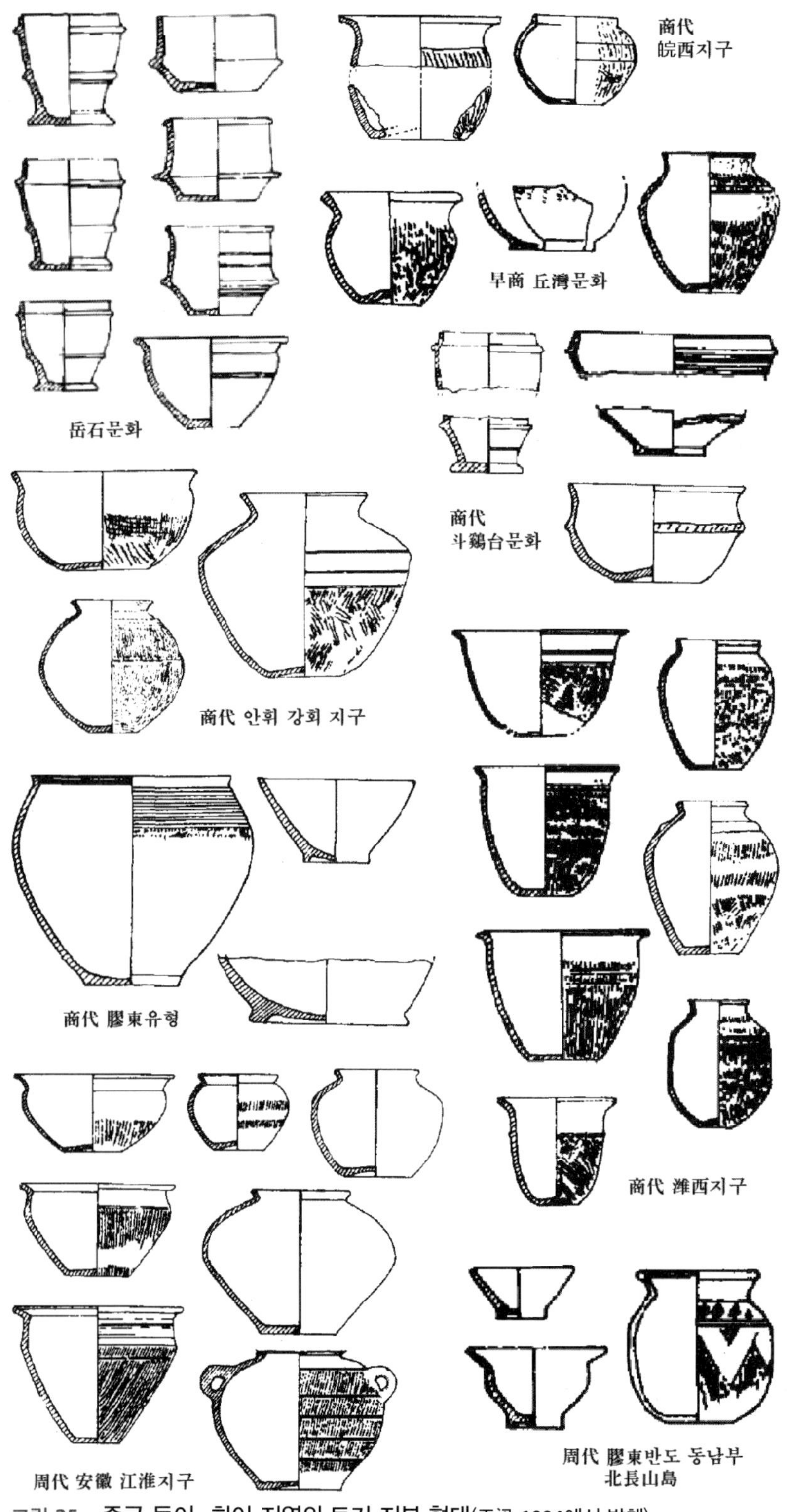

그림 25 중국 동이·회이 지역의 토기 저부 형태(王迅 1994에서 발췌)

서 요동반도로 건너가 쌍타자Ⅱ기문화가 된다. 이 때부터 쌍타자Ⅲ기까지 〈그림 24〉에서처럼 A식 저부가 B식 저부만큼 많이 제작되는 것 같다. 그러므로 B식 저부의 제작은 쌍타자 Ⅱ·Ⅲ기 즉 상주시기에는 동이지역보다 요동반도가 중심지라고 판단되어 오히려 「쌍타자식 저부」라고 명명할 만하다. A식 저부와 B식 저부의 제작집단이 충남지역에서 요동반도와 교동반도로 나뉘어지는 것은 아닐 것이므로, 이 두 형식의 저부를 모두 쌍타자식 저부로 인식하고자 한다. 충남지역에서 쌍타자식 저부를 제작한 사람은 다음의 분할 성형기법을 사용한 이주민일 것이다.

(2) 무문토기 분할 성형기법

관창리유적 B지구 19

호 주거지에서 〈그림 26〉의 1 대형호가 출
토되었다. 이 대형호는 저부와 동체부를
따로 성형하여 접합하는 방식을 취하였다.
대형이거나 또는 동체부의 상부가 매우 넓
은 경우에는 이러한 기법을 사용한다. 이
분할 성형기법은 우리나라에 녹로가 채용
되는 영남의 와질토기나 고식도질토기에
서 주로 관찰(李盛周 2008)되며, 또 백자 달
항아리의 경우도 이러한 방식을 취하는 것
으로 알려져있다. 이때 상하의 두 성형물
을 접합할 때에는 이미 태토가 건조한 상
태이므로 접합부를 얇게 펼칠 수가 없어서
내측에 凸部가 형성되는 것이다. 동시기의
동일한 기법은 요동반도 쌍타자3기문화에

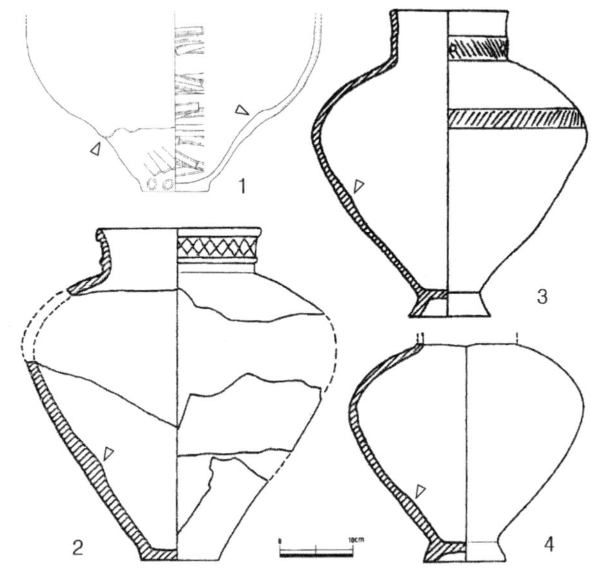

그림 26　관창리·대취자 유적의 분할성형기법
1: 관창리 19호 주거지　|　2~4: 대취자 6호·15호·10
호 주거지

속하는 대취자유적 三期의 대형호에서 찾아진다. 이 시기의 토기는 보고서에도 토기제작에
녹로를 사용하였을 것이라는 고찰(大連市文物考古硏究所 2000)이 있다.

　　　이런 상황을 고려하면 이 토기 제작기법도 선진문물이라고도 할 수 있으나, 관창리 19
호 주거지의 대호는 저부는 무문토기 제작기법을 따르고, 대호의 형태만 〈그림 26〉의 2와 같
은 것을 모방 제작하려고 한 절충식이다. 그러나 소성시에 동체부 상부가 일그러져 내려앉은
이유는 태토 비짐은 여전히 무문토기 태토 제작법을 따랐기 때문일 것이다. 아마 분할성형
기법은 무문토기인이 전수받았을 수도 있고, 아니면 요동반도인이 토기제작을 하였으나 비
전문 일반인으로서 절충식을 택하여 제작하다가 실패한 사례였다는 것도 가능한 해석일 것
이다.

　　　어쨌든 이 분할 성형기법은 영남지역의 토기를 관찰한 경험에 비추어 보면 고대국가단
계의 회전력이 높은 녹로에서 제작하게 되면서 자취를 감추게 된다. 그러므로 청동기시대 후
기 시기의 사회발전 단계상에서는 봉건국가체제의 산동반도와 소국체제의 요동반도로 상정
한다면 분할성형기법은 요동반도에서 제작할만한 기술 수준인 것이다. 이런 과정을 통하여
이미 관창리유적에는 요동반도인이 이주했음을 인지하게 된다.

(3) 區劃墓

한반도의 區劃墓는 지석묘에 부석시설로써 구획한 敷石式區劃墓, 江原道 泉田里유적처럼 주구로써 묘역을 한정한 周溝式區劃墓, 외곽에만 석축을 쌓아 내부 공간을 조영한 石築式區劃墓, 내부에 흙을 쌓으면서 그 상부에 즙석한 葺石式區劃墓, 묘역의 가장자리에만 돌을 두른 外廓式區劃墓 등 다양하다. 충남지역의 구획묘는 보령 평라리유적의 외곽식과 관창리유적·서천 오석리유적의 주구식이 있다.

중국 동북지방에서의 積石墓는 석관 또는 석곽으로 매장주체부를 이루며, 이것이 단장이나 다장으로 배열되고 그 주변에 돌을 쌓거나 깔아서 일정한 묘역을 만든 것으로서 남한의 구획묘와 같은 구조이다. 따라서, 형태만으로 본다면 양 지역의 관계가 깊은 것이다(하문식 1990). 적석묘 중에서 가장 이른 것은 遼西의 牛河梁유적으로서 적석한 墳丘를 가진 신석기시대 중기 紅山文化의 무덤이다. 이후 용산문화기인 郭家村상층기의 장군산·노철산 유적과 쌍타자기의 산용유적에서 춘추전국기의 강상·루상묘로 이어져 왔으므로(宮本一夫 2005), 南韓에서 송국리문화기에 區劃墓가 출현할 수 있었던 것이다. 즉 구획묘는 요동의 적석묘가 한발 앞서 유행하였던 지석묘에 절충한 것이다. 그리고 점차 사회가 복합화하면서 거대한 상석을 판석으로 대체하여 의례의 노동력을 줄여나가는 방향으로 발전해 나갔을 것이다. 남한의 서쪽에서는 주로 주구식구획묘가 성행하는 특징을 보이는데 이것은 수렵채집활동에 많은 비중을 가진 생계체제에서 돌을 사용하지 않고 자연을 개발하지 않는 사회의 무덤으로서 한반도화된 구획묘일 것이다(安在晧·金賢敬 2015).

송국리문화기 묘제의 특징은 송국리형 묘제(金承玉 2001)로 나타나지만, 지석묘에서 구획묘로의 변화도 사회상을 반영한 것이라 생각한다. 즉 지석묘는 거대한 상석을 상징으로 삼지만, 구획묘는 묘역의 크기가 피장자의 사회적 지위를 나타내는 것이다. 그래서 상석은 소형화 경량화하지만 주거지의 크기에서 계층성을 나타내듯이 묘역의 크기가 중요한 요소로 바뀌게 된 것이다. 그리고 무덤 축조에서 지석묘는 수많은 인원이 일시에 동원되어야만 하지만, 구획묘는 소수의 인원으로도 조영할 수 있는 장점이 있다. 그래서 생계활동에 크게 무리가 없다고 할 수 있고, 1단위 취락 내에서 조영할 수 있다는 이점이 있는 것이다. 이러한 기념물적인 무덤 관념의 변화도 본격적인 농경사회에 진입한 후기의 중요한 특질이 될 것이다.

(4) 석개토광묘

석개토광묘는 송국리형 묘제(金承玉 2001)의 하나로 송국리문화기에 출현한다. 동형의 무덤

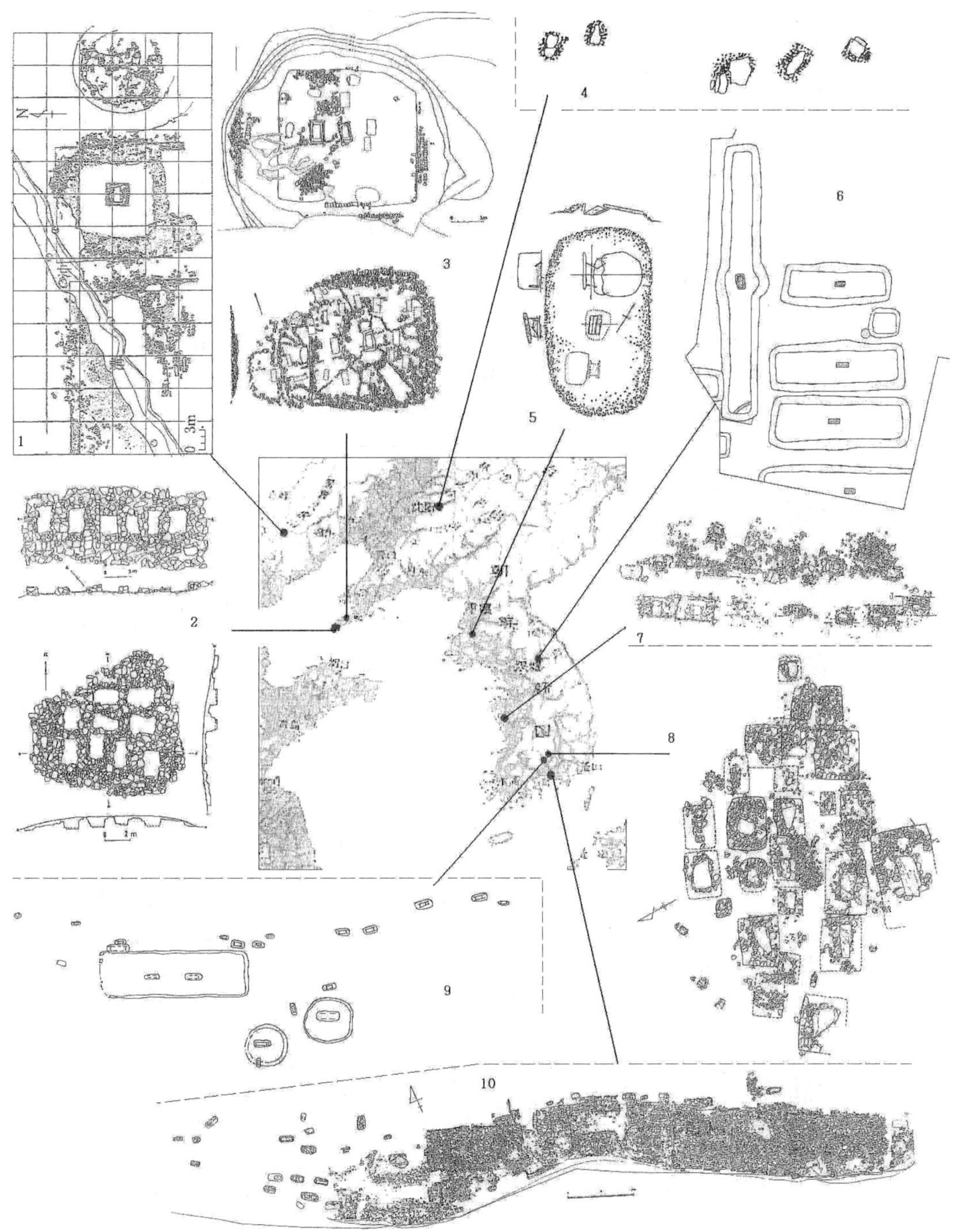

그림 27　積石墓 및 區劃墓의 분포(1·3·6·9·10: 1/1000, 그 외: 1/500)

1: 牛河梁 2지점　｜　2: 老鐵山·將軍山　｜　3: 崗上墓·樓上墓　｜　4: 山龍　｜　5: 五德里 坪村　｜
6: 泉田里　｜　7: 平羅里　｜　8: 山浦　｜　9: 大坪里 玉房　｜　10: 梨琴洞

은 華玉冰의 연구(2010)에 따르면 요동반도 북부지역과 압록강 하류역에 분포하는 甲B형 개
석묘로서 신성자문화기에 해당하고 대체로 서주 전반대와 병행기이다. 이 보다 앞서는 형식
은 석개석관묘로서 商代 전반기에 출현한다고 한다. 그리고 석개토광묘에는 바닥이 2단으로
된 특이한 형태가 있는데, 김천 지좌리유적의 90·91호 주구식구획묘(안재호 2020)에서 확인
되며, 석관묘인 것은 보령 관창리 A구의 2·12호 묘가 있다. 이러한 특이 구조의 석개토광묘
가 송국리문화권역과 요동(반도) 북부지역에 분포하는 것은 양지역 간의 교류를 시사하는 것
이다.

(5) 유사 요동형석부

보령 관창리유적에서 유단식도 아니고 유구식도 아닌 별종의 주상편인석부 2종 2점(그림 28-
A·B)이 출토되었다. 이것은 편인석부이지만 斧 腹部에 턱이 있어 합인석부처럼 나무자루에
착장하는 방식이라 추정된다. 이와 유사한 형태로는 下條信行(2000)의 遼東形伐採石斧가 있
다. 이 석부는 요동반도에 기원을 둔 것으로서 용산문화와 병행기인 곽가촌상층(소주산상층
기)이고, 주로 요동반도와 한반도 남부지역에 밀집 분포하며 산동·요동산지·연해주·한반도
중부에 소수가 발견되었다. 그리고 Ⅱ·Ⅲ式이 남한지역에 유입되며 대체로 원형점토대토기

단계에 속한다. 따라서 관창리유적의
석부는 비교대상이 없으며 또한 벌채
부가 아니라 削斧로서 용도도 다르므
로 유구석부와 요동형석부의 절충식
으로 판단할 수밖에 없을 것이다.

4) 토착계 문물

송국리문화기의 토착계 문물은 충남
지역에서 중기에 유행하였던 것이 후
기가 되면서 새로운 형식으로 변천한
것이거나, 새로운 외래문화와의 절충
이 일어난 것도 포함된다. 송국리식토
기·적색마연토기·석검·석도·유구석
부·석촉 그리고 휴암리형주거지와 지

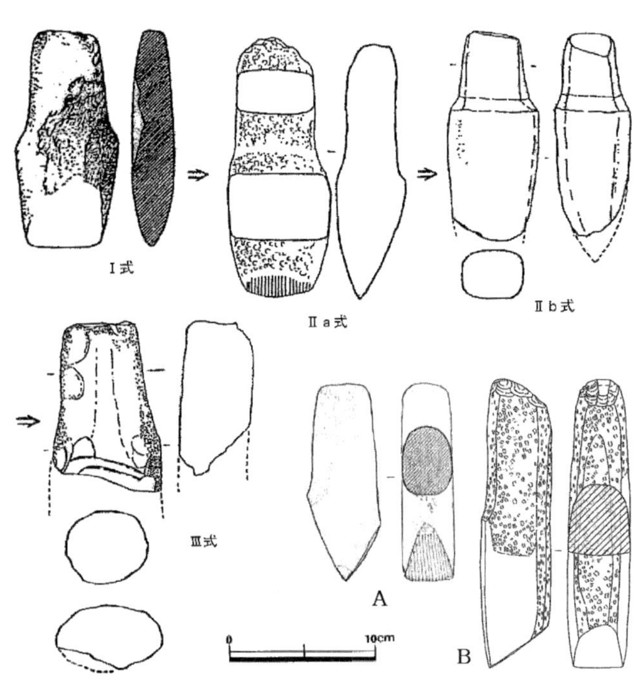

그림 28 下條信行의 요동형벌채석부 분류와 관창리석부

석묘 등이다. 충남지역의 이러한 신형식은 다시 주변으로 전파되면서 새로운 절충양식이 만들어지기도 할 것이다.

송국리식토기는 옹형토기로서 중기의 심발과 호형토기의 기능을 통합한 기형이다. 물질문화에서 이것은 혁명에 가까운 변화이다. 충남지역을 제외한 예컨대 영남지역의 변화 즉 심발과 호형 중심의 기종에 옹형의 송국리식토기가 혼재하는 조합이 점진적이며 순응적인 변천이라고 할 수 있다. 그러므로 송국리식토기의 출현은 서주나 고조선의 발달된 농경문화의 영향을 직접적으로 이식된 결과라고 봐야 할 것이다. 그러나 송국리식토기의 기형적 특징은 형식학적으로 설명(안재호 2001; 나건주 2005)할 수도 있듯이 중기 호형토기와 닮았다. 그래서 기본적인 모델은 중기의 호형토기일 것이다. 다만 토착민이 타날기법을 운용하거나 또는 새로운 옹형토기를 제작하면서 선택된 기형일 것이다.

충남지역의 전형 적색마연토기는 플라스크형인 것이 특징이다. 일직이 이와 가까운 형태나 시기에 있는 미송리식토기의 영향이라는 설(藤口健二 1986; 정한덕 1996)이 있었지만, 이른 시기의 형태도 서북지역 미송리식토기의 전개과정(金美京 2006; 배진성 2015) 속에서 찾을 수 있으나, 형식학적 변천 위에서 동일한 형태를 남한 내부에서 살펴볼 필요도 있다. 하여튼 서북한지역의 영향이라고 해도 미송리식토기가 적색마연토기가 아니므로 그 본질은 중기의 적색마연토기에 있다고 판단된다.

석검은 이단병식으로서 중기에 출현하지만, 돌대문토기와 공반하는 초기석검도 있다. 그러나 초기석검(安在晧 2014)은 문화적으로는 조·전기에 대비할만 하지만, 과연 실연대에서도 그러한지 아니면 중기에 해당할지는 탄소14연대로 맞추어야 할 것이다. 문제는 석검이 살상을 할 수 있다는 무기형석기로서 위신재라고 한다면 위신재가 필요한 시점이 대규모마을이 등장하고 마을공동체가 형성되는 중기가 되어야 한다는 관점에서 결정할 수 있다. 하여튼 이단병식석검은 출현시점부터 정형화되고 과시적인 조형미가 보이는 형식이지만, 초기석검은 1단병식으로 지속적으로 만기까지 발전해 나가며, 후기에는 2단병식석검에서 파생된 유절식석검이 나타나기도 하고 또 병부나 심부 검신 등의 일부분만 채택되어 나타나기도 한다. 그리고 일단병식석검은 송국리문화 초기에는 非整形이지만 점차 심부와 병말단부의 돌출이 뚜렷해지는 정제품으로 변화한다(이동곤 2018). 이러한 전개는 수장 권력이 강화될수록 더욱 정교하게 과시적인 형태로 제작되어 위신재로서의 효과를 증대시키고자 했던 까닭이다. 반면에 2단병식석검은 오히려 퇴화되어 가는 방향으로 전개되며, 장식석검(黃昌漢 2008)은 비파형동검이 출토되지 않는 동남해안지역의 지역색으로서 후기에 유행한다. '석검 비파형동검 모방설'은 이 장식석검이 시기적으로나 형식면에서 해당한다.

유경식석검은 본디 북한지역의 장경식에서 송국리문화기에는 단경식으로 소형화하면서 목병과의 결합에 용이한 구조로서 경부에 결입부를 만들어 쐐기를 박아서 검과 목병을 결합하였을 것이다. 유경식석검은 오히려 무덤의 부장장보다는 주거지에서 출토되는 경우가 많아서 일상도구로 인식된다. 그런데 지좌리유적의 분석에서는 가장 또는 장로층의 장식품처럼 상징물(안재호 2020)이었다고도 해석된다. 이런 측면에서 송국리문화권에서 개발 창안된 위신재로 인식된다.

유구석부와 삼각형석도도 수전농경이 가져다 준 송국리문화만의 창의적인 도구이다.

수확용의 석도는 날을 모두 사용할 수 있는 交互刃의 삼각형석도가 칼날의 한쪽 면만 사용하였던 단주형석도과 삼각형화된 석도를 거치면서 창안된 것이다. 유구석부는 대형의 목공구로서, 물일을 해야 하는 특성상 수전농경에 필요 적합한 목제농구의 제작을 위하여 주상편인석부에서 고안된 것이다.

휴암리형주거지는 절충식으로서 원형의 송국리형주거지와 중기의 방형주거지가 결합된 것이다. 중기문화사회에 송국리문화가 융합되어 가는 일반적인 과정에서 휴암리형주거지 → 송국리형주거지의 시간 순서가 성립하고, 중기문화인 주도의 마을사회로 인정할 수 있겠다. 지석묘는 대규모마을이 출현하는 중기에 기념물적 성격을 가지고 등장한 것으로 후기가 되면 매장시설의 차이는 있을 수 있으나 외관의 변화는 없다.

이상으로 송국리문화 요소는 토착문물과 북·남방문물 그리고 선진문물이 동등하게 혼합된 복합문화인 것을 알 수 있다. 특히한 점은 어망추의 결실이다. 어로활동을 하지 않았을 리는 없지만, 수전이 어류와 조류를 불러들이는 효과(甲元眞之 2002)가 있으므로 굳이 어망추를 이용한 어로활동이 불필요했겠고 또 서해바다는 갯벌이 넓으므로 해양어로가 쉽지 않은 환경적인 요인도 있었을 것이다.

3 東夷와 松菊里文化

송국리문화의 본질이 수전농경문화와 그 당시 최고의 선진문화의 영향이었으므로 요동반도의 東夷族들의 여러 나라에 대해서 그리고 동쪽 교동반도의 주인이며 서주~춘추 중기까지 존속했던 萊國(萊夷)에 대해서 이해할 필요가 있다.

먼저 주목하고 싶은 것은 중국의 고대문헌 50권과 고고학적 자료를 통한 王迅(1994)의 『東夷文化與淮夷文化研究』이다. 夏商周시대의 산동반도 東夷[11]와 회하[12]·장강 사이 강회지구의 淮夷가 서쪽의 하상주문화와 병존하였던 역사에 대한 연구이다. 하상시대의 夷人문화는 산동성과 강소성 북부 지역의 東夷문화가 주체였는데, 중원문화의 영향을 덜 받았던 시기였다. 하상 2대에 걸쳐 동이를 위해 군사를 일으키기도 하였다. 반면에 상대의 淮

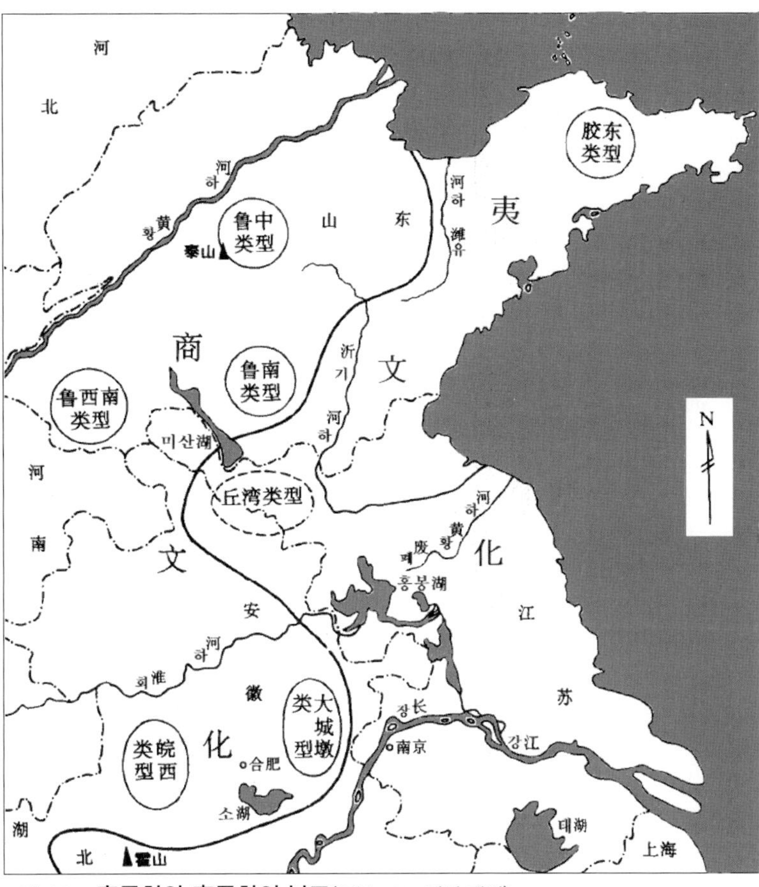

그림 29 夷문화와 商문화의 분포(王迅 1994에서 개변)

夷는 안휘성과 강회지역에 분포하면서 상문화의 요소가 많아 이민족의 문화적 성향이 약했다. 상대에는 〈그림 29〉처럼 상문화와 이문화가 동서로 병존하고 있었던 「夷夏東西說」의 시기였다.

《사기》〈周本紀〉에는 서주 초기에 회이 일부를 포함하여 동이를 정벌하였다고 한다. 산동의 동이 일부가 회이지역으로 이주하여 회이문화가 번성하게 된 계기가 되었다. 서주의 목

11　왕신(1994)은 산동반도에 국한된 東夷로 규정하고 있으나, 회하유역의 족속을 淮夷라고 부르듯이 교동반도에는 상대의 교동유형을 성립시켰던 동이를 장웨이(2011)처럼 萊夷라 함이 옳을 것이다. 그러므로 동이는 한반도를 포함한 여러 지역의 夷族을 총칭하는 광의적 개념과 산동반도에 거주하였던 협의의 부족 개념으로도 사용될 수 있다.

12　淮河는 〈그림 29〉의 회하와 폐황하가 이어진 것으로도 그려진다.

왕[13]과 려왕때에도 회이를 정벌하였으나 주나라를 위태롭게 할 정도로 막강하였다. 주대의 동이와 회이 문화는 각각 발전해 오는 과정 속에서도 긴밀한 관계를 이루며 공통적인 특징을 유지할 수 있었으며, 예절 풍습 그리고 사상 의식에서도 비슷하였다. 그러나 남북간의 차이점도 뚜렷했으며 이것은 두 문화의 종말기까지 지속되었다. 주대의 말에는 서주가 동이의 힘을 빌어 회이를 정벌하기도 하였다.

동이의 여러 나라의 경제 발전이 주나라 동방지역의 번영에 기여했고, 특히 제나라와 노나라의 문화에 큰 영향을 남겼으며, 두 나라는 華夏族과 東夷族의 문화가 혼재한 것이었다. 특히 서주대에 교동지역의 래이는 농업과 목축이 발달하여 제나라의 경제에 큰 발전을 가져다 주었고, 진 통일 이후에도 중요한 곡식 생산지로서 진나라가 의지할 정도였다.

산동 용산문화의 만기에는 磨光토기가 많고 기벽이 얇고 가벼운 토기인데, 이것이 두텁고 무거운 요동반도의 악석문화 토기로 전환되지만 악석문화의 성립에는 용산문화의 영향보다는 독자적으로 생성·발전한 측면이 많다. 淮夷는 安徽江淮지구에 주대와 춘추시대의 많은 유적을 남기고 있는데, 대부분은 중원지구의 주문화 혹은 주문화와 같은 유물로서 공통점을 가지고, 전국시대에는 楚문화와 융합한 지역색을 띤다[14]고 한다.

악석문화는 하대에서 상대초기까지 이어진 산동의 청동기문화인데, 이곳의 동이 제족은 하왕조의 홍성과 소멸에 주요한 영향을 끼쳤고, 상대에서는 상문화의 동방 확산에서 중요 지점이었던 만큼 악석문화의 동이 토착문화는 중원문화와의 동화 정도가 어느 다른 문화보다 깊었다. 성자애 등의 용산문화의 성지 성벽에 악석문화기에 축조되어 사용한 흔적이 발견되고, 중원의 판축기법에 비하여 손색이 없는 축성기법을 사용하였는데 다만 아직 연구되고 밝혀진 바가 없을 뿐이다.(許宏 2014) 그러므로 동이의 城市도 중원 못지않은 체계와 형상을 지니고 있었다는 것을 알 수 있고, 내부구조에서도 유사할 것이란 점은 충분히 예상된다.

박준형(2013)은 商末周初 이래로 래이의 문화권에 포함된 교동반도에는 비파형동검문화의 요소로 지석묘·석관묘·비파형동검·선형동부 등이 분포하는데, 묘도열도를 통하여 요

13　나무위키, 문서명 주나라(2024.8.29)에 따르면 서주의 연대는 여러 이견이 있으므로 절대신뢰할 것은 못 된다고 하지만, 목왕은 서주 5대왕(재위기간 BC.963~908년)으로 탄소14연대의 송국리문화 발생기에 해당한다. 동주(제13대 평왕이 첫째 왕, 평균 재위기간 21.5년)의 시작인 771년을 기점으로 8대를 거슬러 올라가면 BC.943년이 되는데, 이 연대는 목왕의 중엽대이다. 그래서 목왕대의 동방정벌이 송국리문화 형성에 영향을 미쳤을 것이라 예상할 수 있다.

14　이상이 王迅(1994)의 역작에 기술된 내용을 부분 발췌한 것이다.

동 쌍방문화의 맥족과 래이와의 교섭으로 형성된 것이며, 서기전 6세기 후반까지 교동반도
는 萊夷(萊國)의 영향력에 있었다고 한다.

또 한편으로 장웨이(2011)에 따르면 당시 東夷族의 래국은 周의 봉국이었으나 선진적
정밀농업(논농사), 천하제일의 도기제도술(물레 사용), 중국 최초의 제철술과 비단방직, 염업,
상업, 수공업이 발달하고 교동반도는 신선사상의 요람이었다고 한다. 그래서 東周시대의 齊
國은 동쪽으로 이동한 萊國(東萊)와 제휴하는 방식으로 융합하여 동래의 산업으로 육성되었
다고 한다. 萊夷의 조상은 요동에서 이주한 東夷의 일원이며, 7000년전부터 산동반도의 동
쪽 즉 교동반도에서 문화를 창조하였고, 기질이 활발하고 모험적인 해상활동을 즐긴 개방적
성향이었다고 한다.

위의 제연구에 따르면 교동반도의 동이문화는 하상시대부터 존재하면서, 주대에도 상
문화의 성향으로 고유성을 유지하고 있었으며 주변의 주 봉국과 장강유역의 회이와도 긴밀
한 관계를 유지하고 있었다. 그러므로 문화·정치적으로 주나라나 그 봉국과 대등한 관계였
고 해상을 통한 상업과 수전경작을 영위하던 회이와의 관계에서 경제력은 더욱 높았다고 판
단되는 것이다. 그리고 회이의 경우도 동이의 일파일 것이며, 하상주시대에 화하족과 정체성
을 구분하였던 동이족은 그들의 사상과 조상숭배에는 요령지역과 한반도의 동이족과도 동
족이라는 의식이 뿌리내리고 있었을 것이다.

기원전 7세기 『管子』에는 이미 산동반도의 齊와 고조선과의 교역이 있었던 사실을 기
록하고 있으므로(송호정 2003: 박순발 2016) 공식적인 기록 이전에도 양안사이의 교류가 있었
을 것이다. 그러나 교동반도에서 한반도 중서부지역으로 직접 항해하는 것에 대해서는 비판
적인 의견(권덕영 2016: 古澤義久 2017)이지만, 이것은 국가 간의 정상적인 무역항로에 대한 것
이다. 비공식적인 교류나 생계형 이주라고 한다면, 신석기시대 이래의 동해를 끼고 한일간
의 교류나 송국리문화가 호남에서 제주도로 전파된 사실 등을 감안하면 양안 사이의 직접적
이고 소규모의 교류는 불가능한 일만은 아니었을 것이다. 송국리문화기의 기후환경의 변화
즉 건조한랭화(端野晋平 2018: 201; 박정재 2021)와 《주본기》에 기술된 서주 초기와 중기의 東
夷·淮夷의 征伐로 인하여 동이족의 일부는 요령반도나 한반도 호서해안지역으로 이주를 결
정했을 수도 있었을 것이다. 서주와의 전쟁에 대해서는 方輝(2014)의 내용을 조금 더 살펴보
면, 벼나 귀장 등을 담는 용기인 簋(궤, 완모양의 제기)에서 陶簋는 동이족의 활동지역인 산동
성 북부지역-魯北지구- 악석문화에서 가장 먼저 출현하였으며, 상말~서주전기의 시간성을
갖고 있다. 이 夷式簋는 섬서성과 감숙성의 일부지역까지 확산하는데, 이 원인을 상대 말기

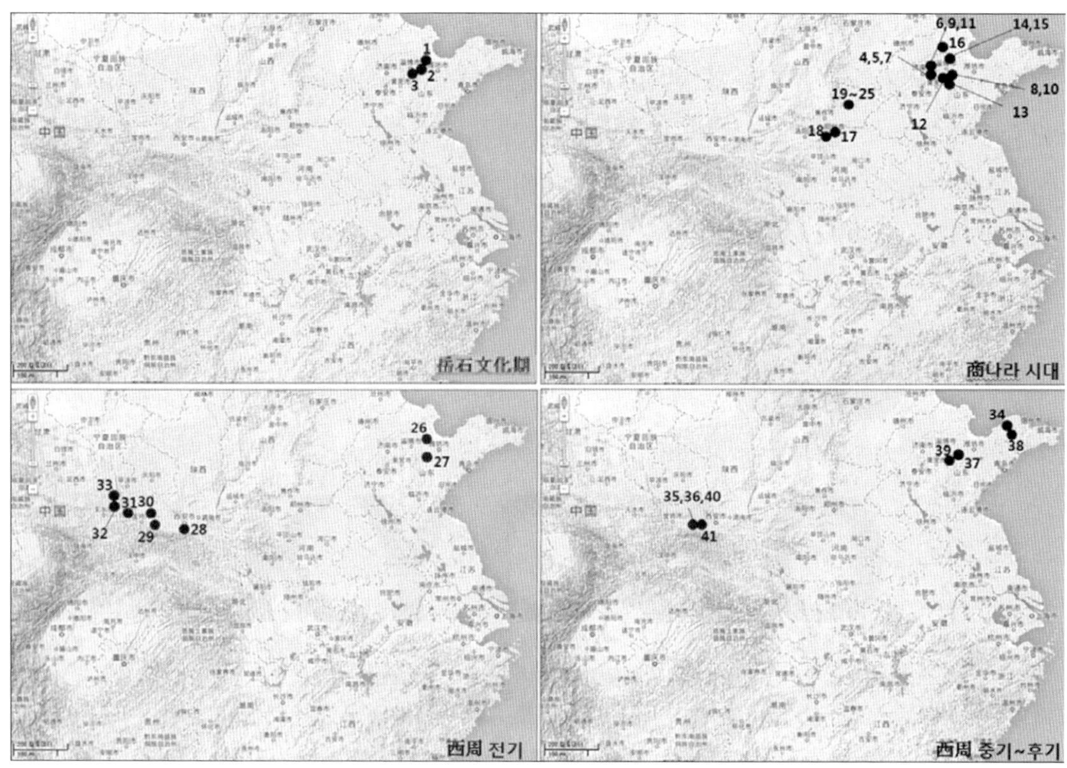

그림 30   夷式陶鬶의 시기별 분포정황(方輝 2014에서)

에 동이족과의 전쟁으로 동이족 집단을 신분을 강등시켜 은허 주변으로 강제 이주시킨 것과 또 서주초에 商 유민과 서주 귀족 그리고 동이족의 연합으로 반란을 일으키자 정벌한 이후에 강제이주시킨 결과로서 이식도궤가 산동지역을 벗어나 분포하게 된 것이라 해석하였다. 그리고 〈그림 30〉의 서주 중기에는 이식도궤가 교동반도에도 전파하게 되는데, 이때에는 아마도 목왕의 회이정벌 전쟁과 관련된 것이 아닌가 추정된다. 그래서 이 시기 서주 중기에는 교동반도의 동이 혹은 래이 혹은 회이 등이 바다를 건너 북으로 동으로 이주하게 되었을 것이라고 생각된다.

송국리문화는 청동기시대 속에서 가장 급진적인 변화로 탄생하였다. 이러한 급진성은 외부로부터의 많은 문물의 유입이나 이주민 주도적인 사회환경이 조성되지 않고는 일어날 수 없다. 그래서 교동반도를 통한 선진문물이나 남방문물은 그 문화를 향유한 주민이 아니고는 그대로 이식될 수 없고, 요령지역과 조기부터 지속적인 교류가 이어져 왔던 관계였으며, 또 비파형동검문화를 둘러싼 상호 교류나 국가정치체의 고조선과 추장사회였던 주변 정치체로서의 관계를 통해서도 요령계문물을 수용할 수 있었을 것이다. 그러나 이런 복합적인 교

류가 있었지만 송국리문화로의 전환에서 가장 큰 결정체는 유사성이 높은 고조선문화나 사
회발전단계의 격차가 커서 수용하기에는 무리가 따르는 선진문화도 아니였을 것이다. 생계
에 가장 큰 발전적 역할을 할 수 있었던 남방문화 즉 수도작문화였을 것이다.

남방계 문물은 모두 수전농경과 관련된 것이고, 전파의 주체는 교동반도의 주인공인 萊
夷族이었을 것이다. 그런데 일반적으로 장강하류-회하에서 산동반도까지 수전농경을 전파
시킨 주체를 중국 전국시대에는 越人(池橋宏 2008; 21-58)이라고 하고, 또는 福建省 연안일대
에서 활약하였던 古越族으로서 운남의 滇人 속에서 중핵민족이었다(陳文華1989; 39-44)고도
하지만, 이보다 이른 시기 즉 주대에는 회하유역에 거주하였던 淮夷族이었다. 이 회이족과
래이족간의 관계는 우호적이었으므로 서주대에도 수전도작의 전파는 용이했을 것이다. 그리
고 이 두 종족이 야요이시대 土井ヶ浜유적에 출현한 松下孝幸(2017)의 산동인일지 주목된다.
松下孝幸은 체질인류학상으로 일본인의 형질에는 지역차가 있으며, 그 중에서 북부구주와
山口지역의 야요이인은 대륙에서 도래한 사람이며 중국 산동성의 전국말에서 진·한시대의
인골의 특징과 유사하다고 하였다. 필자는 수전농경문화를 기반으로 한 야요이문화의 一派
는「중국 교동반도 → 한반도 충남지역 → 영남지역 → 일본 북부구주지역[15]」으로 이주한 것
이라 판단된다. 일본열도에서 야요이 조기의 개시가 한반도의 송국리문화기의 시작과 큰 차
이가 없으므로, 수전농경민들은 수전의 적지를 찾아 충남에서 영남 내륙까지 섭렵하고 일본
열도로의 도항도 강행했던 것 같다. 이러한 이주에는 한반도의 충남인이나 영남인이 동행하
거나 혼인을 통한 이주민 제1~2세대 가족으로 구성되었을 것이다.

4 송국리문화의 성립과정

송국리문화가 형성하기 시작하는 시점은 기원전 10세기 후반이다. 이 시기는 상나라를 뒤이
은 서주가 시작된지 100년이 지난 때인데, 서주의 封國 동쪽 해안권역에는 동이문화권이 형
성되었다. 그중에서 산동반도의 동쪽 교동반도의 래이가 송국리문화를 구성하는 선진문물과
남방문화를 이식한 주인공으로서, 충남지역 송국리문화의 주체이다. 이들 선진이주민과 또

---

15 山口지역은 가지문토기와 송국리식토기가 한반도로부터 瀨內海지역으로 유입되는 시기는 북부구주
지역에 수도작문화가 도래한 시기에 가까울 것이다.

요령지역의 이주민들이 충남지역에 흘러들어와서 마을을 이루고 수전농경을 최초로 확산시키면서 송국리문화가 형성된 것이다. 중원 동쪽의 동이 즉 래이와 회이가 이주한 것은 주대 목왕의 동방정벌 전쟁 탓이겠지만, 요령지역의 이주민은 이 시기부터 시작되는 한랭건조한 기후 악화 때문이라고 추정된다. 그들이 가져온 문화는 서주문화(안재호 2019)가 아니라 오히려 상문화가 혼재하는 동이문화였다고 판단된다.

송국리문화를 대표하는 송국리유형주거지는 「중앙토광 내 2주혈의 원형계 송국리유형 주거지」가 최초로 조영된 구조일 것이며, 이것은 서주대의 지상식곡창의 구조와 형태를 모방하여 핵가족용의 소형가옥으로 변환시킨 것이다. 이들의 이주로 발달된 동이족의 문물과 수도작문화가 대거 유입되면서 「송국리문화 혁명」이 일어난 것이다.

그러나 신문화는 토착문화인 청동기시대 전기문화와 접목하여 청동기시대 전기문화를 후기문화로 변화시키기는 했으나, 전기사회를 변혁시킬 정도로 역할은 하지 못하였다. 청동기를 禮器로써 숭상하였으나 생산하지는 못하였고, 영남지역에서는 초대형의 구획묘가 조영되었으나 부장품은 빈약하여 신분적인 위상을 볼 수 없었다. 그러니까 금속기를 사용하기는 했으나 아직 완전한 형태의 군장사회는 아니었다. 이 사실은 이주민의 수도작 경영으로 잉여 생산이 일어나지 않았다는 것을 방증하는 것이라 생각한다. 아마도 건조하고 추워지는 기후 악화 때문이기도 하고 충남지역의 토양이 수전농경에는 부적절한 이유도 있다고 생각한다. 그러나 오히려 밭농사는 풍부하여 저장혈이 발달한 것이라 판단되고, 세형동검문화가 가장 발달하게 된 원인도 기존 경제력이 우수한 지역이었기 때문에 정착할 수 있었을 것이다.

또 내적으로는 중기사회의 마을이 대규모화하고 인구도 밀집되고 기후악화로 식료의 부족 현상을 겪으면서 마침내 대가족체가 해체되어 핵가족체의 후기사회 마을이 탄생하게 된 것이라는 인구압설(김장석 2003)을 지지하고 이에 맞추어 송국리문화 성립을 설명(안재호 2023)하게 되었다. 그런데 중기의 북한강유역의 마을이나 천안 백석동마을의 경우는 가옥의 밀집도가 높지만 이런 유적이 중기사회에서 일반적인 현상은 아니기 때문에 후기사회로의 전환 요인으로 상정하기에는 많은 사례와 분석이 필요하다. 오히려 수전농경 기술을 가진 이주민이 핵가족체를 이루고 있으므로, 수전농경을 운영하는 마을에서는 자연스레 핵가족 가옥으로 마을을 구성하게 되었을 것이다.

송국리문화를 촉발시킨 것은 서기전 10세기 중엽 서주가 회이를 정벌한 사건이라 추정하였다. 이 사건으로 교동반도의 동이족 일부도 회이족과 함께 호서해안으로 피난하였든지 또는 요동반도를 경유하여 남하하였다고 판단된다. 이것은 중국측의 문헌기록을 근거로 여

러 연구자의 논지에 따른 것이지만, 물질적으로는 송국리문화를 성립시킨 제요소는 다음과
같은 여러 계통의 문화가 있다.

① 교동반도의 래이 문물: 타날기법, 석추, 옹관묘, 저장혈, 송국리형주거지(지상식원형창고).

② 남방계 회이 물문: 수전농경, 독립동지주건물, 덮개가마, 절굿공이, 이당. 능형첨근식
석촉.

③ 요령계 고조선 문물: 토기분할성형기법과 쌍타자식 저부, 유사 요동형석부, 구획묘,
개석토광묘.

④ 한반도 토착계 문물: 송국리식토기, 플라스크형 적색마연호, 삼각형석도, 유구석부,
소형석착, 일단병식석검, 지석묘, 휴암리형주거지.

송국리문화의 기원에 대해서 총체적으로 외부와의 관계를 추적해보았다. 이것이 보다
구체화되고 외래문화의 수용과 전개과정이 송국리문화 사회망 속에서 연구되어서, 그와 동
시에 본고의 문제점이 수정되길 바란다.

선사·고대인의 인식 찾기

현재 우리가 유물이나 유구 등을 분류할 때 가장 바람직한 것은 그 당시 그 물질자료들을 제작하고 조영한 그 시대 사람들의 기준에 따라 제작된 바대로 나누는 것이다. 그렇게 함으로써 그 시대 그 시기의 물질자료의 분류체계나 사회적 관념 또는 가치관 등을 파악할 수 있게 된다. 그러니깐 그 당시 집의 크기가 신분에 따라 규제를 받았다든가 또는 용기의 형태나 크기 등이 일정한 규범에 따라 제작되었다고 한다면 그 규범이 기준치가 되어 정규분포곡선(T.더글라스 프라이즈 2013: VI246-247)에서 가장 높은 꼭지점을 이루는 수치가 기준이 되고, 이에 맞추려는 변이들은 표준편차의 각 구간을 이루게 된다는 것이다. 즉 하나의 기준에 설정되면 그것을 중심으로 나타나는 변이는 기준에 가까울수록 수량은 많아지고 기준과의 차이가 클수록 개체는 적어질 것이므로 1개의 기준을 둘러싸고 1개의 표준분포곡선이 만들어지는 것이다.

〈표 1〉은 산포유적의 모든 주거지 면적을 계산하여 막대 도표로 나타낸 것인데, 어느 정도 좌우가 대칭을 이루면서 1단위의 표준분포곡선을 그리는 것이 3개로 나타나고 있다. 각 묘역 면적의 표준정규분포곡선에서 기준치는 소형이 6.25m², 중형은 13.75m², 대형은 33.75m²라는 3개의 모델이 있었다는 것을 알 수 있다. 즉 소형은 중형에 비하여 대략 2:1이고, 중형은 대형의 6배에 해당하는 개체수의 비율로서 피라미드형의 구조를 띤다. 이것은 송국리문화기의 개인묘 묘역에도 그 면적의 규제가 있었음을 알 수 있다. 주거지 면적에서도 유사한 피라미드형을 띠는

표 1 거창 산포유적, 구획묘 묘역 면적의 분류(안재호 2012)

표 2 김해 다호리유적, 철검 폭의 분류

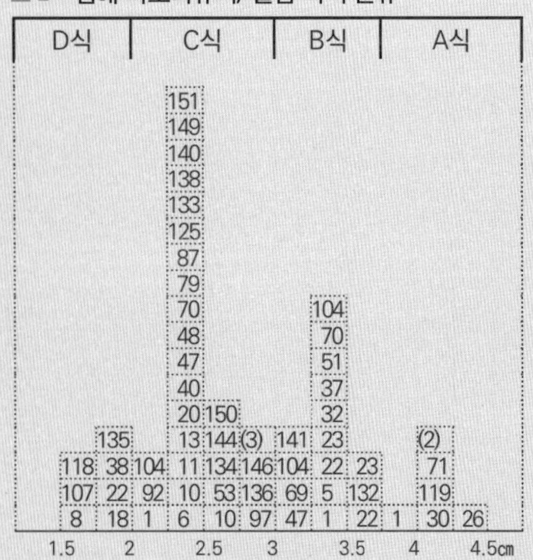

것이 보편적이므로 송국리형 마을에서 동일한 규칙이 통용되었을 것이다. 그래서 송국리문화기 거주자가 마음대로 가옥의 크기를 결정하는 것이 아니라, 사회체제에 따라 결정된다는 것을 시사하는 자료이다. 그러므로 이를 기준으로 송국리형 마을 단위에서의 가옥의 규모는 대형-중형=소형으로 엄격하게 구분되었다고 해석할 수 있을 것이다.

　〈표 2〉에서도 표준정규분포곡선 4개군을 확인할 수 있는데, 이것은 다호리집단에서 상위계층의 상징물인 철검에는 철검의 폭을 4개 형식으로 제작되었으며 이것은 시간이 지날수록 점차 폭이 좁아지는 경향성을 찾을 수 있다. 무문토기에서도 호의 크기 또는 동체부의 형태가 3개의 주형으로 나누어 제작되었다면, 표준정규분포곡선은 3개 단위로 나타날 것이다.

형식은 어디에서 태어나나?

소위 신상품은 어디에서 생산될까? 3개의 측면에서 고찰한다. 하나는 사회 내적 요인에 따른 것인데, 새로운 형식이 제작되고 유통된다는 것은 그 시점에 새로운 형식의 물건을 사회에서 요구하였기 때문이다. 사회적 요구는 사람들이 새로운 것에 대한 욕구이며 또는 새로운 기술이나 사회적 양식 변화에 기인할 것이다. 즉 현대사회에서 우리가 새로운 것에 대한 요구는 개인적인 새로운 욕구와 사회적 환경의 변화로 필요로 하게 된다. 소위 新商에 대한 요구는 도시와 같이 인구가 많은 곳에서 먼저 빈번히 발생하며, 전통적인 농촌사회나 인구가 적은 산간벽지에서는 더디게 일어난다. 선사 고대에도 새로운 형식은 인구가 집중된 거점마을 또는 성읍 국읍과 같은 곳에서 먼저 발생하였을 것이다. 이것은 경제적 순환이 느린 곳이거나 1차 생산지에서는 형식의 존속기간이 길어지기 때문일 것이다.

두 번째는 외적 요인으로서 다른 사회의 문화나 문물이 유입되는 경우이다. 이 새로운 문물은 효용가치가 높은 것이어야 하고, 수용해도 사회의 안정을 깨뜨리지 않는 정도에서 결정된다. 그리고 이러한 신문물의 생산과 유통은 인구가 집중된 곳에서 발생한다. 새로운 제품은 그만큼 유통의 위험을 내포하므로 이를 감소할 방법은 수요의 다양성이 상존하는 인구 밀집지역이 조건이 되는 것이다. 그러므로 새로운 기술자나 상인이라도 신상품을 널리 배포하여 이익을 만들 수 있는 곳은 당연히 정치체의 중심지일 것이다. 예컨대 청동기시대의 청동기의 입수도 당연히 거점마을일 것이며, 삼한시대의 와질토기기술이 1순위 후보지로 안착할 수 있었던 곳도 가장 번성한 국읍이었을 것이다.

세 번째는 수요가 많은 기종이 생산 주기가 짧으므로 신형식이 자주 나타난다는 점이다. 즉 빈번히 제작하면 제작자의 창의력을 발휘할 기회가 많아지므로 새로운 형식이 출현할 배경이 될 수 있다.

유적 간의 병행관계에서 동일시기의 유구로 판정하려면 가장 이른 형식과 가장 늦은 형식의 유물을 상호 공유해야만 한다. 어느 한 시기의 유물만으로 동시성을 판단하려면 거점과 주변 또는 계층의 높낮이 등등의 여러 상황을 검토하지 않으면 안 될 것이다.

제Ⅲ장   繼起年代法-양식편년의 방법

취락고고학을 위해서는 양식편년이 필요하다. 양식편년이 되어야만 유물이 많든 적든 가능한 다수 유구의 시간성을 결정할 수 있기 때문이다. 양식편년에 따라 단계마다 유구가 조영되는 양상을 통해서 그 당시 사람들의 관념과 사회상의 일단을 알 수 있다. 불평등의 사회에서는 거주지에서든 묘지에서든 인간의 활동과 심리가 더욱 적나라하게 드러나게 된다. 그래서 고고학에서의 사회상 연구는 양식편년을 작성할 수 있는 순서배열법이 유일한 방법이라고 생각한다.

필자는 발생순서배열법(崔盛洛 1984; 李熙濬 1986)을 이용하여 1991년 청동기시대 석촉과 석검의 편년을 시도한 바 있었고, 1993년의 예안리고분군과 1995년에는 검단리유적을 양식편년한 바 있었다. 그러나 이 당시에는 분석표의 모양만 순서배열법을 하고 있으나 그 조작방법은 객관적인 원칙을 무시한 채 기존의 편년관에 끼워 맞추는 것에 불과한 것이었다. 그러다가 한 종류의 유물은 일정기간 동안의 존속기간을 가지며, 고고학 자료는 그 존속기간 동안의 결실자료가 많다는 점에 착안하여, 그 결실자료를 표시하여 실존자료와 함께 연속적으로 배열되게 조작하는 방법을 순서배열보충법이라고 명명(安在晧 2016)하게 되었다.

그런 후에도 몇 번의 시행착오를 거쳐 모든 유구를 시간의 순서배열로 나열하는 순서배열법으로는 취락고고학을 연구할 수 없으므로 일정기간을 묶는 획기 설정의 기준이 필요하며, 공반유물이 적은 경우의 순서배열 조작되는 구조적인 오류들을 찾으면서 순서배열보충법의 조작방법에 대해서 개량해 나가고, 그 양식편년의 결과가 층서학적으로도 정합이라는 것을 여러 유적의 사례에서 확인하게 되었다. 최근에는 콜린 렌프류와 폴 반(2006:127)의 명저를 통해, 이 순서배열보충법은 유물의 분류나 조작 방법에서 페트리의 계기연대법과 동일한 것을 알게 되었다. 이에 따르면 '페트리는 각 띠들이 횡대를 이루도록 가로로 놓고 그 위치를 아래위로 바꾸어가면서 계속 재배열하였다. 그는 최선의 배열이 되면 가장 많은 형식에서 여러 띠를 세로로 가로지르는 존속기간이 각기 가장 짧아질 것이라고 믿었다'고 배열의 방법을 설명하고 있다. 각 형식의 존속기간을 가장 짧게 만드는 방법이 결실자료의 수를 최소화하는 것을 뜻하므로 필자의 방법론은 이미 페트리가 1899년에 완성한 것에 불과하다고 하겠다. 그래서 필자의 순서배열보충법은 페트리의 계기연대법이다고 결정하게 되었다.

본 장에서는 계기연대법의 실험적 사례를 통하여 그 방법론과 역사성을 밝히고자 한다.

1 유물 분류와 배열조작

1) 유물 분류

여기에서의 분류라는 것은 계기연대법에 이용할 고고학적 型式을 설정하는 작업이다. 이미 기종에 따른 분류와 동일 기종이라도 크기 차이에 따른 분류가 끝난 뒤의 작업인 것이다. 일반적으로 정량적 분류와 정성적 분류로 기종과 규격을 나누기도 하지만, 형식설정에도 이러한 방법은 동일하게 사용된다. 그런데 고고학적인 유효한 분류는 정량적 분류로서 막대그래프를 이용하여 정규분포곡선(T.더글라스 프라이스 2013: 246-250)의 단위로써 구분하는 방법과 정성적 분류로서는 몬테리우스의 형식조열(Montelius 1932; 安在晧 2016)에 따른 방법을 권하고 싶다. 물론 이러한 분류는 유물의 수가 많을 때 사용하면 유효하다.

막대그래프로 표시된 1단위의 정규분포곡선의 개체는 비록 평균에서 떨어져 편차가 있는 개체라도 동일한 범주에 속하는 하나의 무리라는 것이다. 우리는 정규분포곡선이 2개 단위로 그려진 막대그래프를 보게 되면 그 당시 제작자의 인식 속에는 2개의 기준(평균치)이 설정되어 있었다고 인지할 수 있다. 이러한 작업은 분류자가 주관적인 판단으로 수치를 정하기보다 훨씬 역사성에 접근한 가치있는 분류가 된다.

정성적 분류에서 형식조열에 따라 분류한다면 최상의 분류가 될 것이다. 그러나 이 형식조열에는 단선적 배열만 있는 것이 아니라 중도에서 파생되는 것도 있어서 병렬적인 조열도 있을 수 있어서 분석에는 시간이 많이 요구된다. 그러므로 모든 기종을 이렇게는 못하더라도 단순하게 설정할 수 있는 기종은 형식조열에 따른 분류가 유효한 결과를 도출할 것이다. 형식학적 분류가 아니면 관찰에 따라 동일한 형태의 유물끼리 묶는 단순한 방법인데, 묶더라도 반드시 형식끼리 분별 가능한 체계적인 기준은 필요하다. 최근 토기의 구연과 동체 일부만 있는 파편으로 단면을 겹쳐서 동일한 궤적을 그리는 것끼리 묶은 적(김경주·안재호 2024)도 있다. 이 방법은 李熙濬(1986)의 지적한 지속기간이 짧은 형식을 선정하는 것이 중요하다는 것과도 부합하는 것이다. 그러나 그보다 과도한 동일한 토기 제작자가 만든 토기끼리 묶어내는 작업으로 판단되지만, 형식 수가 과다하게 많아지고 배열조작에 사용하지 못하는 형식도 제법 나타나서, 묶어지는 유물의 수가 많은 형식만 이런 방법을 사용한다면 매우 좁은 시간대의 양식편년을 도출하는 것에 기여할 것이다.

그러나 이와 같은 조건이 맞을수록 더욱 정치한 양식편년이 완성되지만, 한편으로는 계기연대법에서 유물 분류의 오류를 허용하는 범위는 다른 연구방법보다 넓다는 장점이 다음과 같이 있다.

첫째, 여러 종류의 유물을 종합한 양식 편년이므로 한두 기종에서의 오류가 전체의 편년 틀을 바꾸지는 않는다는 점이다. 둘째, 계기연대법에서 유구의 올바른 배열은 장기존속형식을 제외한 중·단기존속 형식은 모두 유효하다는 점이다. 단기존속 형식에 유물 분류의 오류가 발생하면 〈표 1〉처럼 중기존속 형식으로 바뀌고 몇 기의 유구가 하나의 군집화되어 단계설정의 수가 줄어들 수는 있으나 그 편년 자체의 잘못을 유발하지 않는다는 점이다. 셋째, 본 양식편년은 각 유구의 시간적 서열을 찾고자 하는 것이 아니라, 획기적 단계설정이 목적이므로 사소한 오류로 인하여 인접한 유구 간의 자리바꿈이 문제를 일으키지 않는다는 점이다. 넷째, 본고의 목적은 양식편년을 통한 물질문화의 변화상도 살필 수 있지만, 변천을 통하여 특정 시기의 역사적 진실을 규명하기보다 그 경향성을 살피기 위함이기 때문에 비록 소수의 비역사성이 내포된다고 해도 문제가 되지는 않는다는 점이다. 그러므로 유물 분류의 오류와 형식설정의 한계성을 크게 문제 삼지 않아도 잘못된 결과를 도출하지 않으므로 효용성이 높은 연구방법이라고 하겠다.

표 1 형식 분류의 두 사례

住 \ 形	올바른 분류						분류 오류		
	A	B	C	D	E	F	AB	CE	DF
1호	■						■		
4호	X	■					■		
8호	■	■					■		
2호	■	X	■				■	■	
3호		X	■	■			X	■	■
9호		■	■	X	■		■	■	X
7호			■	X	X			■	X
6호				■	■	■		■	■
5호						■			■

2) 배열조작

(1) 분석표 만들기 方法과 理解

계기연대법은 발생순서배열법의 분석표에 결실자료를 표시하여 결실자료의 수가 최소가 될 때의 배열을 결과로 삼고자 하는 방법이다. 간략한 예시를 李熙濬(1986b)의 순서배열법 자료

표 2-1 유구의 공반상

형식＼유구	a	b	c	d	e
1	■		■		■
2	■	■			■
3			■	■	■
4			■		
5	■		■	■	■
6			■	■	

표 2-2 배열 조작 1

형식＼유구	a	b	c	d	e
1	■		■		■
2	■	■	X		■
3	X		■	■	■
4	X		■	X	X
5	■		■	■	■
6			■	■	

표 2-3 배열 조작 2

형식＼유구	a	b	c	d	e
1	■		■		■
2	■	■	X		■
3	X		■	■	■
5	■		■	■	■
4			■	X	
6			■	■	

표 2-4 편년 완성

형식＼유구	a	b	c	d	e
2	■	■			■
1	■		■		■
5	■		■	■	■
3			■	■	■
6			■	■	
4			■		

李熙濬(1986)에서 변용

〈표 2〉를 통하여 설명하겠다.

우리가 처음 어느 유적에서 유구를 편년하려고, 출토 유물을 분류하고 형식 설정하여 행열로 표시한 것(표 2-1)이다. 이것에서 형식의 세로 열에 결실된 부분을 결실자료 즉 가상의 유물이 존재하는 것처럼 X표로 실존자료 사이를 채워 넣어 만드는 작업(표 2-2)이 계기연대법의 핵심이다. 이 이후에는 시간의 순서를 알고 싶은 유구의 가로 행을 옮겨서 가상의 유물을 최소화되게 배열하는 작업이다. 마침내 〈표 2-4〉처럼 배열되었다면 비로소 6기의 유구는 시간의 순서로 배열 완성되었다는 것이다. 그러나 이 계기연대법에서 현실은 〈표2-4〉처럼 결실자료 0가 되도록 완벽하게 배열되는 경우가 없으므로 인내심을 가지고 결실자료의 수를 최소화하는 결론에 이르는 것이 가장 중요하다.

이 연구법에서는 시간성을 가진 자료는 모두 사용할 수 있으므로 형식뿐 아니라 속성단위도 사용할 수 있고, 유구와 유물도 가리지 않는다. 주의할 것은 李熙濬(1986a)의 지적처럼 순서배열법은 조작이라는 작업이 너무 많은 경우를 헤아려야 하므로 형식의 수나 유구의 수가 많아지면 매우 많은 시간을 소요한다는 단점이 있기에 배열조작에 아무른 영향을 미치지 못하는 장기간 존속하는 형식이나, 동일 형식이 하나의 유구에서만 출토된 경우도 유효하지 못하다. 그래서 보다 훌륭한 양식편년을 만들기 위해서는 다음과 같은 조건이 필요하다.

첫째, 유물을 형식이나 속성으로 분류하되 반드시 1개의 형식(속성)은 2기 이상의 유구에서 출토된 것이라야 한다. 특정형식이 1기에만 출토되었다면 다른 유구와의 선후의 관계에 조력할 수 없이 무용지물이 되기 때문이다. 예를 들면 〈표 2〉에서 b형식은 2유구에서만 출토되었을 뿐이므로 순서배열의 조작에서 이 형식이 아무런 역할이나 영향을 미치지 않기 때문에 분석에서 삭제해도 무방하다는 것이다. 이 경우 b형식을 종속형식(▲표로 표시)이라고 부른다.

둘째, 유구는 적어도 2개 이상의 형식이 공반되어야 한다. 예를 들어 형식간의 상호관계를 가지지 못하면, 〈표 2〉의 4유구처럼 c형식 하나만 가지게 되면 순서배열상 가장 마지막 시점 혹은 가장 이른 시점에 배치되기 마련인데, 이것이 역사적 사실일 수도 있겠으나 한편으로는 순서배열법의 원리적인 모순 탓에 자연히 마지막 혹은 이른 시기의 위치에 놓일 수밖에 없다는 구조적인 오류가 발생한다. 그러므로 다른 형식과 공반하지 않는 형식은 배열조작 과정에서 삭제되어야 한다.

셋째, 공반상이 동일한 유구는 하나의 가로띠로써 묶는다. 그러니까 유구 하나하나를 편년하는 것이 아니라, 각기 다른 형식으로 조합된 공반예의 시간성을 밝히는 것이 목적이다.

넷째, 유구는 짧은 시간에 사용된 것일수록 우수한 자료이며, 여러 시기의 자료가 축적된 유구는 제외한다(李熙濬 1986b). 예를 들면 취락 내의 환호나 구상유구 또는 수혈 등은 주거지보다도 오랜 시간 동안 그 기능을 유지해왔거나 실제 그 유구에서 활용된 것 이외의 유물도 내포할 수 있으므로 어느 특정 시간대에 속한 일괄유물이 아니라는 것이다. 장시간 동안 사용된 유구의 판별은 우선 많은 형식이 공반하는 유구가 후보겠으나, 분명한 것은 특정 기종 중에서 여러 3개 이상의 형식이 공반하는 경우일 것이다. 이 경우는 순서배열 조작표에서 항상 중간부에 위치하게 되고 이를 중심으로 공반 형식이 많은 유구가 모이게 되는 현상을 초래하는 구조적인 문제를 유발하게 되므로 순서배열에 적합하지 않다. 고총고분의 경우도 중·소형고분에 비하면 장시간 동안 유행한 여러 형식이 공반하는 유구이다.

다섯째, 공반이 분명한 유물인가의 판정이 필요하다. 이에 대해서는 李熙濬(1986b)은 전세된 유물과 다른 지역의 유물 즉 양식이 다른 곳에서 유입된 이입품도 삭제해서 분석하여야 한다고 하였고, 매몰과정에서 유입된 유물의 경우도 당연히 삭제하고서 공반상을 분명하게 해야 한다. 전세품이나 타지에서의 이입품은 특정한 시기에만 듬성듬성 특정유구에 나타나므로 일련의 연속적인 배열조작을 할 수 없기 때문이다.

(2) 실험의 원형 – 실존자료 100%

실험이란 것은 귀납적 논리에 불과할 뿐이므로, 그것을 통하여 사실을 입증하는 것은 아니다. 다만 다양한 검토를 통하여 신뢰할만한 확률적 경향을 찾을 수 있다면 그러한 방법을 통한 결과가 어느 정도 신뢰할 수 있다는 것이다. 필자의 취락 편년에서 대체로 실존자료율[16]

---

[16] 〈표 2-2〉가 완성된 결과라고 가정하면, 실존자료(■)는 16개이고 결실자료(x)는 5개이다. 그래서

이 20% 전후였으므로 20% 30%의 두 경우를 통하여, 사실에 부합되는 양식편년의 설정 방법과 계기연대법의 문제점을 찾고자 한다. 그리고 유구의 수에 따라 결과가 달라지는지도 시도해보았으나 편년의 결과는 동일하게 나타났으므로 이 실험은 생략하고자 한다.

실험을 위해서는 기준이 필요하며 고고학적 사실로서 양식편년을 〈표 3〉처럼 제시한다. 여기에 제시된 기종이나 형식은 관창리취락의 순서배열표를 변용시킨 것이지만, 기종의 이름이나 분류체계, 형식의 수와 분류 방법 등이 실제의 예시인가 아닌가는 중요한 것이 아니다. 즉 '9개 기종-16개 아기종-58개 형식'이 아니라, 단순히 58개의 독립적인 형식이 되어도 좋다.

〈표 3〉의 배열은 앞서 〈표 2-4〉와 동일한 형태로서 이런 배열이라면 유구의 순차적인 시간 서열은 1↔45가 된다. 본고에서는 유구 1 → 2 → 3 → ···의 순서로 시기를 정한다. 그러므로 본 실험에서 유구의 숫자는 바로 유구의 시간 서열로 가설이 아닌 역사적 사실을 뜻한다.

형식의 시간성은 대체로 단기존속으로 만들었고, 형식 간의 선단과 말단을 상호 겹치도록 했으며, 한 기종 속에서의 여러 형식은 형식조열되듯이 시간적으로 나열되도록 설정하였다. 그리고 각 유구의 형식이 공반하는 개수를 보면 중앙으로 갈수록 많아지고 양단으로 가면 적어지는 현상을 볼 수 있다. 이것은 빈도순서배열법의 특정 형식이 전함모양을 이루며 생성-발전-소멸해 나가는 것처럼, 이 가상의 유적도 특정 문화만이 생성되었기에 양식의 형태가 전함형을 띠는 것이라고 판단할 수 있다. 그러나 유적의 존속기간 내에 다른 문화의 강한 유입이 있다면 양식편년이 완성된 결과 형식의 총수가 상하로 전함형이 아니라 모래시계형을 띨 수도 있을 것이다. 필자(2018)는 형식의 출현은 시간 결정에 기여하지만, 소멸 시점은 개인적 성향에 따른 것이므로 양식편년에 사용할 수 없다고 보았다. 그런데 발생순서배열법은 형식의 출현 시점과 소멸 시점을 모두 시간 결정에 이용한 것이므로 〈표 3〉으로 결정된 유구의 순서가 역사적 사실과 완전히 부합하는 것은 아니다고 판단된다. 만약 형식의 출현 시점만을 따져 편년하면 31개 단계(1/2/3/4/5/6/7/8/9/10/11/12/13/14/15/16~17/18/19/20/21~22/23/24/25/26/27/28/29/30~32/33/34~36/37~45)의 양식편년이 진실에 가까울

16÷(16+5) 즉 76%가 실존자료율이 되고 반대로 24%는 결실자료율이 된다. 이에 반하여 〈표 2-4〉는 실존자료율 100%이고 결실자료율은 0%이다. 결국 결실자료율을 최소화하는 것이 올바른 편년을 위한 최선책임을 알 수 있다.

표 3　樣式編年의 原型(실존자료 100%)

형식 유구	심발					호·옹																		中國系底	粘土帶系	적색마연호				적색마연옹					천발										석촉									석검				공반 형식수	형식 출현수
	중형		대형			소형							중형									대형								옹형			발형		정제			조제		중형			대형			평근식				첨근식				능형식	유경		유병			
	A	B	1	2	3	a	b	c	d	e	f	g	A	B	C	D	H	I	J	K	L	1	2			a	b	c	d	A	B	C	1	2	a	b	c	A	B	I	II	III	1	2	3	A	B	C	D	1	2	3	4		I	II	a	b		
1						■			■				■				■					■		■		■																				■				■									9	9
2			■			■			■				■				■					■		■		■																				■				■									10	1
3			■			■			■				■				■					■		■		■				■																■				■									11	1
4			■			■			■				■	■			■					■		■		■				■					■											■				■									13	2
5			■			■			■				■	■			■					■	■	■		■				■					■											■				■									14	1
6			■			■			■	■			■	■			■					■	■	■		■				■					■											■				■	■								16	2
7			■			■			■	■			■	■			■					■	■	■		■				■					■					■						■				■	■								17	1
8			■			■	■		■				■	■			■					■	■	■		■				■	■				■			■			■					■				■	■								19	2
9			■			■	■		■				■	■			■						■	■		■				■	■				■			■			■					■				■	■								18	1
10			■			■	■		■					■			■						■	■		■	■			■					■			■		■	■					■				■	■								19	1
11	■		■			■	■		■					■			■						■	■		■	■			■					■			■								■				■									18	2
12	■		■				■							■			■	■					■	■		■	■			■	■				■					■						■	■			■	■			■					19	2
13	■		■				■			■		■		■			■	■					■	■		■	■			■	■				■					■						■	■			■	■						■		22	3
14	■		■				■			■		■		■			■						■	■	■	■	■			■	■				■					■						■	■	■	■	■	■						■		23	2
15	■		■	■			■					■					■						■	■		■				■					■					■						■	■	■		■	■				■		■		22	1
16	■		■	■			■	■					■				■						■	■		■				■					■			■		■						■	■			■	■				■		■		25	4
17	■		■	■			■	■					■				■						■	■		■				■					■			■		■						■				■	■				■		■		23	0
18	■		■	■			■	■					■				■						■	■		■				■					■			■								■				■	■				■		■	■	23	1
19	■	■	■	■				■					■				■						■	■		■				■	■				■			■								■				■	■				■		■		22	1
20	■	■	■	■					■				■		■		■	■					■	■		■				■					■					■						■	■			■	■				■		■		23	2
21	■	■		■					■				■		■		■	■					■	■		■				■					■					■						■	■			■	■				■		■		23	1
22	■	■		■					■				■				■						■	■		■				■					■					■						■	■			■					■		■		22	0
23	■	■		■					■				■				■						■	■		■				■					■					■						■						■			■		■		22	1
24		■		■					■				■				■						■	■						■					■					■						■						■	■		■		■		21	2
25		■		■					■				■				■						■							■					■					■						■				■	■				■		■		20	1
26		■		■	■				■				■	■			■						■							■			■	■	■					■	■					■	■			■	■				■		■		24	4
27		■		■	■				■				■	■			■						■							■	■				■			■								■	■			■	■						■		24	2
28		■		■	■				■				■				■						■							■	■				■											■				■							■		22	1
29		■		■					■				■				■						■							■					■											■				■							■		19	1
30		■							■			■					■						■							■	■				■											■				■							■		19	1
31		■							■								■						■							■	■				■											■				■							■		18	0
32									■								■						■							■					■											■				■							■		16	0
33									■								■						■							■	■				■											■				■	■						■		18	2
34									■								■						■							■	■				■											■				■	■						■	■	19	2
35									■								■						■							■					■											■				■							■	■	17	0
36									■								■						■							■					■											■				■							■	■	16	0
37									■								■						■												■								■	■		■								■	■	■		15	1
38									■								■																		■											■								■	■	■		14	0
39									■																										■											■								■		■		12	0
40																																			■											■								■	■	■		11	0
41																																			■											■								■	■	■		10	0
42																																			■											■										■		9	0
43																																			■											■										■		8	0
44																																			■											■										■		7	0
45																																			■											■										■		6	0

것이다. 그러므로 형식의 출현시점만 편년에 이용하고 소멸시점은 버리고 양식편년을 구축하는 작업은 순서배열법의 문제점을 보완한 것이며, 출현형식의 수만으로 단계를 설정하는 방법이 유효한 것이다.

(3) 實驗 1 ─실존자료 20% 사례A─

〈표 3〉에서 실존자료(■)의 수량은 776개이다. 〈표 4-1〉은 80%에 해당하는 621개를 무작위

로 삭제하고 실존자료 155개만 남긴 것이지만, 유효한 결과 도출을 위하여 한 형식은 2개 이상의 유구에서 출토되도록 하고, 1기의 유구에서도 2개 이상의 형식이 공반하도록 하였다. 그리고 남은 실존자료의 사이에 결실자료(x)를 채워서 각 형식이 가상의 특정기간 동안 존속하도록 만들었다.

조작표 〈표 4-1〉 만들기의 이해를 돕기 위해 사족을 달고자 한다. 먼저 1~45호의 유구는 상하의 배열 자체가 시간의 순서이다. 즉 유구는 무덤이라면 埋葬이 일어난 어느 한 시점 또는 주거지라면 가옥이 폐기된 시점 그리고 토기요라고 하면 가마 내부에 잔존하는 토기가 소성된 시점을 나타내는 것이다. 본 연구법의 목적은 이 시점의 시간적 순서를 밝히기 위한

표 4-1 實存資料 20% 사례A의 결실자료 보충표

형식＼유구	심발					호·옹																		中國系底	粘土帶系	적색마연호				적색마연옹					천발											석촉									석검			
	중형		대형			소형							중형									대형								옹형			발형		소형 정제			조제		중형			대형			평근식				첨근식				능형식	유경		유병	
	A	B	1	2	3	a	b	c	d	e	f	g	A	B	C	D	H	I	J	K	L	1	2			a	b	c	d	A	B	C	1	2	a	b	c	A	B	I	II	III	1	2	3	A	B	C	D	1	2	3	4		I	II	a	b
1						■																				■																																	
2						×							■													×																				■												
3						×							×									■	■			×																				×												
4						■							×				■					×	×			×																				×												
5			■			×							×				×					×	■	×		×																				×												
6			×			×							×	■			×					×		×	×	×				■																×												
7			×			×				■			×	×			×					■	×			×				×													■			×												
8			×			×	■		■	×			■	×			■						×			×				×										■						×				■								
9			×			×	×		■	×			×	×									×			×				■	■									×						×				×	×							
10			×			■	×		×				×				×					×	×			×					×									×					■	×				×								
11	■		×				×			×			×				×					×	×			×	■				×									×			×		×				■								
12	×		■				×			×			×				×	■					×	■		×	×				×									×					×				×								
13	×		×				×			×	■		×				■	×						■		×														×			■		×				×				■				
14	×		×				×		■	×							×							×		■			■	×			■							×			×		×				×				×				
15	×		×		■		×			×														×		×			×	×			×							×			×		×				×				×				
16	■		×	×					■								×									×			×	×			×							×					×				×				×		■		
17	×		×														×									×			■	×			×							×			■		×				■				×		×		
18	×		×														×									×				×			×							×			×		×			■					×		×	■	
19	×		×														×	■								×				×			×							×			×		×			×					×			×	
20	×	■	■															■	■							×				×			×							×			×		×			×					×			×	
21	×	×	×				×										×									×				×	×		×							×			×		×			×					×				■
22	■	×					×										×									×				×			■							×			×		×								×				×
23		×					■										×									×			■	×			×							×					×			×					×				×
24		×					×										×									×				×			×										■		×			×					×				×
25		×					×						■			×									×				×			■							×					×					×				×				×
26	■						×	■					×			■	×								×			■	×											×					×		■		×				×			■
27							×	×					×			■	×								×				×											×					×				×								
28								■					×				×								×				×											×					×				×								
29													×				×								×				×											×					×			■								
30													×			■									×					×	■	×							×					×				×								
31								■																	×				■	×		×							×					×				×								
32													×												×					×									×					×				×								
33													×												×					×									×				■	×				×								
34													×												×					×		■	×							×			×		■		×						×	■		
35													×												■				×				×						×					×				×				×		×		
36			■										×												×									■					×					×				×				×		×	×	
37													×												×				■					×					×				■					×				×		×		
38			■										×												×			■	■				×						×					×				×				×		×		
39											■		×												×				×					×					×					×				×						×		
40													×												×				■				×						×					×				×				■		×	×	
41													×												×				×					×					×					×		■		×				×		×		■
42													×											■	×				×					×					×					×				×				×		×		
43													×											■	×				×					■					×					×				×				×		×		
44											■														×															×					×				×				■		×		
45																									×			■											×					×	■			×				×		■		

것이다. 그리고 형식의 존속기간은 해당 형식이 출토된 유구가 나열된 세로 열로 나타내는데, 유구의 앞서 특정 시점은 여러 유구가 나열되면서 일정 기간인 時間帶가 표시되고 이것이 형식의 존속기간이 되는 것이다. 그러므로 결실자료는 형식의 존속기간을 가상으로 복원하는 것이므로 반드시 세로 열의 실존자료(■표) 사이에만 메워야 한다.

이렇게 만들어진 최초의 배열조작표에서 결실자료는 491개였으나, 필자와 대학원·학부생 11명이 1주일 동안 순서배열 조작으로 찾은 결과가 〈표 4-2〉이다. 결실자료는 최초보다 159개를 줄여 332개이고 실존자료율은 31.8%이다.

순서배열 조작 중에 장기속성을 가진 형식이 나타나는 경우가 있다. 물론 〈표 3〉에는 장기속성의 형식은 없지만, 〈표 4-1〉에서 시작하여 〈표 4-2〉를 만들어 가는 실제의 작업 속에서는 장기속성을 가진 형식이 설정될 수는 있다. 이 장기속성은 윗부분이나 가장 아랫부분의 소수 유구에는 나타나지 않을 수 있지만 대다수의 유구에 걸쳐 존속기간이 표시되는 경우이다. 중·단기형식의 경우는 유적이 형성되는 기간 속에서 특정 시간대에만 존속하기 때문에 해당 형식이 출토된 유구의 시점에 오류가 발생하여도 그 특정 시간대내에 극한되므로 오차가 적다고 할 수 있지만, 장기속성의 형식이 존재하게 되면 특정 시기에 국한되어야 할 유구의 시점이 유적의 형성 초기에도 배치될 수 있고 또는 말기에도 두어질 수 있으므로 양식편년에 큰 오류가 만들어질 수가 있다. 그러므로 배열조작이 끝난 시점에는 장기형식을 삭제하는 작업이 필요하고 환류작업으로서 다시 배열조작을 해야 한다. 이러한 환류는 2~3차례 반복될 수도 있다. 그래서 본질적으로는 중·단기형식만으로 구성된 양식편년이 되어야만 올바른 결과에 도달하였다고 판단할 수 있다. 그런데 배열조작을 하다 보면 유구의 행을 옮겨도 결실자료의 수가 같아지는 경우가 있다. 이때 이 유구는 2개의 서열을 가지게 되므로 어떤 것을 택할지 주관적으로 결정할 수 없으므로, 이동하여 결실자료의 수에 증감이 없는 위치의 행과 행 사이의 유구는 모두 동일한 시점으로 인식하고 1개로 묶을 수밖에 없다. 그렇게 해서 복수의 유구를 합쳐서도 하나의 군집이 되고, 1기의 유구도 1개의 군집으로 인식하여 26개의 群이 나열된 것이 〈표 4-2〉인 것이다.

그런데 이 26개의 최종 배열이 과연 최소의 결실자료를 나타내는 배열인지의 확신을 할 수 없을 것이다. 〈표 4-2〉에서 실존자료 중 편의상 ●로 표시한 것은 배열조작으로 결정된 형식의 존속기간 중에서 실존자료의 수가 50% 이상을 차지하는 형식인데, 이 형식에서는 결실자료를 줄일 수 있는 갖가지의 배열을 검토한 이후에 최종 나열된 것이므로 이제는 결실자료를 줄이지 못하는 형식이라고 판단되는 것이다. 이런 형식을 편의상 短期型式이라고

 實存資料 20% 사례A의 配列操作 結果와 그룹(■·●표 모두 실존자료)

群	유구	심발 中A	심발 中B	심발 大1	심발 大2	심발 大3	호옹 小a	小b	小c	小d	小e	小f	小g	호옹 中A	中B	中C	中D	中H	中I	中J	中K	中L	호옹 大1	大2	중국계底	粘土帶系	적마호 a	b	c	d	적마옹 甕A	甕B	甕C	鉢1	鉢2	천발 精a	精b	精c	粗A	粗B	천중 I	II	III	천대 1	2	3	평근 A	B	C	D	첨근 1	2	3	4	능형식	유경 I	II	유병 a	b
1	4						●											■																																									
1	1						●											×									■																																
2	6						×								■			×									×				●																												
2	9						×			●								×									×				●	■															×												
2	2						×			×	●				×	×										×						×																			■							
2	10						●			×	×				×	×										×						×							■		●										■							
2	8					●		●		×	×				×	■										×						×				■			×			●									×	●					
3	14								×	×	■			×				×						■	■	×						×				×	■		×			●									×	●					
3	29								×	×	×			×										■	×						×				×	■		×												×							
3	15			■					×	×	×			×										×	×						×				×	×		×												×							
3	5	■		■					×					×								■									×				×	×		×											■								
4	7	×	×	×												●	●														×				×	×		×								●											
5	3	×	×	×												●	●													×				×	×		×							×												
5	13	×	×	×					■							●														×				×	×	■								●										■		
6	12	■	×	×					■						●								●							×				×	×											●								×		
6	19	×	×	×					■					●									●						■	×				×	×											●								×		
7	20	●	●	■	×								×			×	■					●	●						×			×							●							×					×			
8	26	●				■				×	■				×	■			×	×		×	●						×			×						■					×	●						×			■	
9	21						×	×						×	×			×	×				×						×																	×							
10	22	●					×	×						×	×	×	×					●							×																	×			●			
11	18	×					×	×						×	×	×	×												×																	×					×	
11	16	●					×	×			■			×	×	×	×												×																	×					×	
12	23	×				■	×			×				×	×	■	×												×																■	×					×	
13	11	●					×	×			×			×	×	×								●					×																×	×			●			
13	31			■			×	■		■				×	×	×		■						●					×																×	×						
14	17						×	×			×			×	×						●	●	●						×							■		●	×													
14	24						×	×			×			×	×								●						×								●	×														
15	27						×	×			×			■	×				●		×								×								×														×	
15	28					■	×			×					×				●	●									×								×												●		×	
16	34							×	●		×				×	●													×								×			●				×							×	■
17	32								×	×	×				×														×						●				×												×	×
18	38					■	×		×	×					×	■													×						●				×												■	■
18	30	■					×		■	×					×								■						×						●				×								●		■			×
18	25	■					×		×	×					×														×						●																	
19	35														×			×											×										×													●
20	41	×									●				×			×											×										×													●
21	36			■							×				×			×											×										×									●				
22	45										×				×			×											×										×						■				●			
22	44									■		●			×				×										×										×						×				●			
23	33									×		●			×				×									■	×										■						×							
24	39																												×																●			■				
25	37																												×																●			×				
25	43													■															×																			×				
26	42																												×																			×				
26	40																												×																			■				

부르면, 더 이상 이동이 불가한 배열조작의 특징은 복수의 최단기형식이 상호 계기적으로 조작표 전체를 묶고 있다는 점이다. 그러므로 더 이상 이동 불가한 유구 행을 하나라도 옮기려고 하면 연계된 전체가 이동될 수밖에 없으므로 결국은 최종 배열에 도달했다는 것을 시사한다. 〈표 4-2〉는 1군~18군 / 19군~23군 / 24군~25군으로 최단기형식이 계기적으로 묶여 있다. 배열조작에서 이 연계된 군집 전체를 이동시켜서 결실자료의 수가 줄어들 수도 있으나 이 표에서는 해당하지 않았다.

(4) 획기 설정 –양식편년의 완성–

〈표 4-2〉26개 군의 배열은 형식계열 속에서 형식 간의 선후관계는 대체로 100% 존속자료로 된 실험원형과 일치한다. 그러나 애초 고고학적 시간 서열이었던 유구의 번호와 배열된 군집과는 정합을 이루지 않으므로, 나열된 군집을 단계로 인식할 수 없다. 그러므로 순서배열법을 통한 편년에서 형식의 선후가 바르게 배열되었다고 해도, 나열된 유구의 순서가 시간의 서열이 아님을 주의할 필요가 있겠다. 그 이유는 형식의 중·단기의 존속기간에 있고, 또한 선행형식과 후행형식이 겹치는 시간대가 있으므로 그 중첩 시간대 속에서는 후행형식이 선행형식보다도 이른 시점에 놓이는 경우가 발생할 수 있기 때문이다. 그러므로 형식의 존속 시간이 매우 짧고 후행형식과의 시간적 충첩도 매우 짧다면 순서배열보충법으로 도출된 유구의 시간 서열과 형식 간의 서열이 항상 정합성을 보일 것이다. 그런데 〈표 4-2〉의 결과는 그렇지 않다는 점을 인지해야 한다. 이 부조리한 유구의 순서를 유효한 편년으로 바꾸기 위해서는 획기 설정이 필요하다.

취락의 변천과정을 26단계 혹은 45단계로 살필 수는 없다. 몇 개의 군집을 하나로 묶어서 거시적으로 살펴야만 취락의 변모를 관찰하고 이해할 수 있는 것이다. 그러므로 순서 배열조작 후에는 획기 설정이 반드시 필요한데, 획기 설정한 결과는 유구의 시간성과 바람직한

표 4-3 實存資料 20% 사례A의 各群 型式 共伴相

(범례: ■ = 공반 출토, × = 존속 범위 내 결여, 빈칸 = 없음. 폭이 매우 넓은 표이므로 열 그룹별로 나누어 옮기되 행 번호 열(群)을 각 표에 반복함.)

표 4-3 (1) — 심발 · 호·옹

群	심발 중형 A	중형 B	대형 1	대형 2	대형 3	호·옹 소형 a	소형 b	소형 c	소형 d	소형 e	소형 f	소형 g	호·옹 중형 A	중형 B	중형 C	중형 D	중형 H	중형 I	중형 J	중형 K	중형 L	호·옹 대형 1	대형 2
1						■											■						
2						■	■		■				■	■			■						
3		■	■				■			■				■			×						■
4			×	×					■				×		×		×						
5			×	×				■					×				×						■
6		■		×											■		×						
7	■	■									■		×	■	■								
8				×	■			■					×	×									
9			×	×				×	×				×	×	×								
10	■		×	×				×	×				×		■								
11	■		×	×												×							
12	×		■	×												×							
13	■		×	■												×							
14			×	×												×							
15				■																			
16																							
17																							
18																							
19																							
20																							
21																							
22																							
23																							
24																							
25																							
26																							

표 4-3 (2) — 中國系底 · 粘土帶系 · 적색마연호 · 적색마연옹 · 천발

群	中國系底	粘土帶系	적색마연호 a	b	c	d	적색마연옹 옹형 A	옹형 B	옹형 C	발형 1	발형 2	천발 소형 정제 a	정제 b	정제 c	조제 A	조제 B	천발 중형 I	중형 II	중형 III	천발 대형 1	대형 2	대형 3
1			■																			
2			×				■	■				■			■		■					
3		■	■					×				×	■		×		■					
4		×						×				×	×		×							
5	■	×						×				×	×		×	■						
6	■	×						■				×	×		■	×						
7		×						×				×	■		×							
8		×			■			■				×			×			■				
9		×			×			■				×			×			×				
10		×			×							×			×			■				
11		×			×					■		■		■		■						
12		×			×				■	■				×					■			
13		×			×				×					×					■	■		
14		×		■	×				×										×	■	■	
15		■		■	×				×										■		×	
16		×			×	■			×												■	
17		×			×	×			×												■	
18		×			■	■			×													
19		×				×			×													
20		×				×			×													
21		×				×			×													
22		×				■			×													
23		×							×													
24		×							×													■
25		■							■													■
26		■							■													

표 4-3 (3) — 석촉 · 석검

群	석촉 평근식 A	평근식 B	평근식 C	평근식 D	석촉 첨근식 1	첨근식 2	첨근식 3	첨근식 4	능형식	석검 유경 I	유경 II	석검 유병 a	유병 b
1					■	■							
2					■	■							
3	■												
4	■								■				
5		■					■		×				
6		×					×		×				
7		■					×		×				
8							×		×				
9							×		■				
10							×		■			■	
11			■				×					■	
12			×				■					×	
13			×				■					×	
14			×							■		×	
15			■							■		×	
16			■									×	
17								■				■	
18													■
19													■
20											■		
21											■		
22				■									
23				■									
24				×									
25				×									
26				■									

표 5　實存資料 20% 사례A의 劃期 設定　　　　　　　　　　*(　)의 유구는 단계설정이 잘못된 것을 뜻함

群	1	2	3	4	5	6	7	8	9	10	11	12	13	14	15	16	17	18	19	20	21	22	23	24	25	26
형식	3	11	6	2	4	3	3	3	1	1	1	3	2	2	4	2	0	2	1	1	1	1	0	1	0	0

획기	Ⅰa기	Ⅰb기	Ⅱ기	Ⅲ기
유구	1 2 4 6 8 9 10	(3 5 7) 12 13 14 15 (19 20 26 29)	(11) 16 17 18 21 22 23 24 27 28 31 32(34)	(25 30 33) 35 36 37 38 39 40 41 42 43 44 45
확률	100%	36% / 78%	85%	79%

정합성을 보이기 때문이다.

획기는 특별한 변화를 보이는 분기점을 말한다면, 고고학상의 획기는 많은 형식이 출현하거나 혹은 출현하는 형식의 수에서 가장 많은 격차를 보이는 시점으로 봐야 한다.

〈표 4-3〉은 〈표 4-2〉의 각 군을 하나의 행으로 형식공반을 나타낸 것이고, 〈표 5〉는 각 군의 서열 즉 가상의 시간순서에서 새롭게 출현한 형식의 수를 헤아리고 그 형식 수의 격차가 큰 시점을 획기로 삼은 결과이다.

〈표 5〉에서 획기는 형식수의 격차만을 헤아린다면 4개 단계를 설정할 수 있다. 각 단계에서 정확도를 살피면, Ⅰb기에는 유구 3 5 7은 Ⅰa기에 속해야 하고 유구 19 20 26 29는 Ⅱ기에 들어가야 올바른 시간순서가 될 것이다. 이처럼 Ⅱ기의 유구 11과 34 그리고 Ⅲ기에서도 유구 25 30 33은 오류가 드러났다. 그래서 이런 오류는 결국 올바른 편년이 되지 않았다는 것이므로 각 단계에서 유구 전체에 대하여 오류의 유구 수를 빼고 올바른 시간대에 있는 유구를 계산하면 정확도의 확률이 계산된다. 이렇게 하여 보면 Ⅰb기는 36%의 정확도를 보이므로 이대로는 편년이 잘못되었다고 평가할 수밖에 없다. 이런 잘못된 결과는 단계를 세분한 것에 있으므로 Ⅰb기를 유구의 수가 적은 Ⅰa기와 합쳐서 하나의 단계로 통합하여야 한다, 그 결과 Ⅰ기의 오류로 나타나는 유구는 19 20 26 29의 4개이므로 총 18개의 유구에서 올바른 14개의 유구를 계산하면 정확도는 78%가 되고, 이 정도의 수치는 근 80%에 해당하므로 20%의 오류를 극복하고 사용할 수 있게 된다. 이 정도의 오류는 마을고고학에서 사회상의 변천 경향을 살피는 것에 그다지 문제가 되지 않을 것이다.

표 6　實存資料 20% 사례A의 양식편년

심발:

단계	중형 A	중형 B	대형 1	대형 2	대형 3
Ⅰ기		■	■	■	■
Ⅱ기	■			■	■
Ⅲ기				■	

호·옹:

단계	소형 a	b	c	d	e	f	g	중형 A	B	C	D	H	I	J	K	L	대형 1	2
Ⅰ기	■	■		■	■	■	■	■	■	■		■	■	■			■	■
Ⅱ기			■			■	■		■	■			■		■			
Ⅲ기			■			■					■						■	■

중국계底 · 粘土帶系 · 적색마연호 · 적색마연옹:

단계	중국계底	粘土帶系	적색마연호 a	b	c	d	적색마연옹 옹형 A	B	C	발형 1	2
Ⅰ기	■	■	■		■		■	■			
Ⅱ기		■		■	×	■	■	■	■	■	■
Ⅲ기					■	■					

천발:

단계	소형 정제 a	b	c	조제 A	B	중형 Ⅰ	Ⅱ	Ⅲ	대형 1	2	3
Ⅰ기	■	■		■	■	■					
Ⅱ기	■				■	■	■	■	■		
Ⅲ기	■				■		■	■	■		

석촉 · 석검:

단계	평근식 A	B	C	D	첨근식 1	2	3	4	능형식	유경 Ⅰ	Ⅱ	유병 a	b
Ⅰ기	■	■			■	■	■		■				
Ⅱ기			■			■				■	■	■	
Ⅲ기			■				■			■		■	■

(5) 實驗2 －실존자료 20% 사례B－

사례A와 비교하기 위해서 특히 실존자료의 비율과 단계의 수 설정과의 상관성을 살피기 위해서 또 하나의 20% 사례로 실험을 해보고자 한다. 역시 원형에서 순서 배열조작에 합당한 조건 속에서 무작위로 80%의 실존자료를 삭제하여 〈표 7-1〉을 만들었다.

최초의 실존자료율은 30.6%이고, 사례A의 경우는 24.0%였다. 이런 차이는 실존자료 155개의 배열의 차이에 따라 그 사이를 메우는 결실자료의 수가 달라지기 때문이며, 아무런 의미가 없는 수치이다. 다만 우리가 유적의 양식편년을 위하여 최초 작성된 배열표에서 그

표 7-1 실존자료 20% 사례B의 배열조작

열 머리글 구조 (형식/유구 축):

- 심발: 중형 A·B / 대형 1·2·3
- 호·옹: 소형 a·b·c·d·e·f·g / 중형 A·B·C·D·H·I·J·K·L / 대형 1·2
- 중국계底
- 粘土帶系
- 적색마연호: a·b·c·d
- 적색마연옹: 옹형 A·B·C / 발형 1·2
- 천발: 소형 정제 a·b·c·조제 A·B / 중형 Ⅰ·Ⅱ·Ⅲ / 대형 1·2·3
- 석촉: 평근식 A·B·C·D / 첨근식 1·2·3·4
- 능형식
- 석검: 유경 Ⅰ·Ⅱ / 유병 a·b

(기호: ■ = 흑색 칸, × = 엑스 표시, 빈칸 = 공란)

유구	심발중A	심발중B	심발대1	심발대2	심발대3	소a	소b	소c	소d	소e	소f	소g	호중A	호중B	호중C	호중D	호중H	호중I	호중J	호중K	호중L	호대1	호대2	중국계底	粘土帶系	적마호a	적마호b	적마호c	적마호d	적마옹A	적마옹B	적마옹C	적마옹발1	적마옹발2	천발정a	천발정b	천발정c	천발조A	천발조B	천발중Ⅰ	천발중Ⅱ	천발중Ⅲ	천발대1	천발대2	천발대3	평근A	평근B	평근C	평근D	첨근1	첨근2	첨근3	첨근4	능형식	유경Ⅰ	유경Ⅱ	유병a	유병b
1						■							■									■		■																						■				■								
2			■			×							×											×						■																×				×								
3			×			×							■											×						×																■				×								
4			×			■								■			■							■		■				×																×				×								
5			×			×								×										×		■				×																×				×								
6			×			×			■					×			■							×						×					■					■						×				■								
7			×			×			×	■				×			×							×						×					×					×						×												
8			×			×			×	×			■	×			■							×		■				×					×											■												
9			×			■			■	×				×								×		×											×			■		■									■								
10			■							×				×									×	×							■				■			×																				
11			×							×				×									×	×											×					×																		
12			■							×				■									×	×											×			■		×																		
13	■									×				×										■											×			×									■					■						
14	×						■			■				×			×							×									■		×																							
15	×			■			×							■									■	×											×					×																	
16	■			×		×								×				■						×						■	■				×					×																	
17	×			×			■							×				×						×						×					×					×																	
18	■			×										×				■						×						×					×					×																	
19				×				■			■			×				×						×						×					×					■						■				×	■						
20				×				×			×			×				×						×						×					×					×						×				×	×						
21				×				■			×			×				×						×						■					×					×						×				×								
22		■		■				×			×			×				×						×						×					×					■	×	■				×				×							
23																														×								×		×						×				×			■					
24																														×								×									■							■			
25																														×								×		×						×	■				■					×	
26																														×			■					■	×							×						■			×		■
27	■																													×					■												■				×					×		
28							■																							■					■					×										■				×			■
29								×																						×								×												×					×		
30								■																						×								×												×					×		
31								×																						×								×								■				×					×		
32								×																						×								×		■										×					×		
33								×																						×			×					×												×					×		
34								×																						×					■			×												×					×		
35								■																						×			×					×												×					■		
36								×																					■					■			×													×					■	
37							■	×																					×					■					×					■						×					×	
38																													×								×									■				×					×	
39								■																					×			■					×												×					■	
40								■																	■					×								×												×						
41								×																					×								×																	×	
42								×																					×								×																	×	
43								×																					×								×																		
44											■																		×																	■				■						
45																														■																											

표 7-2 실존자료 20% 사례B의 배열조작 결과

표 7-2 실존자료 20% 사례B의 배열조작 결과

표의 기호: ■ = 실존자료, × = 결실자료(추정)

심발·호·옹(소형) 부분

群	형식	심발 중형 A	중형 B	대형 1	대형 2	대형 3	호·옹 소형 a	b	c	d	e	f	g
1	1						■						
	3						×						
	8						×						
2	4						■						
3	9						■			■			
4	6									■			
5	5												
6	12			■									
7	2			■									
8	7		×								■		
9	10		■										
10	11	■								×			
11	13	×											
12	17	×							■			×	
13	14	×											
14	20	■											
	18	■											
15	16	■											
16	19							■			■		
17	24								×		■		
18	23								×	×		×	
19	26								×	×		×	
	15	■							×				
20	27		■						×				
	22	■							×				
21	21							■					
22	30				■				×				
23	35				■								
24	28							■					
25	33									×			
26	25									×			
27	40									×			
	31									×			
	43									×			
28	29									×			
	34										■		
	37										■		
29	32								■				
	41							■					
30	39							■					
31	45												
32	36								■				
33	44								■				
34	42												
	38												

호·옹(중형·대형)·중국계저·점토대계·적색마연호 부분

群	형식	호·옹 중형 A	B	C	D	H	I	J	K	L	대형 1	대형 2	중국계저(中國系底)	점토대계(粘土帶系)	적색마연호 a	b	c	d
1	1	■																
	3	■																
	8	■				■												
2	4		■			×									■			
3	9		×			×									■			
4	6		×			×									×			
5	5		×			■								■	×	■		
6	12	■				■								×	×	×		
7	2					×					■	■			×	×		
8	7		×								■				×	×		
9	10			■									■		×	×		
10	11			×									■		×	■		
11	13														■			
12	17							×							×			
13	14														×			■
14	20																	
	18																	×
15	16																	×
16	19												■					
17	24																	
18	23																	
19	26														■			
	15																	
20	27														■			
	22																	
21	21														×			
22	30																	
23	35														■			
24	28						■										■	
25	33						■											
26	25						■											■
27	40																	■
	31																	
	43										■							
28	29										■							
	34																	
	37																	
29	32																	
	41										■							
30	39						■											
31	45						■											
32	36						■											
33	44																	
34	42										■							
	38																	

적색마연옹·천발·석촉·석검 부분

群	형식	옹형 A	B	C	발형 1	2	천발 정제 a	b	c	조제 A	B	중형 I	II	III	대형 1	2	3	평근식 A	B	C	D	첨근식 1	2	3	4	능형식	유경 I	II	유병 a	b
1	1	■																													
	3	×																													
	8	×																■													
2	4	×																■													
3	9	×																×													
4	6	×																×													
5	5	×																■				■								
6	12	×					■					■						■				■								
7	2	■									■	■						■				■								
8	7	■					×			■		×											■							
9	10		■							×	■	×											■							
10	11		×							×	■	×					■						■							
11	13		×							×	×	×					■							■						
12	17		×				■			×	×	×		■			×							■						
13	14		×					■		×	×	×			■		×												×	
14	20		×					×		×	×	■	■		×											■			×	
15	16		×				■	×	■	×			■		×											■			×	
16	19		■				×			×			×		×											■			×	
17	24		×							×			×		×														×	
18	23		×							×			×																×	
19	26		×			■				■			×																×	
	15		■		■	×							×			■								■					×	
20	27		×		×	×							×											■					×	
	22		×		×	×							×																×	
21	21		×										×																×	
22	30		×			■				■			×																×	
23	35		■		■	×							×										■					■	×	
24	28	■		×									×			■	■						■						×	×
25	33			■									×							×					■				×	×
26	25	■			×								×							×			■	×					×	■
27	40	■			×								×							×				×	×				×	
	31		×		×								■					■						×	×		■		×	
	43		■		×																			×	×				×	×
28	29	■			×																			×	×				×	×
	34		■																				■	×					×	×
	37		■																				×	■					×	×
29	32		■						■														×	×					×	×
	41		■					■							■								×						×	×
30	39		■					■																×					×	■
31	45							■																×					×	■
32	36						■					■												×					×	
33	44																	■			■			×					×	
34	42												■								■								×	
	38					■																■					■			

결실율을 통하여 단계설정에 참고가 될 뿐이다.

〈표 7-2〉는 최단기형식이 전체 45기의 유구 행을 하나로 묶고 있으므로 더는 결실자료를 줄일 수 없는 경우로서 최종 배열조작에 도달한 것이다. 결실자료 수는 216개이며 실존자료율은 41.8%이다. 여기에서 군집을 하나의 열로 만드는 표는 생략하고 형식의 발생 격차를 통한 획기를 설정한 것이 〈표 8〉이다.

〈표 8〉은 출현 형식의 수가 많고 격차가 큰 군집의 경계로 획기를 잡으면 총 6개의 단계가 설정된다. 그런데 그 각기에 해당하는 유구의 시간적 정확율이 80%에 못 미치는 단계가 절반에 해당한다. 그래서 이 경우도 3단계의 획기를 설정하면 85%를 상회하는 결과를 보이

表 8 실존자료 20% 사례B의 획기 설정

群	1	2	3	4	5	6	7	8	9	10	11	12	13	14	15	16	17	18	19	20	21	22	23	24	25	26	27	28	29	30	31	32	33	34
형식	2	1	2	0	1	2	2	3	2	2	2	2	2	3	2	2	1	1	2	4	0	1	3	3	1	3	1	1	1	1	0	1	1	0
분기	Ⅰa			Ⅰb						Ⅱa					Ⅱb						Ⅲa							Ⅲb						
유구 1	1 3 4 (8 9)			(2) 5 6 7 (12)						10 11 13 14 17 18(20)					(15 16) 19 22 23 24(26 27)						(21) 25 28 30 (33 35)							(29) 31 32 34 36 37 38 39 40 41 42 43 44 45						
확율	60%			60%						85.7%					50%						50%							92.9%						
유구 2	1 2 3 4 5 6 7 8 9(12)									10 11 13 14 15 16 17 18 19 20 22 23 24(26 27)											(21 25) 28 29 30 31 32 33 34 35 36 37 38 39 40 41 42 43 44 45														
확율	90%									86.7%											90%													

表 9 실존자료 20% 사례B의 樣式編年

(형식/단계 = 행, 유물 형식 = 열. ■ = 출현)

심발 · 호·옹

형식 \ 단계	심발 중형 A	심발 중형 B	심발 대형 1	심발 대형 2	심발 대형 3	호·옹 소형 a	호·옹 소형 b	호·옹 소형 c	호·옹 소형 d	호·옹 소형 e	호·옹 소형 f	호·옹 소형 g	호·옹 중형 A	호·옹 중형 B	호·옹 중형 C	호·옹 중형 D	호·옹 중형 H	호·옹 중형 I	호·옹 중형 J	호·옹 중형 K	호·옹 중형 L	호·옹 대형 1	호·옹 대형 2
Ⅰ기		■		■					■	■			■				■					■	
Ⅱ기	■	■		■			■		■					■				■			■		■
Ⅲ기				■				■												■		■	■

중국계底 · 粘土帶系 · 적색마연호 · 적색마연옹

형식 \ 단계	중국계底	粘土帶系	적색마연호 a	적색마연호 b	적색마연호 c	적색마연호 d	적색마연옹 옹형 A	적색마연옹 옹형 B	적색마연옹 옹형 C	적색마연옹 발형 1	적색마연옹 발형 2
Ⅰ기	■		■	■			■			■	
Ⅱ기	■		■	■			■	■		■	■
Ⅲ기		■		■	■		■			■	

천발

형식 \ 단계	소형 정제 a	소형 정제 b	소형 정제 c	소형 조제 A	소형 조제 B	중형 Ⅰ	중형 Ⅱ	중형 Ⅲ	대형 1	대형 2	대형 3
Ⅰ기	■					■					
Ⅱ기	■	■		■	■	■	■		■		
Ⅲ기			■					■		■	■

석촉 · 석검

형식 \ 단계	평근식 A	평근식 B	평근식 C	평근식 D	첨근식 1	첨근식 2	첨근식 3	첨근식 4	능형식	유경 Ⅰ	유경 Ⅱ	유병 a	유병 b
Ⅰ기	■				■								
Ⅱ기		■				■	■	■	■			■	
Ⅲ기		■	■	■				■		■	■	■	■

므로 유구의 수를 감안한 단계 설정이 유효한 방법인 것 같다. 이에 따라 〈표 9〉의 양식편년이 만들어졌다.

(6) 實驗3 -실존자료 30% 사례A-

실존자료가 30%로 높아지면 어떤 결과가 나올지 알아보기 위해 70%의 실존자료를 무작위로 삭제하여 앞의 과정처럼 진행하였다. 순서배열을 조작한 결과 실존자료는 233개, 결실자료 304개로서 실존자료율 43.4%이며, 34개 군을 찾았다(표 10).

〈표 10〉에서 보듯이 앞의 사례처럼 군의 서열이 유구의 번호순서와 일치하지 않는다. 다만 형식계열 속에서 각형식의 시간적 선후관계는 원형과 같은 결과를 보이고 있을 뿐이다. 필자(1993)를 위시하여 대다수의 순서배열법을 사용하는 연구가 결실자료가 있음에도 불구하고 배열의 순서를 그대로 유구의 편년으로 인식하고 있다. 특히 한 개 기종으로 편년한 경우에는 각 형식의 유물이 부장되는 즉 생산에서 유통되어 각 개인에 의해 폐기 또는 부장되는 과정에는 무수한 특수한 상황이 깃들어 있으므로 유구의 시기를 한두 유물의 형식 시기와 동일시해서 판단해서는 안 된다. 반드시 출토되는 모든 유물을 집합시킨 양식편년에 따르고 그 속에서도 출토 맥락을 참조하고 또 여유로운 단계설정이 올바른 시간성을 부여할 것이다.

　〈표 11〉에서 80% 전후의 정확도를 가진 편년으로 5개 단계가 설정되었지만, Ⅱ기의 확률이 낮으므로Ⅰ·Ⅱ기를 합쳐서 94.1%의 높은 확률도로 사용하는 것이 좋을 것이다. 그래서 4단계로 양식편년한다면 Ⅲ·Ⅳ기의 유구 수가 다른 기에 비하여 적어지므로 이것도 합쳐서 크게는 3단계 내의 아단계를 두어서 세분된 4~5단계로 사용할 수 있다. 원도의 획기를 보면 확률 100%인 5개의 단계가 설정되듯이 실존자료율이 높아질수록 단계의 수는 늘어난다는

표 10　實存資料 30% 사례A의 配列操作 結果

Part A — 심발 · 호·옹 · 중국계底 · 粘土帶系 (호·옹: 소형 a–g, 중형 A–L, 대형 1·2):

群	유구	심발중형A	심발중형B	심발대형1	심발대형2	심발대형3	소형a	소형b	소형c	소형d	소형e	소형f	소형g	중형A	중형B	중형C	중형D	중형H	중형I	중형J	중형K	중형L	대형1	대형2	중국계底	粘土帶系
1	2			●																						
2	5			●														■					●			
3	3			●										●				×					●			
4	7													●				×					●		●	
5	1													×				■							●	
6	18							■						×				×							●	
6	8							■						●				■								
7	10							×			●							■								
8	4							×		●	×							×								
9	6						●	×		●	●							×						●		
9	9						●	■		●	×							×							×	
9	14						×	×			●	■						×							×	
10	11	■					●	×				×						×							●	
11	12	×						×				×						■	■						×	
12	15	×			■			×				×							×						●	
13	13	×			×			■				×			●			×								
14	16	×			×							×				×		×							■	
15	17	■			■				■			■						×								
16	19	×	■		■				×			×			●			×							■	■
17	22	×	■						×					×				×	■						■	■
17	23	■	×						×						●			×							×	
18	20		×						×									×	×						■	×
19	24		×						×		■							×	●							×
20	21		×						×									×		●						×
21	27		■						×									■		●				●	×
22	25								×									×		●				■	■
23	31								×						●			×						■	●
24	29								×						●			×						×	●
24	26								×	●					●			×						×	●
25	28								■	×								×						×	×
26	30									×	■							×		●				×	×
26	33									●					●									×	●
27	36									●								×						×	
27	37																	×						×	
28	35														●					●				×	
28	40																			●				×	
28	34																							■	
29	39																							●	
30	42																							●	
31	32																			●					
32	43																			×					
33	45																			●					
34	44																			●					
34	41																			×					
34	38																			●					

Part B — 적색마연호 · 적색마연옹 · 천발 · 석촉 · 능형식 · 석검:

群	유구	적색호a	적색호b	적색호c	적색호d	옹형A	옹형B	옹형C	발형1	발형2	정제a	정제b	정제c	조제A	조제B	중형I	중형II	중형III	대형1	대형2	대형3	평근A	평근B	평근C	평근D	첨근1	첨근2	첨근3	첨근4	능형식	유경I	유경II	유병a	유병b
1	2																									●								
2	5																									●								
3	3					●																				×								
4	7					×																				×								
5	1					×																				×								
6	18					×										●										●							■	
6	8	●				●					■					×										●	●						×	
7	10	×	■								×			■		×																×	
8	4	×	×								×			×		×						■										×	
9	6	●	×				●				×			×		●						×										×	
9	9	●	■				×				×			■		●																×	
9	14	●	×				●				■			×		●											■						×	
10	11		×				×				×			■								×	■										×	
11	12		×				●							×								×	■										×	
12	15		×				×							×	■							×								■			×	
13	13		■				×		■		■			×	■	●			●			×								■			×	
14	16		■				×		×					■	×	●			●			■					×	×					×	
15	17		■				●		×					■		×			×								■	■					×	
16	19		■				●		×						×	×			×				■					×		■			×	
17	22		×				●		×					■	■	●			●											×			×	
17	23		×						×			●			■	●			×					■				×					×	
18	20															●																		
19	24			●												●																		
20	21																●																	
21	27					■										●	●																	
22	25								■							●	●																	
23	31				●	●										●			●															
24	29				●	×	●									●			●															
24	26				●	●	●									●			●															
25	28					×											●		×															
26	30					×				■							●		×															
26	33				●	●											●					■												
27	36					×											●																	
27	37					×																												
28	35					●												●								●								
28	40					●																												
28	34																	■				■												
29	39																	●					●											
30	42																	●					●											
31	32								●																					●				
32	43																													×				
33	45																													●				
34	44																	●												●				
34	41																	×												×				
34	38																	●																

표 11 劃期 設定과 正確度

群	1	2	3	4	5	6	7	8	9	10	11	12	13	14	15	16	17	18	19	20	21	22	23	24	25	26	27	28	29	30	31	32	33	34
형식	2	2	2	1	0	5	4	2	4	2	2	2	2	3	1	1	2	1	1	1	3	2	2	2	1	3	1	2	1	0	1	0	0	0

획기	I기	II기	III기	IV기	V기
획기(단계)	I기	(94%)	IIa기	IIb기	III기
유구	1 2 3 5(7)	(4 6) 8 9 10 11 12 13 14 15 16(18)	(17) 19 20 21 22 23 24	25 26 27 28 29(31)	(30) 32 33 34 35 36 37 38 39 40 41 42 43 44 45
확율	80%	75%	86%	83%	93%

표 12 원도 〈표 3〉의 획기 설정

군	1	2	3	4	5	6	7	8	9	10	11	12	13	14	15	16	17	18	19	20	21	22	23	24	25	26	27	28	29	30	31	32	33	34	35	36	37	38	39	40	41	42	43	44	45
형식	9	1	1	2	1	2	1	2	1	1	2	2	3	2	1	4	0	1	1	2	1	0	1	2	1	4	2	1	1	1	0	0	2	2	0	0	1	0	0	0	0	0	0	0	0

분기	I기	II기	III기	IV기	V기
유구	1 ~ 8	9 ~ 16	17 ~ 25	26 ~ 34	35 ~ 45

표 13 實存資料 30% 사례A의 양식편년

심발 · 호·옹 부분

단계	심발 중형 A	심발 중형 B	심발 대형 1	심발 대형 2	심발 대형 3	호·옹 소형 a	호·옹 소형 b	호·옹 소형 c	호·옹 소형 d	호·옹 소형 e	호·옹 소형 f	호·옹 소형 g
I기	■		■	■		■	■		■	■	■	
IIa기	■	■		■				■			■	
IIb기		■		■	■			■		■	■	
III기					■			■				

단계	호·옹 중형 A	B	C	D	H	I	J	K	L	호·옹 대형 1	호·옹 대형 2	중국계저	粘土帶系
I기	■	■			■	■				■	■	■	
IIa기		■	■			■	■						
IIb기			■				■	■					
III기				■				■	■				■

단계	적색마연호 a	b	c	d	적색마연옹 옹형 A	B	C	발형 1	발형 2
I기	■	■			■	■		■	
IIa기		■				■		■	
IIb기		■	■		■		■	■	■
III기		■	■					■	■

단계	천발 소형 정제 a	b	c	조제 A	B	천발 중형 I	II	III	천발 대형 1	2	3
I기	■			■	■	■	■		■		
IIa기		■		■	■		■		■		
IIb기		■	■		■				■	■	■
III기			■						■		

단계	석촉 평근식 A	B	C	D	첨근식 1	2	3	4	능형식	석검 유경 I	II	유병 a	b
I기	■	■			■	■	■		■			■	
IIa기		■	■			■	■	■	■			■	
IIb기		■	■					■		■		■	
III기				■				■		■	■		■

사실이다. 그래서 30%의 실존자료를 통하여 편년한다면 20%의 3단계와 원도의 5단계, 그 중간의 획기가 설정된다는 추정도 가능한 것이다. 〈표 13〉은 이를 이용하여 4단계로 양식편 년한 것이다.

(7) 實驗4 –실존자료 30% 사례B–

전술한 바와 같은 방법으로 30% 실존유물의 표를 만들어 실존자료 233개, 결실자료 311개 실존자료율 42.8%, 45개의 유구를 28개 군으로 배열하였다(표 14).

〈표 14〉를 보면 형식 간의 시간 서열은 바르고, 선후관계가 뒤바뀐 형식은 2개인데 앞서 3개의 사례와 유사하다. 그렇지만 유구의 시간서열은 군 서열과 일치하지는 않는다. 그러므로 유구 1기 단위의 시간성을 찾아서는 안 된다고 밝혀졌다. 〈표 15〉는 최단기형식이 전체에 걸쳐 계기적으로 엮여서 최적의 순서배열이다. 단계는 정확율 80% 전후의 4개이지만, 각 기에 속하는 유구의 수를 감안하면 단계를 3개로도 가능하다.

〈표 16〉은 양식편년인데 모든 형식 간의 시간 서열은 4단계로 보아도 틀림이 없다.

표 14   실존자료 30% 사례B의 배열조작 결과

이 표는 폭이 매우 넓어, 행 표지(群·유구)를 반복하며 열 묶음별로 나누어 옮긴다. 기호: ■ = 다량, ● = 소량, × = 극소량(흔적).

심발·호·옹 소형 (심발 中형 A·B, 大형 1·2·3 / 호·옹 小형 a~g)

群	유구	A	B	1	2	3	a	b	c	d	e	f	g
1	1						■						
	3						×						
	6						×			●			
2	9						■			●			
3	5						×						
	8						×			●			
4	4									■			
5	2									●			
6	12									●			
7	11	■								×			
8	7	×								●			
9	13	■								×			
10	10	×								●			●
11	14	×								×			●
12	16	■								×			
13	19	×								●			
14	15	×								●	■		
	17	×										×	
15	18	■										×	
	23	■										×	
16	20											×	
17	22								●			■	
18	26							×				■	
19	21							×					
	24							×					
	27								●				
20	25								●				
	30											●	
21	28											×	
	35											●	
	31											●	
22	29												
23	34												
	37												
	32												
24	41												
	33												
25	39												
	36												
26	45												
27	40												
	44												
	43												
	38												
28	42												

호·옹 中형 (A·B·C·D·H·I·J·K·L) / 호·옹 大형 (1·2)

群	유구	A	B	C	D	H	I	J	K	L	1	2
1	1	●										
	3	●										
	6	●										
2	9	×										
3	5	×				●					●	
	8	●				●					×	×
4	4	●	■			×						
5	2					×						
6	12					×						
7	11					■						
8	7			●								
9	13						×					
10	10						×					
11	14			●	■							
12	16	×			■							
13	19	×		■	■							
14	15		×	×		×						
	17	●	■			×						
15	18				×	×						
	23				×	×						
16	20				×	×						
17	22					×						
18	26					×						
19	21										■	
	24											
	27											
20	25											
	30											
21	28										■	
	35											
	31											
22	29											
23	34											
	37											
	32											
24	41											
	33											
25	39											
	36											
26	45											
27	40											
	44											
	43											
	38											
28	42											

中國系底 / 粘土帶系 / 적색마연호 (a·b·c·d) / 적색마연옹 옹형(A·B·C)·발형(1·2)

群	유구	中國系底	粘土帶系	a	b	c	d	A	B	C	1	2
1	1			■								
	3			■				■				
	6			■				×				
2	9	■		■				×				
3	5	■		×				×				
	8			×				×	×			
4	4			×								
5	2							×				
6	12							■				
7	11							×				
8	7							■				
9	13							×				
10	10							×				
11	14							×				
12	16							×				
13	19							×				
14	15							■				
	17							×				
15	18							×				
	23							■				
16	20									●		
17	22									●		
18	26									●		
19	21							×				
	24	■						●				
	27	■						×				
20	25	×						×				
	30	×						×				
21	28								●	●		
	35								●			
	31							×				
22	29							×				
23	34							×				
	37								●			
	32								●		●	
24	41							×			●	
	33							×				
25	39								●			
	36								●			
26	45							×				
27	40							×				
	44											
	43											
	38											
28	42											

천발 小형 정제(a·b·c)·조제(A·B) / 中형(I·II·III) / 大형(1·2·3)

群	유구	a	b	c	A	B	I	II	III	1	2	3
1	1											
	3											
	6											
2	9	●										
3	5	×										
	8	●										
4	4											
5	2	●										
6	12	●										
7	11											
8	7											
9	13											
10	10											
11	14						×	×	×			
12	16						●	●	●			
13	19							×				
14	15						●					
	17						●					
15	18						×					
	23						×	●				
16	20						×	×				
17	22						●	×				
18	26							●				
19	21											
	24											
	27											
20	25									■		
	30									■		
21	28									■		
	35											
	31											
22	29											
23	34											
	37											
	32											
24	41											
	33											
25	39											
	36											
26	45											
27	40											
	44											
	43											
	38											
28	42											

석촉 평근식(A·B·C·D)·첨근식(1·2·3·4) / 능형식 / 석검 유경(I·II)·유병(a·b)

群	유구	A	B	C	D	1	2	3	4	능형식	I	II	a	b
1	1													
	3													
	6													
2	9	●												
3	5	×												
	8	●				●								
4	4	×	×	×										
5	2	●		■		×								
6	12	×		×		×		■						
7	11	×	●	×		■	×							
8	7	●	●	×		×	×							■
9	13		●	■		×	×							
10	10			×		×	×							
11	14	■	■	×										
12	16		×	■										
13	19	×		×					■					
14	15			×							■			
	17			×							■			
15	18			×						×				
	23			×							■			
16	20										■		■	
17	22					×		×						
18	26					×		×	■					
19	21					×					×			
	24					×						×	×	
	27					×							■	
20	25					■					■		×	
	30					×								
21	28					×							■	
	35			×		×							■	
	31			×		×		■					×	
22	29			×		×							×	
23	34			×		×				■			×	
	37			×		×		●	×				×	
	32			×		×		■					×	
24	41					×							×	
	33	■	●			■							×	
25	39	×	×			×				■				●
	36	■	●			×								●
26	45					×								●
27	40					×								
	44		●			×								
	43			×										
	38			×										
28	42													

표 15   실존자료 30% 사례B의 획기 설정

群	1	2	3	4	5	6	7	8	9	10	11	12	13	14	15	16	17	18	19	20	21	22	23	24	25	26	27	28
형식	5	3	3	2	1	1	2	3	1	2	4	3	1	3	3	1	2	1	1	8	3	0	2	1	1	0	1	0
분기	I기									IIa기						IIb기				III기								
유구	1 ~ 9(11 12)									(10) 13 ~ 19(23)						20~22 24 26 27				(25) 28 ~ 45								
확율	81.8%									77.8%						100%				94.7%								

표 16 실존자료 30% 사례B의 樣式編年

표 16은 매우 넓은 하나의 표로, 열 그룹별로 나누어 옮긴다(행 라벨 「단계」를 각 부분에 반복).

심발

단계	중형 A	중형 B	대형 1	대형 2	대형 3
Ⅰ기	■		■		
Ⅱa기	■		■	■	
Ⅱb기		■	■		
Ⅲ기		■			■

호·옹 소형

단계	a	b	c	d	e	f	g
Ⅰ기	■			■	■		
Ⅱa기		■	■		■	■	
Ⅱb기			■		■		
Ⅲ기			■				■

호·옹 중형 / 대형

단계	중형 A	중형 B	중형 C	중형 D	중형 H	중형 I	중형 J	중형 K	중형 L	대형 1	대형 2
Ⅰ기	■	■			■					■	■
Ⅱa기		■				■	■				■
Ⅱb기			■			■	■				
Ⅲ기			■	■				■	■		

중국계底 / 粘土帶系 / 적색마연호

단계	중국계底	粘土帶系	적색마연호 a	b	c	d
Ⅰ기	■		■	■		
Ⅱa기	■	■	■	■		
Ⅱb기		■		■	■	
Ⅲ기		■		■	■	■

적색마연옹

단계	옹형 A	옹형 B	옹형 C	발형 1	발형 2
Ⅰ기	■	■			
Ⅱa기		■		■	
Ⅱb기		■		■	■
Ⅲ기	■	■		■	■

천발

단계	소형 정제 a	정제 b	정제 c	소형 조제 A	조제 B	중형 Ⅰ	중형 Ⅱ	중형 Ⅲ	대형 1	대형 2	대형 3
Ⅰ기	■					■					
Ⅱa기	■	■		■		■	■		■		
Ⅱb기	■	■			■				■		
Ⅲ기			■					■		■	■

석촉

단계	평근식 A	평근식 B	평근식 C	평근식 D	첨근식 1	첨근식 2	첨근식 3	첨근식 4	능형식
Ⅰ기	■				■	■			
Ⅱa기	■	■				■	■		■
Ⅱb기		■					■	■	
Ⅲ기		■	■	■				■	

석검

단계	유경 Ⅰ	유경 Ⅱ	유병 a	유병 b
Ⅰ기				
Ⅱa기			■	
Ⅱb기			■	
Ⅲ기	■	■	■	■

2 實驗의 評價

1) 평가

계기연대법의 유용성에 대해서 실험으로 검토해 보았는데, 그 결과는 〈표 17〉처럼 정리된다. 양식편년의 결과를 사용하기 위해서 주의할 점과 유효한 결과를 도출할 방안에 대해서 지적하고자 한다. 그리고 사족을 달아두고 싶은 것은 계기연대법이란 유물의 양식편년을 통하여 유구를 편년하는 방법이지만, 사실은 공반상이 서로 다른 유물집합체들의 시간성을 파악하기 위한 상대연대연구법이다. 역사적 사실이 아니라고 해도 공반상이 동일하면 동일 시기로 간주한다는 가정이다.

첫째, 계기연대법으로 순서배열된 군집의 서열은 바로 시간의 순서로 판단할 수 없으며, 군집의 배열은 형식 간의 시간적 선후관계와는 상관성이 있다.

둘째, 시간성을 반영하는 것은 획기 단위로 여러 군집을 묶을 때에만 유효하며 대략 80% 전후의 확률을 보인다. 획기는 형식 출현 수의 격차가 큰 기점을 찾는 것이 필요하며, 또한 각 단계에 해당하는 유구의 수가 특정 단계에 편중되지 않도록 조정해야만 유효성이 높아진다.

셋째, 단계의 수가 많아지는 것은 世代 단위의 편년에 가까워진다는 것이므로 바람직한 것인데, 이렇게 편년하기 위해서는 실존자료의 수가 높아야 하는데, 단계의 수와 실존자료의 수는 상관성이 있다. 그러나 고고학적 현실에서는 실존자료의 비율을 짐작할 수 없지만, 2기

표 17 實驗 사례 결과의 比較

사례 \ 내용	단계 수	단계 확률	배열 실존율	군집 개수	실존개체수 2개 형식의 수	형식서열 오류
20% A	3	81%	31.8%	26개	23개	6개
20% B	3	89%	41.8%	34개	24개	3개
30% A	4	89%	43.4%	34개	0개	2개
30% B	4	89%	42.8%	28개	9개	1개

표 18 실험 사례의 단계 설정 비교

<table>
<thead>
<tr><th>실존율
유구</th><th>100%</th><th>15%</th><th>20%</th><th>20%
A</th><th>20%
B</th><th>25%</th><th>30%</th><th>30%
A</th><th>30%
B</th><th>30%B
4등분</th><th>35%</th></tr>
</thead>
<tbody>
<tr><td>1</td><td rowspan="7">I기</td><td rowspan="9">I기
80%</td><td rowspan="10">I기
75%</td><td rowspan="9">I기
78%</td><td rowspan="9">I기
90%</td><td rowspan="13">I기
96%</td><td rowspan="9">I기
80%</td><td rowspan="16">I기
94%</td><td rowspan="13">I기
82%</td><td rowspan="13">I기
80%</td><td rowspan="7">I기
88%</td></tr>
<tr><td>2</td></tr>
<tr><td>3</td></tr>
<tr><td>4</td></tr>
<tr><td>5</td></tr>
<tr><td>6</td></tr>
<tr><td>7</td></tr>
<tr><td>8</td><td rowspan="9">II기</td><td rowspan="17">II기
82%</td></tr>
<tr><td>9</td></tr>
<tr><td>10</td><td rowspan="22">II기
90%</td><td rowspan="24">II기
85%</td><td rowspan="16">II기
87%</td><td rowspan="7">II기
80%</td></tr>
<tr><td>11</td><td rowspan="16">II기
87%</td></tr>
<tr><td>12</td></tr>
<tr><td>13</td></tr>
<tr><td>14</td><td rowspan="24">II기
92%</td><td rowspan="10">IIa기
78%</td><td rowspan="11">II기
75%</td></tr>
<tr><td>15</td></tr>
<tr><td>16</td></tr>
<tr><td>17</td><td rowspan="9">III기</td><td rowspan="9">III기
89%</td><td rowspan="10">IIa기
86%</td></tr>
<tr><td>18</td></tr>
<tr><td>19</td></tr>
<tr><td>20</td></tr>
<tr><td>21</td></tr>
<tr><td>22</td></tr>
<tr><td>23</td></tr>
<tr><td>24</td><td rowspan="8">IIb기
100%</td></tr>
<tr><td>25</td><td rowspan="20">III기
90%</td><td rowspan="13">III기
85%</td><td rowspan="9">III기
85%</td></tr>
<tr><td>26</td><td rowspan="9">IV기</td><td rowspan="19">III기
94%</td><td rowspan="15">IV기
100%</td></tr>
<tr><td>27</td><td rowspan="8">IIb기
83%</td></tr>
<tr><td>28</td></tr>
<tr><td>29</td></tr>
<tr><td>30</td></tr>
<tr><td>31</td></tr>
<tr><td>32</td><td rowspan="14">III기
87%</td><td rowspan="14">III기
95%</td></tr>
<tr><td>33</td></tr>
<tr><td>34</td><td rowspan="12">III기
79%</td><td rowspan="12">IV기
92%</td></tr>
<tr><td>35</td><td rowspan="11">V기</td><td rowspan="11">III기
93%</td></tr>
<tr><td>36</td></tr>
<tr><td>37</td></tr>
<tr><td>38</td><td rowspan="8">III기
83%</td><td rowspan="8">IV기
93%</td></tr>
<tr><td>39</td></tr>
<tr><td>40</td></tr>
<tr><td>41</td><td rowspan="5">V기
92%</td></tr>
<tr><td>42</td></tr>
<tr><td>43</td></tr>
<tr><td>44</td></tr>
<tr><td>45</td></tr>
</tbody>
</table>

의 유구에서만 확인되는 형식이 적을수록, 즉 다수의 유구에서 출토되는 형식이 많을수록 실존자료의 비율이 높아진다는 것을 알 수 있다. 그러므로 이러한 조건이 되도록 유물을 너무 세분하지 않고 적절한 수준에서 분류하는 것이 계기연대법에서의 중요한 작업이다.

넷째, 양식편년은 실존자료율이 높을수록 안정성이 높아진다.

다섯째, 〈표 18〉을 보듯이 실존자료율에 따라서 단계설정도 다양한 양상을 보인다. 그러나 각 양식편년은 차이가 나더라도 양식 즉 다수 형식의 변천은 유사한 양상으로 나타날 것이다. 예컨대 획기 설정 〈표 14·15〉를 통하여 출현형식의 수량이 가장 격차가 큰 기점에서 획기를 삼아 단계를 설정하였으나, 단순히 28개의 유구군집을 4등분하여 각 단계에 7개 군집으로 기계적인 분기를 〈표 19〉처럼 해도 정확도의 확률에는 큰 차이가 없다. 이것은 한국의 현대사회에서 대통령선거

일일 기점 1997년/2002년/2007년/2012년/2017년/2022년을 기점으로 5년간의 한국현대사를 살피는 것과 2000년/2005년/2010년/2015년/2020년을 기점으로 살피는 것도 큰 흐름과 한국사회의 방향성의 차이는 크지 않을 것이다. 다만 사회 정치적으로 획기를 이루는 시점으

표 19 실존자료 30% 사례B의 획기 설정

群	1	2	3	4	5	6	7	8	9	10	11	12	13	14	15	16	17	18	19	20	21	22	23	24	25	26	27	28
형식	5	3	3	2	1	1	2	3	1	2	4	3	1	3	3	1	2	1	1	8	3	0	2	1	1	0	1	0
분기	I기							II기							III기							IV기						
유구	1~6 8 9(11 12)							(7 10) 13~17 19							(18) 20~28 30 31(35)							(29) 32~34 36~45						
확율	80%							75%							85%							93%						

로 분기한다면 사회상을 더욱 명확하게 설명할 수 있고 유의미한 해석이 많을 것이라는 이점이 있다. 그래서 획기의 설정을 물질자료의 변화가 큰 기점을 잡고자 한 것이다.

2) 우정연(2002)의 송국리유적 순서배열법 결과와 비교

우정연은 송국리유적을 양식편년한 바 있다. 유물 분류는 필자(2021)의 방법과 조금 다르지만 편년 결과가 동일한가 비교해 보고자 한다.

⟨표 20⟩의 상좌가 우연정이 송국리유적(보고서 I~Ⅲ)의 유물을 분류하고 순서배열한 결과로 송국리1기와 2기로 제시한 것이다. 그러나 필자의 계기연대법으로는 54-19호 주거지

표 20 禹姃延(2002)의 송국리유적 순서배열법을 통한 편년

좌측 표

유구	완 A	완 B	호 A1	호 B1	호 C1	호 A2	호 B2	호 C2	호 C3	호 B3	호 A3	호 D	마연단경호 A	마연단경호 B	마연단경호 C	석도 A	석도 B	석도 C	석촉 A	석촉 B	석촉 C	분기
54-9							■						■									송국리 I기
54-5							■	■	■				■									
54-6	■							■	■				■	■								
54-15							■	■	■				■	■								
54-22							■									■			■	■		
55-6									■							■				■		
50-1																■				■		
54-3							■	■		■						■						
54-2							■	■	■	■	■		■				■					
55-1																■			■	■		
54-10	■						■	■														
55-5	■						■	■												■		
50-3	■																			■	■	
54-8		■						■	■					■								송국리 II기
54-23		■					■	■	■								■				■	
55-2		■						■	■						■						■	
55-3								■													■	
57-1		■													■						■	
54-19		■																■				

우측 표

유구	완 A	완 B	호 A1	호 B1	호 C1	호 A2	호 B2	호 C2	호 C3	호 B3	호 A3	호 D	마연단경호 A	마연단경호 B	마연단경호 C	석도 A	석도 B	석도 C	석촉 A	석촉 B	석촉 C
54-9							■						■								
54-22							■						X			■			■	■	
55-1													X			X			■	■	
50-1													X						■	X	
55-6								■					X			■			■	■	
54-5							■	■	■				■			X	X			X	X
54-3							■	■	X	■			X			■	■			X	X
54-2							■	■	■	X	■		X							X	X
54-15							■	■	■		X		■	■						X	X
54-6	■						■	■	■		X		■	■						X	X
54-10	■						■	■	X	X				X			X			X	
55-5	■						■	■	X	X				X			X			■	
50-3	■						X	X	X	X				X			X				
54-8	■						■	■	■	X				■			X				X X
54-23	■						■	■	■	X							■				X X
55-2	■						■	■	■	X				X			X				X X
55-3	■							X						■							■
57-1	■													■							■

하단 표

군집	유구	완 A	완 B	호 A1	호 B1	호 C1	호 A2	호 B2	호 C2	호 C3	호 B3	호 A3	호 D	마연단경호 A	마연단경호 B	마연단경호 C	석도 A	석도 B	석도 C	석촉 A	석촉 B	석촉 C	단계
1	54-22																■			■			I
1	55-1																X	■		■			I
2	55-6								■								■	X					
3	54-3								■	X	■						■	X					
4	54-5								■	■	X			■				X					II
4	54-2								■	■	■	■		■				■					II
5	54-15								■	■		X		■	■			X					
6	54-6	■							■	■		X		■	■			X					
7	54-10 55-5	■							■	X		X			X			X					III
7	54-8	X	■						■	■		X			■			X					
7	54-23	X	■						■	■		X				■		■				■	
7	55-2	X	■						■	■	■				X							X	
7	50-3	■													X			X				■	
7	55-3														■			■					

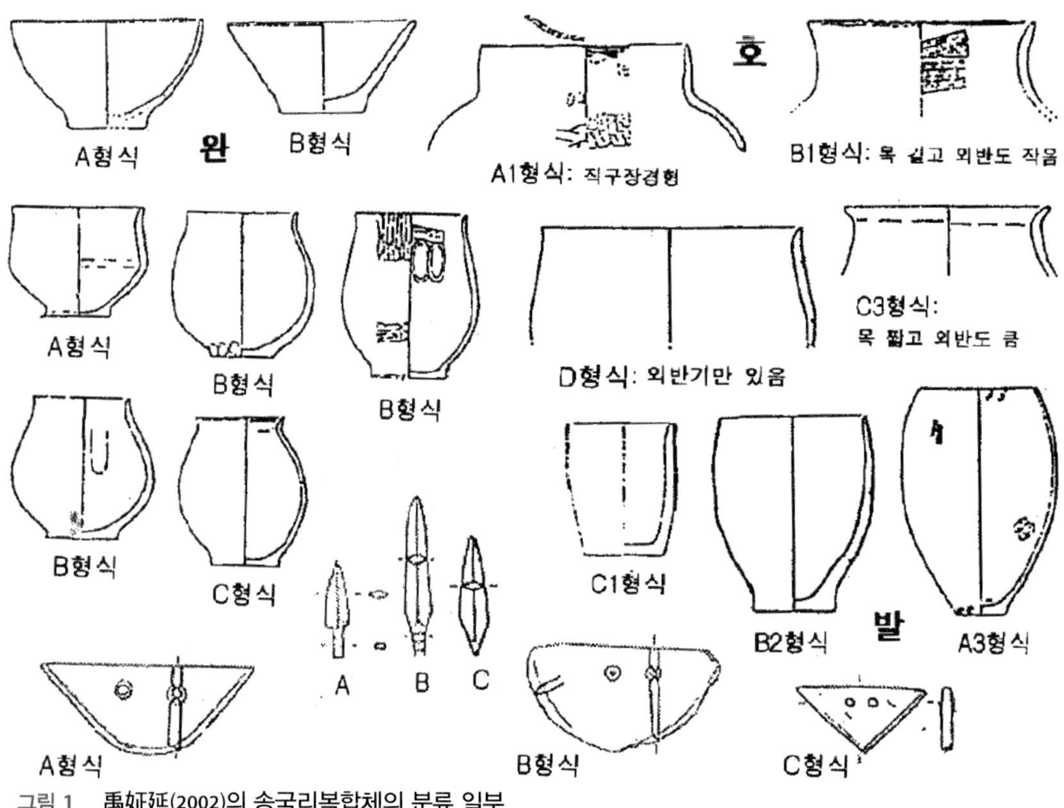

그림 1　禹姃延(2002)의 송국리복합체의 분류 일부

표 21　송국리유적 두 분류의 양식편년 비교

	우정연 분류(2002)	안재호 분류(2021)
Ⅰ기	54-22 / 55-1·6	54-10
Ⅱ기	54-2·3·5·6·15	54-3·5·6·8 / 55-1·6
Ⅲ기	50-3 / 54-8·10·23 / 55-2·3·5	50-3 / 54-2·15·23/ 55-2·3·5

는 다른 유구와 동일 형식을 공유하는 형식이 1개뿐이므로 순서배열에서 삭제해야 한다. 그렇지 않으면 이 유구는 1개의 형식만으로 순서배열하는 결과이므로, 항상 최상위거나 최하위에 놓여지기 마련이다. 이 유구를 삭제하고 결실자료를 채워 넣어서 작업을 더 진행시켜보니 상우와 같은 배열에 도달하였다. 이것은 결실자료수가 상좌보다는 줄어든 경우이다. 그런데 상우의 순서배열은 호 B2형식과 석촉 B형식이 장기형식으로 판정되어, 이 두 형식을 제거하고 다시 순서배열하고 군집까지 찾아서 下와 같이 배열되었다. 7개의 군집에서 최초출현 형식의 수를 헤아려 3개의 획기 Ⅰ~Ⅲ기를 구할 수 있었다.

〈표 20〉하의 송국리유적 3단계를 필자의 송국리유적 양식편년과 대비한 것이 〈표 21〉이다. 두 사람의 다른 분류에 따른 편년 결과에서 우연정의 Ⅰ·Ⅱ기는 안재호의 Ⅱ기와 병행하고 Ⅲ기는 동일하다. 이런 관계에서 서로 어긋나는 주거지는 54-2·8·10·15호의 4기의 주거지이다. 두 편년에서 병행관계에 있는 주거지는 10기에 해당한다. 그러므로 두 편년은 공유하는 14기 중에서 10기가 올바른 시간 순서를 보이므로 71.4%의 신뢰 확률을 보인다. 80%에 부족[17]하지만, 대체로 양쪽의 편년안을 신뢰할만하고 이를 이용하여 송국리유적의 문화사적 혹은 마을 변천사적인 경향성 파악에는 무리가 없을 것이라 판단된다. 그러므로 계기연대법을 이용한 양식편년 작성은 어느 누가 달리 분류하더라도 신뢰할만한 결과를 도출할 수 있다는 판단을 할 수 있다.

3 활용

계기연대법은 취락고고학 연구뿐만이 아니라 삼국시대의 고분 출토 유물의 양식편년을 통한 사회상의 복원에도 유용한 도구가 될 것이다. 이의 활용을 위하여 실험적인 검증을 시도해보았다. 그러나 실험이라는 것은 어디까지나 결과에 대한 가능성을 열어둔 것뿐이며, 역사적 사실을 밝힌 것이라고는 할 수 없으므로 양식편년된 단계의 정당성을 위해서 층서학이나 형식학을 통하여 고고학적인 검증을 통하여 활용되는 것이 바람직하다.

양식편년은 실존자료의 수나 유구의 공반상이 동일하지 않으면 다른 결과가 나타날 수밖에 없다. 더구나 같은 문화권 내에서 동일 기간에 형성된 유적이라도 거점의 대취락과 주변의 소취락에서는 당연히 양식편년이 달리 나타날 것이 자명하다. 사회의 변천이 급한 거점취락의 형식은 단기형식이 많을 것이고, 주변취락에서는 중·장기형식이 상대적으로 많을 것이다. 이처럼 상위계층과 하위계층 간의 차이도 존재할 것이며, 당연히 생계와 관련한 지역적 특성에서도 형식의 존속기간은 달라질 것이다.

그러므로 고고학적 연대학의 실체를 밝힐 수 있는 관건은 AMS법의 탄소14연대를 계

17　두 작업에서 오차가 생긴 것은 어쩌면 자료의 수가 다른 탓일 수도 있다. 즉 우정연은 2002년 이전의 보고서 3권으로 유물을 분류하였으나, 필자는 보고서 11권의 자료를 망라한 것이기 때문에 당연히 자료가 증가되면 얼마간의 오차는 발생하기 마련이다.

기연대법의 양식편년과 연계하는 연구(藤尾慎一郎 2004)일 것이다. 송국리문화기 2400BP대
의 문제도 유물이 풍부한 유구에서 오차가 적은 3점 이상의 탄소14연대치를 확보한다면, 거
점과 주변 취락 간 또는 동일문화권 속 유구들의 시간적 관계를 밝힐 수 있을 것이다. 이러한
年代學을 기반으로 구축해나갈 과제들이 현대고고학의 명제들일 것이다.

　　본 연구법은 완성품이 아니라 아직도 문제점을 수정해 나가야 하는 상황이다. 2021년
의 관창리취락연구에서는 유물의 분류를 너무 세분한 것이 오히려 분류의 애매함을 초래하
였고, 송국리취락에서는 장기존속형식을 삭제하지 않고 순서배열하므로써 이른 시기와 늦은
시기의 몇몇 유구는 단계 설정에 문제가 발생할 수도 있겠다.

토기제작 풍경의 소묘

토기를 분류하면서 이 분류가 단지 논문에만 적용되는 작업에 불과한 것인지 정말 그 당시 사회에서도 통용되는 방식인 것인지 의문을 가지게 된다. 선사토기가 공장제 생산이 아니고 가내수공업 생산이리고 하는데 과연 동일한 형태의 토기가 어떻게 만들어지는지 그리고 시간이지나면서 도 다른 형식의 토기가 어떻게 동시에 나타나는지? 아니면 그렇지 않고 각각의 형태가 가정마다 다양하게 제작되어 특정 시기의 공통된 형식이나 양식체계가 없다고 봐야 하는지 의문이었다. 만약 그렇다면 유물의 분류가 그 당시의 양식을 반영한 것이 아니므로 논문으로서 역사성을 반영하지 못한 무가치한 것이 아닌가 하는 것이다.

여성이 만드는 토기든 남성이 만드는 석기든 우선 제료를 준비해야 한다. 점토를 구하거나 석제를 구하러 강이나 산으로 가야 한다. 특히 석기의 경우는 재료가 무거우므로 거주하는 마을에서 멀리 떨어진 곳으로 가므로 남성 혼자서는 가지 않았을 것이다. 토기 제작은 바닥에 찍혀있는 나뭇앞으로 보면 낙엽이 지기 전 가을이지 않는가 생각되는데, 김천 송죽리 신석기시대 마을에서 발견된 노천가마는 원형이든 길죽한 도랑형이든 규모가 크다. 그래서 토기 생산은 마을 공동의 작업일 것이다. 송국리형마을에서도 덮개가마는 그 수가 적기 때문에 여러 가옥이 모여 공동생산한 것이라 생각된다. 그래서 석기든 토기든 마을의 공동 작업의 일환이었을 것이다.

토기를 만드는 여성들은 부계사회에서는 여러 씨족의 출신들이 모여있고, 결혼 전 친정의 집에서 사용하든 토기의 형태나 방법으로 만들게 될 수도 있다. 그러나 마을의 공동 작업에서는 준비된 점토를 수비하고 토기를 만들고 며칠간 건조하고 산에서 땔감을 준비하여 불을 일으켜 소성하는 모든 작업에는 지도자가 지도와 통제를 했을 것이다. 대체로 그 지도자는 마을의 여성장로였을 것이다. 여성장로는 적절한 점토의 채취장소나 토기제작의 기술이나 전통적으로 제작해오든 토기의 문양이나 형태 그리고 소성의 기술 등에서 가장 경험이 많은 유능한 인재였을 것이다.

토기의 형태도 여성장로의 지도로 결정된다. 마을에서 전래되어 오던 형태를 답습하는 것이 일반적일 것이다. 그래서 여러 명의 젊은 여성들은 개인적 오차는 있겠지만 동일한 형태 토기를 제작하게 된다. 그리고 한 사람은 동시에 여러 점의 토기를 제작하는데 이것은 토기의 점토띠를 쌓아올리기 위해서는 만들어진 토기의 아랫부분이 약간 건조되어야 하기 때문이다. 그래서 심발이든 옹이든 호든지 동시에 만들어진 토기의 동하반부와 저부는 유사한 형태를 띨 것이다. 토기의 세부적인 형태를 비교하면 특정 사람이 만든 다수의 토기를 찾을 수도 있을 것이다. 제작된 토기는 한곳에 모아 건조시킨 후에 비로소 소성하여 완성된 토기를 가질 수 있다. 그런데 각자가 만든 토기에 기호를 새겨두지 않는 한 각자가 만든 완성품으로 가져가지는 않았을 것이고, 일정한 량을 무작위로 고루 분배받았을 것이다. 이런 생산과정을 통하여 미을단위의 형식이 결정될 수 있었고, 다른 주거지에서 출토된 토기도 동일한 기준으로 분류되어 동일 형식으로 설정할 수 있는 것이다. 여성장로는 주변의 마을을 방문하기도 하는데 때로는 거점마을에도 가게 되어 새로운 형태의 토기나 제작 기술을 그곳 여성장로와의 만남을 통하여 정보를 얻게 될 것이다. 그래서 마을공동체내에서도 공통의 토기양식이 형성될 수 있었을 것이다.

　석기의 경우도 남성장로의 지도하에 생산량을 정하고 그에 따라 여러 남성이 채석장에서 역할분담에 맞추어 큰떼기나 1차적인 작은떼기까지 된 석재를 만들어서 마을로 되돌아왔을 것이다. 선사시대 형식과 양식의 형성은 이런 과정이 있었기 때문에 가능했을 것이고, 유물의 분류가 역사성에도 유의미한 연구임을 깨닫게 된다.

제Ⅳ장　松菊里文化의 擴散과 文化接變

송국리문화의 확산에 대해서는 송국리문화를 송국리유형 주거지(李健茂 1992; 安在晧 1992)나 비파형동검(이청규 1988; 이영문 1998)을 지표로 한다는 견해가 초기 연구의 인식이었다. 그러 다가 호서해안지역의 발굴조사가 이루어지면서 타날문과 외반구연의 송국리식토기가 지표 가 되었다. 그런데 이 두 유물은 한정된 지역 또는 유적에만 검출되므로 광역적인 전파를 상 정하기 어려워졌다. 그래서 보편적으로는 송국리유형 주거지의 분포를 송국리문화권으로 인 식하게 되었다.

　　그러나 이러한 구도는 남한지역의 후기문화가 곧 송국리문화라는 인식 속에서 생긴 것 이고, 강원도 영동지역의 중기문화에서 파생한 검단리문화(李秀鴻 1994; 裵眞晟 1994)가 동해 안을 따라 영남 남해안까지 남하(安在晧·金賢敬 2015)하고, 영서지역에서는 천전리문화(金權中 2008)가 남·북한강유역에 분포한다는 정황이 밝혀지면서 당연히 송국리문화는 충남지역의 지역색이라는 사실을 두고 연구가 진행되어야 함에도 여전히 송국리유형 주거지의 범위를 송국리문화권으로 인식하고 있는 실정이다. 송국리유형 주거지의 분포권은 제주도와 서일본 까지 퍼져있고, 제주도에서는 탐라국시대까지도 존속한다(金慶柱 2010).

　　〈그림 1〉도 송국리비파형동검이 형식학적으로 이른 시기(李榮文 1998)이므로 이것을 토 대로 작성된 것이지만, 그 배경에는 송국리식토기가 외래계로서 중기후반에 충남지역을 중 심으로 처음 나타나고 그것이 주변 영남지역까지 전파된다는 것을 도식화한 것이다.

　　李弘鍾(2002)은 충남지역에서 송국리문화와 관련된 유적 출토 토기를 재지계·관창리 식·송국리식·원형점토대 토기의 조합을 통하여 A~D타입으로 분류하고 충남 해안지역에서 충남 내륙지역과 호남·경상지역으로 확대한다고 하였다.

　　김승옥(2006)은 송국리문화의 다양한 주거지·묘제의 공반상을 통하여 지역권을 설정하 고 그 지리적 관계와 유사도를 통하여 〈그림 2〉처럼 금강중하류권을 시작으로 사방으로 확 산된다고 하였다.

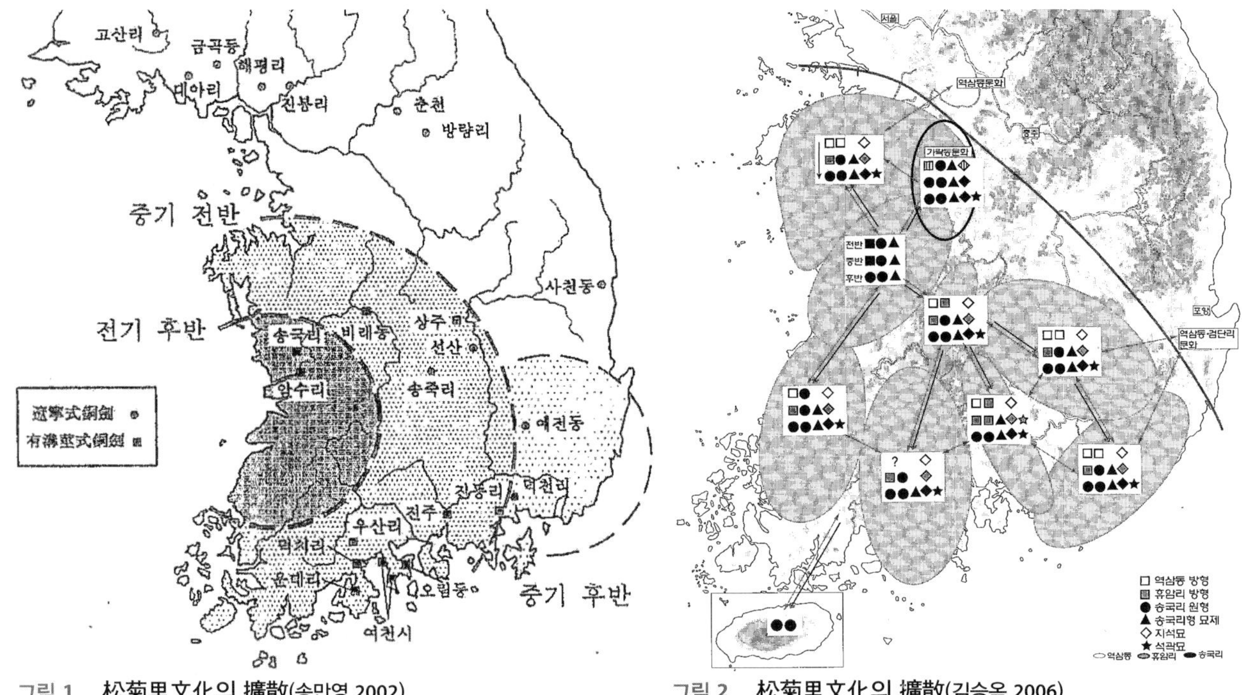

그림 1	松菊里文化의 擴散(송만영 2002)	그림 2	松菊里文化의 擴散(김승옥 2006)

이러한 도식은 호서해안 또는 금강중하류를 송국리문화가 발생한 중심지로 삼고 송국리유형주거지가 분포하는 주변지역으로 확산되어 간다는 점에서 공통적인 모습이다. 그러나 문화란 수많은 물질자료로 형성되므로 문화의 전파는 총체적인 검토가 필요한 것이지 결코 특정 요소만을 가지고 추론해서는 안 된다.

그래서 송국리문화를 구성하는 물질자료를 모두 모아서 송국리문화 지수를 산출하고, 그 문화지수의 고저를 통하여 전파경로를 살펴보고자 한다. 고저의 표현을 유물분포 등고선(더글러스 프라이스 2013: 214)처럼 문화지수로써 등고선을 작성하고자 한다.

1 松菊里 文化指數 등고선 지도

송국리문화는 수전농경문화로 인하여 형성된 한반도 남한지역의 청동기시대 후기문화이다. 그 고고학적 구성 요소에는 수전이 당연히 포함돼야 하지만, 유물로는 ①결입식의 유경식석검, ②교호인의 삼각형석도, ③쌍타자식 저부, ④외반구연의 옹·호형토기, ⑤타날문토기, ⑥석추이며 유구로는 ⓐ옹관묘, ⓑ플라스크형의 저장혈, ⓒ덮개식토기가마, ⓓ독립동지주건물이다.

송국리 문화지수를 산출하는 벙법은 우선 대상 유적은 송국리유형 주거지(安在晧 2009)가 4기 이상 검출된 경우만 취급한다. 유구가 적은 유적은 소량의 송국리문화 관련 자료만으로도 그 문화지수가 높게 산출되는 문제점이 있다. 그리고 송국리문화 사회를 이루고 있었던 마을이 대상이므로, 3기 이하의 주거지로 구성되는 마을은 자연공동체 즉 1단위의 다세대가족체에 해딩할 수도 있으므로 삭제하고자 하는 것이다. 송국리유직의 경우는 송국리유형 주거지 이외에, 노지가 있는(장)방형주거지에서도 송국리유형 유물이 다수 출토하므로 다른 유적과는 예외로 문화지수 산출에 적용하였다.

송국리 문화지수 계산법은 아래와 같다.

① 유구와 석추의 경우는 유적당 1기 또는 1점만 되어도 지수는 100%이고, 출토되지 않으면 0%로 인정한다. 그 외 유물은 송국리유형 주거지의 총수에 대한 해당 유물이 출토된 주거지의 수를 나눈 수치가 지수(c)가 된다.

② 유적단위로 주거지 수에 대하여 유물의 수량을 계산한 수치 중에서 10개의 유구와 유물 각각의 최고 수치를 동등하게 100점으로 치환한다. 즉 저장혈은 보령 관창리유적에서 지수 100%로서 최고이고, 타날문은 청양 광암리유적이 지수 50%로서 최고이므로 저장혈라고 하면, 이 둘은 모두 100점으로 인정한다. 다른 유적은 최고 지수에 대한 비율로서 계산

표 1　보령과 부여의 文化指數

지역 (평균) 백분률	유적 NO.	송국리 유형住	저장혈	덮개 가마	독립 동지주	옹관묘	타날문 (50%)	쌍타자식 저 (43%)	외반구연 (86%)	석도 (33%)	석검 (43%)	석추 (14%)	(평균) 백분률
보령 (36.3) 88.1	관창리	171	1 100%	26 100%	1 100%	2 100%	67(39%) 78	19(11%) 26	46(27%) 31	9(5%) 16	5(3%) 7	1 100%	(65.8) 100
	진죽리	9		2 100%			3(33%) 67		6(67%) 78				(24.5) 37.2
	주교리	4							1(25%) 29				(2.9) 4.4
	죽청리	10							2(20%) 23				(2.3) 3.5
부여 (41.2) 100	송국리	115	1 100%	2 100%	2 100%	2 100%	3(3%) 5	7(6%) 14	68(59%) 69	8(7%) 21	13(37%) 87		(59.6) 90.6
	나복리	25	1 100%			2 100%	1(4%) 8		9(36%) 42	2(8%) 29	1(4%) 9		(38.8) 58.9
	증산리	11							7(64%) 74	1(9%) 27			(10.1) 15.3
	송학리	4											0

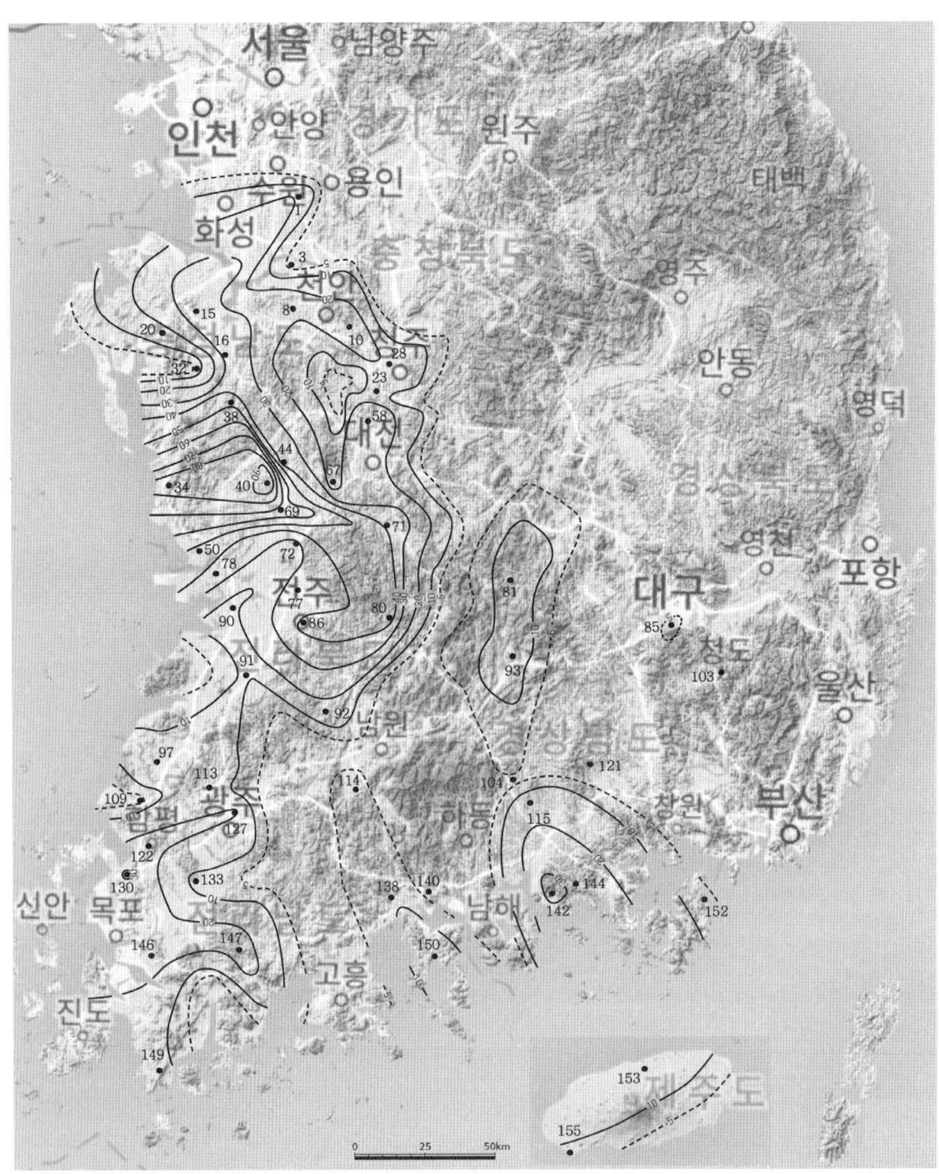

그림 3 韓半島 松菊里文化 指數 等高線

1. 반송리 ｜ 3. 소사동 ｜ 8. 용두리 ｜ 10. 대흥리 ｜ 15. 자개리 ｜ 16. 효림리 ｜ 20. 휴암리 ｜ 23. 황탄리 ｜ 28. 봉명동 ｜ 32. 자경동 ｜ 34. 관창리 ｜ 38. 광암리 ｜ 40. 송국리 ｜ 44. 덕지리 ｜ 50. 옥남리 ｜ 58. 상서동 ｜ 67. 두계리 ｜ 69. 원남리 ｜ 71. 수당리 ｜ 72. 원수리 ｜ 77. 상운리 ｜ 78. 고봉리 ｜ 80. 농산 ｜ 81. 지좌리 ｜ 85. 서변동 ｜ 86. 효자동 ｜ 90. 내죽리 ｜ 91. 장수동 ｜ 92. 망월촌 ｜ 93. 대야리 ｜ 97. 산장리 ｜ 103. 진라리 ｜ 104. 가술리 ｜ 109. 마전 ｜ 113. 서양리 ｜ 114. 오지리 ｜ 115. 대평리유적군 ｜ 121. 동동리 ｜ 122. 소명 ｜ 127. 용두동 ｜ 130. 통정 ｜ 133. 장등 ｜ 138. 가곡동 ｜ 140. 용강리 ｜ 142. 이금동 ｜ 144. 무선리 ｜ 146. 장천리 ｜ 147. 갈두 ｜ 149. 황산리 ｜ 150. 화장동 ｜ 152. 덕포 ｜ 153. 삼양동 ｜ 155. 용담동

된다.

③ 어느 유적의 타날문이 d%라면 이 유적의 타날문은 앞서 최고치였던 광암리유적의 50%에 대한 비율로서 d%/50%=e가 점수가 된다.

④ 10개의 유구와 유물의 점수를 합산한 것이 유적의 총점수가 되는데, 모든 유적 중에서 가장 높은 총점수를 다시 100으로 치환한다. 그리고 개별유적은 이 최고 총점수에 대한 비율이 최종적인 유적의 문화지수가 된다.

⑤ 시군단위의 모든 유적의 문화지수를 합한 총문화지수를 유적 수로 나눈 것이 시군의 문화지수가 된다. 이 시군 문화지수가 가장 높은 시군의 등고지수를 100으로 정한다. 그리고 다른 시군의 문화지수는 최고문화지수와의 비율에 따라 시군 등고지수가 계산된다.

지도상에 각 시군의 문화지수를 표시하는 지점은 시군 내에서 가장 높은 문화지수를 보인 유적의 위치로 삼는다. 다만 송국리유형 주거지가 발견된 적이 없거나 문화지수가 0으로 평가된 시군의 경우는 그 중앙지점을 기준으로 잡는다. 이렇게 작성된 것이 〈그림 3〉이다.

2 松菊里文化의 傳播

송국리문화권에서 문화지수를 통하여 전파의 경로를 설정할 수 있다. 〈그림 3〉의 등고선에서 문화는 지수가 높은 곳에서 낮은 곳으로 흘러갈 것이므로, 인접한 유적 간의 거리를 참고해서 〈그림 4〉처럼 송국리문화의 전파 방향과 루트를 도식화할 수 있다.

① 송국리문화 중에서 지표로 삼은 요소는 모두 외래계문물에 속하므로, 중기문화에서 자생하여 생성-발전-쇠퇴의 과정을 밟은 것이 아니다.

② 등고선 지도에 따르면 지역권은 경기남부 해안지역에서 충남을 포함한 전북지역(중서부지역권), 전남의 서해안지역과 영산강유역(전남서부지역권), 남강유역권, 영남 내륙권으로 나누어진다.

③ 송국리문화지수는 항상 높은 지역에서 낮은 지역으로 전파된다. 시간의 경과와 지역 간의 이동을 통한 전파 과정에서, 송국리문화 집단은 세대교체와 토착문화와의 융합 그리고 한반도 지역 생태계에의 적응 등을 통하여 고유한 송국리문화의 색채는 점차 옅어진다.

④ 호서해안지역의 관창리유적이 내륙의 송국리유적보다 문화지수가 높지만(표 1), 시

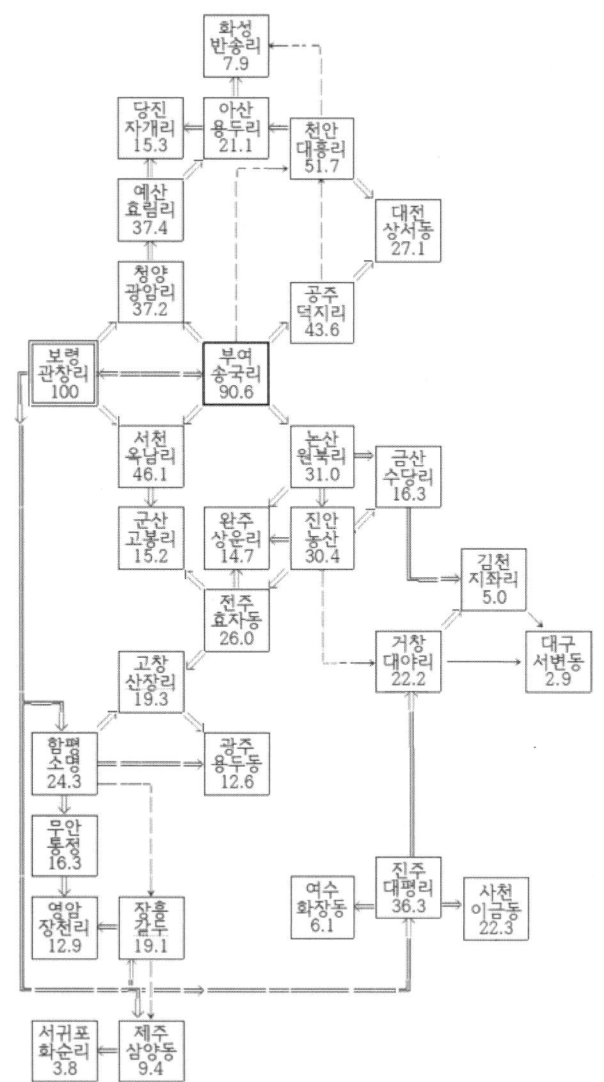

그림 4   松菊里文化의 主要 傳播 經路

군단위의 문화지수는 보령군보다 부여군이 높다. 그리고[18] 타날문을 호서해안지역의 지역색으로만 보고 내륙지역에서는 적용하지 않으면 송국리문화 지수는 송국리유적이 관창리유적보다 높아진다.[19] 그러므로 어쩌면 송국리유적으로 도달한 외래문화와 호서해안에 전파된 외래문화의 내용이 조금 다를 수도 있겠고, 혹은 동일한 외래문화라고 해도 약간의 시간 차이를 두고 집단 성향의 차이도 있을 수가 있겠다.

⑤ 송국리문화의 확산 루트는 연안무역처럼 해안의 거점을 통하여 전파하거나, 내륙으로 전파하는 두 가지가 있다. 내륙루트는 장기간에 걸친 토착집단간의 점진적인 전파라고 하면, 해안루트는 단시간에 송국리문화 지수가 높은 이주민에 의한 전파일 가능성이 있다.

⑥ 각 지역권에서 중부해안지역의 최고 지수의 유적은 보령 관창리유적, 영산강유역권에서는 함평 소명유적, 남강유역권의 이금동유적 등은 모두 해안가에 입지하며, 내륙부보다 문화지수가 높다. 이것은 이 지역에 송국리문화가 해안을 통하여 유입되었다는 것을 시사한다. 청동기시대 후기에는 해상교통수단에 대해서는 알려진 것이 없으

18　구고(2019)에서는 남강권의 이금동유적에서 대평리유적으로 역전파된 것으로 보았으나, 송국리문화는 해상으로 대포항을 통하여 남강권에서는 최초로 대평리유적에 정착했을 것이다.

19　또는 호서해안지역의 소수의 유적에서만 출토되는 석추를 지수 계산에서 제외해버린다면 관창리유적의 문화지수는 55.8로서 송국리유적보다 낮아지고 송국리유적에 대한 관창리유적의 비율은 93%가 된다.

나, 대체로 육로를 통한 이주나 전파가 주로 이루어졌을 것이라고 판단되는데, 이 경우에는 육로보다는 해로의 이주가 수월한 집단을 상정할 수 있다. 송국리문화 즉 수전농경문화가 중국 남방문화에서 유래한 것(安在晧 2019a)이고 그 집단이 한반도에서 교역이나 이주 등의 활동에 해로를 선택한 것이 당연할지도 모르겠다.

⑦ 천안 대홍리마을은 부여 송국리마을에서 문화가 전파된 것이라면 중간 지점이면서 근거리에 있는 공주 덕지리마을에서 문화가 이식되었을 것이지만 문화지수는 「덕지리43.6 〈 대홍리51.7」의 관계로서 역전되었다. 그래서 문화지수의 고저로만 본다면 대홍리보다 높은 부근의 유적은 송국리뿐이다. 그러나 송국리에서 대홍리로의 원거리 직접 전파가 불가하다면, 유적 구성의 차이때문에 문화지수가 낮아졌을 가능성을 둔다면 공주 덕지리마을에서의 전파가 가장 타당한 루트일 것이다.

⑧ 이상으로 지역권은 전파 갈래를 통하여 결정할 수 있다. 첫째 중서부지역권: 관창리유적과 송국리유적을 중심으로 주변으로 전파된 지역으로 북으로는 화성까지, 남으로는 김제·임실까지, 동으로는 청원·금산까지이다. 둘째 전남서부권: 무안에서 시작하여 주변으로 전파된 지역권으로 북으로는 정읍, 남으로는 해남, 동으로는 광주·장흥까지이다. 셋째 남강유역권: 사천과 진주를 중심으로 산청·의령·거제로 전파된 지역이다. 위 3개 지역권은 중심지로의 발발이 해상루트를 통한 것으로서 중국의 이주민에 의해 전파된 지역이다. 다음의 지역권은 위 3개 지역권에서 재전파된 지역으로 첫째 중서부지역권에서 전파된 김천-거창지역권, 둘째 전남서부권에서 전파된 제주권, 셋째 여수권으로서 순천·곡성·광양 등지로 전파되는데 남강유역권에서 전파된 지역이고, 넷째 대구-청도권으로 김천-거창권에서 전파된 지역이다.

송국리문화의 확산은 밝혔으나 문화지수가 100이든 20이든 송국리문화만 내포하는 것은 아니고, 상대적으로 크든 작든 토착계문화와 청동기시대 후기에 새로이 유입되는 북방계문화도 공존한다. 특히 송국리문화와 토착 중기문화(안재호 2016·2020)는 상호 대비적인 관계이다. 즉 호서지역처럼 송국리문화가 80% 점유한다면 토착계는 20%이고, 대구지역처럼 송국리문화 10%라면 토착계는 90%가 된다. 그러므로 이 양 문화는 상호보완적인 기능을 하였을 것이다. 생산력 증대 측면에서는 송국리문화가 우세하고 안정적인 생계의 유지에는 토착계문화가 우세한 지역일 것이다.

예컨대 문화지수가 낮아 차이의 의미가 없는 김천 지좌리유적(5.0)과 송죽리유적(3.8)은 송국리문화로만 보면 분명히 지좌리유적에서 송죽리유적으로 전파되었다고 보인다(안재호

2019b). 그런데 대규모 구획묘로 구성된 묘역을 가지며 비파형동검이 매납된 송죽리유적이 거점마을이며, 지좌리유적은 오히려 주변마을로 상정된다. 따라서 송국리문화지수와 거점-주변 마을의 결정은 그 지수가 높은 충남지역에서는 가능할지 모르나 다른 지역에서는 지표가 되지 않는다는 점을 잊지 말아야 한다.

관창리마을에서 출발한 해안루트의 확산은 호남과 경남 각 해안지역에 강한 문화지수를 남기고 있으며, 시간적으로도 단시간에 이루어진 이동이라고 판단된다. 이러한 문화전파는 산동반도 이주민의 적극적인 이주 활동으로서 아마도 수도작에 적합한 지역을 찾아 이동한 것이라 생각된다. 이들이 경남지역의 남해안 진주권 이외에도 창원지역까지 도달하였을 것이고, 다시 산동반도 이주집단과 영남 토착집단이 동행하여 일본 북부구주지역에 정착한 것이 야요이문화의 본격적인 서막을 열게 된 것이다.

3 송국리문화의 지역권역과 文化交流

송국리문화의 전파 양상을 구체적으로 규명하기 위해 〈그림 5〉처럼 6개의 송국리형마을 유적을 선정하였다. 이 중심에는 오로지 후기문화로만 구성된 송국리유적이 되겠지만, 해안권의 거점인 관창리유적과 또 이와 유사한 문화상을 보이는 홍성 목현리유적, 그리고 송국리유적의 주변에 있는 부여 나복리·증산리유적과 논산 원남리(원지리)유적을 대상으로 유물의 양식편년을 통하여 상호의 문화적 관계와 또 이를 통하여 송국리 거점마을을 중심으로 형성되었을 사회망을 살펴볼 수 있을 것이고, 문화접변 현상도 부수적으로 지적할 것이다.

6개 유적의 상호 관계는 우선 공간적 거리를 통하여 사회관계망[20]을 유추할 수 있다. 거리의 산정은 카카오맵의 도보로 정하고자 한다. 그래서 목현리와 관창리가 약 25km 거리로서 1일도달권에 가깝지만, 사이에 광천천이 놓여있다. 관창리와 나복리의 거리는 43km로서 1일도달권을 상회하는 거리이고 더구나 이 사이에는 차령산맥이 지나고 있다. 나복리와 송국리의 거리는 19km로서 1일왕복권을 벗어나는 거리이고 더구나 사이에는 금강 중류와 낮은 산괴가 가로막고 있다.

송국리유적은 인근에 6km의 증산리유적, 7km거리엔 원남리유적이 위치하고 증산리와

---

20 酒井龍一(2001)은 야요이마을 연구에서, 5km(1시간 보행권, 일상생업활동권)·15km(1일 보행권)·30km(1일 도착권)를 기준으로 마을 간의 관계를 설정하였다.

는 6.5km 거리이다. 이 세 유적은 상호 가시권에 속하며, 건너지 못할 하천이나 산은 놓여있지 않고, 부여시에 속하는 두 유적은 자연경관상으로는 오히려 평지로 열려 있는 논산시에 편입될 것이다. 그러므로 문화적으로나 사회관계망에서 증산리-송국리-원남리마을이 깊은 관계를 유지하였을 것이고, 나복리마을·관창리마을·목현리마을은 마을의 규모는 다르지만 상호 결합된 마을공동체로는 인식

그림 5   충남지역 송국리형마을 6개 유적의 공간적 관계

할 수 없고, 교류는 있었을 것으로 추정된다.

　6개 마을 중에 관창리마을은 호서해안지역에서의 거점마을이고, 충남내륙에서는 송국리마을이 중심이므로 이 두 유적의 양식편년을 다른 4개 유적과 비교하여 상호간의 관계를 유추할 수 있을 것이다.

　6개 유적의 양식편년을 통하여 상호 간의 문화전파의 양상을 파악하고자 하지만, 가장 확실한 방법은 절대연대를 찾아서 상호 비교하는 것이다. 그러나 탄소14연대측정의 연대는 송국리문화기의 B.P. 2400대의 보정곡선이 횡보하므로 구별할 수 없다는 문제[21]가 있다. 그래서 두 유적 간에 형식의 출현 순서를 비교하여 상호의 관계를 파악하는 방법을 사용하고자 한다. 예상한다면 증산리유적이 송국리유적의 위성마을이었다면 송국리마을에서 발생한 형식들의 순서가 증산리마을에서도 동일한 순서대로 나타날 것이다. 물론 모든 형식이 함께 나타나는 것은 아닐 것이고, 또 특정형식에서는 시차가 크게 벌어질 수도 있겠지만, 최소한 동일 형식계열 속에서의 순서는 정합적일 것이다. 그렇게 일치할 때 비로소 두 유적 간의 문화적 교류와 협의의 문화권을 인식할 수 있고, 나아가 두 마을은 지역공동체로 묶을 수 있을 것이다.

21　이 문제는 유물이 많이 출토되는 유구에서 3점 이상의 시료를 채취하여 오차범위가 적은 AMS연대법의 데이터와 위글매칭이 가능한 시료의 분석이 축적되면, 계기연대법의 양식편년을 통한 각 단계의 절대연대 구분이 가능할 것이다.

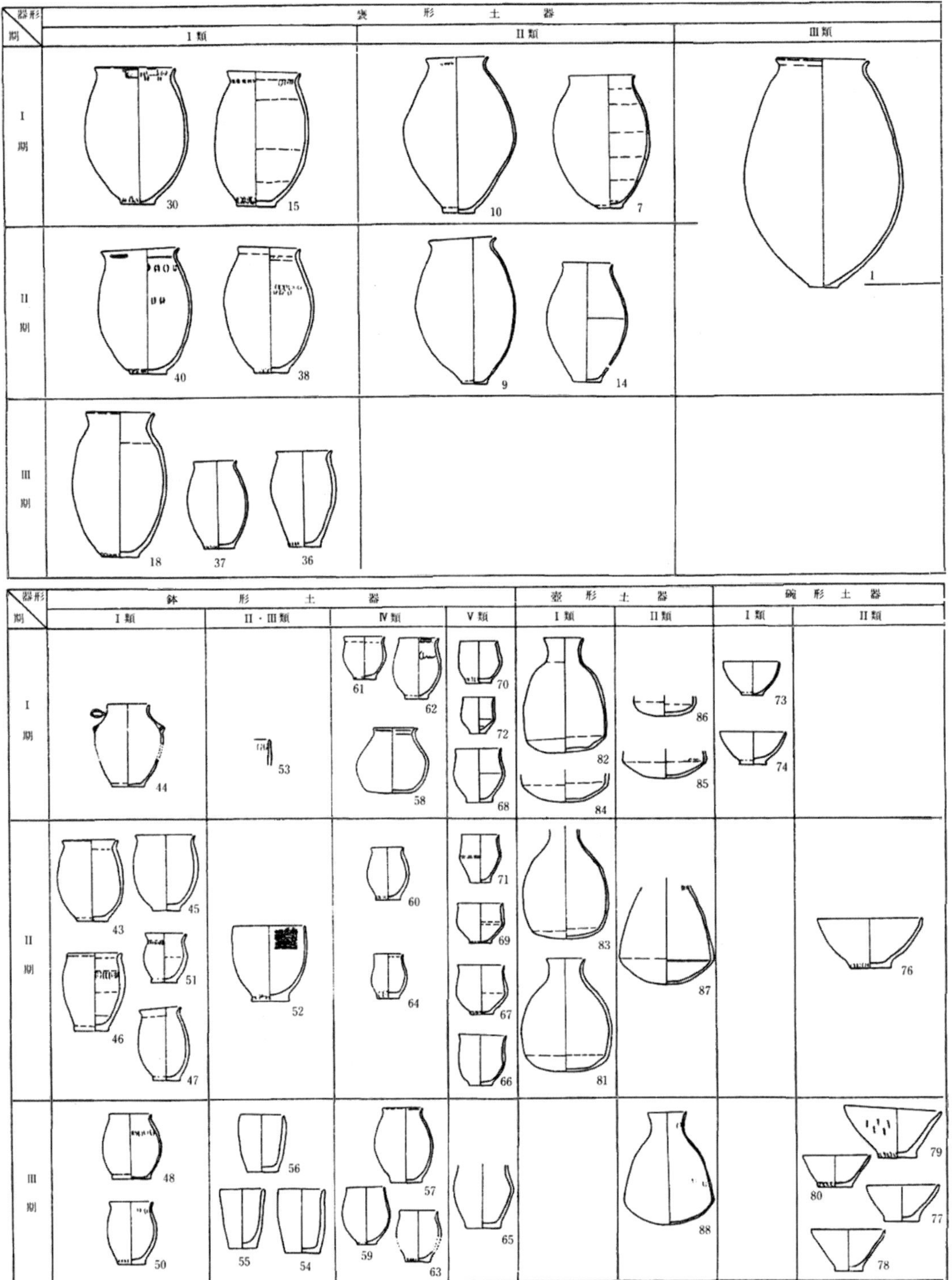

그림 6　이홍종(1993)의 송국리유적 토기 양식편년

1) 송국리유적과 관창리유적

송국리문화 지수로만 보면 송국리유적은 관창리유적의 90.6%에 해당하며, 이 수치는 현재까지 조사된 유적 중에서 두 번째로 높은 지수에 해당한다. 그래서 관창리유적에서 송국리유적으로 문화가 직접 전파된 것으로 이해하였으나, 과연 호서해안지역에서 금강중류역에 있는 송국리유적으로 이주하게 되었을까 하는 의문은 생긴다. 특히 두 유적 사이에는 차령산맥이 가로막혀 있고, 거리상으로도 62km로서 최소 2일이 소요된다. 이러한 지리적 장애를 넘어서 관창리마을에서 송국리마을로 바로 이주한 이유나 상식적으로는 납득이 안되는 것이다. 수로를 이용한다고 해도 관창리마을에서 서해안을 따라 남하하여 금강 하구에 들어서서 곧장 송국리마을로 이주할 가능성은 어렵다는 점이다. 그래서 만약 관창리마을에서 송국리마을로의 이주가 있었다면 그 중간지역에서도 이주마을이 형성되어야 이해될 수 있을 것이다. 그렇다고 하면 그 이주마을의 문화지수는 송국리마을보다 높을 가능성도 있다는 점이다.

하여튼 이러한 부정적 의문에 입각한다면 두 유적 간에는 기존 학계의 분류처럼 해안문화권과 내륙문화권이라는 상이성이 있으므로, 두 유적집단의 출자나 문화적 정체성은 다른 것이므로 이원적인 문화전파나 이주를 구상할 필요가 있다. 그렇게 한다면 필자의 송국리문화 요동반도영향설이라는 것은 호서해안지역권의 문화와 관련된 것이고, 송국리유적의 문화는 분리하여 별도의 구명이 필요하겠다.

(1) 문화적 관계

두 유적의 문화적 유사성은 〈표 2〉처럼 유물 양식 편년[22]의 형식만을 보면 관창리 송국리 유적 모두 71개이다. 〈표 3〉에서 두 유적에서 공통으로 찾을 수 있는 형식은 83개이므로, 유사도의 수치[23]는 117이다.

22　李弘鍾(1993)은 송국리유적 토기 양식편년을 3단계로 작성하였다. 기종과 규격을 분류하고 옹형 중심으로 원형주거지가 방형주거지보다 이르다는 견지에서 형식을 살펴 편년한 것이다. 필자(1992)는 방형주거지가 이른다고 판단하여 양식편년하였으나, 이홍종의 결과와 역대칭하지 않고, 본고의 편년은 주거지를 이분법으로 선후관계로 설정한 것이 아니므로 둘과는 다르다.

23　유사도 수치를 통한 편년방법으로 Brainerd-Robinson의 행렬기법(이희준 1989)이 있지만, 여기서는 이 기법을 변형시켜 별도의 유사도를 사용한다. 즉 A유적 형식수를 a, B유적 형식수를 b, 두 유적이 공유하는 형식 수를 s라고 하면, 유사도의 계산법은 「s/a + s/b」이다. 이와 달리 共有度는 「s/a+b-s」로 계산된다. 공통형식 수는 유적마다 유물 분류 기준이 달라서 동일한 수량이 아닌 경우가 있는데, 이때는 합산하여 평균한 수치를 사용한다.

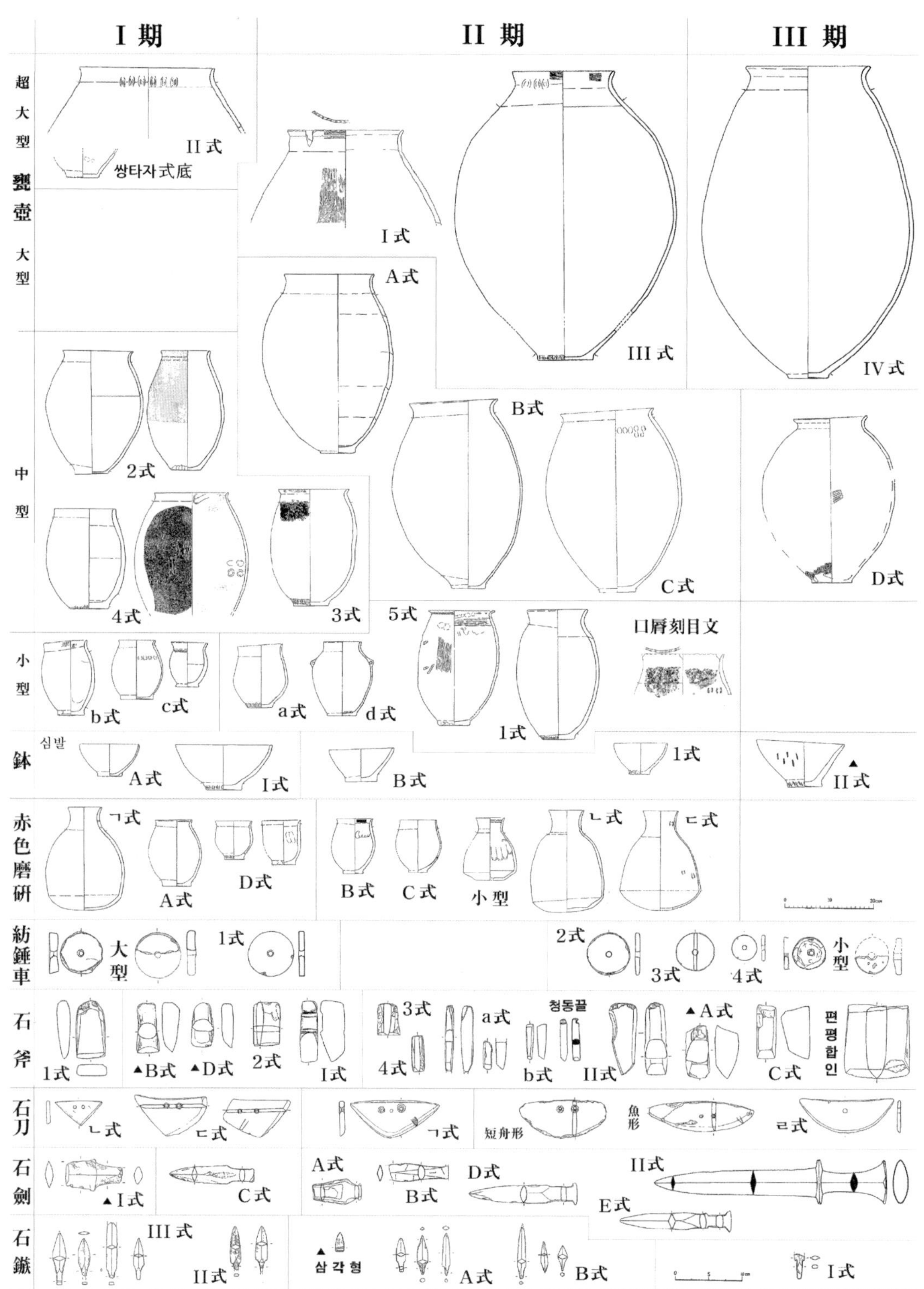

그림 7   부여 송국리유적의 양식편년(토기 1/15, 토제품 · 석기 1/10)

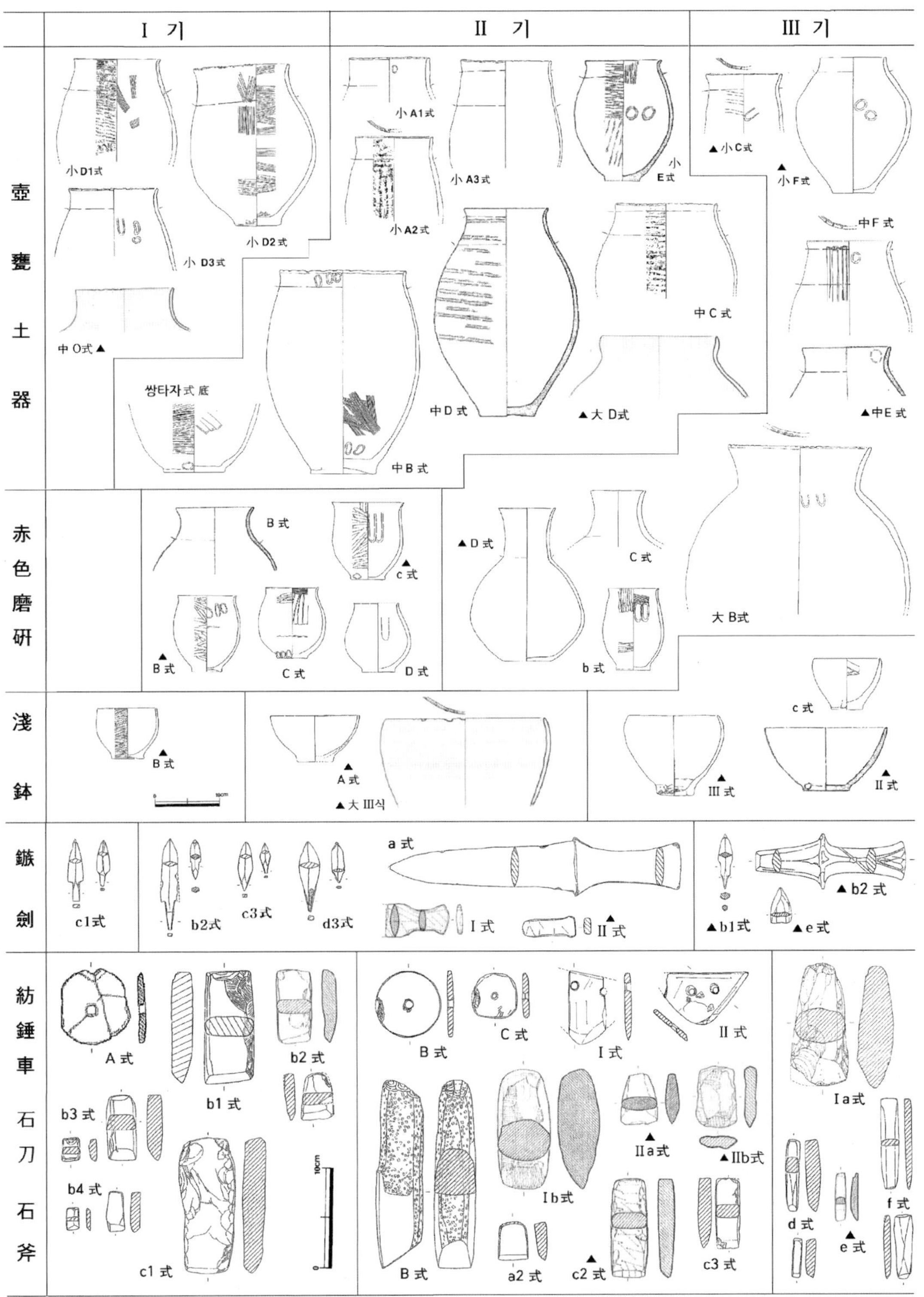

그림 8　보령 관창리유적의 양식편년(토기 1/10, 석기 1/6.7)

표 2 寬倉里(상)·松菊里(하) 遺蹟의 유물 양식편년 비교

寬倉里(상)

심발 · 호·옹형토기

단계	심발 중형 경	심발 중형 만	심발 대형 경	심발 대형 만	호·옹형 대형 B	호·옹형 대형 D	호·옹형 중형 O	호·옹형 중형 B	호·옹형 중형 C	호·옹형 중형 D	호·옹형 중형 E	호·옹형 중형 F	호·옹형 소형 A	호·옹형 소형 C	호·옹형 소형 D	호·옹형 소형 E	호·옹형 소형 F
I기	▲			■			▲						▲				
II기				■	■		■	■	■	■	■	■	■	■	■	■	
III기	■	■	■	■		■	■	■	■	■	■	■	■	■	■	▲	▲

천발 · 적색마연토기 · 구순각목문 · 중국계저 · 타날문 · 점토대토기

단계	천발 대형 III	천발 중형 II	천발 중형 III	천발 소형 정제 A	천발 소형 정제 B	천발 소형 조 c	적색마연 전형 B	적색마연 전형 C	적색마연 전형 D	무문토기형 옹형 B	무문토기형 옹형 C	무문토기형 옹형 D	무문토기형 발형 b	무문토기형 발형 c	구순각목문	중국계저	타날문	점토대토기
I기				■			▲			■	■	■			■	■	■	■
II기		■		■		▲	■	■		■	■	■	■	■	■	■		
III기	■	■	▲	■	▲		■	■	▲	■	■		▲		■	■	■	

방추차 · 유구 · 석부

단계	방추차 A	방추차 B	방추차 C	방추차 D	유구 B	편인 a2	편인 b1	편인 b2	편인 b3	편인 b4	편인 c1	편인 c2	편인 c3	편인 d	편인 e	편인 f	합인 Ia	합인 Ib	합인 IIa	합인 IIb
I기	■	■				■	■	■												
II기	■	■	■	■		■	■	■	■	■	■	■		▲				■	▲	▲
III기	■	■	■	■	■	■	■	■	■	■	■	■	■	■	▲	■	■			

석검 · 석도 · 석촉

단계	유병 a	유병 b2	유경 I	유경 II	석도 I	석도 II	무경 a	이단경식 b1	이단경식 b2	능형 편평경 c1	능형 편평경 c2	능형 편평경 c3	능형 첨근 d1	능형 첨근 d2	능형 첨근 d3	삼각 e
I기										■	■		■	■		
II기	■		■	▲	■	■			■	■	■	■	■	■	■	
III기		▲			▲	▲	▲	▲			■		■	■	■	▲

松菊里(하)

심발 · 호·옹형토기

단계	심발	초대형 I	초대형 II	초대형 III	초대형 IV	대형 A	대형 B	대형 C	대형 D	중형 1	중형 2	중형 3	중형 4	중형 5	소형 a	소형 b	소형 c	소형 d
I기	■	■		■							■	■	■			■	■	
II기	x	■	■	■		■	■	■		■	■	■	■	■	■	■	■	■
III기	■	■	■	■		■	■			■	■	■	■	■	■	■	■	■

천발 · 적색마연토기 · 구순각목문 · 중국계저 · 방추차

단계	천발 대형 I	천발 대형 II	천발 중형 A	천발 중형 B	천발 소 1	전형 대형 ㄱ	전형 대형 ㄴ	전형 대형 ㄷ	전형 소형	무문토기형 A	무문토기형 B	무문토기형 C	무문토기형 D	구순각목문	중국계저	방추차 토제 대	방추차 토제 소	석제 1	석제 2	석제 3	석제 4
I기	■		■			■				■		■		■		■	■				
II기			■	■	■	■	■	■	■	■	■	■	■	■	×		■	■			
III기		▲	■	■		■	■	■	■	■	■	■	■	■	■	■	■		■	▲	▲

유구 · 석부 · 끌

단계	유구 I	유구 II	주상편인 A	주상편인 B	주상편인 C	주상편인 D	편평편인 1	편평편인 2	편평편인 3	편평편인 4	편합인	끌 a	끌 b
I기							■					▲	
II기	■			▲		▲	■						
III기	■	■	▲			■	■	■	■	■			

석검 · 석도 · 석촉

단계	유병 I	유병 II	유경 A	유경 B	유경 C	유경 D	유경 E	석도 주형	석도 어형	삼각형 ㄱ	삼각형 ㄴ	삼각형 ㄷ	삼각형 ㄹ	평근 I	평근 II	평근 III	첨근 A	첨근 B	삼각형
I기	▲										■	■			■	■			
II기					■						■				■	■	■		▲
III기	■	■	■	■	■	■	■	■	■	■	■	■	■	■	■	■	■	■	■

그런데 동일 형식이 두 유적에서 시간 순서에 따라 연동하느냐의 여부가 중요한 문제이다. 만약 연동하여 형식의 출현 순서가 두 유적에서 일치한다면, 두 유적은 매우 긴밀하게 상호의 문물을 교환하며 교류하였다고 할 수 있다. 그렇지 않고 형식의 출현 순서가 일치하지 않는다고 하면 어떻게 해석해야 할까. 여기에는 많은 가설이 뒤따를 것이다.

〈표 3〉은 공통의 형식이 출현하는 시기를 비교한 것인데, 두 유적의 유물 분류가 일치하지 않아[24] 약간의 오류는 피할 수 없다. 동일 기종의 각 형식이 출현하는 순서는 소형 옹·호의 경우에서 관창리유적 I기에서 III기에 대응하는 송국리유적은 「I·II기 → I·II기 → I기」라면, 관창리 II기와 III기로의 과정이 송국리유적과는 부정합의 관계를 띠는 것처럼 보이지만 관창리 F식은 종속연대(표 2의 ▲로 표시된 형식)이므로 III기에 국한된 것은 아니기 때문에 두 유적 간의 병행관계가 부정합이라고 판단할 수만은 없다. 이와 같은 양상은 석촉에서 보이는데, 송국리 I~III기의 순서에 대해서 관창리는 「I기 → I·II기 → I기」의 관계에 있다. 이것은 관창리 I기의 석촉이 늦은 시기까지 지속적으로 사용되었다는 것으로 설명할 수 있으므로 부정합이라고 할 수는 없을 것이다. 부정합의 경우는 기준 유적의 I~III기의 순서에 비교 대상 유적이 「I기 → III기 → II기」와 같은 양상을 띨 때이다. 즉 앞 시기의 것이 다음 시기에도 존속하는 것은 문제없지만, 시기가 뒤집힌 역전현상은 부정합이라고 판단할 수 있다는 것이다. 이렇게 보면 두 유적 간의 역전현상은 어느 기종에서든 보이지 않고 정합성을 띠고 있다.

---

24 양식편년은 단기 형식으로 분류하는 것이 최상이지만, 유물의 수량이 많지 않을 경우에는 분류의 폭을 넓게 잡아 중기 형식으로 설정하여 자료가 무의미해지지 않도록 하는 경우가 허다하다. 그러다 보면 동일 형식이라도 유적마다 그 분류의 기준이 달라지는 것은 피할 수가 없다. 송국리유적의 경우는 분류가 큰 단위였다면 관창리유적의 경우는 분류가 더욱 세분된 편이다.

<table>
<tr>
  <td rowspan="3">소형옹·호</td>
  <td rowspan="2">관창리</td>
  <td colspan="4">I기</td>
  <td colspan="2">II기</td>
  <td>(III기)</td>
</tr>
<tr>
  <td>B식</td><td>D1식</td><td>D3식</td><td>A2식</td><td colspan="2">E식</td><td>F식</td>
</tr>
<tr>
  <td>송국리</td>
  <td>II기(대A)</td><td>I기(중4)</td><td>I기(소b)</td><td>II기(소a)</td><td>I기(소c)</td><td>I기(중3)</td><td>I기(중4)</td>
</tr>

<tr>
  <td rowspan="3">중형옹·호</td>
  <td rowspan="2">관창리</td>
  <td>I기</td>
  <td colspan="4">II기</td>
  <td colspan="2">(III기)</td>
</tr>
<tr>
  <td>(A식)</td><td>B식</td><td>C식</td><td colspan="2">D식</td><td>E식</td><td>F식</td>
</tr>
<tr>
  <td>송국리</td>
  <td></td><td>I기(중4)</td><td>I기(중4)</td><td>I기(중4)</td><td>?기(대E)</td><td>I기(중4)</td><td>II기(대A)</td>
</tr>

<tr>
  <td rowspan="3">적색마연호</td>
  <td rowspan="2">송국리</td>
  <td>II기</td>
  <td rowspan="3">적색마연소용</td>
  <td rowspan="2">송국리</td>
  <td colspan="2">I기</td>
  <td colspan="2">II기</td>
</tr>
<tr>
  <td>ㄴ·ㄷ식</td>
  <td>A식</td><td>D식</td><td>B식</td><td>C식</td>
</tr>
<tr>
  <td>관창리</td>
  <td>III기(C)</td>
  <td>관창리</td>
  <td>II기(C)</td><td>?II기(c)</td><td>?II기(B)</td><td>II기(D)·III기(b)</td>
</tr>

<tr>
  <td rowspan="3">천발</td>
  <td rowspan="2">송국리</td>
  <td colspan="2">I기</td>
  <td>II기</td>
  <td rowspan="3">유구석부</td>
  <td rowspan="2">송국리</td>
  <td>II기</td>
  <td>III기</td>
</tr>
<tr>
  <td>중A식</td><td>대I식</td><td>소1식</td>
  <td>I식</td><td>II식</td>
</tr>
<tr>
  <td>관창리</td>
  <td>?II기(A)</td><td>?III기(II)</td><td>III기(c)</td>
  <td>관창리</td>
  <td>?(A)</td><td>II기(B)</td>
</tr>

<tr>
  <td rowspan="3">석촉</td>
  <td rowspan="2">송국리</td>
  <td colspan="2">I기</td>
  <td colspan="4">II기</td>
  <td>(II기)</td>
  <td>III기</td>
</tr>
<tr>
  <td>II식</td><td>III식</td><td>A식</td><td colspan="3">B식</td><td>삼각형</td><td>I식</td>
</tr>
<tr>
  <td>관창리</td>
  <td>I기(c1)</td><td>I기(c2)</td><td>I기(d1)</td><td>I기(d2)</td><td>II기(d3)</td><td>II기(c3)</td><td>?III기(e)</td><td>I기(c1)</td>
</tr>

<tr>
  <td rowspan="3">편인석부</td>
  <td rowspan="2">송국리</td>
  <td>I기</td>
  <td>II기</td>
  <td colspan="5">III기</td>
</tr>
<tr>
  <td>I식</td><td>2식</td><td colspan="2">3식</td><td>4식</td><td>a식</td><td>b식</td>
</tr>
<tr>
  <td>관창리</td>
  <td>I기(b1)
I기(c1)</td><td>I기(b2)</td><td>I기(b2)</td><td>II기(a2)
?II기(c2)</td><td>I기(b3), II기(c3), III기(f)</td><td>?III기(e)</td><td>III기(d)</td>
</tr>

<tr>
  <td rowspan="3">석도</td>
  <td rowspan="2">송국리</td>
  <td>I기</td>
  <td>II기</td>
  <td rowspan="3">석검</td>
  <td rowspan="2">송국리</td>
  <td>(I기)</td>
  <td>II기</td>
  <td colspan="2">III기</td>
</tr>
<tr>
  <td>ㄴ식</td><td>ㄱ식</td>
  <td>I식</td><td>C식</td><td colspan="2">II식</td>
</tr>
<tr>
  <td>관창리</td>
  <td>II기(II)</td><td>II기(I)</td>
  <td>관창리</td>
  <td>?(b1)</td><td>II기(I)</td><td>?(b3)</td><td>?II기(II)</td>
</tr>

<tr>
  <td rowspan="3">방추차</td>
  <td>송국리</td>
  <td colspan="2">I기</td>
  <td>III기</td>
  <td colspan="2">(III기)</td>
  <td rowspan="3">구순각목문 / 점토대토기</td>
  <td>관창리</td>
  <td>I기 / III기</td>
</tr>
<tr>
  <td rowspan="2">관창리</td>
  <td colspan="2">1식</td>
  <td>2식</td>
  <td>3식</td>
  <td>4식</td>
  <td rowspan="2">송국리</td>
  <td rowspan="2">II기 /</td>
</tr>
<tr>
  <td>I기(A)</td>
  <td>II기(B)</td>
  <td>II기(B)</td>
  <td>II기(C)</td>
  <td>I기(D)</td>
</tr>
</table>

두 유적의 시간 관계를 알기 위해서 〈표 3〉의 두 유적에서 같은 형식이 출현하는 시기를 정리하여 모은 것이 〈표 4〉이다. 이 표는 I~III기는 분명히 단절적 선후관계를 보이는 것이지만, I기에 출현한 유물은 III기까지도 존속할 수 있는 상황을 보여주는 것이다. 송국리와 관창리 유적 각각을 기준으로 삼아 상대유적을 대비시킨 결과 상관 A는 관창리유적이 송국리에 앞서는 결과를 보이고, 상관 B에서는 오히려 관창리유적이 늦은 시기로 나타났다. 필자(2021d)는 두 유적의 비교를 기존의 성과를 받아들여 상관 A의 관계로서 관창리유적이 송국리유적보다 1단계 앞선다고 하여 잘못된 판단임이 밝혀졌다. 그러므로 두 유적의 시간 관

표 4 두 유적의 단계와 형식 존속 관계

시기 연관		상관 A		상관 B	
송국리	관창리	송국리	관창리	관창리	송국리
I	I	I기		I기	
I, II	I				
II	I				
III	I				I기
I	I, II	II기	I기 II기	II기	
II	I, II				II기 III기
I	II				
I, II	II		III기		
II	II	III기			
III	II				
III	I, II, III			III기	
II	III				

송국리유적에는 다양한 형태의 유경식석검·삼각형석도와 초대형 옹호형토기, 그리고 소형의 심발만이 출토된다는 점이 특징이다. 즉 관창리유적에는 무경식·2단경식의 석촉과 중·대형의 심발 등 전기문화의 특징이 잔존하지만, 송국리유적에서는 전기문화의 요소는 보이지 않고 다양화된 수확구와 초대형의 저장용기 등 농경활동과 관련된 유물이 주목된다. 그리고 동체가 높고 플라스크형을 띠는 적색마연호는 충남지역의 지역색을 띠는 의례용기인데, 송국리유적에서는 송국리마을 I기부터 다양한 기형(ㄱ~ㄷ식)이 보이지만 관창리유적에서는 관창리마을 III기가 되어야 나타나고, 전기의 전통에 따른 단경호(B식)와 장경호(D식)가 먼저 나타나고 있다. 장경호 D식은 플라스크형 적색마연토기의 조형(이홍종 2002)이라고도 하며, 플라스크형은 미송리식 초기에서 발현했다는 설(정한덕 1996)도 있다.

천발은 대·소형과 정제·조제품도 있는데, 송국리의 중형정제품 A식은 관창리의 A식과 동형이고, 송국리 소형조제품 1식은 관창리의 c식과 비교할 만하다. 그리고 관창리의 대형 II식은 쌍타자식 저부의 특징이지만 모양은 송국리의 I·II식의 중간형으로서 대응된다. 그러므로 전고에서도 주장하였듯이 송국리마을 I~II기는 관창리 II~III기와 병행관계를 이루므로, 마을의 형성이 관창리에서 송국리로 이동되었다고 주장할 수 있다.

그리고 송국리유형주거지가 두 유적에서 나타나는 양상을 보면, 송국리유적에는 B3형 뿐이지만, 관창리유적(표 5)에는 다양한 원형계와 방형계가 동시에 나타난다. 관창리유적의

계는 절대연대를 통해서만 파악할 수 있는 것이라 판단된다. 관창리유적의 AMS연대는 1개뿐이고, 송국리유적엔 그나마 다수가 있고 또 복수의 연대치도 있지만, 오차가 큰 탓에 단계 간의 차이가 나타나지 않는다. 결국 두 유적 간의 시간 관계는 알 수 없다.

(2) 송국리·관창리 유적의 문화상

두 유적에서 공통적으로 찾을 수 있는 유물도 많지만 분리된 것을 주목할 필요가 있다. 관창리유적에는 타날문토기와 점토대토기의 외래계유물이 특징인데,

住	I 기	II 기	III 기
A3	B 53, 80, 90. E 1, 4. F 1, 31..	B 89. F 25, 27.	B 47, 81,
B3	B 16, 28, 95, 97. E 5.	B 22, 42, 61, 82, 86, 96, 99. F 5, 26, 31, 33~35.	B 20, 35, 36, 38, 43, 52, 57, 58, 63, 69, 75, 84, 87, 98. F 3, 23.
B5	B 21. 31, F 16.	B 6, 7, 26.	B 76.
B6	B 3, 5, 11, 18, 31, 44.	B 1, 4, 12, 14, 19, 41, 48. F 11.	B 8, 9, 30, 51, 54, 73, 79. F 10, 13, 30.
A1		F 6, 8.	
A5		F 14	
A6		F 12,	
B1		B 24, 100. F 7.	B 93.
B7		B 32.	B 60.
B8		B 40.	B 78.
A2			F 4.
B2			B 55. F 19.
B4			B 49, 71. F 28.

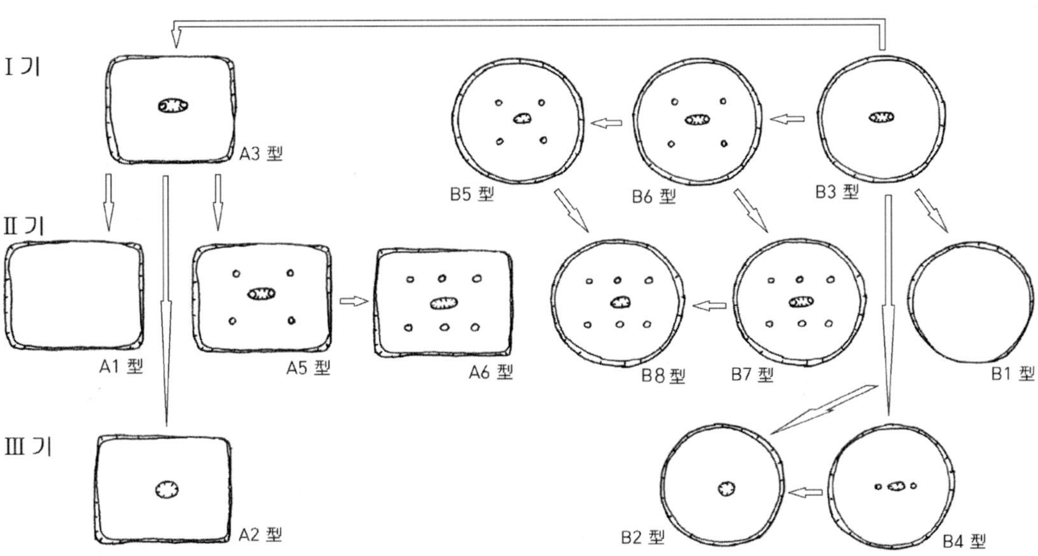

그림 9　관창리유적의 송국리유형 주거지의 단계별 변천 모식도

여러 형식의 주거지를 유사도에 따라 변천도를 그리면 〈그림 9〉와 같이 상정된다. 원형 B3형을 모형으로 가정하면 방형계는 중기의 주거지와의 문화접변현상으로 해석할 수 있다. 그렇다면 송국리유적이 관창리유적보다 늦게 형성된 것이 아니라고 하는 설명이 가능하다. 송국

리유적에서 출토된 벽옥제 관옥의 생산지가 관창리유적이라는 분석(金奎虎·藁科哲男 2013)을 미루어 보면 송국리문화를 공유하는 초기의 두 유적은 상호 교류가 있었다. 그러므로 본고에 서는 두 유적은 형성 시기가 비슷한 것으로 간주할 수밖에 없다.

관창리마을에 당도한 이주민과 금강을 따라 올라온 송국리마을의 이주민은 계통을 달리 할 수도 있겠다. 즉 관창리유적에서는 타날기법과 도량형인 석추를 사용한 래국계의 교동반 도인이 중심이라면, 송국리마을의 이주민은 수전농경문화가 중심인 남방에 가까운 회이집단 이 아닐까 추정되는 것이다. 물론 이러한 집단 속에서 북방의 고조선계 주민도 포함될 것이다.

2) 호서해안권의 마을

호서해안권의 마을 3개소 관창리 목현리 나복리유적은 모두 거리상으로 25km 이상으로 단 위의 마을공동체가 아닌 별도의 정치체에 속한다. 원거리의 마을 간의 문화상과 시간 관계를 살피고자 한다.

(1) 홍성 목현리유적의 편년

목현리유적(백두문화재연구원 2019)은 낮은 산줄기에 입지하는 호서해안권의 송국리형 소형 마을으로, 주거지 9기, 수혈 6기가 발굴되었다(백두문화재연구원 2019). 노지가 있는 장방형주 거지와 점토대토기가 출토되는 말각방형 주거지 그리고 송국리유형 주거지가 혼재하는 양상 을 보이고 있고, 출토되는 유물은 타날문토기와 관창리식토기를 포함한 송국리유형이다.

① 양식편년

목현리유적의 문화상을 파악하기 위해서 계기연대법으로 양식편년하고자 한다. 유물의 특징 은 일견하여 관창리유적과 유사하므로 분류[25]도 관창리마을의 사례(안재호 2021a)에 따르고,

---

25　체계적인 분류에는 기호와 시간성의 순서를 일치시켜야 하고, 동일 기종 내에서 세분된 아기종은 기 호를 달리 부여할 필요가 있지만, 그렇지 못하여 편년표 이해에 혼란을 가중시키게 되었으나, 구고의 결과 와 비교하기 위해서 그대로 인용한다. 두 유적에서 옹·호의 분류는 구순각목문이든 무문이든 구분하지 않 고 기형만으로 나누었으나, 목현리유적의 경우는 분리하였다. 그런데 두 문양의 형식은 중복되지 않아서 통 합하여도 동일한 결과이다. 그리고 저부의 분류는 무문토기와 적색마연토기로 나누었다. 무문토기 A는 저 연이 돌출한 형태이고, 다시 세분하여 뾰쪽하면서 높은 저부를 1식, 낮은 것을 2식, 돌출저연이 둥글게 처리 된 것을 3식으로 하고, B식은 저연이 수직인 것, C식은 저연이 외경하는 것이다. 적색마연토기도 a·b·c식

표 6 홍성 목현리유적의 순서배열 결과

군	유구	구순소형 A	구순소형 C	구순소형 E	구순중형 A	구순중형 D	구순중형 F	무문소형(관) B	무문소형(관) D3	무문중형(관) C	무문중형(관) E	무문중형(관) K	대형 D	대형 E	옹형 B	옹형 C	옹형 D	옹형 E	발 c	플라스크 크
1	수5										■				■					
2	3주				■			▲			■	▲			■				▲	
3	8주				×					▲	×		■		×	■	■			
4	6주	▲		▲	■		■		■		■		■	▲	■	■	■	▲		
5	4주				×		■		■											
6	7주				×	■	■		■										▲	
7	5주		▲		×	×														
7	수1				■	■														

군	유구	심발 小	천발 A	무문저부 A1	무문저부 A2	무문저부 A3	무문저부 B	무문저부 C	적마저부 a	적마저부 b	적마저부 c	원형점토대
1	수5						■	■	■	■		
2	3주		▲	■			■	■	■	■	■	
3	8주		▲	■	■		■	■	■	■	■	
4	6주	▲		■	■		■	■	■	■	■	
5	4주			×	■		×	×				
6	7주			■	■	■	■	■				
7	5주					■	■	■				▲
7	수1					■	■					

군	유구	석촉 c1	석촉 c2	석촉 c3	석촉 d1	석촉 d2	석촉 d3	유구석부 I	유구석부 II	석도 ㄴ	석검 II	석추
1	수5		■		▲		■					
2	3주		×				×					
3	8주		×				×					
4	6주	▲	■	▲			×	▲		▲	▲	▲
5	4주					■	■			▲		
6	7주											
7	5주											
7	수1											

표 7 홍성 목현리유적의 양식편년

군	유구	구순소형 A	구순소형 C	구순소형 E	구순중형 A	구순중형 D	구순중형 F	무문소형(관) B	무문소형(관) D3	무문중형(관) C	무문중형(관) E	무문중형(관) K	대형 D	대형 E	옹형 B	옹형 C	옹형 D	옹형 E	발 c	플라스크 크
Ⅰ기		▲	·		▲			▲			▲								▲	
Ⅱ기		▲		▲	▲		■	■		■	■	■	■		■	▲	■	▲		
Ⅲ기					×		■		■										▲	
Ⅳ기			▲		■	■														

군	유구	심발 小	천발 A	무문저부 A1	무문저부 A2	무문저부 A3	무문저부 B	무문저부 C	적마저부 a	적마저부 b	적마저부 c	원형점토대
Ⅰ기							■	■	■	■		
Ⅱ기		▲	▲	■			■	■	■	■	■	
Ⅲ기				■	■		■	■				
Ⅳ기						■	■					▲

군	유구	석촉 c1	석촉 c2	석촉 c3	석촉 d1	석촉 d2	석촉 d3	유구석부 I	유구석부 II	석도 ㄴ	석검 II	석추
Ⅰ기	■		▲	■							
Ⅱ기	▲	■				×	▲		▲	▲	▲
Ⅲ기					■	■					
Ⅳ기											

관창리에서 찾을 수 없는 경우는 송국리마을의 유물 분류(안재호 2021b)를 차용한다.

계기연대법에 이용할 수 있는 유구는 8기이고, 〈표 6〉이 순서배열 조작된 결과이다. 이 결과는 실존자료율이 81.4%로서 군의 서열은 바로 시간의 순서로 인정된다. 층서로는 8호 주거지(3군) 하층에 5호 수혈(1군)이 있으므로 양식편년과 정합성을 띠고, 또 7군인 5호 주거지에서 원형점토대옹이 출토되었으며, 단 2기뿐인 타원형에 가까운 말각방형 주거지가 5호 주거지와 7호 주거지(6군)이므로 양식편년이 타당하다고 평가할 수 있다.

② 주거지의 양상

주거양식은 유물보다 전통문화에 가까운 쪽에 있다. 목현리유적에서 유물은 중기의 것은 보이지 않고 모두 송국리유형이지만, 9기의 주거지 중에서 노지가 있는 장방형주거지·말각방형주거지 4동이 존재한다. 이런 조합상에서 노지가 있는 방형계주거지는 송국리유적의 구릉상에 입지하는 방형계 주거지와 일치하지만, 유물의 내용상에서는 목현리유적은 호서해안양식을 띤다는 점에서 관창리유적과 유사하여 두 유적의 요소가 모두 간취되는 절충양식으로도 볼 수 있다.

은 무문토기 A·B·C식과 동일하다.

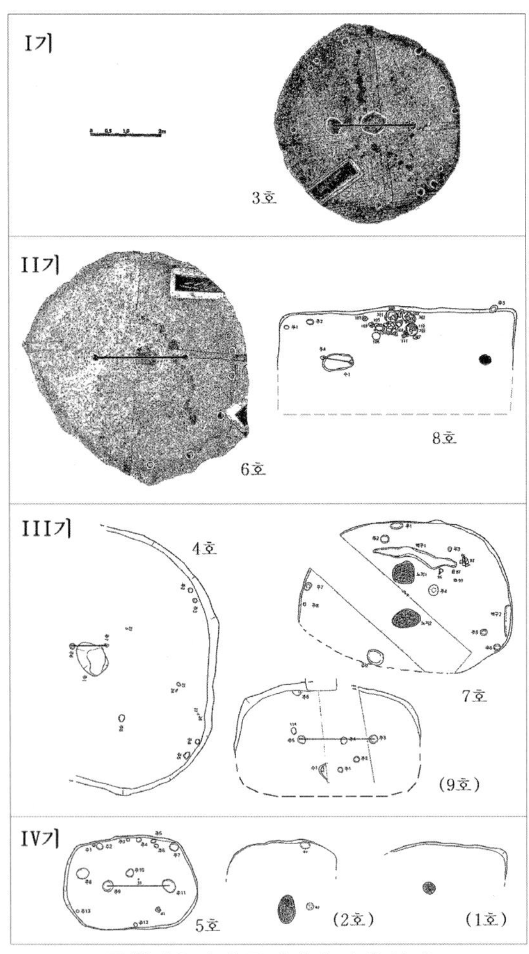

그림 10 목현리유적의 주거지와 단계 설정

주거지를 통하여 유물 양식편년의 획기를 살펴보고자 한다. 먼저 〈표 6〉의 1군은 수혈유구 뿐이므로 2군의 3호 주거지(오곡리형)와 묶어서 I기로 두고자 한다. 이 다음의 3군인 8호 주거지는 장방형으로 내부에 노지가 1개 설치된 구조인데, 대칭되는 단벽쪽의 토광+2주혈은 송국리형 주거지의 중앙시설과 유사하다. 이것은 3호 가옥의 구조를 모방하여 개축된 시설인지 아니면 노지와 함께 공존하였던 것인지는 알 수 없으나, 중기(역삼동유형) 주거지의 전통을 가진 거주인이었을 것이다. 토기와 도구는 마을 내 공동 제작하였고, 또 공동생산에 참여하였을 것이므로 동일한 도구체계를 소유하였을 것이므로 송국리유형 주거지의 물건과 동일할 수밖에 없었을 것이다. 반면에 가옥은 8호 가옥의 구성원이 건축할 수 있는 구조를 택하였을 것이다. 이러한 구상은 송국리유형인 3호 주거지가 구릉에 먼저 선점하여 마을을 형성하였다는 방증이 될 것이다. 즉 송국리형마을에 중기문화의 토착인이 이주해 온 것이 8호 주거지라고 평가할 수 있다. 〈표 6〉에서 1군과 2군을 하나로 묶게 되면 구순각목문 중형 옹·호 A식과 무문토기 저부 B·C식은 장기속성을 가지게 되므로 이 3개 형식을 삭제한 후에 배열조작하면 3·4군이 하나로 묶이게 된다. 그래서 8호를 6호 오곡리형주거지와 같은 II기로 둘 수 있다. 3호와 6호 주거지의 2주혈의 간격이 넓은 것은 가옥의 대들보가 길어서 지붕의 형태는 우진각 지붕에 유사할 것이다. 충남지역의 일반적인 송국리형 주거지는 2주혈의 간격이 좁아서 지붕은 원뿔형에 가까워지는데, 목현리유적에서는 우진각에 유사하게 축조되는 것은 중기의 가옥형태와 닮은 것으로 토착문화를 의식하여 절충한 것은 아닌가 추측된다. 그러므로 6호와 8호 가옥은 상호 영향을 주고받은 것으로 생각된다.

　　III기인 4호 주거지도 오곡리형인데 2주혈의 간격은 앞 시기보다는 좁아져서 가옥의 형태는 거의 송국리형에 가까워졌으며, 세대가 바뀌면서 3호-6호-4호 가옥의 계보가 이어진 것이라 판단된다. 이에 반하여 7호 주거지는 내부에 2기의 노지가 있었든지 아니면 상면에 구가 형성된 것을 감안하면 개축하였던 것이라 추정도 가능하다. 노지가 있으면서 말각방형의 형태를 띠는 것은 절충식으로 봐야 하고 8호 가옥의 후속세대의 가옥으로 판단할 수 있겠다. 9호 주거지도 말각장방형인 점에서는 양 계보의 가옥을 절충한 형식에 해당한다. 9호 주거지는 시기 불명이지만 다음 Ⅳ기 가옥의 특징이 소형화라는 점을 중시하면 Ⅲ기에 두고자한다. 그리고 5호 주거지는 원형점토대토기가 출토되며 4호 주거지와 공간적으로 중복된 위치에 있으므로 Ⅳ기로 분리하고 시기불명이지만 노지가 설치된 소형가옥을 4호 주거지와 동시기로 설정한다. 즉 4개의 단계는 1~2군 / 3~4군 / 5~6군 / 7군으로 Ⅰ~Ⅳ기가 된다.

Ⅲ기의 4호 가옥은 면적이 40m²가 넘는 규모인데, Ⅰ기(3호) Ⅱ기(6호)에는 소형 가옥이었으나 서서히 규모가 커져서 중형가옥으로 성장하였다. Ⅲ기 후에는 목현리마을에는 점토대토기문화가 유입되면서 소형마을로 소멸하게 되었다고 판단된다.

③ 목현리유적의 지역색

목현리유적에서 유물의 변천을 살펴보면, 구순각목문 중형 옹·호는 구경부가 길며 직립하는 A식에서 외반구연의 F식과 구연이 짧은 D식으로 두 가지의 방향으로 바뀐다. 이러한 경향은 무문양의 옹·호에서도 규격은 다르지만 중형 E식(직립상 외경구연) → 대형 D식[26](외경구연) → 소형 D3식(외반구연)으로, 적색마연 소옹도 B식(긴 직립외경구연) → A식(짧은 수직구연)·C식(짧은 외반구연)으로 변천한다. 그러므로 긴 구경부가 짧은 구연으로 그리고 외반화하는 경향이 변화의 주류를 이룬다고 하겠다.

석촉은 관부가 둔각이고 1단평근인 c2식과 유엽형(또는 일체형)의 1단첨근인 d3식이 먼저 제작되고, 이 두 형식의 중간 형태로서 d2식이 늦게 제작된다. 이와 달리 흔히 형식학적 전개로서 c2식 → d2식 → d3식의 일원론적인 전개를 상정하지만, 이른 단계의 두 형식은 계통이 다른 것으로 판단된다. 즉 c2식은 재지계라면 d3식은 북한지역과 영서지역에서 유행하는 것이다.

관창리식토기와 타날문 구순각목문이 시문된 것은 호서해안지역의 특징이지만 이외에

---

26 관창리유적의 분류에서 대형에는 동형이 없어서 중형의 분류를 적용하였다.

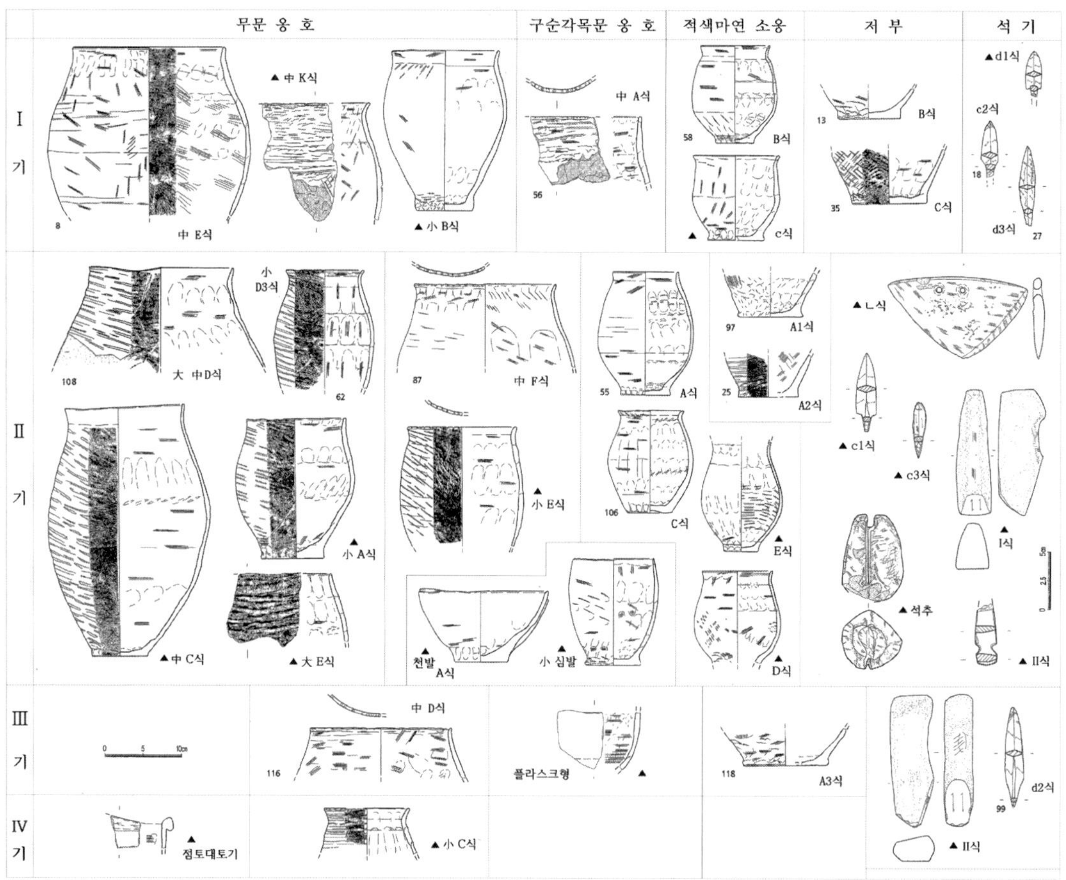

그림 11   홍성 목현리유적의 형식 출현 시기(토기 1/10, 석기 1/6.6)

도 관창리유적에서 흔히 출토되는 凹石과 석추[27]도 호서해안지역권의 요소이다. 반면에 삼각형의 석도와 유구석부는 송국리유적의 것과 가까운 형태이다. 특히 관창리유적의 유구석부는 결입부가 없이 단상을 띠는데, 목병의 구멍에 삽입하여 장착하는 형태로 판단되며 이러한 형식은 북한지역의 유단석부나 遼東形伐採石斧(下條信行 2000) 그리고 중기 이전의 합인석부의 착장법을 모방한 것이며, 결구부와 목병을 결박하는 방법과는 다른 것이다. 특성이 가미된 유구석부로서 송국리유형의 유구석부와는 다른 부분이 있다. 석촉과 적색마연토기는 송국리유적이나 관창리유적에서도 유사한 형태가 찾아지므로 지역색을 띠지는 않는다. 그러므로 목현리유적은 지리적으로 호서해안권이고 문화상에서도 관창리유적과 유사한 문화상

---

27   석추는 어망추로 보고되었으나 물방울 모양이며 구멍과 결박용의 줄홈이 있었겠지만 사암질로서 머리 쪽의 투공 부분이 파손되어 재가공하여 사용한 석추로 판단된다.

이지만 송국리유적처럼 충남내륙권의 문화도 혼재하는 양상이다.

(2) 부여 나복리유적의 양식편년

넓은 평지와 하천을 조망하는 낮은 구릉성 산에 마을이 형성되었다. 발굴로 마을의 전모가 드러났는데, 주거지 22기, 석관묘·석개토광묘·토광묘 10기, 옹관묘1기, 저장공 1기, 수혈 2기가 발견되었다(忠淸南道歷史文化硏究院 2004).

유물의 분류는 거점마을과의 관계를 파악하기 위하여 우선은 송국리유적의 분류에 따르고, 이에 속하지 않는 유물은 관창리유적에서의 분류 기준에 따랐다. 그리고 저부는 목현리유적을 기준으로 삼았다.

계기연대법으로 편년하기 위하여 2개 이상의 형식이 출토된 유구만 선별하여 순서배열하고 그 결과를 단계로 나타내었을 때 모든 시기에 나타나는 장기형식(적색마연 플라스크형ㄱ식, 무문저부 대형A3식, 중형A1·A3식, 중형C1·C2식, 소형A1·C식, 편인석부 b2식, 삼각형석도)을 제외하고 다시 2개 이상의 형식을 가진 유구만으로 순서배열을 다시 하여 최종 결과를 도출하였다. 순서배열된 遺構群의 시간서열을 결정할 유구 간의 중복이 없지만, AMS법에 따른 절대연대로 4호 주거지는 2781±30 BP, 8호 주거지가 2497±45 BP이므로 4호주거지가 8호

표 8 부여 나복리유적의 순서배열 결과

옹·호토기 영역 (군·유구 ~ 소형)

군	유구	내만심발(관)	구순각목	점토대	초대	대형 송II	대형 송A	대형 송E	대형 관中B	대형 관中D	대형 관中G	중형 송4-1	중형 관O	중형 관E	중형 송2	중형 송4-2	중형 관J	중형 관K	소형 송b	소형 송c	소형 송d
1	12주																				
2	10주																				
	4주																				
3	9주						■				■				▲	▲	■	■	▲	▲	
4	21주		■			▲	■	■	▲	▲	■	■			▲		■				
5	8주	■	■			■	■			×	■	■				×					
6	20주		■								×	×						×			
7	5주			■		■					■										
8	14주																				
	3주																				
	22주	▲																			
9	6주																				

적색마연토기·저부(목현리) 영역

군	유구	플라스크 송ㄱ	플라스크 송ㄷ	플라스크 소형	옹발 관A	옹발 관B	옹발 관c	무문대형 A1	무문대형 A3	무문대형 B	무문대형 C	무문중형 A1	무문중형 A3	무문중형 B	무문중형 C1	무문중형 C2	무문중형 D	무문소형 A1	무문소형 A3	무문소형 B	무문소형 C	적색마연 a	적색마연 c
1	12주																						
2	10주										■												
	4주										×												
3	9주		▲	■							■			■					■	■		■	
4	21주							■						■				×	×			×	■
5	8주													■			■		■	■		×	×
6	20주	▲	▲	▲	×					■				■			×		■	■		■	■
7	5주		▲							×				×			×						
8	14주									×				×			×						
	3주									×				×			×						
	22주													■			■						
9	6주													■									

방추차·석부·석촉·기타 영역

군	유구	방추차 B	방추차 C	방추차 D	편인석부 b1	편인석부 b2	편인석부 b3	편인석부 b4	석촉 c1	석촉 c2	석촉 송B	석촉 d1	석촉 d2	석검 송II	석검 이단병	삼각형석도	합인 관II	유구 송II	요석(관)	선형석기	소형원주석	숫돌
1	12주								■		■											
2	10주								×		■	■										
	4주								×		×	×	×								■	
3	9주	■							■	■	■	■	▲			▲					■	
4	21주	■						▲		■							▲			■		
5	8주	■																				
6	20주		▲				■															
7	5주			▲			×													■		
8	14주					▲																■
	3주																					■
	22주																				■	
9	6주																					

표 9 부여 나복리유적의 양식편년(중·단기 형식)

옹·호토기 영역 (단계 ~ 소형)

단계	내만심발(관)	구순각목	점토대	초대	대형 송II	대형 송A	대형 송E	대형 관中B	대형 관中D	대형 관中G	중형 송4-1	중형 관O	중형 관E	중형 송2	중형 송4-2	중형 관J	중형 관K	소형 송b	소형 송c	소형 송d
Ⅰ기																				
Ⅱa기		■	■	▲	■	■	▲	▲	■	■								▲		
Ⅱb기	▲	■	■	▲	■	■	▲	■	■	■								▲	▲	

적색마연토기·저부(목현리) 영역

단계	플라스크 송ㄱ	플라스크 소형	옹발 관A	옹발 관B	옹발 관c	무문대형 A1	무문대형 B	무문중형 B	무문중형 D	무문소형 A3	무문소형 B	적색마연 a	적색마연 c
Ⅰ기		■				■							
Ⅱa기		■				■		■					
Ⅱb기								▲	▲	▲	■	▲	▲

방추차·석부·석촉·기타 영역

단계	방추차 B	방추차 C	방추차 D	편인 b1	편인 b3	편인 b4	합인 관II	유구 송II	석촉 c1	석촉 c2	석촉 송B	석촉 d1	석촉 d2	석검 이단병	요석(관)	선형석기	소형원주석	숫돌
Ⅰ기											■						■	
Ⅱa기				▲			▲		▲	■	■	■					■	■
Ⅱb기	▲	▲	■	▲	▲	■	■				■				■		■	■

주거지보다 이른 시기임을 알 수 있다(서광수 2004).

단계설정은 각 유구군의 형식 출현 수의 차이를 이용하여 1·2군을 I기, 3·4군을 IIa기, 5~9군을 IIb기로 획기하였다.

나복리유적은 지리적 행정적으로는 송국리유적과 가까우나, 구순각목문토기·원형점토대토기·요석 등의 유물은 송국리유적에서는 찾을 수 없는 것으로서, 관창리유적에서 유행한 유물이므로 문화적으로 호서해안양식과 가까운 양상을 보인다. 이것은 나복리마을이 송국리마을을 중심으로 한 지역공동체에 속한 것이 아니라 독자적인 정치체를 가지고 있었음을 뜻한다.

(3) 3개 마을의 문화·사회적 관계

3개 유적에서 송국리형 마을의 크기는 관창리유적이 거점에 해당한다. 나복리유적은 존체가 발굴되어 주거지 수가 마을의 부분만 발굴된 목현리유적보다 많지만, 주거지의 분포 밀도로 보면 목현리유적이 더욱 큰 마을일 것이다. 그래서 대형 관창리마을, 중형 목현리마을, 소형 나복리마을로 상정해두고자 한다.

우선 유적 간의 유사도를 〈표 2·3·7·9〉을 통하여 분류 기호는 다르지만 동일 형식인 것을 찾아서 살펴보면, 관창리와 목현리는 125, 관창리와 나복리는 129, 목현리와 나복리는 116이다. 이것은 목현리-관창리-나복리가 유적 간의 유사도가 가깝다는 것이며, 유사도가 가까운 것은 유적 존속시간대의 겹침이 많다든지, 문화적 동질성이 크다는 뜻이다. 이 결과는 세 유적의 거리와 상관을 보이고, 목현리와 관창리가 호서해안권인 반면 나복리는 충남내륙권이므로 이러한 결과를 나타내는 것이다. 그러나, 나복리유적이 부여에 속하면서도 호서해안권에 가깝다는 점은 주목할 부분이다,

위와 같이 문화적 동질성이 보이지만, 과연 3개의 마을에서 긴밀한 교류가 이루어지고 하나의 경제권 즉 마을공동체가 형성되었는가 또는 특정지역에서 문화가 형성되어 다른 마을로 전파되었는가를 〈표 10·11〉을 통하여 살펴보고자 한다.

〈표 11〉을 보면 세 유적의 시간 관계에서 부정합인 경우는 없다. 다만 특정 시간대에 양마을 간의 교류가 일시 단절된 적은 있었다. 이 단절은 양 마을간의 직간접적인 교류가 중단된 것을 의미하나, 또 한편으로는 유적의 결실자료로 인한 현상일 수도 있다. 즉 유적에 그 당시의 문물이 다수가 잔존한다면 이런 단절 현상이 없을 수도 있다는 것이다.

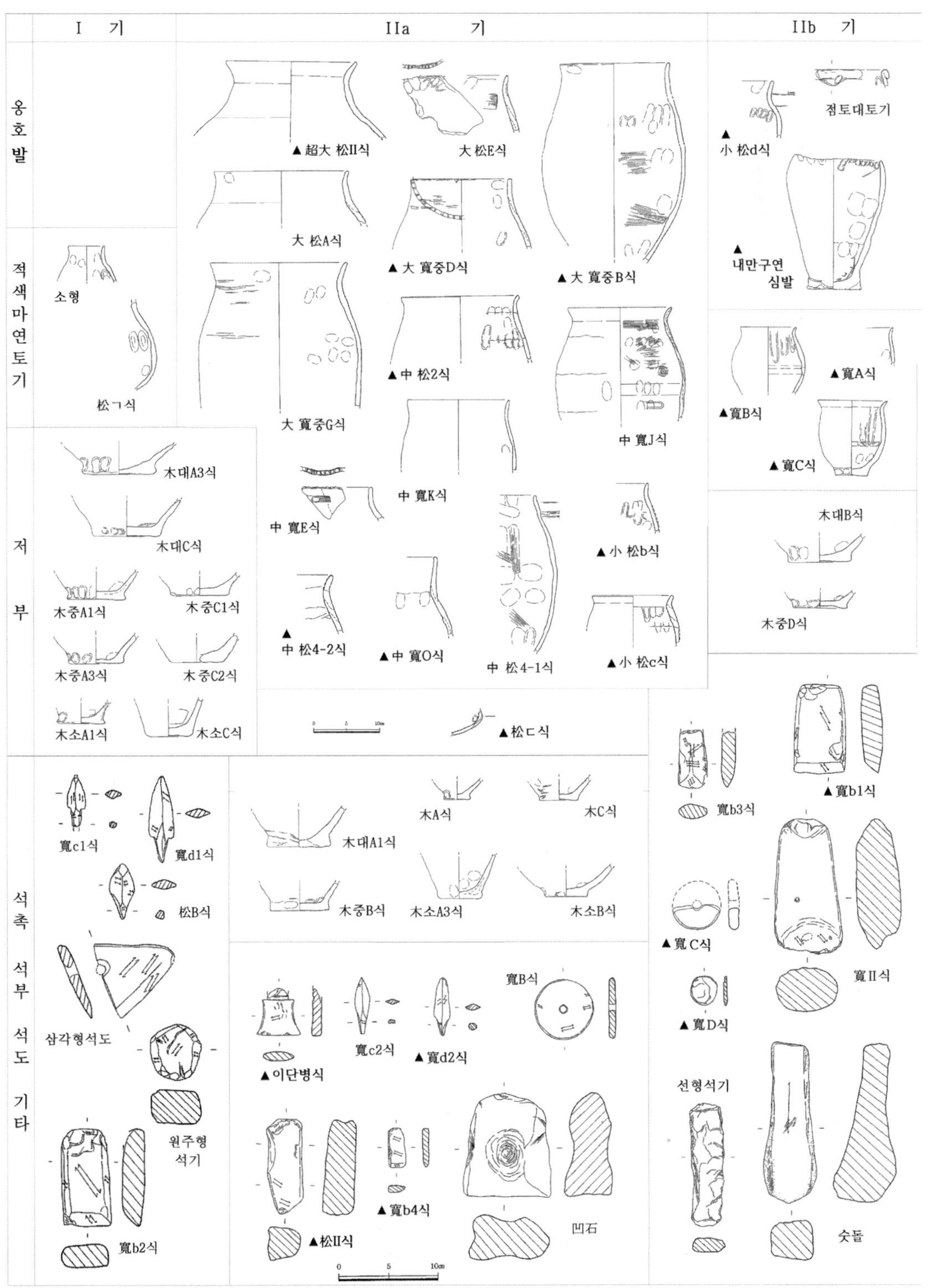

그림 12 부여 나복리유적 유물양식편년(토기 1/10, 석기 1/6.7)

표 10 관창리마을과 주변마을 유물 형식의 출현 시기 비교

옹·호

		?	Ⅰ기	Ⅱ기	구순각목문		타날문		방추차		Ⅱ기
옹·호	관창리	중E	소D	중D	관창리	Ⅰ기	관창리	Ⅰ기		관창리	B
	목현리	Ⅰ기	Ⅱ기	Ⅲ기	목현리	Ⅰ기	목현리	Ⅰ기		목현리	
	나복리	Ⅱa기		Ⅱa기	나복리	Ⅱa기	나복리			나복리	Ⅱa기

적색마연토기

		Ⅱ기	석부 / 석촉		斧b3	鏃c1	鏃c2	鏃d1	鏃d2	鏃c3	鏃d3	점토대토기
적색마연토기	관창리	옹C	석부	관창리	斧b3	鏃c1	鏃c2	鏃d1	鏃d2	鏃c3	鏃d3	관창리 Ⅲ기
	목현리	Ⅱ기	석촉	목현리		Ⅰ기			Ⅲ기		Ⅰ기	목현리 (Ⅳ기)
	나복리			나복리	Ⅱb기	Ⅰ기	Ⅱa기	Ⅰ기	Ⅰ기	Ⅰ기	Ⅰ기	나복리 Ⅱb기

표 11 호서해안권 3개 유적의 시간관계

관창리	목현리			나복리		목현리	관창리	나복리		나복리	관창리		목현리
Ⅰ기	Ⅰ기	Ⅱ기	Ⅲ기	Ⅰ기	Ⅱa기	Ⅰ기		Ⅰ기	Ⅱa기	Ⅰ기	Ⅱ기		Ⅰ기
Ⅱ기					Ⅱb기	Ⅱ기	Ⅰ기	?	?	Ⅱa기			Ⅲ기
Ⅲ기						Ⅲ기	Ⅱ기			Ⅱb기		Ⅲ기	

3) 충남내륙권의 교류와 마을공동체

송국리유적을 포함하여 인접하는 증산리·원남리 유적 간의 관계를 살펴보고자 한다. 이 세 유적은 상호 가시권에 분포하고 거리상으로는 동일마을공동체로 볼 수 있어서 앞서 각각의 정치체에 속한 호서해안권의 세 유적의 관계와는 다른 결과가 예상된다.

표 12 부여 증산리유적의 양식편년

(기호: ■ = 출토, ▲ = 공반 추정, × = 결여)

옹·호토기(송국리) · 적색마연토기(송)

군	유구	대형 A	B	C	중형 1	2a	2b	3	4a	4b	5	소형 a	b	c1	c2	플라스크 ㄱ	ㄷ	소형	천발 1
1	8주																		
2	13주			■									■	■					
3	10주		▲	×					▲	■		■	×	×					
4	3주			×						×		×	×	×					
5	7주			×	▲	■	■	▲		■		■	×	■	■	■	▲	▲	▲
6	6주	▲		■		■	■			■	▲	×	×		×	■			
7	수1						■					×	■		■				
8	4주						■					■							

저부(목현리) — 무문

군	유구	대형 A2	A3	B1	B2	C1	C2	중형 A1	B1	B2	B3	C1	C2	C3	C4	소형 A1	A2	B1	B2	C
1	8주				■		■	■		■						■		■		
2	13주				×		×	×		■						×		■	■	■
3	10주	■	■		■	▲	×	■	■	■	■		■	■	■	■		■	■	×
4	3주	■	■	■	×		■	■	■			■	■					■	×	■
5	7주	■	■	■			×	■	■	■	■	■	■	■	■	■	■	■	×	■
6	6주	■	■	■				■	■	■		■	■				■	■		
7	수1							■	■			■						■	■	
8	4주							■	■	■								■		

저부(목현리) 적색마연 · 방추차(송) · 편인석부(송) · 석촉(송국리) · 석도(송)

군	유구	대형 A1	A2	B	소형 A1	A2	B1	B2	C1	C2	방추차 대형 1	2	소형	편인석부 B	a	2	3	4	석촉 Ⅱ	Ⅲ	B	석도 ㄴ	ㄷ
1	8주									■													
2	13주	■								×	▲				▲					▲			
3	10주	■	■	■					×			▲									■		
4	3주	■																▲					
5	7주	×	■	×	■	▲	■	▲	■	■	▲			▲		▲	▲		▲		■	▲	▲
6	6주	■			■	■			×														
7	수1								×														
8	4주								■									▲					

(1) 증산리유적의 양식편년

증산리유적은 송국리유적과 동일한 산괴에서 뻗어 나온 낮은 산지에 조영된 마을유적으로
송국리마을의 이웃 마을에 해당한다. 유적은 마을 일부분만 발굴되었는데, 송국리유형 주거
지 13기, 수혈 6기가 확인되었다(忠淸南道歷史文化硏究院 2004). 유물의 분류에서도 오로지 송
국리유적의 분류와 일치한다. 특히 적색마연토기 소형 옹·발의 저부를 가공한 대형 방추차

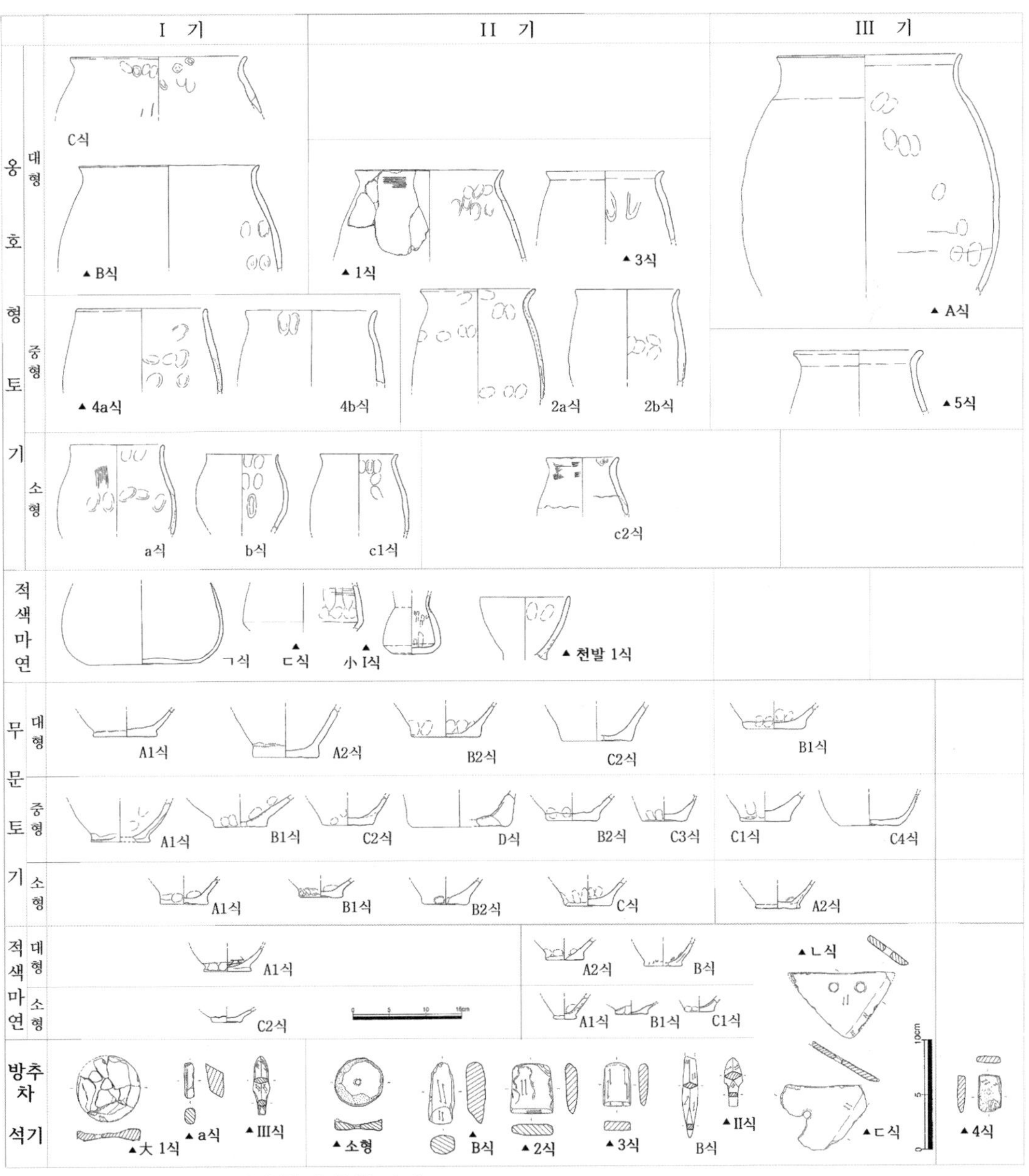

그림 13 부여 증산리유적의 형식 출현 시기(토기 약 1/10, 석기 1/6.7)

표 13　부여 증산리유적의 양식편년

단계	옹·호토기(송국리) 대형 A	B	C	중형 1	2a	2b	3	4a	4b	5	소형 a	b	c1	c2	적색마연토기(송) 플라스크 ㄱ	ㄷ	소형	천발 1	저부(목현리) 무문 대형 A2	A1	B1	B2	C1	C2	중형 A1	B1	B2	D	C1	C2	C3	C4	소형 A1	A2	B1	B2	C	적색마연 대형 A1	A2	B	소형 A1	A2	B1	B2	C1	C2	방추차(송) 대형 1	소형	편인석부(송) B	a	2	3	4	석촉(송) II	III	석도(송) B	ㄴ	ㄷ
Ⅰ기		▲	■					▲	■		■	■	■						■	■		■	▲	■	■	■	■	■		■	■		■		■	■	■	■							■	▲			▲					▲			
Ⅱ기		×	▲	■	■	▲		■	■	▲	■	×	■	■	▲		▲	▲	■	■	■	■		■	■	■	■	■	■	■	■	■	■	■	■	■	■	■	■	■	■	▲	■	▲	■	■		▲	▲		▲	▲		▲		■	▲	▲
Ⅲ기	▲		■	■	■	▲		▲	■		■		■		■		■				■			■	■	■			■	■	■	■		■	■	■	■		■	■			■		■								▲					

와 등이 곡선적인 삼각형석도는 송국리유적에서도 볼 수 있는 유물이었다. 그러므로 증산리 유적은 유적의 규모나 문화상으로 볼 때 또 송국리마을을 기준으로 하면 거리상으로 거의 일상생업권에 위치하므로 송국리마을의 위성마을로 상정할 수 있겠다. 플라스크형 적색마연 호를 통하여 유추하면 송국리유적 Ⅱ기에 파생한 자집단이 형성한 마을일 것이다.

　　　3단계로 양식편년되는데 각 해당 유구는 1~3군(Ⅰ기), 4·5군(Ⅱ기), 6~8군(Ⅲ기)이다.

(2) 논산 원남리유적의 양식편년

① 마을의 성격

낮은 구릉성 산지의 능선과 사면부에 형성된 마을유적이다. 발굴은 전면이 조사되어 주거지 24기, 수혈 59기, 구상유구 2기, 석관묘·석개토광묘 7기, 옹관묘 7기가 발견되었다(충청남도 역사문화연구원 2012).

　　　산 정상에 묘지가 형성되었는데, 4개소로 분리하여 군집을 이루는 주거지는 이 묘역에서 세 방향으로 갈라진다. 그러므로 마을은 통합의 형상을 하지 않으면서도 석검을 부장하는 성인묘와 옹관묘가 조영되었다. 옹관묘는 성인묘역과는 분리된 공간에 분포하며, 두 유형의 묘는 각각 열지어 있다.

　　　이상의 형상으로만 보면 원남리마을은 송국리 Ⅱ기마을 사회에 머문 것으로, 아직은 마을공동체의 수장[28]은 등장하지 못한 단계로 추정된다. 그러면서도 옹관묘가 조영된 것은 송국리문화적 습속인 것을 나타내며, 성인묘와 분리된 것은 권력의 세습이 없었던 사회의 특징이라고 생각된다.

28　가장 큰 주거지 B13호가 중앙묘역에 근접해 있어서, 이 가옥의 주인공이 최고 유력인이겠으나 B지점 남쪽 주거군에 속해 있다. 이 주거군은 주거지 수도 많고 중복도 보이므로 동·서쪽 주거군에 비하여 거주기간이 긴 집단으로서 일종의 母集團인 상위계층에 속할 것이다.

표 14 논산 원남리유적 순서 배열 결과

옹·호토기(송국리) / 직구호 / 발형옹 / 천발 부분:

군	유구	III	A1	A2	B	C1	C2	D1	D2	E	2a	2b	3	4a	4b	관D	b1	직구호	1	2	관A
26	B수20				■								■								
26	B수18			×									■								
25	B수8	■		×		■		■	▲				×								
24	B 3주	■			■	■		×					×								
23	B수16	■			■	×							×	×							
22	B수23			×		■							×	×	■						
22	A수17			×	×							■	×	×							
21	A수17			×	×								×	×			■				
20	A수16				■						■	■	■				×				
19	B수30	■			×	■				■	×	×	×				×				
18	A수5	×			■		■				■	■	×		■		×	▲		▲	
18	B수24	×			×								×				■				
17	A수9	×			×			×			■		×			×					
17	A 4주	■			■			■					×	×		■					
16	A 8주												×	×		×					
15	B10주												×	×		×					
14	B수 3						■						×	×		■					
13	B수13			■		■					■	×				×					
12	A 3주			■							■	×				×			■	■	
11	A 9주															×					
10	B수35															×					
9	A수8															×					
8	A수13															■					
7	A수19						■				■	×				×			■		
6	B수22										■	×				×					
6	A 7주										■	×				×			■	×	
5	A 구1										×					×			×	■	
5	A수20															×					
4	B13주			■			■									■					
4	A수11			■			■				■	×				×					
3	B수19			■							■	×				×					
2	B 1주												■				×		■		
1	B 8주															××			■		

저부(목현리) 무문 / 적색마연 부분:

군	유구	A3	B	C	A1	A2	A3	A4	A5	B3	B4	B5	B6	C1	C2	C5	C6	A1	C	A	B	C
26	B수20										■											
26	B수18										×					■						
25	B수8										■			■		×						
24	B 3주		■								■			■	■	■						
23	B수16		×								×			■	■	×				■		
22	B수23		×								×			×	×	■			×			
22	A수17		×							■	×			×	■	×			×			
21	A수17		×		■	■				■	■		■	×	×				×			
20	A수16		×	■	■		■			■	■			×	■	×	×		×			
19	B수30		×						■	×	■			×	×	×			×			
18	A수5		×	■	■		■			■	■			×	■	×	×	■	×	■	×	■
18	B수24		×	×	■	■					■			×	×	×	×		×			
17	A수9		×	×							×		■	×	×							
17	A 4주	▲	×		■	■				■	×								■		■	
16	A 8주			×	×	×			×	×	×			×	×	×						
15	B10주		■		■	■			×	×	×											
14	B수 3				×	×	×		×	×	×									×	■	
13	B수13				×	×	×		×	×	■									■	×	
12	A 3주				×	×	×		×	×	■	■								■	■	
11	A 9주				×	×	■		■	×	×									×		
10	B수35				×	×	×		×	×	×									×	×	
9	A수8				×	×	×		×	×	■									×		
8	A수13				×	×	■		■	×	■				×					×	■	
7	A수19				×	×	×		×	×	×		■		×	■				×		
6	B수22				×	×	×		×	×	×				×							
6	A 7주				×	×	■		■	×	×				×					×		
5	A 구1				×	■	■		■	×	×			■						■		
5	A수20				×	×	■			×	■									×		
4	B13주				×	■	×			×	×	×			■	■				×	■	
4	A수11					■	×		■	×				×	×					■		
3	B수19						■		×		■			×	■			■		×		
2	B 1주													■	■							
1	B 8주													■	■					■		

적색마연토기(송국리) / 편인석부(송) / 석촉(송국리) / 석도(송) 부분:

군	유구	ㄱ	ㄷ	ㄹ	2	3	A	B	D	관III	관A	II	1	3	a	II	IIIa	IIIb	B	관c3	ㄴ	ㄷ1	ㄷ2
26	B수20																						
26	B수18														■								
25	B수8													▲	■							×	
24	B 3주		▲											▲	■								
23	B수16							■														■	
22	B수23																					×	
22	A수17																					×	
21	A수17																					×	
20	A수16																					×	
19	B수30	■					▲		■										■			×	
18	A수5	■							×													×	
18	B수24								×													×	
17	A수9								×		■		■						■			■	
17	A 4주	■							×		■		■			■	■		■		■	×	
16	A 8주								×							■	■	■	■		×	×	×
15	B10주								×												×	×	×
14	B수 3								×												×	×	×
13	B수13	■							×		■		■			■	×	■	■	■	×		
12	A 3주	■	×						×	×					▲	■	×	■	×		■	■	■
11	A 9주								×							▲		■	×	■	×		
10	B수35								×											■			
9	A수8					■			×											■	×		
8	A수13	■																	■	×	■	×	
7	A수19								■													×	
6	B수22																					×	
6	A 7주																	■	×		■		■
5	A 구1																						■
5	A수20	■																			■		
4	B13주					■		■	■					▲					■	×	■	■	■
4	A수11															▲		■	×	■	×		
3	B수19													▲							×	×	×
2	B 1주														▲								
1	B 8주																						

표 15 논산 원남리유적의 양식편년

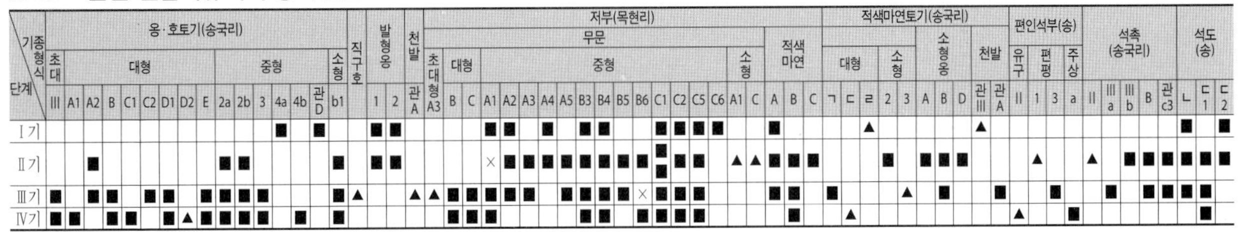

단계	III	A1	A2	B	C1	C2	D1	D2	E	2a	2b	3	4a	4b	관D	b1	직구호	1	2	관A	A3	B	C	A1	A2	A3	A4	A5	B3	B4	B5	B6	C1	C2	C5	C6	A1	C	A	B	C	ㄱ	ㄷ	ㄹ	2	3	A	B	D	관III	관A	II	1	3	a	II	IIIa	IIIb	B	관c3	ㄴ	ㄷ1	ㄷ2
I 기																						■	■	■	■			■		■													▲											▲						■		■	
II 기		■								■	■			■		■	■				×	■	■	■	■	■	■	■	■	■	■	■	■	■	■		▲	▲	■	■	■	■		■			■			■			■		▲		■	■	■	■	■	■	■
III 기	■	■	■		■	■	■			■	■	■	■		■	▲		▲	▲	■	■	■	■	■	■	■	■	■	■	■	■	■	■	■	■	■	■	■		■			■		▲		■			■	■	■		■		▲		■	■	■		■	
IV 기	■	■	■	■	■	■		▲	■			■			■					■	■	■		■	■	■		■		■				■			■	■	■	■			■											▲				▲				■	

② 양식편년

유물은 대부분 송국리유적의 분류로 할 수 있었다. 천발 종류를 비롯한 일부 형식은 관창리유적 분류에 따를 뿐이다. 그래서 증산리마을과 비교하면 마을의 규모가 크고 독자적인 묘역을 중앙 高所에 안치하고 있으므로, 약간의 독립성을 내포한다고 판단된다. 송국리마을 사회망

표 16 유구의 중복 관계

선축	후축
A지점 4호 주거지 : Ⅲ기	A지점 17호 수혈 : Ⅳ기
A지점 1호 구 : Ⅱ기	6호 옹관묘 : Ⅰ~Ⅳ기
B지점 6호 주거지 : Ⅲ~Ⅳ기	B지점 5호 주거지 : Ⅰ~Ⅲ기
B지점 12호 주거지 : Ⅱ기	B지점 11호 주거지 :(Ⅱ기) B지점 10호 주거지 : Ⅲ기
B지점 30호 수혈 : Ⅳ기	B지점 29호 수혈 : Ⅱ~Ⅳ기

에 속하겠지만 약간의 다른 사회망과도 중복된다. 그런데 천발 등 비송국리유적의 유물은 중심지인 B지점 남주거군이 아닌 주변 주거군이므로 늦은 시점에 송국리마을사회망 바깥에서 유입되어 온 이주민에 따른 것으로 보인다.

하여튼 순서배열[29]에서 26개의 유구군을 4개의 단계(Ⅰ기: 1~4군, Ⅱ기: 5~12군, Ⅲ기: 13~18군, Ⅳ기: 19~26군)로 양식편년하였다. 층서학적 검증은 중복된 유구와의 비교에서 부정합을 이루는 것은 없으므로, 양식편년의 정당성을 입증할 수 있다.

이상 6개의 마을을 문화적 거리로 연계한다면 「증산리=송국리-원남리—나복리—목현리-관창리」의 관계로 표시할 수 있다. 앞서 언급하였듯이 증산리마을은 송국리마을의 위성마을 혹은 분파된 子集團이고, 원남리마을은 송국리마을 사회망 속에서 중위에 속하는 마을이라 추정할 수 있다. 이에 반하여 나복리마을은 호서 해안권과 내륙권의 양자를 혼합한 중계지와 같은 성격이고, 목현리마을은 호서해안권의 광역사회망 속에서 약간의 비관창리적인 요소를 가미한 중위 마을로 흡사 송국리마을망 내의 원남리마을과도 같은 성격을 띤 마을이라 할 수 있다. 이와 같은 설명은 마을과 문화적 양상만으로 구성한 것이지만, 실제적인 관계는 양식편년을 통하여 밝혀야 할 것이다.

(3) 송국리마을과 주변마을의 관계

양식편년에서 공통 형식의 시간을 각 유적에 대응시킨 〈표 17〉의 관계에서 〈표 18〉의 상관성을 나타내 보았다. 이 결과 대응하는 유적에서 유물의 출현이 양식편년의 순서에 어긋난 관계 즉 부정합인 것은 나복리유적과 대비될 때이다. 그리고 원남리유적과 목현리유적의 관계도 부정합을 띠고, 목현리유적과 대비되는 경우에는 원남리·증산리·나복리유적에서 단

---

29 원남리유적의 순서배열에서는 기존의 방법과는 달리 환류 작업 뒤 장기형식을 제거하지 않고, 최종 결과에 도달하였다. 장기형식을 제거하는 방식과 그 결과에서는 차이가 없다. 순서배열에 넣을 수 없는 유구의 편년은 Ⅰ기에 A지점 수1호, Ⅱ기는 B·C지점(B) 4주·9주·11주·12주·수15호, Ⅲ기는 B지점 수6·25호, Ⅳ기는 A3호 석관묘로 추가되었다.

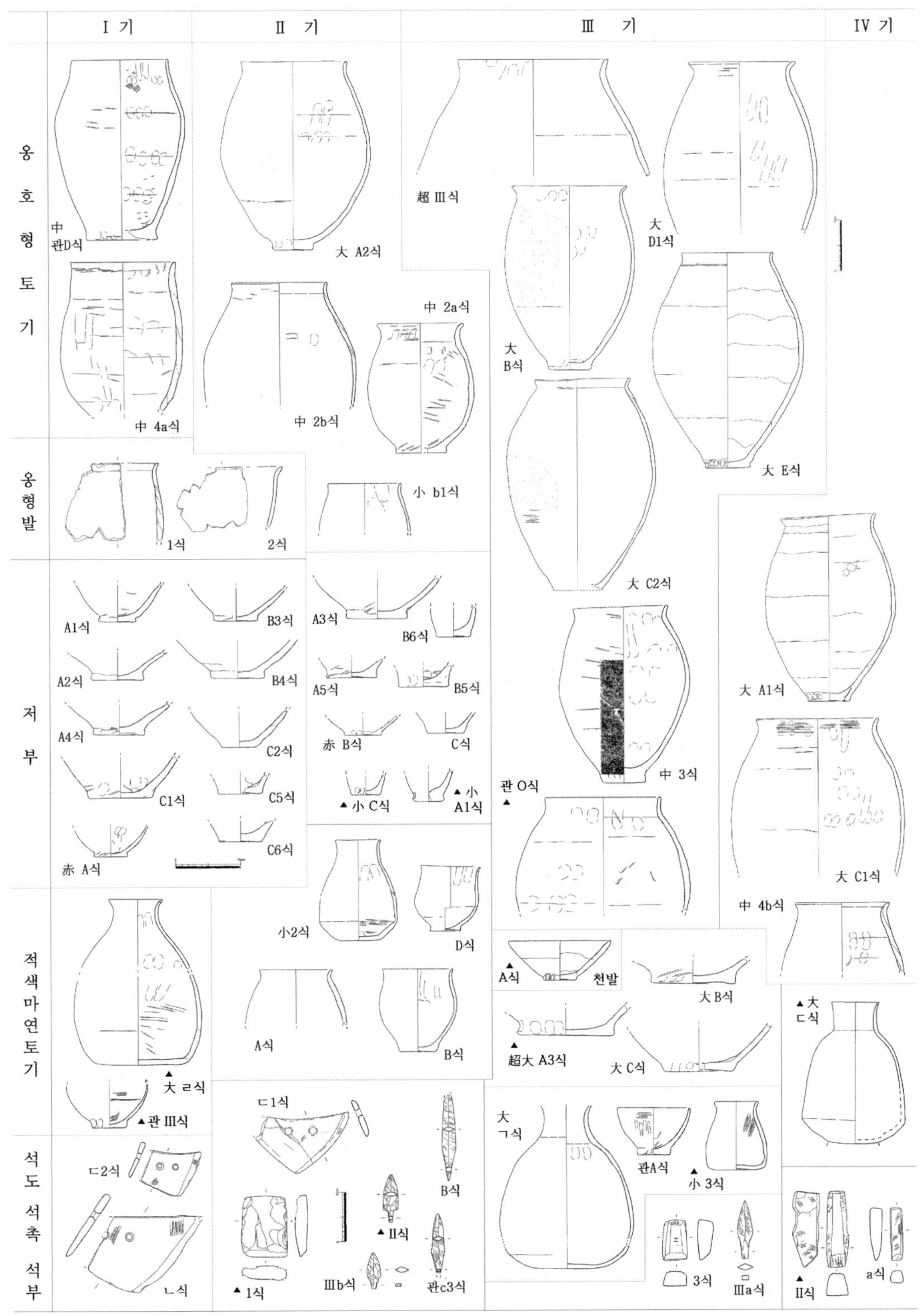

그림 14　논산 원남리유적 유물형식의 출현상(토기 약1/10, 석기 1/6.7, 초·대형 옹호 1/13)

표 17 송국리마을과 주변마을 유물 형식의 출현 시기 비교

옹·호

송국리	I기	I기	I기	I기	I기	II기	II기	II기	II기	II기	III기
	중2	중3	중4·b	소b	소c	초대III	대A	대B	대C	소a	대D
원남리	II기 (2a·b)	III기	I기(4a) IV기(4b)	II기 (b1)		III기	IV기(A1) II기(A2)	III기	IV기(C1) III기(C2)		III기 (D1)
증산리	II기		·I기	I기	I기(c1) II기(c2)				I기	I기	
나복리			IIa기								
목현리			III·I기	II기			II기				

적색마연토기

송국리	I기	II기	I기	I기	I기	구순각목문
	호 대ㄱ	호 소형	옹발A	옹발D	옹발B	II기
원남리	III기	II기(2식)	II기	II기	II기	
증산리	II기					
나복리		I기				IIa기
목현리					I기	I기

석도

송국리	I기	
	ㄴ	ㄷ
원남리	I기	I·II기
증산리		
나복리		
목현리		

석촉

송국리	I기	I기	II기	II기	편평편인석부	방추차
	II식	III식	A식	B식	III기(2·4식)	III기(2식)
원남리		II기(b)·III기(a)		II기		
증산리				II기		
나복리	I기(c1)	IIa기(c2)	I기(d1)	I기	IIb기(b3)	IIa기(B)
목현리		I기(c2)		I기(d3)·III기(d2)		

절현상이 나타난다.

부정합을 띠는 양 유적은 물질문화의 전개과정이 달랐다고 판단된다. 즉 나복리마을의 경우는 충남내륙지역에 자리하고 있으면서도 호서해안권의 성향도 가지고 있으므로 양지역권의 중계지와 같은 성격이라 추정된다. 그래서 양 지역과의 교류는 있었겠지만, 양 지역권의 마을공동체에 속하지 않으면서 물질문화에서 약간 달리 전개하여 독자적인 색채를 띤 것이라 판단된다. 논산 원남리마을과 홍성 목현리마을의 부정합은 두 유적이 워낙 먼 거리에 떨어져 있어서 상호 교류가 없었기 때문일 것이다. 그러나 목현리마을과 송국리마을의 경우는 정합성을 보이는 것은 대형마을 즉 거점마을의 경우는 광역의 대외 교류를 주도하는 특성상 중·소형 마을과 다른 교류상을 보이는 것이다.

송국리마을과 그 주변의 원남리마을과 증산리마을은 토기의 출현 순서에서도 어긋나지 않고, 단절된 양상도 보이지 않으므로 거리만으로 예상한 바대로 하나의 마을공동체로 인식해도 좋겠다. 원남리마을은 비록 마을 중심부에 묘역이 형성되었으나, 주거지의 수가 24기인데 4단계 동안 형성된 것이므로 한 시기의 가옥의 수는 10동을 넘지는 못할 것이다. 그리고 구릉의 중앙부에 묘역을 조영하고 이의 사방으로 분지된 구릉에 구획된 주거군이 형성된

표 18 송국리유적과 주변유적의 문화 교류 양상

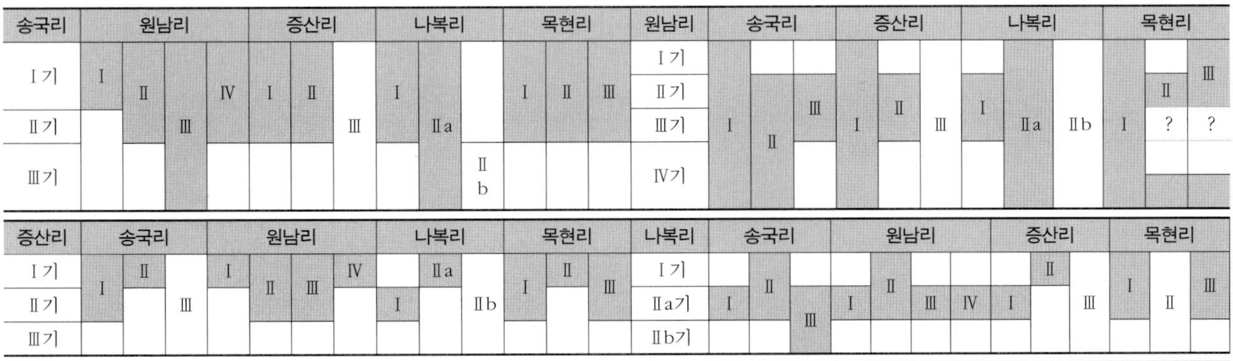

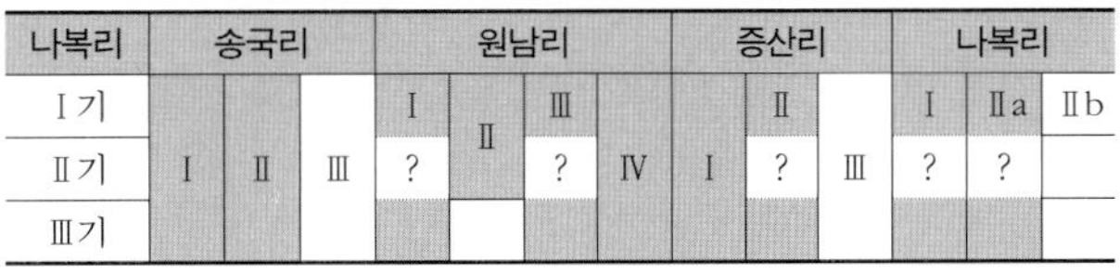

송국리	송국리	원남리	증산리	나복리	목현리
I기	I	II, IV	I, II	I	I, II, III
II기		III	III	IIa	
III기				IIb	

원남리	송국리	증산리	나복리	목현리
I기				II, III
II기	I	II	I	I
III기	I, II	I, III	IIa	?
IV기			IIb	?

증산리	송국리	원남리	나복리	목현리
I기	II	I, IV	IIa	II, III
II기	I, III	II, III	I, IIb	I
III기				

나복리	송국리	원남리	증산리	목현리
I기	II	II	II	I, III
IIa기	I	I, III, IV	III	II
IIb기	III			

나복리	송국리	원남리	증산리	나복리
I기		I, III	II	I, IIa, IIb
II기	I, II, III	?, II, ?, IV	I, ?, III	?, ?
III기				

양상은 아직 수장이 출현하지 못한 마을의 구조인 것이다. 따라서 증산리마을보다 더 규모가 큰 마을이라고 할 수 없고, 증산리나 원남리마을은 모두 송국리마을의 하위 마을로서 송국리마을을 중심으로 보면 생계권역에 인접하고 있으므로 송국리마을의 자집단이거나 생산의 기능을 담당한 마을일 것이다.

마을의 사회적 관계는 물질문화의 유사성으로도 파악할 수 있다. 유사도 지수를 이용한 편년 방법으로는 Brainerd-Robinson의 행렬기법(李熙濬 1986)이 있지만, 빈도순서배열법을 기초로 한 것이며, 유사도가 비슷할수록 시간적 거리도 가깝다는 구상이다. 그러나 유사도라는 것은 시간성도 관계하겠지만, 공장제 생산사회가 아닌 선사시대에서는 오히려 유적 간 교환·교류의 정도에 따라서 유사도의 차이가 나타나는 요인이 될 것이다.

〈표 19〉는 6개 유적의 양식편년표에 표기된 형식들만 상호 비교하여 유사도와 공유도를 나타낸 것이다. 유사도는 선술한 행렬기법과는 달리 두 유적 간의 공유하는 기형의 형식 수를 이용한 것으로 발생순서배열법을 이용하였다는 점에 차이가 있고, 행렬기법은 유적

표 19 6개 유적 간의 유사도와 공유도 분석

유사도 / 공유도	나복리	목현리	관창리	송국리	증산리	원남리
나복리	200 100	e 97	d 107	e 97	f 85	f 86
목현리	E 24	200 100	c 114	d 107	g 78	f 84
관창리	D 33	D 33	200 100	c 114	e 96	f 88
송국리	E 28	D 31	B 40	200 100	a 139	b 121
증산리	E 26	E 24	E 26	B 40	200 100	b 123
원남리	E 27	E 26	E 26	C 37	A 44	200 100

간의 차이를 계산하여 유사도와 공유도를 측정한 것이다. 각 수치를 정도의 차이로써 군집하여 a~f·A~E로 기호화하였다. 이것은 단순 수치로써 유적 간의 물질문화의 차이로 이해하지 않고, 어느 정도의 차이가 있는 정황으로 차이를 인정하기 위함이다. 이 결과 나복리-목현리 유적의 공유도 수치가 행렬배열에 부정합을 띠고, 유사도 배열에서는 증산리-목현리유적의 수치까지도 문제가 되지만, 실제 상황에서는 문제의 유적 관계는 직접적으로 통교할 수는 없고 다른 마을을 경유하지 않을 수 없으므로 존재하지 않는 교류망이라고 봐도 좋으므로 부정합이라도 중시하지 않아도 된다고 판단된다. 그리고 이외의 행렬은 순조롭기 때문에 〈표 19〉의 결과를 이용할 수 있다고 판단된다.

이 유사도나 공유도는 유적 간의 시간 관계만 아니라 「교류의 빈도」로 이해하여, 나복리-목현리-관창리-송국리-증산리-원남리유적의 나열 순서는 인접하는 유적 간의 친밀도를 나타내는 것이다. 이 결과는 앞서 유적 간의 거리나 유물의 분류상에서도 어느 정도 추론된 것과 일치한다. 즉 충남 해안지역과 내륙지역으로 나누어지지만 거점마을인 송국리마을과 관창리마을은 인접하여 교류가 많았다는 것을 나타낸다. 그리고 호서해안지역에서 관창리마을은 나복리마을보다도 목현리마을과 교류가 빈번했으며, 내륙지역에서 송국리마을은 증산리마을이 원남리마을보다 더욱 밀접한 관계임이 밝혀진 것이다. 그러나 증산리마을과 원남리마을은 송국리마을에서 보면 1일생계권역 바로 인접해 있으면서 원남리마을은 작은 하천을 경계로 두고 있다는 점이 관계가 조금 더 멀어진 이유일 것이다.

이상의 결과를 토대로 〈그림 15〉와 같이 사회망을 상정하였다. 여기에서 송국리형마을의 구조와 특질을 설명하고자 한다.

① 수장이 존재하는 거점마을의 영역은 1일왕복권이라는 반경 15km의 원권으로 상정된다. 권역의 마을을 마을공동체로 묶을 수 있으며, 1개의 거점마을과 소수의 중형마을과 다수의 소형마을로 구성될 것이다.

② 송국리마을공동체에서 증산리마을은 유물 유사도 a급으로 가장 높으며 모든 유물이 송국리마을과 일치하므로 소형마을로서 자촌이 분명하다. 원남리마을은 송국리마을과 증산리마을이 유사도 b급으로 동등한 교류를

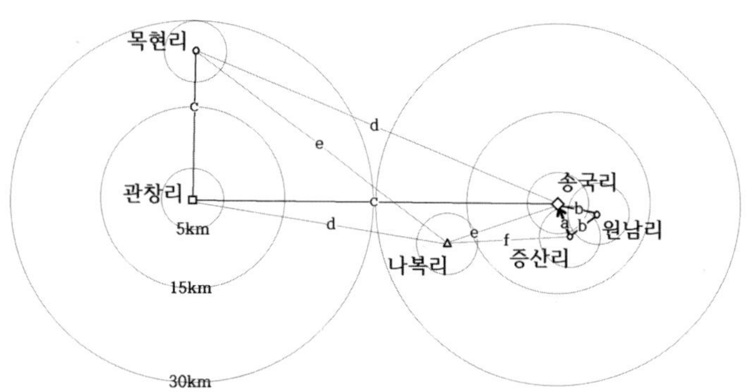

그림 15 유사도를 통한 송국리형마을의 사회망 모형

보이는 중형마을이다. 두 주변마을은 거점마을의 농경생산권역(5km) 바깥에 인접한다. 그리고 주변마을에서도 묘역은 조영되고 있으므로 별도의 의례권을 가지고 있었으며, 대외교섭은 증산리마을에는 보이지 않지만 원남리마을에서는 호서해안권과의 교류가 있었다.

③ 송국리마을과 관창리마을은 각각의 1일도착권(30km)으로 연접한다. 나복리마을은 송국리마을의 1일도착권 속에 위치하지만 두 마을 사이에는 금강이 흐르고 있고, 나복리마을에서 송국리마을과의 교류는 e급이지만 관창리마을과는 오히려 d급으로 가깝다. 따라서 나복리마을은 친호서해안권마을이라고 분류할 수 있지만 관창리권이나 송국리권에 속하지 않은 별도의 마을공동체에 속한 마을이다. 그리고 나복리마을이 증산리·원남리마을과는 f급의 관계이므로, 나복리마을이 중·소형마을이지만 거점마을인 송국리마을과 더욱 교류가 많았음을 알 수 있다.

④ 관창리마을은 수장이 끝끝내 등장하지 않은 마을이지만 대형마을에 속한다. 1일왕복권 바깥에 위치하는 목현리마을과 송국리마을이 모두 c급의 유사성을 보인다. 그런데 송국리마을보다는 거리가 가까운 나복리마을은 오히려 유사성 d급으로 낮으므로, 역시 대외교류는 거점마을이 중·소형마을보다 우선한다는 것을 알 수 있다. 이것은 목현리마을에서도 거리가 먼 송국리마을이 상대적으로 가까운 나복리마을보다 유사도가 높아서 동일한 양상을 띤다.

⑤ 호서 해안지역이나 내륙지역의 마을상이 다르지는 않을 것이므로 이 양자를 합치면 송국리형마을의 사회망을 구성할 것이라고 생각한다. 그래서 거점마을을 중심으로 15km 이내의 마을과는 외부의 마을보다는 유사도가 높으면서 하나의 마을공동체를 이루면서 계층을 형성할 것이다. 마을공동체 외부의 마을은 별도의 공동체에 속하겠지만, 대·소형에 상관없이 상대의 마을공동체와의 교류에는 당연히 대형마을과의 유사도가 높을 것이다. 이러한 교류상은 결국 경제·정치·문화에도 동일한 양상으로 작용할 것이다.

⑥ 〈그림 16〉 공유도를 통한 마을상은 조금 다른 부분이 있는데, 송국리마을공동체에서 원남리마을은 증산리마을이 송국리마을보다 더욱 높은 공유도가 나타난 것은 사실일지 의문이다. 그리고

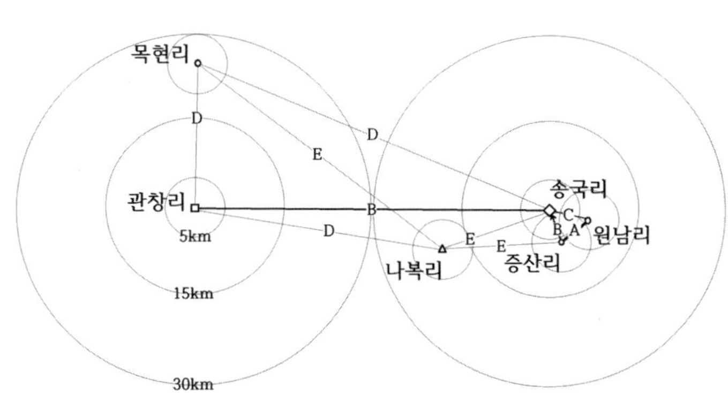

그림 16 공유도를 통한 송국리형마을의 사회망 모형

송국리마을이 증산리마을만큼 관창리마을과 높은 공유도를 보이는 것은 거점마을로서 대외교섭을 중시하였다고 한다면 이해할 수 있기는 하나 과연 마을공동체 내의 원남리만큼 교류가 많았을지 의문이 생긴다. 이외는 유사도의 관계망과 크게 다르지 않다. 유사도와 공유도에서 보이는 차이는 단순 수치 계산법의 차이인지 두 가지의 사회상이 공존할 것인지는 과제로 남길 수밖에 없다.

4 송국리유형·선송국리유형의 本質과 관계

송국리문화의 제1연구자인 이홍종은 송국리형마을의 발굴이나 송국리문화와 관련된 다양한 주제와 문제점을 추적해왔다. 송국리유형의 개념과 문화접변론에 대해서 정리하고, 본고에서 분석한 송국리형마을을 대비해서 약간의 검토를 시도하고자 한다.

1) 이홍종의 송국리유형론

이홍종(2002)에 따르면 송국리주거형은 주거지가 원형이거나 중앙토광을 갖추거나, 이러한 시설이 없어도 송국리식토기가 반출하는 주거지도 포함된다고 한다(그림 17). 적색소용은 제외하고 순수 무문토기 옹호를 3개로 분류하고 있는데, 송국리식 1형은 구순각목문이 시문되며 긴 구경의 외반도가 그다지 크지 않는 형태이고, 2형은 1형에 타날문이 시문된 것이며, 3형은 구순각목문은 시문되지 않고 타날문은 동체부에 일부 잔존하며 구경부가 〈 자형으로 짧게 외반하는 특징이다. 이 토기의 시간성 관계는 우선 「휴암리식토기(구순각목문 직립구연)·송국리식 1형 → 2형 → 3형·원형점토대토기」로 변천(이홍종 2000)한다. 관창리식토기는 구순각목문의 외반구연토기인데 송국리식토기와 휴암리식토기가 절충된 것으로 규정(이홍종 2002)하였다. 이 3개의 계통을 〈그림 17〉처럼 3단계로 양식변천을 제시하였다.

충남지역의 송국리형 마을 분포를 통하여 6개 지역권으로 묶었다. 각 지역권은 〈표 20〉처럼 고유한 토기공반상을 보인다고 한다. 이 공반상을 통하여 8개의 유형을 설정하였는데, 이 중 4개의 유형은 순번대로 시간의 순서를 띤다고 한다. 즉 1유형이 송국리문화 최초 형성기의 마을 형태라는 것이다. 서안중부지역에서 외래계문화가 유입되어 재지계와 절충이 일어나고 또 병존하다가, 점차 토착문화인 직립구연토기가 사라지고 다시 관창리식토기에 시문되던 구순각목문(2유형)도 사라져서, 송국리양식(3유형)으로 변천하여 외래문화가 토착화한다는 것이다. 이것은 외래계집단이 주도적으로 마을을 운영한 경우지만, 4유형은 재지인이 주도한 마을이라고 추정하였다.

　　이홍종의 송국리문화 연구는 비교적 초기 연구로서 우선

표 20　송국리문화의 3유형(李弘鍾 2005에서 수정 종합)

양식[29]	속성		서안 남부 지역	남부 지역	동부 지역	서안 중부 지역	서안 북부 지역	북부 지역
	제1속성 (주거형)	제2속성 (토기)						
송국리 양식	송국리형	외래계 송국리식	○	○	○	○		
관창리 양식	송국리형	절충계 (관창리식)	○			○		
재지계 양식	송국리형	재지계 역삼동식			○	○	○	○
초기농경문화기의 문화유형			2유형	3유형	(T유형)	1유형	4유형	4유형
송국리유형				선송국리유형				

동일 토기양식 권역을 마을 상호 간의 관계망으로 설정하고 지역공동체 단위를 확인했다는 점과 송국리문화의 흐름을 3단계 구분으로 살폈다는 점에서 높이 평가된다. 그러나 현시점에서 문제점으로 되돌아보면, 첫째 유적을 분석단위로 삼았기 때문에 유적의 존속기간 동안 마을의 정체성 변화가 없게 되어 버려서 결국 마을의 성장과정을 지워버렸다는 점이다. 마을단위의 분류는 명쾌할 수 있으나, 세분하여 살펴보면 주거지 단위의 분석에서는 〈표 20〉과 같이 분류될 수 없고, 전혀 다른 양상을 띨 수도 있다는 것이다. 둘째 제2속성은 토기의 분류가 기준이 되는데 타날문이나 구순각목문 등의 문양과 구연의 형태만으로는 주거지단위의 연구에서는 너무나 소수에 해당하는 분류라는 것이다. 그러므로 3개의 유형을 보다 분명하게 하기 위해서는 양식 단위의 대다수 토기와 석기 그리고 토제품을 포함하는 분류체계가 필요하다. 셋째 이 문화유형의 도식에 따르면 분명히 관창리유적이 이르고 송국리유적은 늦다고 판단된다. 그러므로 현실적으로 드러나는 것은 선송국리유형이 먼저 확인되고 순수 송국리유형 3형은 늦게 나타난다는 것이다. 이 3유형이 최초의 1유형에 포함된 외래계요소 그대로인지는 유물복합체로서의 자세한 비교 설명이 필요하다. 물론 각 문화유형 간에 기종의 차이를 구할 수는 있을지 모르겠으나 매우 정치한 작업이 필요할 것이고 그렇게 차이를 드러내어도 모든 송국리형 마을유적에 그대로 적용될지는 선사토기로서의 한계도 존재할 것이라 생각된다. 그렇다면 이홍종의 분류대로 오히려 단순하지만 각 문화계통의 상징성을 가진 문양이라든가 큰 규모의 특징을 기준으로 삼는 것이 실제로 효능이 높은 분류가 아닌

30　이홍종은 유형이라 명명했으나 문화유형의 용어와 중첩되므로 양식으로 교체를 양해 바란다.

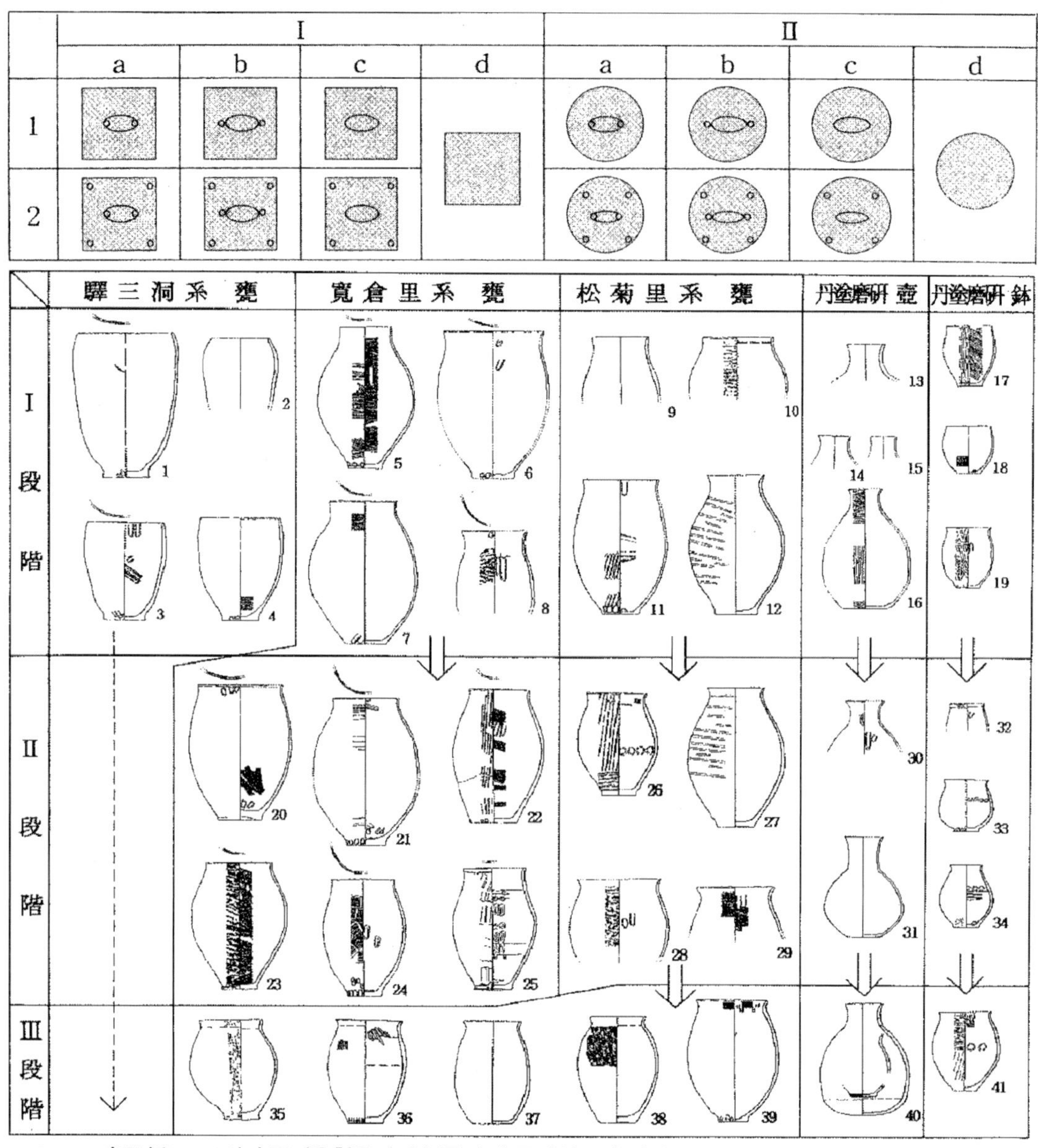

그림 17 李弘鍾(2005)의 송국리유형주거지 분류와 송국리식토기 편년

1~34·41: 관창리유적 ┃ 35: 한성리유적 ┃ 36~40: 송국리유적 54지구

가 판단도 된다. 하여튼 이홍종의 결과로서는 문화접변현상이라는 관념은 있지만, 실체로는 선송국리유형만이 확인될 뿐이다. 1유형에서 2유형으로 거쳐 3유형의 마을로 변천해 나갔다면 분명 3유형의 마을 유물복합체는 최초 외래계문화로서 유입될 당시의 유물복합체와는 다를 수밖에 없을 것이다. 1유형 마을의 유물을 분해하여 외래계의 순수 결정체를 뽑아내는 작

업이 가능할지 모르겠으나, 남한지역에서 외래계문물을 지닌 집단이 토착인과 어떠한 교환이나 혼인 따위의 교류도 없이 격리된 채로 마을을 영위하지 않는 한에는 순수한 초기의 송국리유형은 없다는 것이 되어 버리고 말 것이다. 그러므로 이홍종교수의 견지에서 바라본다면, 외래문화의 유입으로 인한 과도기문화로서의 선송국리유형과 그 후 후기문화로서 토착화된 외래계문화로서의 송국리유형으로 인식하게 된다고 판단된다.

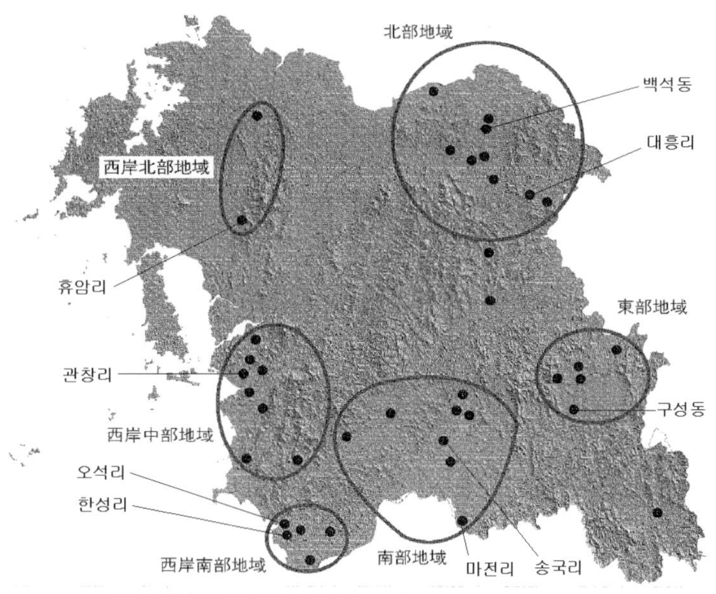

그림 18　충남지역 송국리형마을 분포도(李弘鍾 2005에서 개변)

　　이홍종의 분류에 따라 충남지역 6개유적을 유적단위와 각 단계단위로 문화상의 변천을 살펴보겠다. 그 전에 이홍종은 직접적으로 언급하진 않았으나, 무문토기분류 1형(휴암리식토기)은 중기토기계통으로 구경부가 직립하며 구순각목문의 유무는 상관 없으며, 2형(관창리식토기)은 절충식이므로 외반구연이나 타날문에 구순각목문이 결합되거나 직립구연토기에 타날문이 시문된 토기와 무문이지만 구경부가 길고 완만하게 외반하는 것이고, 3형(송국리식토기)은 짧은 외반구연의 무문양토기를 지칭한 것으로 인식하여 분류한다. 그리고 주거지도 노지가 있는 재지계와 송국리유형주거지로 나누었다.

　　〈표 21〉과 같이 문화유형간의 시간성과 각 유적에서의 변천을 살필 수 있었다. 그런데 1유형의 경우는 직립구경부의 재지계토기가 혼재하는데 마을을 마지막 시기에는 항상 점토대토디가 공반된다 그러므로 이 1유형 내의 재지계토기는 점토대토기단계의 호형토기일 수도 있다는 점에서 1·Ⅱ기의 1유형과

표 21　송국리형마을의 문화유형 – 이홍종 분류법–

단위 마을	유적	Ⅰ기	Ⅱ기	Ⅲ기	Ⅳ기
관창리유적	1유형	1유형	1유형	1유형	
송국리유적	3유형	3유형	2유형	2유형	
목현리유적	寬·在	寬양식	寬양식	寬양식	寬·在
나복리유적	1유형	4유형	1유형	1유형	
증산리유적	2유형	2유형	3유형	2유형	
원남리유적	1유형	1유형	1유형	1유형	2유형

는 구성요소가 다를 수 있다. 즉 마을 전반기의 재지계는 중기적인 요소라고 한다면 마지막 단계의 재지계토기는 만기의 유물에 속한다는 것이다. 예컨대 목현리유적의 경우 I~III기까지는 관창리식토기만 출토되다가 마지막 IV기에 재지계토기가 혼입한다. 이 재지계가 바로 점토대토기문화의 일부 요소인 것이다. 시간 순서에 따라 각 마을의 3개 계통의 문화에서, 시종일관하여 하나의 유형으로 일관하는 유형(관창리마을)이 있는가 하면, 점차 다른 계통이 감소하는 유형(송국리마을·원남리마을)과 오히려 증가하는 유형(목현리마을·나복리마을·증산리마을)이 있다. 그러므로 문화의 변천은 어느 하나로 수렴해 나가는 것이 아니고, 인간 활동의 다양화에 따라 마을의 문화상도 천차만별로 변천한다고 판단된다.

이렇게 시기별로 살펴보니 유적단위로 보던 것과 달리 여러 양상의 변천을 찾을 수 있다. 마을에서 마을로의 문화든 사람의 이동에는 제약이 없었던 것 같다. 지역간의 경쟁구도가 형성되고 분쟁도 일어나는 시기에는 주민의 거주에 규제가 작동하겠지만, 아직 송국리문화기에는 자유로운 이동이 있었다고 봐야겠다. 그래서 마을의 문화 변천상은 일률적으로 통일되지 않았을지도 모르겠다. 그래도 교류에는 일정한 공간 내에서 작동할 것이므로 지역의 문화가 형성되는지를 살피는 것이 향후의 과제가 되겠다.

2) 송국리유형과 선송국리유형의 관계

필자(1992)는 기존의 송국리유형보다 앞선 시기의 선송국리유형을 설정한 바 있다. 이것은 송국리문화 토착계설의 입장에서 바라본 결과였다. 그래서 중기문화에서 송국리유형으로 바뀌기 전 과도기 양상으로서 선송국리유형을 설명하였다. 그 내용은 방형계의 송국리유형 주거지와 중기의 토기에서 변형한 문양토기와 새로운 양식의 석기들로 구성되는 것으로 이해했다. 그러나 지금은 송국리문화의 외래계설을 수용하는 입장이므로 이에 대해서 재론할 필요가 있다.

송국리유형의 문화를 수용한 중기문화의 토착민이 융합한 문화가 선송국리유형이다는 주장은 이미 문화접변을 주장하였던 연구자의 견해(宋滿榮 2002; 禹姃延 2002)였다. 최근 필자도 외래계설의 입장에 서면서 선송국리유형이 일방적으로 앞선다는 주장은 못하게 되었다. 그런데 두 유형의 출현시점은 그러하지만, 각각 유형은 존속기간이 있으므로 항상 송국리유형의 유적이 선송국리유형의 유적보다 이르다고도 말하지 못한다.

이 두 유형에 대한 논쟁은 아직도 진행되고 있지만, 필자의 의문점을 해결할 필요가 있다.

첫째, 송국리유형은 무엇인가? 형성 시점의 유물공반상을 형식의 모음 즉 양식의 입장에서 설명할 수 있는가? 그 대표적인 유적이 어디에 있는가?

둘째, 송국리유형을 흔히 송국리유적으로 인식하고 있지만, 그렇다면 송국리유적의 방형계주거지는 어떻게 설명할 수 있는가? 외래계설의 입장이라면 이 방형계 주거지에는 노지도 1~2기가 있으므로 분명히 중기의 요소로 인식해야 하지 않는가? 그럼에도 불구하고 출토되는 유물은 모두 후기문화라는 점에서 송국리유적 자체도 선송국리유형처럼 문화접변의 결과로 형성된 것이 아닌가?

셋째, 만약에 전적으로 토착계 중기문화와의 어떠한 영향도 받지 않고, 외래계요소로만 형성된 유적 즉 원형주거지로 구성된 취락과 충남지역의 후기 물질문화로 결합된 유적을 송국리유형으로 정한다면, 이 집단은 내륙에서 점진적인 이동이 불가하고 바다를 통하여 바로 호서해안지역이나, 선박으로 금강을 거슬러 올라와 충남내륙에 도달했어야 할 것이다. 그렇다고 해도 이 집단이 주변의 중기문화의 마을과 어떠한 교류도 없이 단절된 채로 누세대 동안 이어나가야 할 것이다. 그러나 농경사회라고 하는 송국리문화기에 이러한 단절된 지역공동체 속에 존속할 수 없다. 결국 단 제1세대에만 순수한 송국리유형을 유지했을지 몰라도, 그다음 세대부터는 혼인이나 농경을 위한 토착집단 마을과의 타협이나 교류는 필수불가결한 상황이므로 결국 문화접변으로 인한 선송국리유형화될 수밖에 없다.

넷째, 만약 송국리문화인들이 송국리문화인의 마을끼리 공동체를 이루었다면, 순수 송국리문화의 전개도 가능할 것이다. 그렇다면 방형계의 송국리유형주거지도 없어야 하고 구순각목문이 시문된 토기도 없어야 할 것이다. 이러한 유적과 그 공동체를 찾는 것이 송국리유형을 논하기 위한 선결과제일 것이다.

실례로서 앞서 6개 유적의 양식편년을 통하여 어느 것이 송국리유형인지 아니면 선송국리유형인지를 살펴보자.

송국리유적의 양식편년(그림 7)에서 관찰하면, I기에는 중기문화의 요소가 보이지 않는다. 오히려 II기가 되면서 옹호의 구연이 길어지는 경향(초대형III식, 대형A·B식, 중형1식, 소형a·d식)을 보이고, 구순각목문이 시문된 직립경의 외반구연 호(초대형I식) 등은 중기문화와 송국리문화의 절충식으로 관창리식토기에 유사해진다. III기에는 방형의 편평합인석부와 단주형·어형 석도 그리고 장경의 평근식인 유사2단경식 석촉I식 등은 중기문화의 요소이다. 이렇게 보면 송국리유적에서 물질문화는 송국리문화-절충식-중기문화 요소가 순서대로 출현하는 것으로, 이 과정이 토착문화와의 융합과정을 보여주는 것이고, 송국리유형은 I기에만 국한되고 II~III기는 선송국리유형이라고 해도 과언이 아니다.

관창리유적은 I기에는 옹호의 경부는 대체로 완만히 내경하며, II기가 되면서 구연이 짧게 외반하는 송국리식토기(그림 8, 소형E식)가 나타난다. 그리고 송국리유형이라고 할 수 있는 유물 즉 외반구연옹 외에도 삼각형석도, 유경식석검, 적색마연 소형옹발, 쌍타자식저부 등이 나타나고 송국리유적 I기와 유사해진다. 관창리 I기의 특징은 타날문과 구순각목문이 시문되는 것인데, 토착계와 외래계가 혼재하여 소위 관창리식토기가 생산되었을 것이며, 주거지에서도 원형계 방형계가 혼합된 마을상을 보이는 것이다. 외래문화의 수용이나 교동계 외래인의 이주로 형성된 문화는 관창리 I기 즉 선송국리유형으로 나타나는 것이 보편적인 현상일 것이다.

이러한 토착계와 외래계 문화의 양상을 나머지 4개의 유적에 대해서도 살펴보면 목현리유적의 I기는 관창리II기와 유사하며, 나복리유적 I기는 송국리 II기와 조합이 유사하여 송국리유형으로 볼 수 있으나, II기가 되면 구순각목문이 나타나면서도 송국리III기와 유사하지만 선송국리유형에 해당하며 관창리식토기도 존재한다. 중산리유적 I기는 송국리II기와 유사하는데 이미 선송국리유형화 되고 있으며 II·III기에도 선송국리유형이라고 해도 좋을 방형의 편평편인석부(2식)나 관창리식토기(대형A식)가 혼재한다. 원남리유적은 II·III기와 IV기가 송국리I기와 II기에 대응하며, 원남리I기에는 직립구연옹(그림 14, 中관D식)이나 경부의 흔적이 남아있는 호형(中4a식)은 관창리식토기에 해당하며, 옹형발 2식이나 정병을 닮은 적색마연 대형호 ㄹ식은 송국리유적에서도 찾을 수 없는 것이다. 그러므로 원남리유적은 최초는 선송국리유형이었다가 송국리유형 우세한 시기가 되었다가 다시 선송국리유형으로 변천하였다고 판단된다.

결국 송국리유형은 송국리유적 I기 양식뿐이고, 나머지 유적의 모든 단계는 선송국리유형에 해당한다는 것을 확인하였다. 그러나 이마저도 송국리 I기의 마을에서 송국리형주거지는 단 1기뿐이고 대다수는 중기계통의 방형주거지였으므로(安在晧 2021), 이 시기도 선송국리유형으로 인식해야 하는 것이다. 그러므로 지금까지 송국리유형이란 것은 관념적인 분류에 불과한 것이 아닌가 생각된다. 필요하다면 새로운 개념과 분류가 필요하다.

그럼에도 불구하고 송국리유적이 거점마을로서 복합사회였는데 주거지가 모두 〈그림 7〉의 B3형뿐인 점은 의아스럽다. 물질자료의 변천을 보면 두 가지 방향성을 가지는데, 외부로부터 유입된 물질은 이미 완성된 성행기에 유입된 것이 대부분이라 점차 쇠퇴의 방향으로 변천하지만, 내부에서 창안된 물질은 예컨대 1단병식석검같이 단순한 형태에서 점차 제작의 공정이 많아지는 복잡한 형식으로 변천한다. 그래서 송국리유형 주거지의 경우도 남한지역에서 만들어진 것이므로 단순에서 변이가 많은 구조로 변천할 것인데, 송국리유적의 경우는 가장 단순한 구조 1개 형식뿐이라는 점은 초기의 주거지라는 것을 시사한다.

송국리유형과 선송국리유형의 명확한 개념이 필요하다. 어쩌면 앞서 송국리문화지수가 100인 유적만이 송국리유형을 향유한 집단이라고 말할 수 있을지 모른다. 예컨대 문화지수 80인 유적에는 20만큼의 비송국리유형의 요소가 내재하고 있다면 이것은 제3의 선송국리유형일 수도 있다는 것이다. 그러므로 고고학적 현실에서 송국리유형의 마을은 문화지수 100에 해당하는 유적만이고 나머지 마을은 다양한 스펙트럼을 가진 선송국리유형의 마을인 셈이다.

그리고 송국리문화지수가 100인 관창리유적의 경우에도 중기의 주거지는 보이지 않지만 송국리유형의 방형계 주거지도 다양하다. 이것은 이미 송국리문화 외래계설을 주장하는 연구자의 입장에서는 선송국리유형으로서 문화접변을 일으킨 것에 해당한다. 그렇다면 관창리유적의 방형계 주거지의 주민은 원형계의 주거지 영향을 받기 전에는 중기의 방형주거지를 조영한 집단이었을 것이므로, 최초의 송국리문화가 형성된 유적은 아니라는 판단이 가능하다. 다시 언급하지만 송국리유적처럼 유물로는 송국리유형을 띠며, 주거지는 노지가 있는 방형계를 선택한 송국리유적이 최초의 송국리문화 형성지일 가능성이 높다는 것이다. 이러한 논리는 송국리문화 형성의 일원론적인 관점이고, 만약 지역적 특성을 가진 송국리문화가 호서해안지역과 충남내륙지역으로 이원화시킨다면 새로운 시각의 송국리문화가 주제로 부상할 것이다.

이외에도 송국리문화의 일원론적 관점에서, 송국리문화가 충남지역에서 처음 형성되었다고 해도 충남지역의 송국리형마을이 모두 동일한 형태의 송국리유형일까 라는 의문은 당연하다. 그러므로 선송국리유형을 어쩌면 유사송국리유형이라고 불러야 할지도 모르겠다. 아니면 더욱 연구가 이루어져 보령 관창리유적에서 찾을 수 있는 송국리문화의 패턴이 다른 유적에서도 발견할 수 있다면 관창리유형을 새롭게 설정해야 할 것이다. 이홍종(2005)은 관창리유적이 송국리유적과는 별도의 토기문화가 전개되는 것으로 상정하고 관창리식토기라고 명명하였지만, 이는 관창리유적만이 아니라 예컨대 문화지수가 40대에 불과한 서천 옥남리유적과 동질의 유적을 묶어서 옥남리유형 등과 같은 다양한 유형의 설정도 필요한 것이다.

그러므로 송국리·유사송국리유형의 문제는 중기문화와 송국리문화 그리고 유사송국리문화의 3주역이 연출하는 복잡한 심리극과도 같다. 문화지수 100이냐 아니냐를 찾을 것이 아니라 이 3개 문화유형의 적절한 영역을 긋는 작업은 이제부터의 과제가 되겠다. 송국리문화지수가 높은 지역에서는 송국리유형에 점차 유사송국리(선송국리)유형으로 변천할 수 있으나, 송국리문화의 주변지역에서는 선송국리유형에서 점차 송국리유형의 요소가 높아지는 쪽으로 발전할 것이다.

제V장　首長 登場期의 松菊里形마을

1　핵가족체 마을과 수장의 등장

소형가옥은 어느 시기든 가족 수가 적으면 지을 수 있는 크기이다. 그러다가 가족 수가 늘어
나면 가옥을 증축 또는 개축하여 대형가옥으로 만드는 시기가 청동기시대 조기부터 중기까
지이다. 그런 대형가옥의 평면 형태는 중기로 가면서 폭은 좁아지고 길어진다. 그러면서 가
옥 내에는 여러 기의 노지도 설치되는 특징을 보인다. 이런 대형가옥의 가족체를 필자는 대
가족체라 하였다(安在晧 1996). 이에 대해서 비판적인 입장은 확대가족이라고 부르는 것이 옳
다고 하지만, 확대가족은 가족 구성원의 관계에 대한 개념을 지칭한 것이지만, 필자의 대가
족체는 단순히 가족 구성원이 많은 가족체로서 핵가족체에 대한 상대적 개념에서 사용한 것
이기 때문에 확대가족과는 다른 개념이다. 확대가족이란 것도 사실 부부와 그 직계 자녀로
구성된 친족만이 아니라 방계도 포함되고 때로는 대형가옥에는 남자만의 거주지 등으로도
설명하기도 하고, 남미나 동남아시아의 특정 가옥의 구성원까지도 포함하는 광의의 가족 용
어로서 사용하기도 한다. 그러나 우리나라의 청동기시대는 그 변천의 역사를 보면 조기의
1~2동의 가옥으로 구성된 자연공동체에서 시작하여 중기가 되기 전까지는 조금씩 가옥 수
가 늘어 나가는 양상을 살필 수 있다. 이런 현상은 거의 친족이 점차 늘어가는 현상으로 봐야
할 것이다. 그리고 중기가 되면서 대규모 마을이 등장하지만, 이때에도 정치체가 정치적 목
적으로 분쟁이나 전쟁을 일삼거나, 수장이 위세품으로 과시하거나 잉여생산물이 넘쳐나는
단계가 아니므로, 마을 내에 군사적인 또는 종교적인 목적의 건축물이 존재할 수 없는 사회
인 것이다. 그러므로 구성원의 혈연관계를 알 수 없는 상황에서는 대가족체와 핵가족체로 분
류하는 편이 명확할 것이다.

　　대가족체가 모계든 쌍계든 그 구성원은 어차피 부부로 구성된 핵가족의 복수단위로 봐
야 할 것이다. 만약에 남성의 가옥 여성의 가옥으로 구분된 경우도 있다면, 각 주거지에서 출

토되는 유물의 차이는 대조적일 수밖에 없을 것이다. 그러나 그런 대조적인 유물상을 보여주는 주거지는 아직 없고 대부분의 주거지 출토품은 대동소이하다고 하겠다. 대가족체가 분화하여 핵가족화한 것이 송국리문화의 가족체이다. 왜 핵가족으로만 보는가 하고 비판도 하지만 선사시대의 한반도에서 기후환경과 생계 그리고 마을 형태와 사회상을 보면 가장 일반적인 가족 단위로 보는 것이 타당하다고 생각한다. 이에 벗어나는 가옥 내 구성원인 사회는 한반도 선사시대와는 다른 특수한 조건임이 틀림없고, 가옥에 대한 기본 개념은 핵가족을 기본 단위로 할 것이다.

세대공동체를 近藤義郎(1959)은 일본 야요이마을에서 주거지 수동과 공동시설로 구성되는 소군집이 사회의 기초적 단위집단이며 생산단위를 이루는 대가족적인 친족집단으로 규정한 것이다. 야요이사회는 송국리문화의 전파로 성립되었으므로 한반도 중기사회가 존재하지 않았기에 대가족체가 분화하는 과정을 찾을 수는 없었지만, 한반도의 송국리사회의 단위집단을 그대로 밝혀낸 것이라 생각한다. 송국리문화사회에서 단위집단의 소군집은, 대가족체에서 분화한 친족 2~3단위의 핵가족이 새로운 장소로 이주한다면, 가옥 건립의 목재나 땔감으로 사용하기 위해서 숲을 벌목했을 것이다. 벌목은 자연스럽게 핵가족체로 나누어진 친족 공동으로 하게 되고, 벌목된 공간에 각각의 핵가족체 가옥을 건립하여 다른 집단과 비교하면 거리상으로 인접하는 군집형태를 띠게 된 것이다. 그래서 이 세대공동체는 벌목한 범위가 울타리의 역할을 하고 단위 거주영역으로 인식되었을 것이다. 이렇게 가족체의 개념으로 인식하여 기존의 세대공동체 대신에 「分立家族體」라고 수정하고자 한다.

그러므로 분립가족체는 대가족체와 핵가족체의 과도기적 가족체로 상정할 수 있다. 그러나 반드시 핵가족체로만 구성되지는 않고 중기문화가 잔존한 김천 지좌리마을에서는 대가족체 가옥과 핵가족체 가옥이 군집하는 경우도 있다. 대가족체에서 핵가족체로 분화하는 과정은 중기문화에서 후·만기문화로의 이행기에 나타난다.(金壯錫 2003; 羅建柱 2006; 이형원 2006; 安在晧 2020)

가족체의 변천을 주거지로 환원하면 「대가족체가옥 → 분립가족체가옥군 → 핵가족체가옥」으로 분화한다. 분립가족체가옥군과 핵가족체가옥의 차이는 군집과 분산이다. 당연히 3동의 가옥으로 된 분립가족체가 분화하면 3동의 가옥이 독립적으로 즉 일정한 거리를 유지하며 3동이 조영되는데 다른 분립가족체에서 분화

표 1　주거지와 가족체의 상관

주거지 \ 구성원	대가족	핵가족
복수노지 · 단독 대형가옥	대가족체	
단수노지 · 복수 소형가옥	분립가족체	
단수노지 · 단독 소형가옥		핵가족체

된 핵가족체 가옥과도 차별성을 찾을 수 없다는 것이다. 그리고 후기의 핵가족체 가옥은 모두 동일한 형태나 규모가 아니고 대체로 중형급의 장방형 1동에 대해서 소형급 정방형 1~3동으로 구성되는 경우가 많다. 이러한 구성은 중기의 대가족체 가옥(그림 1의 좌)에서 여러 기의 노지를 분할한 1칸의 공간이 핵가족체의 공간으로 가정한 바(安在晧 1996) 있었는데, 이렇게 분할된 1단위의 공간은 저장혈을 가진 1개의 장방형과 소수의 정방형을 띠는 것이 일반적인 대가족체 가옥이다.

이 시기 생산과 소비가 가옥단위로 이루어지면서 가옥 간의 생산성의 차이가 발생하고 그에 따라 가옥 단위에서는 잉여생산이 가능한 경우와 그렇지 못한 경우도 발생하였을 것이다. 이러한 생산 차이가 장기적으로 누적되면서 결국 마을 내에서 유력가족이 형성되고 가옥 간의 계서도 발생하게 되었을 것이다. 특히 비록 잉여물은 없더라도 식료 채집이 용이한 시기에는 생산이 사회적 계층화를 촉진할 정도가 약하겠지만, 기후가 악화되거나 인구압으로 식료생산 또는 채집량이 부족하게 되면, 가옥 간의 생산성은 바로 사회적 계층화를 촉진시키는 요인이 되었을 것이다. 그리고 가옥 내부에서도 식료를 둘러싼 갈등이 발생하고 결국엔 대가족체가 분화하여 친족중심으로 가족체가 축소되고 그와 동시에 핵가족의 가옥이 조영되기 시작한 것이라 추정된다. 이 분기점은 마을마다 그 시기를 달리하겠지만 대체로 후기부터 일반화하였을 것이다.

핵가족화의 동인은 생계 활동과 관련되어 진행되었을 가능성이 높다. 후기 즈음에 한랭건조한 기후(박정재 2021)로 인하여 식료 채집과 생산이 저하되므로 생산 전략적 차원에서 생산과 소지의 단위를 대가족으로 하기보

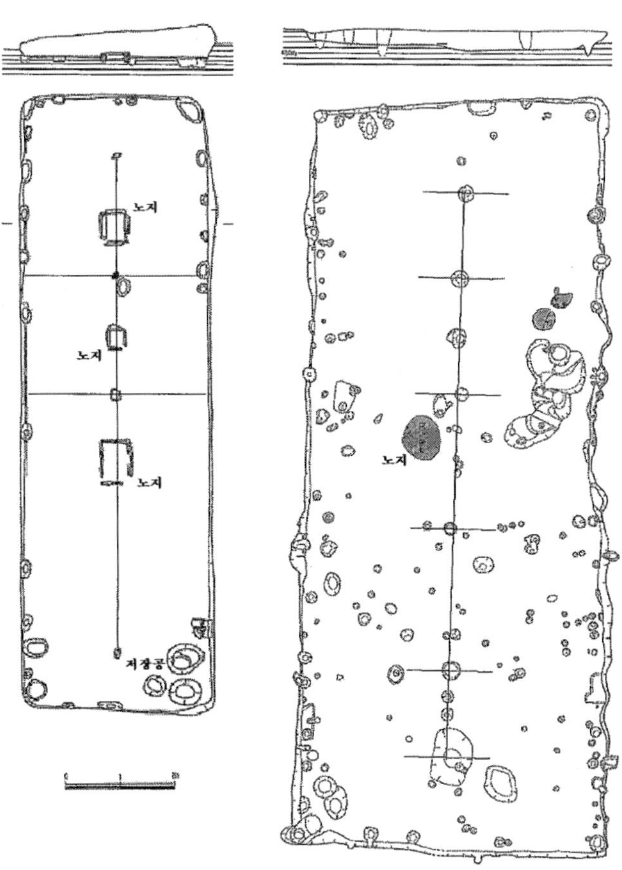

그림 1   중·후기의 대형주거지
좌: 연기 송담리 KC-016호 ㅣ 우: 부여 송국리 23호

다는 핵가족 단위로 소규모화하여 대처하는 것이 낫다는 것이다. 그리고 후기에 가옥의 소형화는 중기가 되면 대규모 마을이 출현하면서 최초로 수장이 등장[31]하게 된다. 수장은 마을의 경제적 정치적 성장을 관리하면서 대가족체 가옥의 장로와 대립적인 입장에 서게 되므로 장로 중심의 혈연적 가족체를 핵가족체로 분산하여 지연중심의 구성원으로 바꾸려고 했을 것이다. 또 하나의 요인은 중기 가옥의 구성원이 증가하고 또 마을의 규모도 커지는 이 시기에 인구압으로 인하여 주변으로 핵가족체가 이주하여 송국리형마을을 형성하게 되었다(김장석 2003)고도 한다. 하여튼 이러한 제요인은 식료의 부족으로 사회적 문제를 야기하게 되면서 수장의 역할이 더욱 중시되었을 것이므로, 이 세가지 요인의 상호작용으로 대가족체는 핵가족체로 분화하고 수장의 권한은 더욱 증대되었다고 판단된다.

2 후기 대형가옥의 출현

청동기시대의 대형가옥은 조기부터 출현한다. 압록강 중류지역에서 기원한 소위 미사리형주거지인데 주로 2기의 노지가 설치된다. 1기의 노지는 부부와 미성년의 자녀로 구성된 1단위의 핵가족을 상정한다는 필자(1996)의 주장인데, 노지의 수는 중기에 이르러 길이로 증축된 관산리형주거지에서 최다에 이른다. 현재까지 발견된 주거지 중에서 중기가 되면 노지의 수가 12개가 되는 것도 있으며, 길이가 30m 또 면적이 120m^{2}에 달하는 초대형의 가옥이 조영되던 시기가 조기~중기의 주거지의 양상이다. 조기에서 전기를 거쳐 중기로 이행하면서 점차 식료의 생산성이 높아지고 가족의 구성원이 많아지지만, 분가하지 않고 한 가옥에 가족 모두가 공동 거주하는 것이다. 그리고 이 이면에는 한 가옥의 구성원이 생산과 소비의 기초단위였다.

주거지가 대형인 이유는 구성원의 수가 많기 때문이고, 노지의 수가 많은 것은 각각의 노지에 개별적 기능이 있기 때문이라고도 한다(金正基 1974). 이에 필자는 노지의 수는 단위 핵가족의 수와 비례한다는 의견이었지만 노지를 둘러싼 주거지 내부는 다양한 기능적인 공간이라는 의견(朴姿妍 2002)으로 비판[32]하고 있는 것이 현실이다. 후기에도 대형주거지는 등

---

[31] 이 시기의 마을에서 발견되는 지상화된 기념물적인 소수의 무덤은 수장이 출현했음을 시사한다.

[32] 재반론은 본서의 주제와 다르지만 간단히 언급한다. 즉 각각의 노지에 개별적 기능을 가졌다고 한다

장하는데, 내부에는 노지가 1기만 확인되거나 송국리유형주거지에서는 일반적인 노지가 확인되지 않는 특징을 보인다. 그러므로 수장의 권력이 발생하면서 계층사회가 형성된 불평등 사회에서는 단순하게 구성원 수가 많다고 대형가옥을 짓도록 허용하지 않는다. 즉 가옥의 규모는 마을의 경관을 결정하는 가장 중요한 요소이므로 당연히 사회 계층성과 일치하는 규범이 존재한다고 판단된다.

청동기시대 후기마을에는 대형주거지가 단독으로 존재하며, 이것은 복수의 중기 마을과 다른 점(安在晧 1996)이다. 〈그림 1·2〉의 송국리마을과 송국리형마을에서도 대형주거지는 단독으로 나타난다(안재호 김유현 외 2021). 이 대형가옥이 출현하는 시기는 마을이 가장 번성한 단계이고, 이것이 마을의 수장이 등장한 징표가 된다. 수장은 가족체보다 마을의 관심사와 이익을 우선시하게 되면서 마을의 규제를 강화하여 질서를 유지하고, 가족체 단위로 시행되었던 생산과 소비 활동을 마을의 권리로 전환하면서 마을공동체의 경제력이 축적될 수 있었다. 이 축적된 잉여물이 수장의 지위를 강화하고 수장층을 형성할 수 있는 자원이 된 것이다(콜린 렌프류·폴 반 2006). 수장이 대표인 마을에서 잉여생산물을 관리하면서 생산 단위였던 가족체는 가족체에서 잉여물을 소유할 수 없어지면서 핵가족체 단위로 해체되었다. 그러므로 중기의 전통 속에서는 대형가옥의 대가족체였다가 후기가 되면서 핵가족체 가옥이 군집

표 2 송국리유적 住居址 길이의 分類(고딕체: 원형계, 나머지: 방형계)

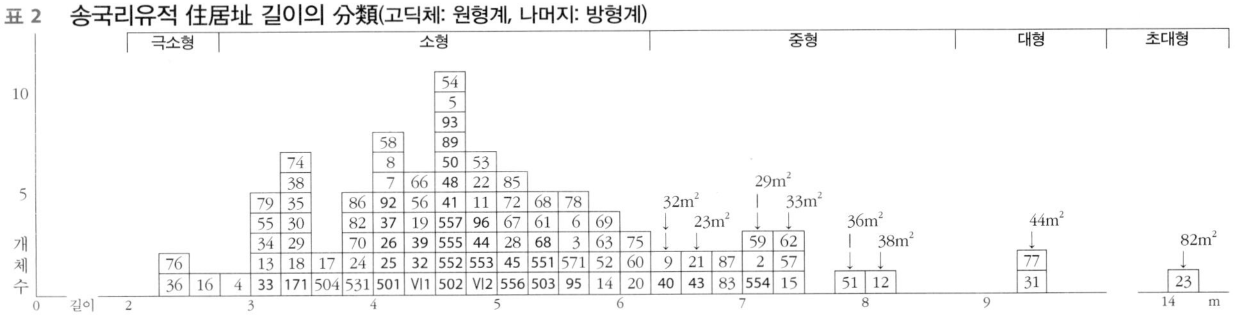

면, ① 다수의 구성원이 1개의 노지를 사용하여 공동취사했다면 핵가족 단위로 취사한 노지보다 상당히 규모가 커질 수밖에 없고, ② 주거지 내부에서 석기 등의 공작한다면 충격으로 인하여 주거지 상면에 손상을 입을 수도 있어서 주거환경을 악화시키는 요인이 될 것이며, ③ 청동기시대의 토기 석기 등의 생산은 재료의 확보와 관련 도구 등의 준비 그리고 땔감의 채취 등 제반사항이 필요하므로 이는 마을단위의 공동작업으로 이루어질 확률이 높은 것이므로 마을 내의 특정 야외공간이나 개방적인 시설물에서 공작이 이루어졌을 것이고, 이러한 형태의 생산을 통하여 마을 내 동일한 형식의 도구나 용기를 생산할 수 있는 것이다. 가옥 내의 작업은 완성품의 수리나 2차 가공 그리고 건조하면 균열이 쉽게 발생하는 암질의 특성을 가진 옥제품(고 이상길교수의 교시)의 제작 정도에 국한되었다고 추정하는 것이 논리적인 사고일 것이다.

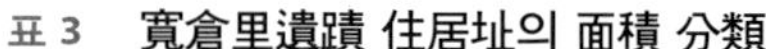

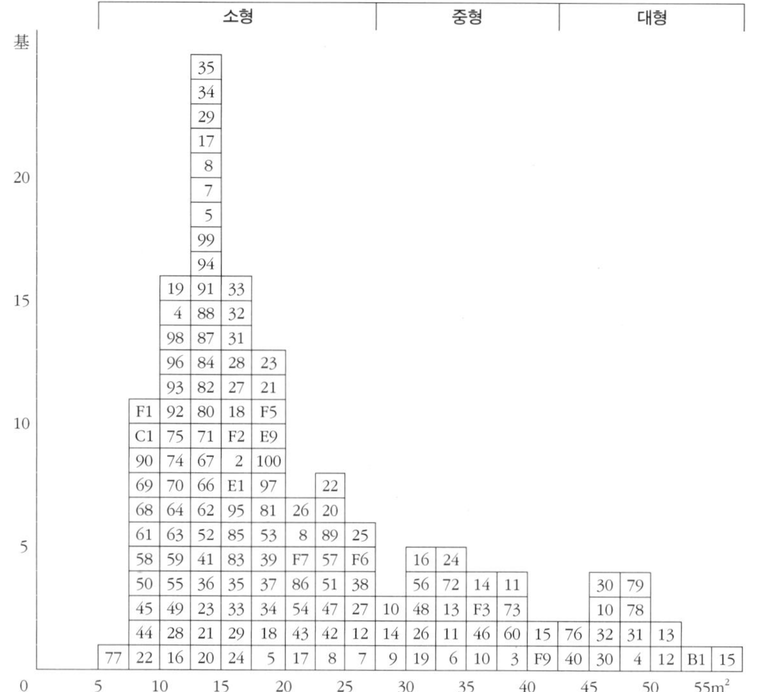

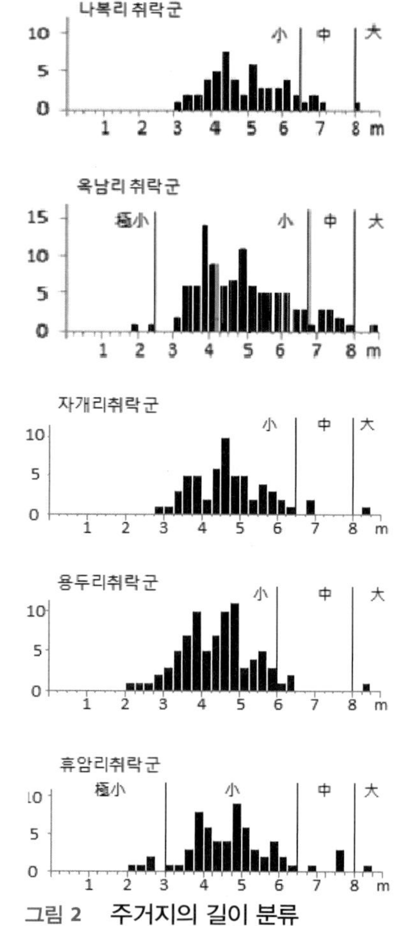

그림 2   주거지의 길이 분류

한 분립가족체로 변하고 수장이 등장한 이후에는 가족체는 핵가족으로 독립하게 된 것이다.

대형가옥은 송국리마을에서는 2동이 나타나지만 31호는 I기의 가옥으로 유일한 중기의 주거양식이다. 또 하나 77호는 III기로서 초대형 23호 가옥과 동시기로서 사당 건물의 주변에 입지하면서, 23호 가옥과는 달리 의례적인 성격의 건물로 판단하였고 23호가 유일한 대형가옥으로서 수장가옥인 것이다. 관창리마을에서는 다수 나타나고 각 구역마다 1동씩 분포하고 그중에서 상징적인 입지를 차지하는 대형이 수장에 근접한 성격을 가졌으나 아직 송국리 III기의 마을의 형태에는 이르지 못하고, 단계마다 소수의 유력 개인은 존재하였으나 수장의 등장을 맞이하지 못하였다. 따라서 사회발전상 관창리 III기 마을은 송국리마을 II기에 해당하는 양상일 것이다. 반면에 유적 편년을 하지 않았으나 〈그림 2〉의 마을에서는 모두 특정 시기에 수장사회로 발전한 것으로 추정할 수 있다. 물론 이 시기의 수장사회망에는 분명한 계층이 형성되었을 것이다. 특히 대회교섭의 증거로 삼을 수 있는 청도유물의 유무는 수장사회 간의 위계를 나타내는 고고학적 증거일 것이다.

3 수장 등장기의 송국리형마을

송국리문화권에서 수장이 등장한 마을을 검토한 것은 송국리·나복리·송죽리 마을뿐이다. 계기연대법으로 양식편년한 것이 아니라 과거에 형식학적 분류에 따른 시기구분 즉 형식편년에 따라서 수장마을의 변천을 살핀 것(安在晧 2001, 2009)은 검단리·천상리·옥현 마을의 울산지역과 진주-사천권의 이금동·사월리 마을이 있었으나, 울산지역은 충남지역보다는 혼합경제에 가까운 마을들이라 사회상의 성격이 다를 수도 있지만 수장의 출현에 수반된 사회적 현상은 유사한 점이 많으므로 참조하여 설명할 수 있겠다.

1) 부여 송국리마을

송국리마을 유적은 주거지의 구성에 있어서 매우 예외적이고 특이하다. 구릉의 평탄한 능선부에는 방형계 주거지가 분포하고 분지된 낮은 곳에는 원형계 주거지가 분포한다. 방형계 주거지는 송국리 유형이 아니라 오히려 노지가 설치된 중기 주거지 계통으로 보여진다. 그러면서도 내부에서 출토되는 유물은 중기 요소는 거의 찾을 수 없고 오직 후기의 유물상 뿐이다. I기의 낮은 구릉에서 파손된 세장방형의 중기 주거지가 1동이 있었으나, 내부 시설도 유물도 없는 빈 것이었다. 하여튼 송국리 마을은 시작부터 핵가족체로 구성된 마을이었고, 비파형동검이 출토된 1호 석관묘가 조영되던 III기에 대형가옥이 건립되었다. 이 때에는 낮은 구릉에 고상창고 2동(1·2호)을 울타리로 구획하고, 의례용 건물인 초대형의 독립동지주건물지(H호 사당)를 수장 가옥 인근에 배치하였다. 그리고 II기에 구획된 거주구역의 경계가 사라지고 각 구역에 1동씩 조영된 중형가옥이 대형가옥의 주위로 운집하고 있다. 즉 1·2호 고상창고와 농경관련 조상신을 모신 H호 사당의 사이의 공간에 수장의 대형가옥과 각구획집단의 엘리트 장로의 가옥인 중형가옥 즉 수장층 가옥을 모아 마을의 중심지 역할을 담당하게 하였다. 이곤이 의례의 중심지 그리고 사회 정치의 중심지이기도 하고, 또 생산된 잉여물을 보관 관리하는 기능도 가지게 되었을 것이다. 농경과 관련하여 탄화 곡물은 II기에는 남구에서 2기의 주거지에서, 중구에는 3기의 주거지에서 쌀이 검출되었으나, III기가 되면서 수장가옥의 중심부에서 4동의 가옥과 북편의 주변 2동의 가옥에서 쌀과 조가 검출되어, 농경의례든 곡물의 관리였던 중심지역의 비중이 높아진 것을 나타내는 것이다.

그러므로 대형가옥에 거주한 수장은 마을 각 구역의 장로들을 수장층으로 편입하여 마을을 통합하고, 농경의례와 곡물창고를 관리 주관하면서 생산과 소비를 장악하여 수장의 지

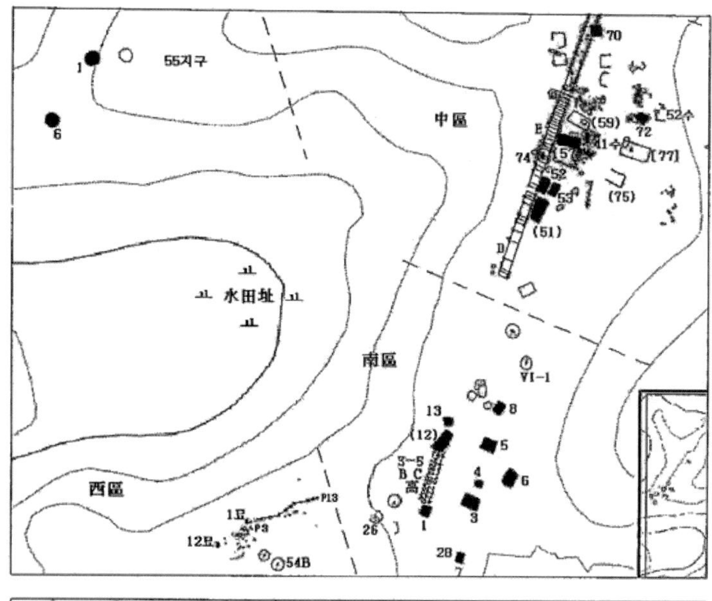

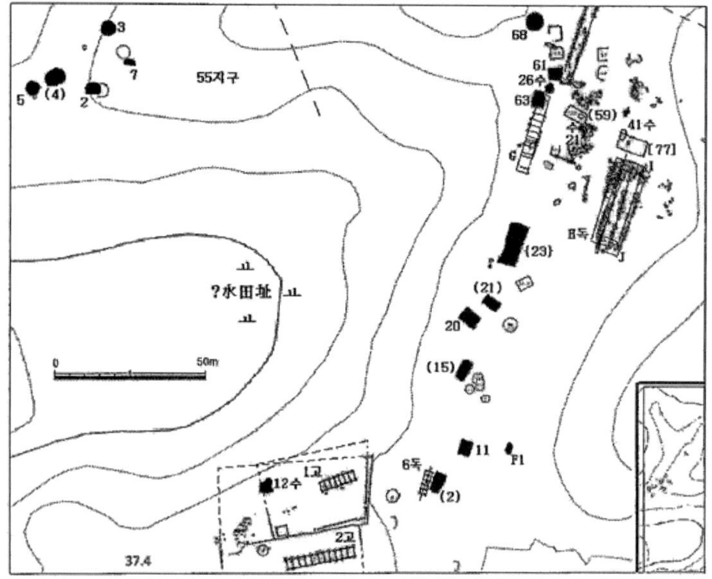

그림 3 **송국리 II기(상)·III기(하) 마을의 부분 비교**
{초대형} [대형](중형)

위를 강화하였다. 이 시기에 조영된 1호 석관묘의 청동기 최초 부장이나 55지구 정상부에서 출토된 주머니형 청동도끼의 돌 거푸집은 위신재인 청동기의 입수나 생산과 관련된 것으로, 수장의 대외교섭을 통한 송국리마을의 사회 경제적 발전을 엿볼 수 있다.

송국리형 마을(이홍종 2007)에 등장한 수장의 모습은 송국리마을의 수장이 대표적일 것이다. 이러한 수장은 대체로 거점마을에서 성장하는 것이고 결국은 마을의 유력가족체의 장로가 마을의 수장으로 출현하는 것으로 파악한다.

2) 부여 나복리마을

나복리마을에 대해서는 앞 장에서 그 문화 성격을 설명하였다. 즉 충남 내륙과 해안지역의 문화가 절충된 것으로서 양 지역을 왕래하면서 중개인 역할을 담당하였을 것이다. 거리도 송국리마을 공동체나 관창리마을 공동체에서 벗어난 곳으로서 독립적인 마을공동체를 형성하였다고 판단된다. 앞장에서 상세하게 설명하지 못한 유구의 단계에 대해서는 〈표 4·5〉로 제시하고 유물의 분류 등 구체적인 기술은 생략하고 계기연대법을 통한 순서배열 결과만 제시한다.

표 4 나복리유적의 양식편년

옹·호토기 / 적색마연토기 / 옹·호토기 저부 부분 (■ = 출토, ▲ = 추정·유사, × = 소량·단편):

단계	군집	유구	내만심발	구순각목	점토대	초 송II	대형 송A	송E	관中B	관中D	관中G	중형 송4-1	관O	관E	송2	송4-2	관J	관K	소형 송b	송c	송d
I기	1	12주																			
I기	2	10주																			
		4주																			
II기	3	9주					■		■				▲	▲		▲	▲				
II기	4	21주	■				▲	■	■	▲		▲					×				
II기	5	8주	■				■	■		×				■				■		
III기	6	20주						■	×		×						×			
III기	7	5주													▲					
III기	8	14주																		
		3주																		
		22주	▲																	
	9	6호																		

적색마연토기 / 저부(목현리) 부분:

단계	군집	유구	플라스크 송ㄱ	송ㄷ	소형	옹발 관A	관B	관c	무문대형 A1	A3	B	C	무문중형 A1	A3	B	C1	C2	D	무문소형 A1	A3	B	C	적색마연 A	C
I기	1	12주																						
I기	2	10주																						
		4주		×																				
II기	3	9주	▲			■			■				■						■	■	■		■	
II기	4	21주				×	×						■						×		×		×	
II기	5	8주			×				■				■						■		×			
III기	6	20주	▲	▲	▲	×			■				■						×				×	
III기	7	5주							×		×		×			×			×		×			
III기	8	14주							×		×		×		×				×		×			
		3주							×		×		×		×									
		22주							■				×						■					
	9	6호							■				■											

방추차·석기류 부분:

단계	군집	유구	방추차(관) B	C	D	편인석부(관) b1	b2	b3	b4	석촉(관창리) c1	c2	송B	d1	d2	석검 송II	이단병	삼각형석도	석부합인 관II	석부유구 송II	요석	선형석기	소형원주석	숫돌
I기	1	12주								■		■											
I기	2	10주														×		■	■				
		4주																					■
II기	3	9주								■	■	■	■	▲				▲					
II기	4	21주								■	■							▲	■		▲		
II기	5	8주								■	×	×						■	×				
III기	6	20주							▲									▲					
III기	7	5주												×				▲				■	
III기	8	14주																▲					■
		3주																					■
		22주																					
	9	6호																					

대형주거지는 20호로서 제III기(IIb기)에 출현한다. 그래서 본항에서는 II(IIa)·III기의 유구 분포도를 제시하고, 수장 등장과 관련된 상황을 설명하고자 한다.

나복리마을 유적은 송국리유형 주거지 수가 23기에 불과한 소규모이다. 그러면서도 무덤은 석관묘·석개토광묘·토광묘·옹관묘 등 11기나 된다.

표 5 나복리유적 잔여 유구의 편년

유구	내만심발	옹·호토기 대형 송A	송E	관中B	관中D	관中G	저부 무문중형 A1	A3	B	C1	C2	D	무문소형 A1	A3	B	C	편인석부(관창리) b1	b2	b3	b4	석촉(관창리) c1	c2	송B	d1	d2	석검 송II	이단병	편년
I기																					■		■	■				I기
IIa기		■	■	▲	▲				■				■							▲	■	■	■	■	▲		▲	IIa기
IIb기	▲	■	■						■				■		■		▲			▲			▲					IIb기
1묘																											■	불명
옹,방									■																			IIa~b식
타													■															불명
1주	■																											(IIb식)
2석			■																									(IIa식)
철															■													IIa~b식
1토																■												불명
13주																				■							■	I~IIa식
16주																											■	I~IIa식
7주																											■	(IIa식)
원			■		■						■																	(IIa식)
18주										■	■																	불명

양식편년된 바에 따르면 I기마을은 유적 동쪽 사면에 4-10-12호가 17m 전후의 간격으로 배치되고 그 중에서 12호 주거지가 중형이고 나머지는 소형이다. 이 3기의 주거지는 방형 또는 말각방형의 평면을 띠며, 방형주거 4호에는 중앙수혈과 동시에 상면식노지로 추정될 만한 소토면이 확인되었다. 그래서 중기와 후기의 문화접변을 보인 시기로 판단된다. 특히 12호 주거지는 중앙수혈이 2기가 설치된 것이며, 3기의 주거지는 모두 타원형중앙수혈내 2주혈식으로 동일하다. 그리고 I~II기의 가변연대인 13호·16호 주거지는 북동사면부에 입지하는데, 13호가 12호와 동일한 평면 형태와 구조를 가졌고, 16호는 원형주거인 점에서 유일하게 차이를 보인다. 그래서 나복리마을은 핵가족의 분립가옥체 1단위와 핵가족체가옥 1기로 형성되었다고 판단된다.

II기 마을은 I기보다 1~2동 정도 가옥 수가 증가할 수는 있으나 여전히 2단위의 가족체로 구성된다. I기에 동사면부에 분포하던 가족체의 후손은 구릉 정상부로 이동하여 핵가족의 분립가옥체를 구성하였으나, 북쪽의 가족체는 단독가옥으로 존재하는 것 같다. 그리고 남묘역에 2호 석개토광묘가 조영되었다. 주거지 형태는 7호·21호 주거지는 송국리유적의 원

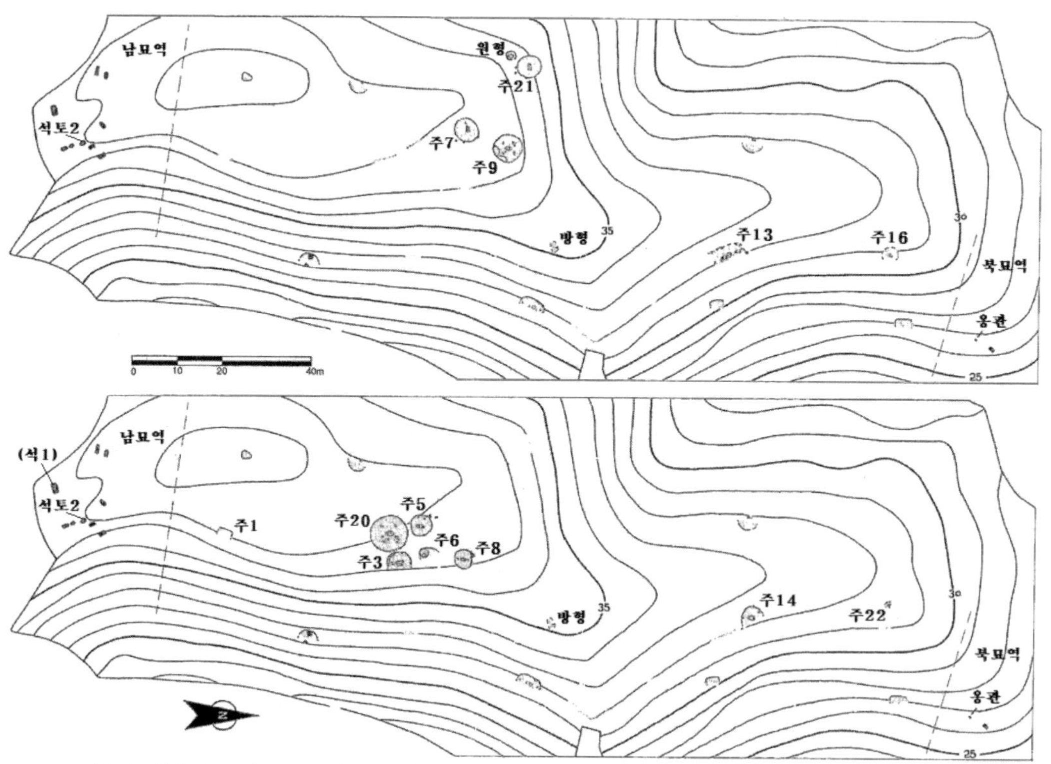

그림 4　부여 나복리 II기(상)·III기(하) 마을

형주거지와 동일 형식이나, 9호 주거지는 이에 4柱가 첨가된 구조이다. 기둥의 수가 많아지는 것은 늦은 시기의 송국리유형 주거지로 볼 수밖에 없는데, 이 늦은 단계에는 마을의 유력인이 아니더라도 조상의 무덤을 조영하려는 조령사상의 일반화로 무덤의 수가 증가한 것이라 생각된다.

Ⅲ기 마을은 주거지 수가 좀 많아졌으나 구릉 정상부의 주거군을 보면 동일 시기로 볼 수 없을 만큼 주거지 간의 간격이 좁게 4기가 위치하여, 주거공간이 겹쳤으므로 두 시기로 나누어야 할 것이다. 그래서 〈표 4〉에서 군집의 순서에 따라 주거지 「8호·20호 / 3호·5호·6호」로 나누고 각각을 Ⅲa · Ⅲb기로 정한다.

Ⅲa기는 면적 49m²인 대형가옥 20호와 소형가옥 8호가 핵가족의 분립가옥체를 이루고 있고 구릉 북쪽의 집단도 가옥의 증설은 보이지 않는다. 이런 상황은 대형가옥이 속한 가족체는 유력가족체로서 관창리 Ⅲ기 마을에서 대형가옥이 1동씩 존재했던 한 개 구역의 모습과 같다. Ⅲb기는 유력가족체가 다시 3개의 소형 가옥으로 변천하였을 뿐 마을은 더 발전하지 못하고 소멸되어 버렸다. Ⅲ기에는 묘지가 북쪽에도 형성되는데, 옹관묘와 석관묘 각 1기만 조용되었다. 이것은 북쪽 집단이 유아묘로서 옹관묘를 조영하게 되면서 남쪽묘역에서 이동한 것으로도 볼 수 있다. 그러나 이 북쪽 집단이 유력가족체가 아닌데도 옹관묘를 조영하게 된 것에는, 초기의 옹관묘는 유력가족의 일원으로서 조영될 수 있었으나 송국리문화기 후반대에는 옹관묘의 조영이 일반화되었기 때문에 본 나복리마을에 나타날 수 있었다고 판단된다.

Ⅲ기에는 모든 무덤이 만들어졌으므로 이를 통하여 몇가지 해석이 가능하다. 우선 남묘역은 3개로 구역이 나누어진다. 동쪽의 2기(3호석관묘, 2호토광묘)와 서쪽의 7기 그리고 1호 석관묘이다. 1호 석관묘는 묘광이 가장 크고 마제석검이 부장된 유일한 무덤이므로, 동·서의 구역에 속하지 않고 분리되었던 것인데, 아마도 20호 대형가옥의 수장일 것이다. 이러한 점에서 Ⅲ기에는 여전히 혈연적가족체로서 유대감이 잔존하지만 수장의 사회적 통합 의지가 있었다고 판단된다.

Ⅲ기의 주거지는 대체로 송국리형·휴암리형 주거지이지만, 20호는 4주식이 결합된 형식으로 대형가옥이기 때문이며, 소형 가옥 8호는 4개의 주혈이 일선상에 배치된 구조로서 개축된 것일 것이다. 본 단계의 8호 주거지의 탄소14연대가 2400년대BP. 인 것은 송국리문화기 중 후반대에 해당하겠다.

이상으로 나복리마을의 대형가옥의 내용을 살펴보았다. 대형가옥은 유력가족체에 속한 수장으로 마을공동체의 수장으로는 진화하지 못하였다. 이것은 마을 구성원 수가 적은 탓이라 생각하며, 흔히 수장마을의 상징처럼 인식해왔던 옹관묘와 다수의 무덤 조영 그리고 단 1동의 대형가옥의 존재 등이 절대적인 추장사회의 요소가 아님을 확인할 수 있었다. 즉 관창리마을과 같은 추장사회 직전의 사회이거나 제주 예래리마을(김경주·안재호 2024)처럼 수렵채집의 성향이 강한 혼합경제사회에서는 대형가옥이 분립가옥체 일원으로서 존재하면서 유력가족체의 장로로서 수장의 역할을 담당하는 경우가 있다는 점이다.

3) 김천 송죽리마을

송죽리마을은 상류의 지좌리마을과 함께 「송국리형마을+중기마을」의 혼합형마을로서 복합사회를 구성하고 있다. 이러한 유형의 마을은 안성 반제리마을처럼 중기문화 마을에 점토대토기문화의 사람들과 만나도 유사한 양상이 될 것이다.

송죽리유적은 비파형동검으로 유명한데, Ⅳ기로 편년되는 4호 지석묘의 외부에 꽂힌채로 매납되었다. 그리고 I기에는 초대형의 방형계주거지에서 돌대문토기가 출토된 조·전·중기문화가 후기까지 잔존한 유적으로 중기-후기 문화의 절충식도 존재한다. 유적은 유실된 곳이 많은데, 상류의 지좌리마을 Ⅴ기에 가옥의 상면까지 파괴될 만큼의 대홍수가 있었던 시기에 송죽리마을 Ⅲ기에도 침수를 입고 Ⅳ기를 끝으로 마을이 소멸한 것으로 추정된다.

그래서 대형주거지는 대체로 중기 이전 문화의 형식이고 송국리유형 주거지에서는 대형은 잔존하지 않는다. 그러나 핵가족체의 대형가옥은 Ⅲ기에 존재했을 가능성이 있는데 다음과 같은 이유이다. 첫째, Ⅱ기에는 대가족체가옥이 포함된 군집 즉 복합분립가옥체가 북구와 남구에 각각 1개씩 존재하다가 Ⅲ기가 되면서 모두 핵가족체 가옥으로 변하였다. 둘째, Ⅱ기에는 북구와 남구로 마을이 구획되었었는데 Ⅲ기가 되면서 그런 경계가 무너지고 가옥이 등간격으로 분포하여 하나로 통합된다. 셋째, Ⅱ기부터 Ⅳ기까지 조영된 19기의 묘지와 매납된 비파형동검은 거점마을을 상징하는 것이다. 넷째, 19호 개석식적석토광 지석묘가 마을의 북단에 마련된 묘지에서 벗어나 마을의 중앙부에 입지한다. 이 19호 지석묘는 앞 시기 구획묘보다 늦은 시기인데, 적석토광을 매장주체로 한 묘제 중에서는 개석이나 묘광의 규모가 가장 크다. 그래서 19호 묘는 특별한 인물로서 기념물적 구조물로서 기존의 묘지에서 벗어나 특별한 마을 중앙의 공간에 조영한 것으로 보인다. 그러므로 19호 묘는 Ⅲ기의 수장묘이고, 이 피장자가 거주한 대형가옥이 무덤 주변에 존재하다가 홍수로 유실된 것이라 판단된다. 이 수장이 등장한 Ⅲ기에 가족체의 변화가 나타나고 또 마을의 씨족 경계라고 할 수 있는 구획

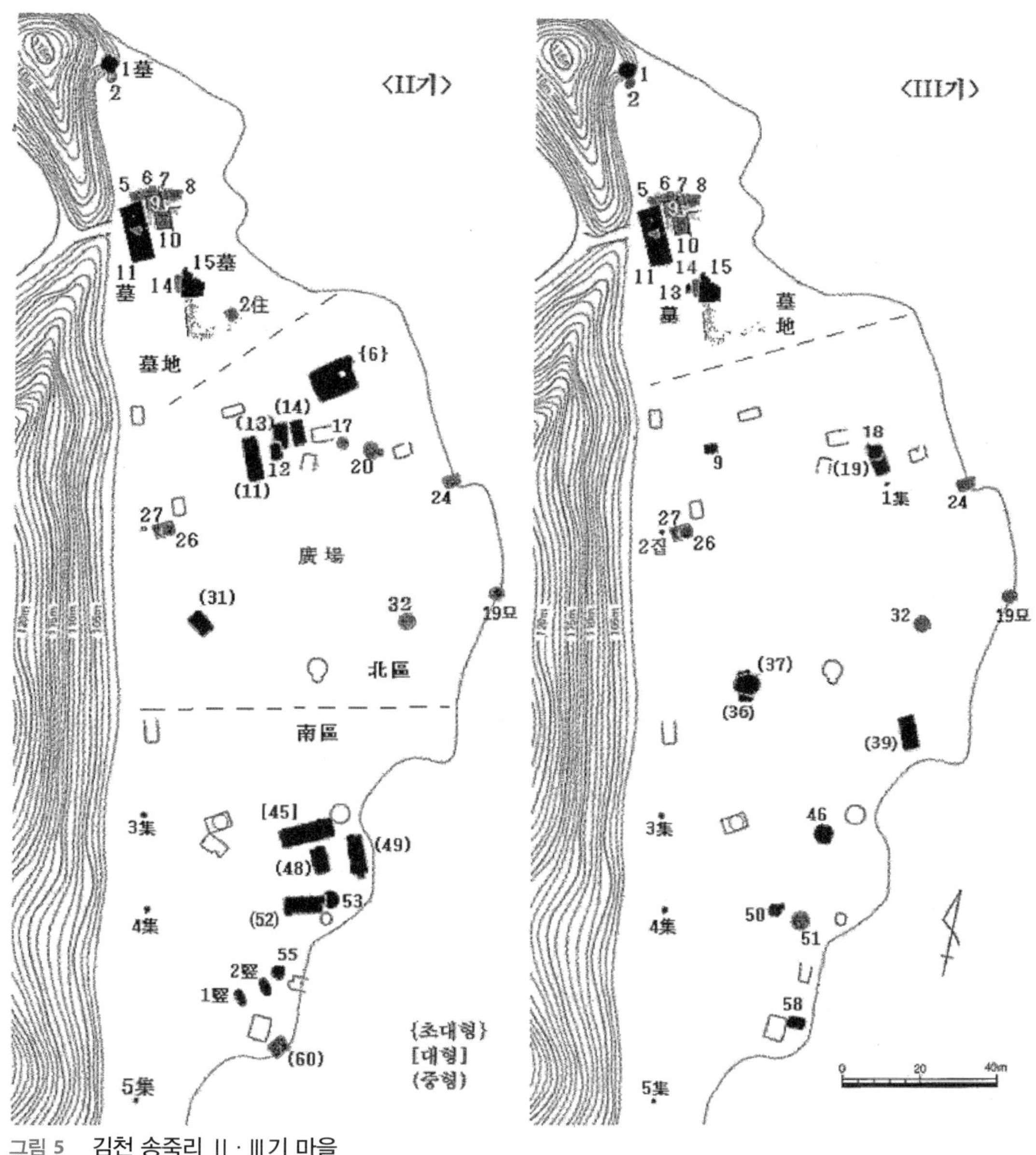

그림 5　김천 송죽리 Ⅱ·Ⅲ기 마을

을 무너뜨린 것도 수장의 등장과 관련된 것으로 봐야 할 것이다.

　상류에 분포하는 지좌리마을은 문화로는 송죽리와 동일하다. 다만 돌대문토기 출토 주거지는 없으나, 지좌리마을에서 돌대문토기의 구연파편 1점이 검출된 바 있어서 양 마을 간의 교류가 엿보인다. 마을의 규모는 양 유적이 비슷하지만, 무덤의 수에서는 절대적으로 약세인 곳이 지좌리마을이다. 물론 청동기도 출토되지 않았고, 농경지로 개간할 수 있는 층적지는 송죽리마을이 훨씬 넓다. 그래서 좁은 협곡에 위치하는 지좌리마을은 수렵채집의 의존도가 더욱 높은 혼합경제였을 것이다.

지좌리 연구(安在晧 2020)에서 주거지의 평면적을 초대형-대형-중형-소형으로 했으나, 다른 마을유적과 비교하면 중형과 소형을 하나로 묶어 소형으로 보는 것이 타당하므로 대형-중형-소형으로 분류하여야 한다. 그래서 대형은 70여m^2에 이르는 Ⅲ기의 대가족체가옥인 514호 단 1기에 불과하고, 원형의 송국리유형주거지는 Ⅳ기의 33m^2인 567호가 가장 크고 중형에 해당한다. 그래서 지좌리마을은 Ⅴ기의 수해피해로 인하여 정치체가 성장하지 못하고 핵가족체 가옥으로서 대형은 등장하지 못하였고, 7개로 구획된 혈연중심가옥들을 통합하지도 못하였다.

그러나 단 1기의 대가족체 가옥은 유력가족의 주거인 것은 분명할 것이다. 이 유력개인은 사회적 영향력은 가지고 있었을 것이다. 안성 반제리마을(안재호 2023)은 중기 주거양식과 만기 주거양식이 공존과 절충인 사회이지만, 이곳에서 이미 Ⅱ기에는 소멸된 대가족체 가옥이 Ⅲ기가 되면서 환구의 조영과 함께 환원되고 Ⅳ기에 환구가 소멸됨과 함께 다시 핵가족체로 분화하므로, 단 1동의 대가족체 가옥은 유력가족체로 인식할 수 있다. 문제는 이러한 유력가족체가 성장하여 수장으로 발전하는 환경은 우선 일정한 생산 활동을 통한 잉여물이 생성될 수 있는 노동력이 필수조건이 아닌가 생각된다.

4) 논산 원남리마을

원남리마을은 대형가옥은 없지만 중·소형 주거지 24기에 송국리형저장혈 59기와 14기의 무덤이 조영된 특별한 마을이다. 특히 저장혈에서는 초·대형의 송국리식토기가 다량으로 출토되므로, 이런 양상은 송국리마을권역에서는 찾을 수 없다. 그러므로 송국리마을의 하위마을로서 식료생산에 주력한 집단이 아닌가 판단된다.

원남리 마을은 〈그림 8〉처럼 낮은 구릉의 정상부에 송국리유형 무덤가 조영되고 세 갈래로 분지된 구릉에 주거지가 군집하고 있으며, 주거지군의 외곽에 저장혈군이 조영된 구조이다. 그러므로 중앙묘역을 통하여 마을의 결속력은 다질 수 있었을지라도 통합되지는 못하였기 때문에 대형가옥이 나타나지 않았다고 판단된다. 그러나 주거지의 수가 많은 B지점에서 가장 이른 시기 I기의 주거지가 복수로 나타나고, A·C지점에는 주거지 2기가 떨어져 각각 독립적으로 입지하는 양상이므로, B지점의 구성원에서 각각 파생되거나 하위가옥으로 인식되며, 대체로 각 단계에 1동만 조영되었다. 그런데 B지점에는 저장혈이 없으므로 계절성

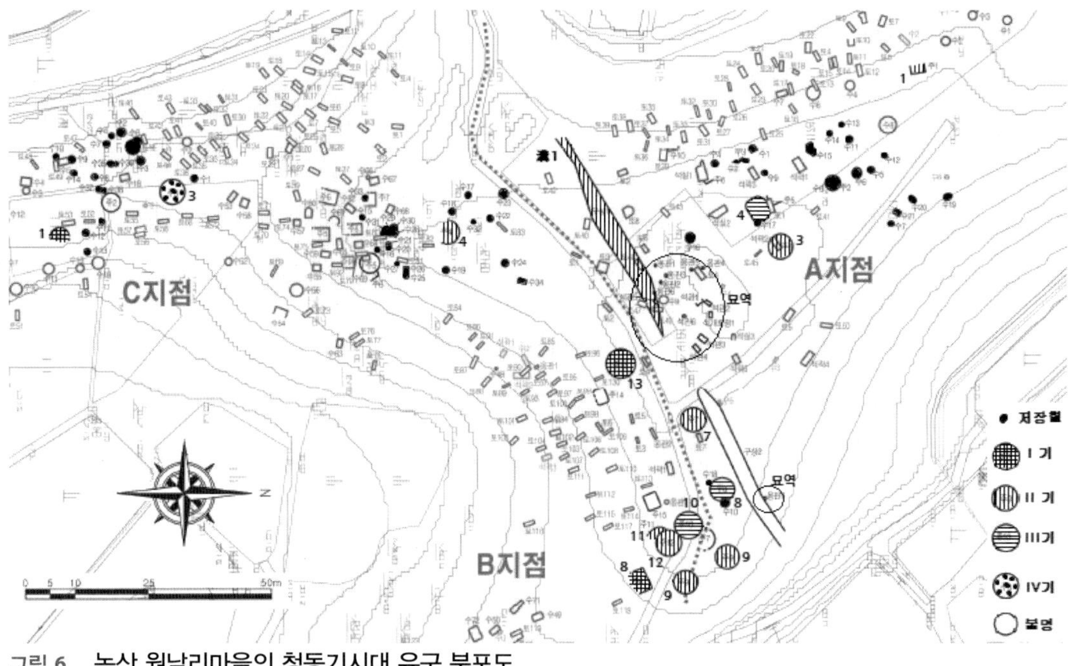

그림 6 논산 원남리마을의 청동기시대 유구 분포도

가옥설에 따른다면 A·C지점의 가옥은 식료생산기의 공용농가라고 한다면 B지점은 거주가옥이 되겠다. 아니면 가옥의 위계론으로 본다면 생산자와 관리자의 역할이 되겠지만, 생산자의 수가 적다는 것이 해석이 어려운 현실적인 문제가 되겠다. 이 같은 경우는 관창리·송국리마을에서도 같은 양상이었다. 그러므로 원남리유적 A·C지점의 주거지는 각 단계에 1동만 존재하여 농막과 같은 용도의 공동농가로서, 이는 수장 등장 직전에 공동생산체제를 갖추었음을 시사하고 동시에 공동소비도 병행했을 것이다. 이 중심에 B-13호 가옥의 장로가 있었을 것으로 추정된다.

B지점 내에서도 규모가 비교적 큰 편에 속하는 13호 가옥이 중앙묘역에 가장 근접하면서 격리된 독립가옥으로 분포한다. 이렇게 조상 의례를 관장하였을 것이라 추측되는 중·대형 가옥이 묘역에 인접하여 일반 가옥군과 분리 독립된 분포양상은 오석리유적·송죽리·지좌리유적·이금동·사월리유적·검단리유적 등에서 찾을 수 있었는데 농경사회든 혼합경제사회든 차이가 없었다(安在晧 2001, 2004, 2009, 2014, 2020, 2022). 바로 이 단계를 지나면 비로소 마을에 대형가옥이 조영되고 수장이 등장하는 것이다.

마을의 위계는 어떻게 형성되는가?

酒井龍一(2001)은 야요이 마을의 중심에서 5km를 1시간 보행권, 15km를 1일 왕복권, 30km를 1일 도착권으로 설정하고, 5km권을 일상생업활동권으로 상정하였다. 야요이마을은 죠몬사회가 송국리문화를 수용한 것이므로 송국리형마을의 모습과도 유사성이 많을 것이다. 그러나 호서지역에서는 송국리형마을 중에서 거점마을이 隣村으로서 2개 이상 존재하는 경우는 많지 않다. 아마 수전경작이 중심인 야요이사회와는 생계유형이 다르기도 하고, 또 송국리형마을이 야요이거점마을처럼 존속기간이 짧은 경우가 일반적이므로 거점마을이 인근에 입지하지 못하였을 것이라 판단된다.

마을이 일정기간 존속하면서 자연스럽게 형성되는 것이 일상생업활동권이다. 마을 초기에는 인구가 적을 수 있으나 점차 증가하게 되면, 마을을 유지하기 위한 생산 또는 채집활동의 권리영역이 형성된다. 이 영역 내에서는 주거와 농경활동은 물론이고 의례나 묘지·영적인 자연공간 그리고 식료채집, 어로 수렵, 식수원, 암석 광물 점토 등의 지하자원, 땔감 건축자재 목공구 등을 위한 삼림자원 등을 획득하는 활동을 특정 구역에서 지속하게 되면 마을 고유의 소유권이 형성된다. 이 영역에서 농경활동은 주로 5km 이내에 위치할 것이지만, 광물자원이나 삼림자원에서 특수한 경우에는 15km까지 넓혀질 수도 있다. 그리고 15~30km까지는 마을 간의 완충지대 또는 공유영역이었다고 판단된다.

그런데 5km 이내에 마을이 존재한다면 그 규모가 상대적으로 작고 존속기간도 짧다면 母村에서 파생된 子村일 가능성이 있다. 모촌과 자촌은 혈연적 관계로서 당연히 위계가 형성된다. 또 하나의 경우는 새로운 집단이 만약 15km 이내의 지역에 이주해왔다고 하면, 분명히 양자 간에는 분쟁이 발생하였을 것이다. 보통 이주한 집단의 규모가 작은 것이 일반적이므로 이주집단은 기존마을로부터 이주 허가를 받아야 할 것이고, 기존마을의 자원을 이용하는 대가로서 일정분의 생산물이나 노동력을 지불했으리라 생각된다. 그래서 이 양자는 지연적인 관계에서 상하의 계층관계가 형성된다. 여기에서 거점마을과 주변마을이 형성되고, 그 주요한 지표는 인구의 수일 것이다.

제Ⅵ장　靑銅器 生産과 首長

세계고고학에서 금속기의 사용 즉 생산은 군장사회부터라고 규정하고 있다(콜린 렌프류·폴 반 2006). 청동기는 생계와 직접 관련된 농·공구로 제작되지는 않았으나, 의례와 위신재로서 주로 상위 수장층을 유지하고 수장의 권한을 지속 증대하기 위하여 생산되었다고 말할 수 있다. 합금으로 제작되는 청동기 생산에는 우리나라의 경우 주석이라는 재료와 전문적 기술이 요구(조진선 2014)되며, 전문장인의 등장을 시사하는 것이다. 가치재를 생산하는 전문장인의 출현에는 잉여생산이 배경이며, 가치재의 독점과 분배를 통한 수장권력이 강화된다(렌프류·반 2006). 청동기 생산도 이러한 배경에서 이해(李淸圭 2003)되며, 청동기시대에서 최초의 청동기 생산 시점이 언제인가 또 생산 양상이 어떠한가에 대한 연구는 사회 성격을 가름할 수 있는 중요한 관점일 것이다. 武末純一(2002b)은 청동기 생산을 둘러싼 國의 성립에 대해서 일본 야요이사회를 통하여 자세히 설명하고 있으며, 송국리사회에도 이러한 고고학적 정황을 적용할 수 있다고 한다.

　　비파형동검의 기원에 대해서는 요서·요동설(秋山進午 1969; 林澐 1980)에 대해서 植刀劍 기원설(春成秀爾 2006)도 있지만, 미야자토(2010)는 요서와 요동의 비파형동검 형식조열을 독립적인 각각의 계통으로 설정하고 그 전개 양상을 중시하였다.

　　송국리유적의 석관묘에서 발견된 비파형동검은 곡인부의 하반이 둥글고 손잡이의 결합에 이용된 습베에 홈이 있는 형식으로서, 이 형식의 비파형동검은 남한지역에서만 발견되어 송국리식 동검으로 불리게 되고, 송국리문화기에 남한지역에서 제작된 것으로 인정되었다. 그러나 이 반원상의 홈은 동검 제작 이후에 깎아 내어 만든 것(미야자토 2010: 89)으로 제작된 장소가 남한이라고

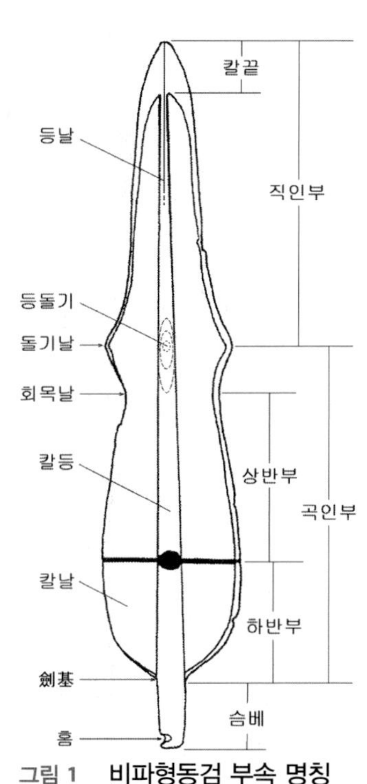

그림 1　비파형동검 부속 명칭

할 수 없게 되었다. 그래서 슴베의 홈은 청동검이 남한에서 제작된 특징이 아니라, 이 홈을 이용하여 나무 손잡이와 결합한 병부의 형태와 구조가 남한식이라는 것이며, 결국 이것은 남한의 문화적 특징일 것이다. 그리고 송국리식의 특징을 칼끝의 길이, 칼등의 형태와 등돌기 등에서 요서·요동의 여러 형식에 대응되지만, 용범에 등날[33]이 없는 점은 차이라고 지적하면서 한반도에서 제작된 것이라는 설명이다. 宮本一夫(2002)가 고식 비파형동검의 규격에서 남부지역의 지역성을 지적하면서, 송국리·적량동·예전동(金鍾徹 1987)·초전면(金元龍 1974)의 송국리식 비파형동검은 독자적인 생산의 가능성을 제시한 바 있다. 성주 초전면과 청도 예전동의 광형동검 특징을 강인욱(2005)은 칼등이 가늘고 얇고 보수 흔적이 있는 비실용적 미사용품으로서 매납용이라 하였다. 그리고 청동기 제작에 종사했던 특수집단(이주민)이 제작하였고, 지석묘사회와는 무관하다고 한다. 한편으로 고조선의 요동지역에서 특별히 의기성이 강조된 특대품을 제작하여 남한의 거점마을의 상징으로 분여한 것이라는 주장(이양수 2012)도 있다.

한국고고학에서 청동기의 생산이 어느 시점부터인지 또는 그 양상은 어떠한지가 시대상을 규명하는데 중요한 요소가 된다. 송국리문화기에 과연 청동기 생산이 자체적으로 이루어졌을까라는 문제가 가장 중요한 이슈일 것이다. 일반적인 관점에서 사고한다면, 자체적으로 청동기를 생산한 단계라면 첫째 청동기의 생산량이 많아야 하며, 특정 지역에서 생산된 물건은 개체 수의 분포상 감쇠현상(콜린 렌프류·폴 반 2006)을 띠며 거리가 멀어지거나 집단 위계가 낮을수록 수량이 감소하는 양상을 보여야 한다. 둘째 생산품의 종류가 다양해야 한다. 청동기를 생산한다면 수요층의 요구를 받아들이면서 특정기종에 국한되지 않고 다종 다양한 청동기가 생산하게 된다는 점이다. 셋째 청동기의 생산은 결국 부장품으로 연계가 될 수밖에 없으며, 수장 또는 수장층의 무덤에 부장한다면 그것이 누세대에 걸쳐 나타나야 한다는 것이다. 청동기는 합금기술이므로 그 기술체계를 세대를 이어가면서 전승해야 하고, 기술체계를 계승 발전시키기 위해서는 수시로 생산시설을 가동해야 한다는 것이다. 그래서 당연히 여러 세대에 걸쳐 수장과 수장층의 부장품이나 위신재로 또는 의례용으로도 사용하게 된다. 이런 관점에서 본다면 청동기가 생산된 단계는 세형동검문화기일 것이다. 그 이전의 비

파형동검은 생산지로서의 여러 조건을 전혀 갖추지 못했다고 봐야 할 것이다. 그래서 비파형 동검문화기 즉 송국리문화기의 청동기 생산과 관련하여 검토하고 이것을 통하여 사회상과 수장의 모습을 그려보고자 한다.

1 청동기 생산의 증거

1) 형태적 특징

남한지역 비파형동검의 생산지를 검토하기 위해서 미야자토(2010)의 비파형동검 길이와 폭을 이용[34]해서 〈그림 2〉처럼 비파형동검의 규격분포에서 3개로 군집된다. 즉 예전동군과 진동리군 그리고 송죽리군이다. 예전동군은 여수 적량동과 고흥 운대리의 비파형동검도 포함되는데, 이중에서 길이와 폭이 짧은 영역을 세분한다면, 적량동군을 상정할 수도 있을 것이다. 송국리동검은 완형이므로 적량동군에 포함될 것이다. 진동리군은 적량동군이나 예전동군에 포함될 수 있지만 동검의 폭이 좁은 것으로 이것은 재가공을 통해서 변형된 탓이라 생각된다. 송죽리군도 동검을 반절하여 가공한 것[35]도 있지만, 상자포리동검처럼 폭이 좁아 세형동

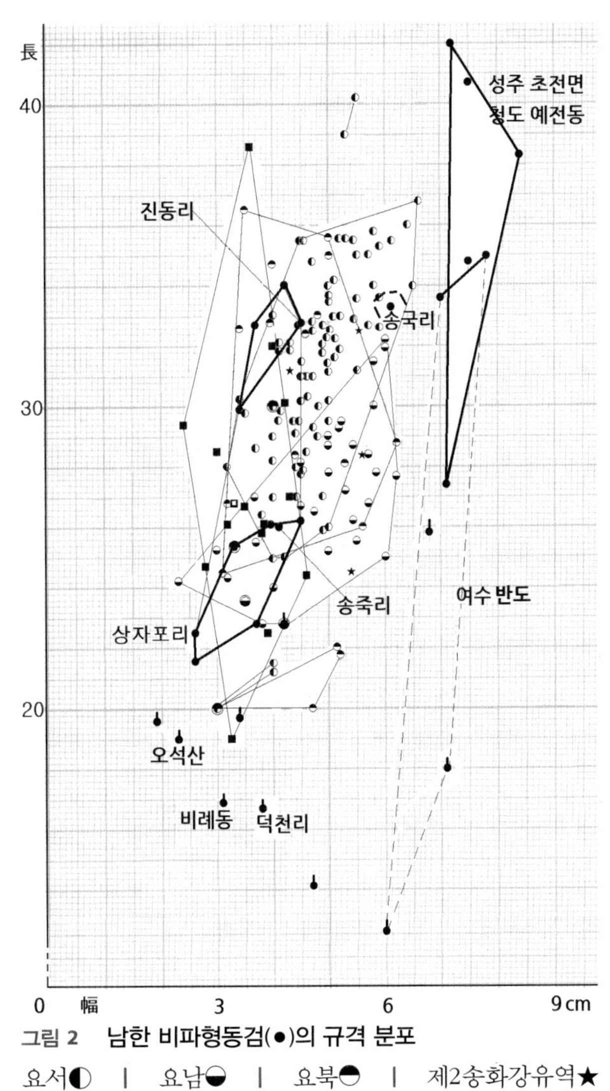

그림 2   남한 비파형동검(●)의 규격 분포
요서◑ | 요남◖ | 요북◕ | 제2송화강유역★ | 북한■ 지역

---

34   동검 폭이 좁은 윤가촌식·오도령식·고산리식·용흥리식은 제외한다.

35   창원 덕천리동검도 송죽리군에 포함되지만 동검의 칼등 폭을 관찰하면 본래의 동검을 반절하여 상하를 뒤집어서 재가공한 것임을 알 수 있다. 그러므로 검기와 칼날은 모두 재가공한 것이다.

검에 가까워진 형태도 존재한다. 그 외는 파손품으로 길이를 알지 못하는 것(↓)이다.

　　한편으로 송국리동검은 요서영역에 속하고, 진동리군은 요서·요북·북한영역에 겹치고, 송죽리군에서 폭이 넓은 것은 요남권에 완전히 포함되고 있으므로 군집의 관계를 고려할 수도 있겠다. 그러나 동검 간의 관계는 길이와 폭만으로는 결정할 수 없고 이영문(1991)이 비파형동검 형식 제2차 기준으로 삼았던 劍基의 각도가 중요한 요소라고 판단하므로 이를 통하면 진동리군은 요령지역과의 관계가 떨어지고, 송국리동검도 무관하다고 판단된다. 이에 대해서는 후술하겠다. 특히 예전동군과 적량동군은 요령동검보다 수량도 절대 적은데도 폭이 넓은 특징이고 예전동군의 경우는 길이도 더 큰 것이다. 그래서 이 두 군집은 요령의 생산품은 아닌 것이 분명하고 칼날을 매우 풍만하게 시각화한 것으로서 의기의 성향을 극대화한 것이라 생각된다. 이런 특징으로 강인욱(2005)은 광형동검이라고 명명하고 있지만, 한반도의 세형동모가 대마도에서는 늦은 시점에 광형동모로 제작되듯이 원생산지보다도 대형으로 제작되는 경우도 있음을 알 수 있다.

2) 납동위원소비를 통한 산지추정법

구리와 주석 또는 아연 납 등의 금속을 녹여 만드는 청동기의 제작지를 찾는 연구로서 납동위원소 분석이 있다. 납동위원소는 동광석에 포함된 납성분의 산지 특색에 따라 분류할 수 있으므로 전 성주의 비파형동검과 여수 적량동의 비파형동검 동모는 남한산인 것으로도 확인(최주 1996; 최주 외 1998)되기도 하였으며, 대전 비래동 비파형동검은 중국 북부의 납성분으로 밝혀지게 되었다(李康承·姜炯台 외 2001).

　　최근 방연석을 이용하여 남한 전지역의 납동위분석비 분포도를 4개의 지구로 구분하여 작성(조진선·이은우 2021)하였다. 이 획기적인 연구에서 남한과 중국의 영역이 겹치는데, 비파형동검연구에서는 매우 중요한 사실을 밝히고 있다. 즉 요령을 포함한 중국 북부(요령·산서·섬서·감숙·산동·하남·안휘·강소)는 남한지역과 겹치는 부분이 매우 적고 특히 남한II지구(강원 동남부와 울진지역)와는 완전히 분리된다는 점이다. 그래서 남한의 비파형동검을 분석하면 남한산인지 중국 북부의 생산품인지를 밝힐 수 있다는 것이다. 중국 남부는 남한II·III지구와 겹치고 있는데, 중국 남부는 비파형동검을 사용하지 않는 지역이고 중국 남부의 구리를 수입하여 남한 II·III지구에서 비파형동검을 생산할 리도 없으므로, 납동위원소가 남한 영역인 남한의 비파형동검은 모두 남한에서 생산된 것이 된다. 다만 〈그림 3〉의 고대 중국에서 주석을 채취한 광산은 모두 중국 북방에 위치하므로 주석을 수입한다면 중국 북방-고조선-북한

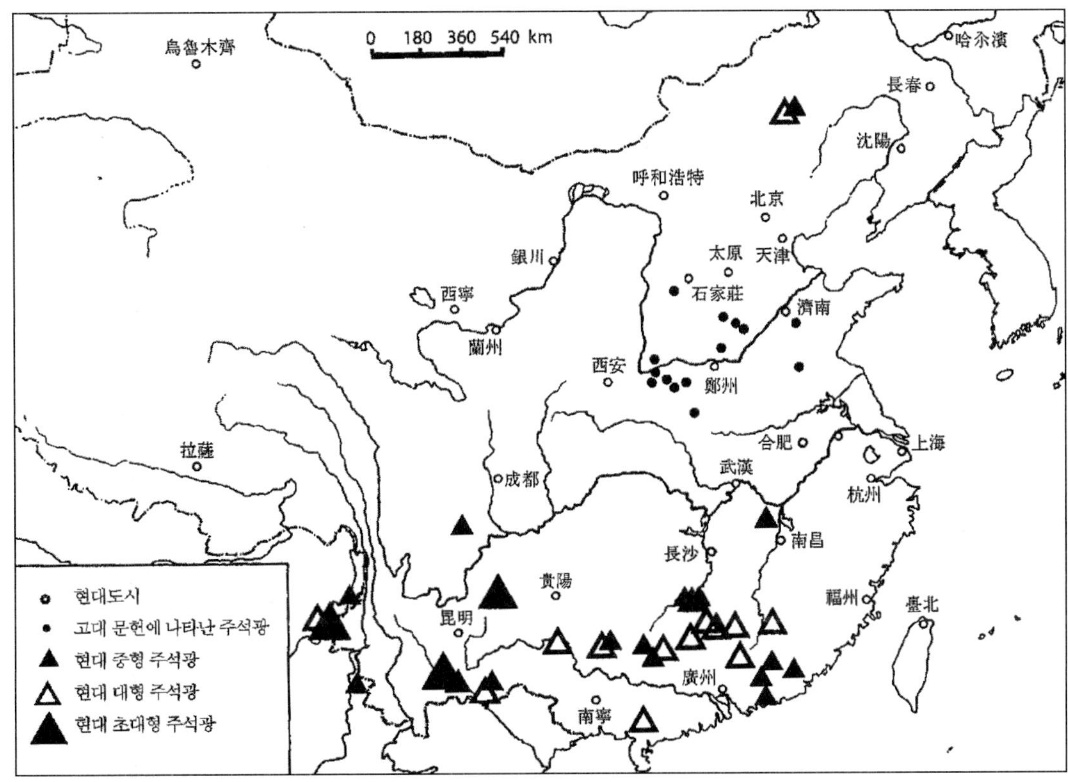

그림 3　중국의 주석광 분포(劉莉·陳星燦 2006: 55에서 개변)

을 경유하여 남한의 청동기 생산지로 유입될 것이다. 이런 과정에서 북방의 비파형동검도 유입할 것이다.

　　연구의 결과 평창 하리와 대전 비례동 동검만이 중국 북부산이며, 나머지는 모두 남한의 동광산을 이용했다는 것이다. 즉 남한Ⅱ지구에는 광주 역동과 김해 연지의 마제형검파두식 그리고 청주 학평리의 비파형동검이 해당하고, Ⅲ지구는 전 금릉·여수 화장동과 적량동·서천 오석리의 비파형동검·동모이다. 지역을 더욱 좁힌다면 Ⅱ지구는 강원도 동남부이고 Ⅲ지구는 상주와 영암일대로 추정하고 있다.

　　〈그림 4〉에서 구리의 산지와 청동기의 출토지역이 일치하지 않는 곳이 있다는 점이다. Ⅰ지구에 위치한 여수반도의 청동기 중에는 Ⅲ지구의 동광석을 사용하고, Ⅲ지구에 인근한 청주 학평리와 Ⅰ지구의 김해 연지의 청동기는 Ⅱ지구 강원도 동남지역의 동광석을 사용했다는 점이다. 그렇지 않고 자신이 속한 지구의 동광석이 아닌 다른 지역의 동광석을 사용할 수 없는 상황을 가정한다면 이 청동기는 다른 지역에서 유입된 것으로 판단해야 할 것이다. 김해 연지의 마제형검파두식은 광주 역동에서도 동일 형식이 출토되므로 경기도 광주에서 유

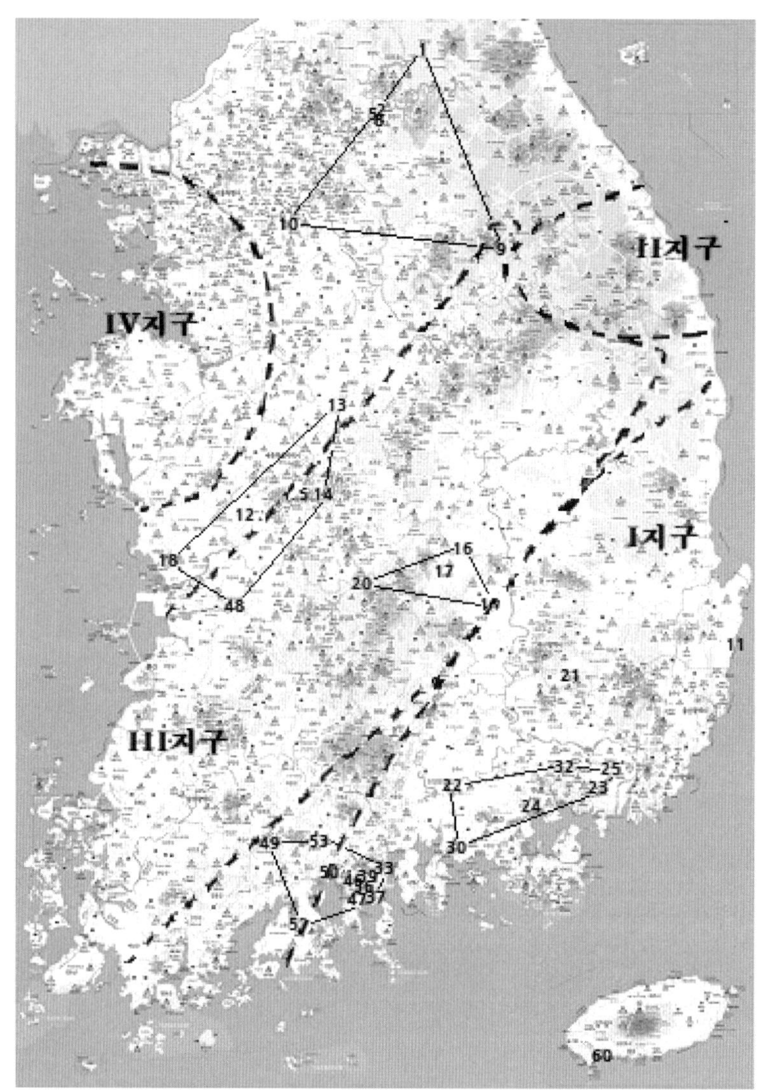

그림 4   비파형동검(그림5~9) 출토지와 납동위원소 지구의 영역

입된 것으로 해석할 수도 있고, 검신 폭이 좁은 청주 학평리동검은 전 춘천 부근(그림 5-8좌)과 동형식으로 본다면 강원도의 동광석을 이용하여 강원·경기지역에서 생산하여 유입된 것으로 인정할 수도 있겠다. 그러나 여수반도의 청동기 중에서 Ⅲ지구의 동광석을 사용했다는 것은, 여수반도에서 출토된 비파형동검의 수량과 출토 밀도가 남한 내부에서 가장 높으므로 쉽게 용납되지 않으므로, 여수반도 주변의 Ⅰ지구를 중심으로 동광석의 분포에 어떠한 지리적 상황이 있는지를 따져봐야 할 것이다.

3) X−선 촬영을 통한 제작 방법

또 다른 방법은 청동기를 거푸집으로 주조할 때, 탕구를 통해 주입된 청동용액 속에는 작은 공기방울이 섞여 있는데 이 공기방울이 부상할 때 띠는 물방울 모양의 형태로써, 거푸집의 탕구가 청동검의 슴베 쪽으로 나 있는지 아니면 칼끝 부분에 만들어졌는지를 통하여 생산기법의 차이로 생산지를 구별하는 방법(이양수 2012)이다. 이 방법은 청동검을 X선 사진으로 찍어 관찰 판정할 수 있다. 이 방법으로 이양수는 청도 예전동 동검과 여수반도의 동검은 용범의 탕구가 칼끝 쪽인 것을 밝혔고, 이것은 슴베 쪽으로 탕구를 만들어 주조한 통상적인 동검과는 다른 공방에서 만들었다는 것을 밝혔다. 탕구를 전통적인 슴베 쪽에 내지 않고 칼끝 쪽

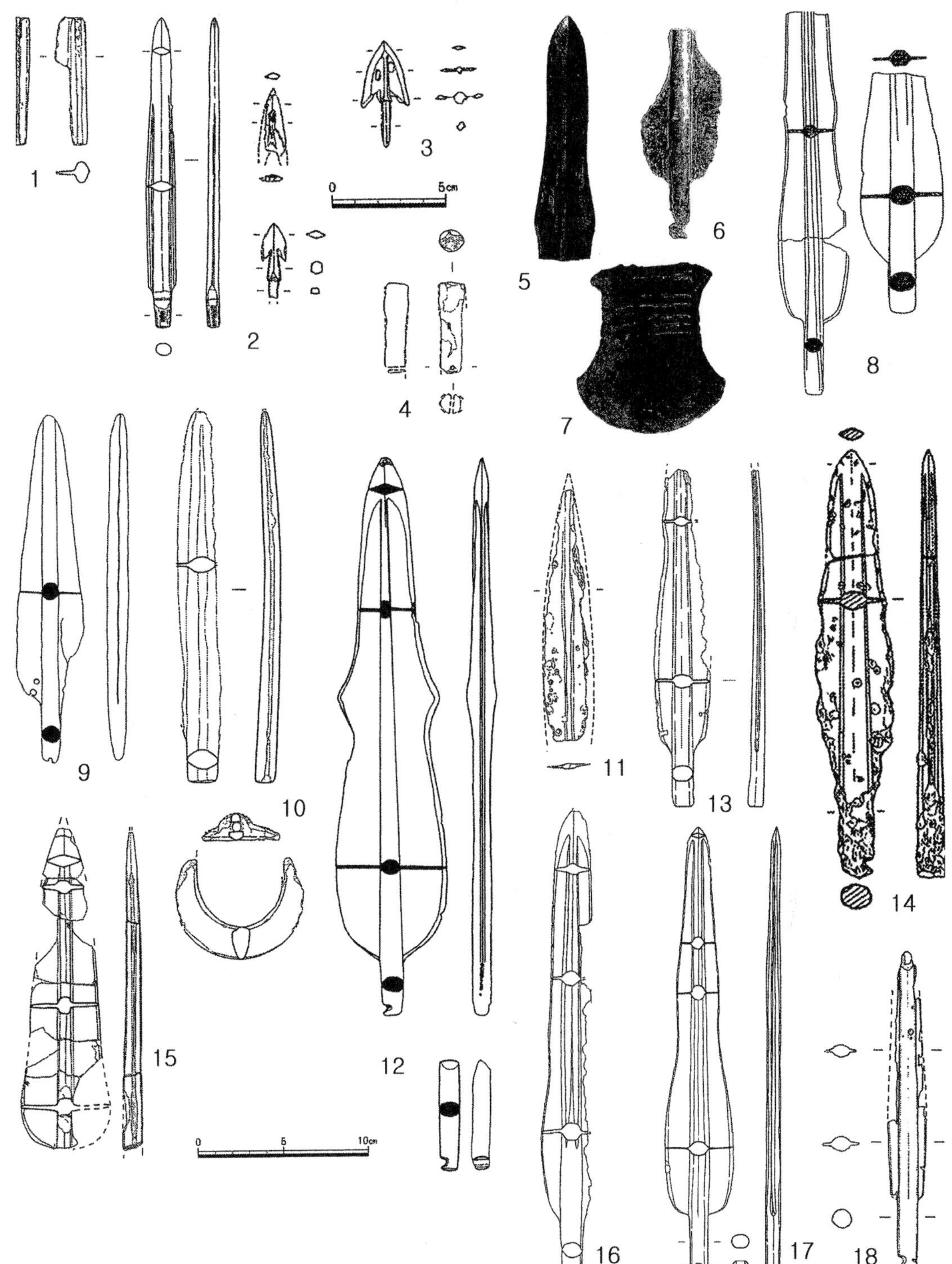

그림 5 송국리문화기의 청동기 Ⅰ

1: 양구 고대리 57호 주거지 ┃ 2: 춘천 우두동 석관묘 ┃ 3: 同 우두동 33호 주거지 ┃ 4: 同 현암리 유적 ┃ 5: 同 중도(한얼 E1) 40호 주거지 ┃ 6: 同 중도 29호 지석묘(한강A1) ┃ 7: 同 중도 37호 주거지(한얼E1) ┃ 8:(전)춘천부근 ┃ 9: 평창 대하리 수습 ┃ 10: 광주 역동 석관묘 ┃ 11: 경주 봉길리 13-1번지유적 ┃ 12: 부여 송국리 1호 석관묘 ┃ 13: 청주 학평리 주거지 ┃ 14: 대전 비례동 1호 지석묘 ┃ 15: 同 상대동 양촌 5호 석관묘 ┃ 16: 김천 문당동 1호 목관묘 ┃ 17: 同 송죽리 4호 지석묘 ┃ 18: 서천 오석리 주구석관묘

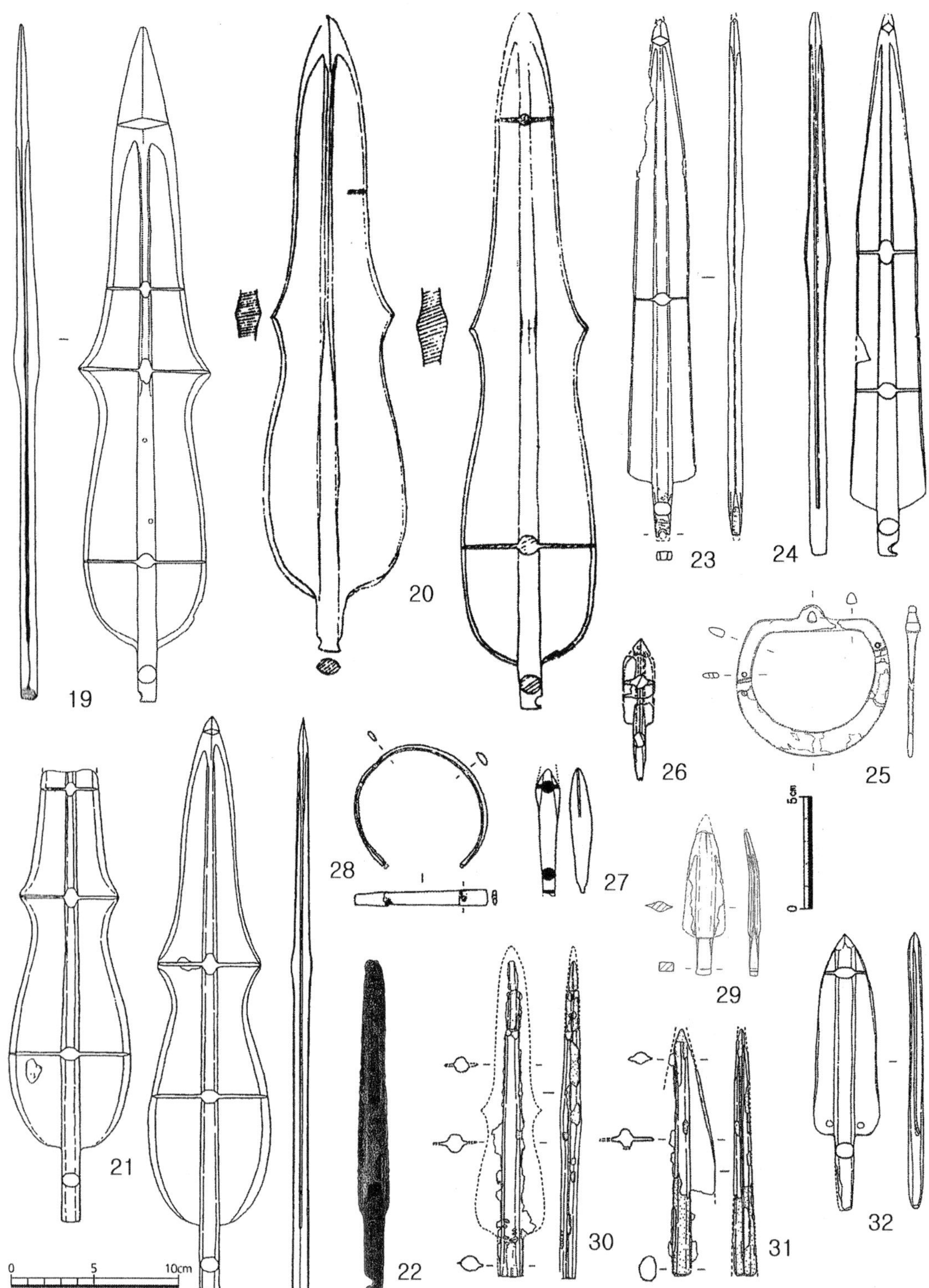

그림 6 송국리문화기의 청동기 II

19~20:(전) 성주 초전면 출토 | 21:(전) 청도 예전동 출토 | 22:(전) 진주 출토 | 23: 김해 신문리 3호 석관묘 | 24: 창원 진동리 석관묘 | 25: 김해 연지 지석묘 | 26: 거제 아주동 13호 묘 | 27: 김해 무계리 지석묘 | 28: 진주 가호동 1호 지석묘 | 29: 산청 매촌리 35호 석관묘 | 30: 사천 이금동 D4호 석관묘 | 31: 同 C10호 석관묘 | 32: 창원 덕천리 16호 묘

으로 만든 것은 예전동 동검같이 검기에서 날이 거의 직각으로 팽창하여 넓어지는 형태의 동검은 슴베 쪽에서 청동용액을 들어붓게 되면 중력을 거슬러 역류하여 흘러 들어가지 않고 는 칼날의 하반부가 생성되지 못하기 때문에 칼끝 쪽에 탕구를 만들어 주조하였을 것이다. 초기 요령의 비파형동검 날 하반부가 거의 유선형을 이루는 것도 청동용액이 중력에 잘 순응하여 흘러 들어가도록 하기 위함일 것이다. 칼날을 과장하여 광형화하면서 기존의 전통적인 주조 방법으로는 성공할 수 없었기에 새로운 칼끝 주입방식을 택한 것이 남한의 고유한 특색이 된 것이다.

2 송국리문화기의 남한 출토 청동기

앞서 여러 과학적인 분석을 통하여 송국리문화기에 남한에서 생산된 청동기는 예전동, 여수 반도의 적량동·월내동·화장동, 서천 오석리, 청주 학평리 등의 비파형동검과 광주 역동과 김해 연지의 마제형검파두식으로 정리된다. 남한산의 비파형동검에서 재가공이 극심한 서천 오석리동검을 제외한 나머지 모두는 칼날 하반부가 매우 팽창한 형태라는 것이다. 이것은 요령지역의 비파형청동검과도 분명히 구분되는 요소이다. 하반부의 팽창도가 크다는 점은 2차 가공으로 만들어질 수는 없고, 2차 가공할수록 칼날의 폭은 좁아질 것이므로 검기에서 하반부 칼날로 이어지는 각도가 크며 하반부가 팽창한 소위 광형비파형동검을 남한 고유의 비파형동검이라고 정의할 수 있겠다.

남한에서 비파형동검과 기타 청동기를 생산하였다면 이 시점부터 남한의 정치체를 chiefdom사회로 간주할 수 있고 그 수장을 군장으로 부를 수 있을 것이다. 일반적으로 우리는 세형동검문화기가 되어야 소국의 군장사회로 인식해 왔으나, 이와 달리 남한의 특정지역에서는 비파형동검을 생산하는 군장사회를 형성한 정치체가 형성되었다는 것을 확인하게 되는 것이다. 그래서 이후는 비파형동검생산을 둘러싼 지역의 고고학적 양상에 대해서 살펴보고자 한다.

1) 남한 비파형동검의 형식

송국리문화기의 남한 비파형동검을 분류하고 그 생산지와 기원에 대해 고찰하고자 한다.

남한에서 생산된 비파형동검은 하반부가 넓은 것이 특징이므로 하반부의 길이와 폭의 비(곡률도)를 수치화하여 분류한다. 〈그림 5~8〉의 자료를 이용하여 〈표 1〉처럼 A~D로 분류되는데, 전형적인 남한형비파형동검은 B군이고, 그 외는 소형이거나 재가공한 것들이다.

A군은 5점이 폭 5.3cm 이내의 소형품이거나 절단하여 2차 가공한 것이고, C군은 고흥 운대리석곽과 중도 29호 지석묘 출토품으로 슴베에 홈이 만들어져 있는 소형품이지만, 실제 동검의 상하를 뒤집어서 재가공한 것이다. D군은 완형이기는 하지만 슴베가 홈이 없이 긴 편이고 날의 폭이 좁으며 등돌기가 없는 퇴화형으로 선암리식(李榮文 1998)에 가깝다.

표 1 남한 비파형동검의 칼날 하반부의 분류

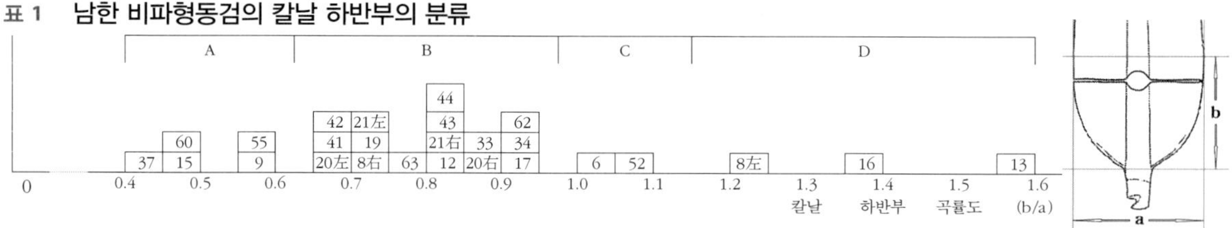

그리고 〈표 1〉의 계측에 들지 못하는 변형가공된 동검으로 3개의 군이 있다. 우선 반절품으로 재가공한 것(庄田愼矢 2006)인데 칼등의 폭이 넓은 특징을 가지며 등날이 서고 등돌기가 없는 〈그림 5~8〉의 10·14[36]·49 동검이다. 등날이 있는 형식은 실용적인 무기로서의 기능을 중시한 제작일 것이다. 그런 의미에서 송국리문화기보다는 보다 발달된 사회를 배경으로 제작된 동검은 아닌가 생각되고 편의상 비례동계라고 부르고자 한다.

오석리계 동검은 2·18·22·54 동검을 부르고자 한다. 이 동검은 재가공된 인부가 좁은 직인으로 슴베가 긴 3점은 홈이 만들어져 있고, 짧은 슴베의 춘천 우두동 동검은 등날과 칼 끝이 발달되어 있다. 형태적으로는 세형동검과 같은 기능으로 보이지만, 후자 1점의 비송국리문화권과 3점의 전자는 송국리문화권으로 형태적 차이가 나누어지는 것 같다.

이 외[37]에 춘천 우두동유적에서 출토된 동촉은 무경식·이단경식·양익식으로 중국 북방지역에서 유입된 외래계일 것이다. 이에 반하여 일단경식동촉인 26·27·29·38·57·58과

36　비례동 동검은 무경식석촉과 마연소옹이 공반되어 중기에 속하는 듯도 보이나 기존의 편년에 따른 중기라 하더라도 후반대에는 송국리문화형성기와 병행기이므로 중기문화를 가진 후기로 편년될 수도 있다. 그래서 탄소14연대가 적용되면 밝혀질 것이다.

37　경주 봉길리 비파형동검은 칼등 폭이 매우 좁은 소형에 속할 것이다. 이 동검은 제주 화순리 비파형동검(그림 8-60)과 형제동검으로 봐도 무방할 정도로 닮았다. 이 두 지역이 수렵어로가 우세한 생계형태라는 점에서 변형된 비파형동검을 부장품이 아닌 주거지에서 발견할 수 있었을 것이다.

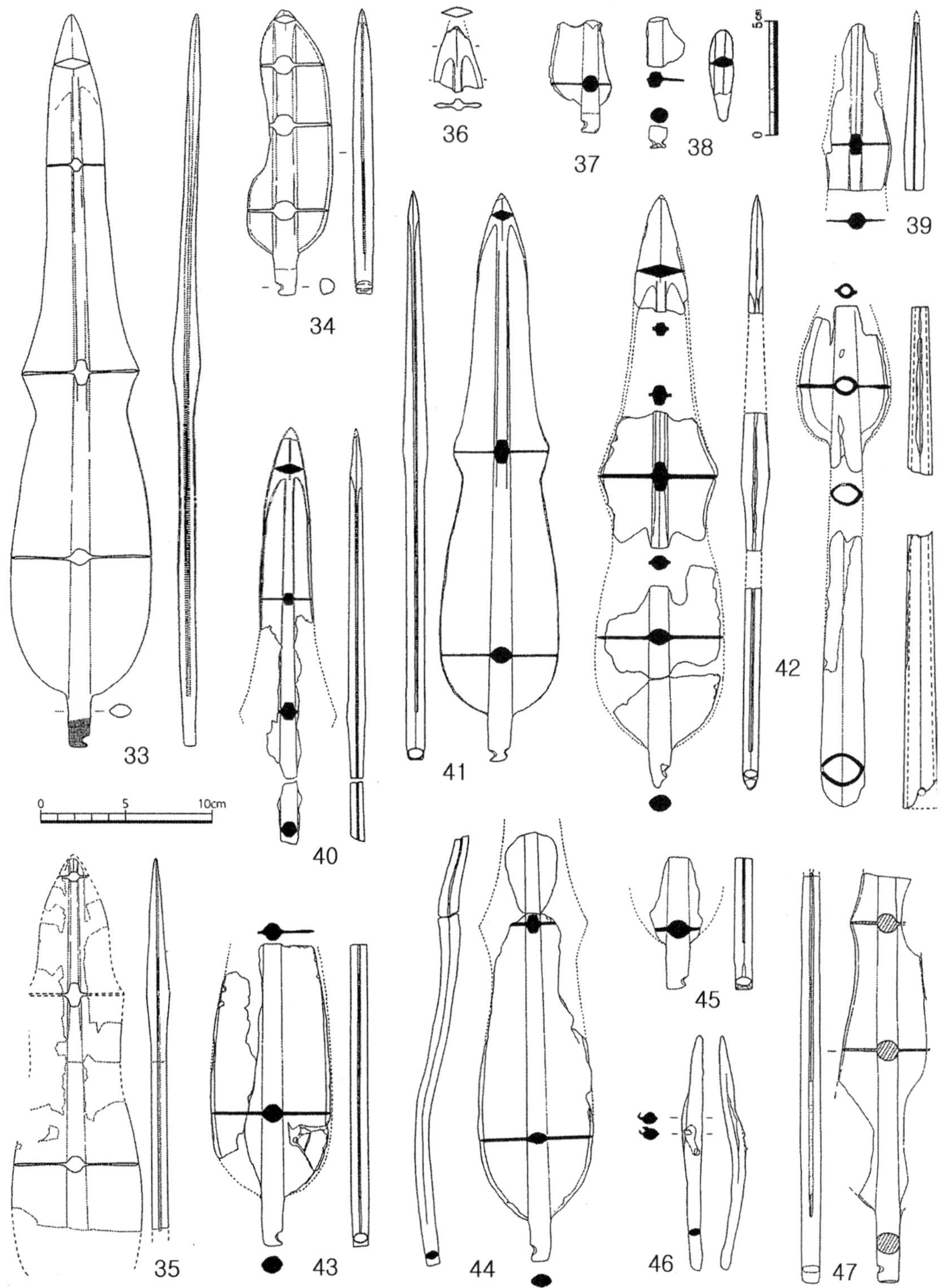

그림 7 송국리문화기의 여수 출토 청동기

33: 월내동 상촌Ⅲ 116호 지석묘 | 34: 同 115호 지석묘 | 35: 同 92호 지석묘 | 36: 봉계동 월앙 10호 지석묘 | 37: 오림동 8호 지석묘 | 38: 同 5호 석곽 | 39: 적량동 상적 9호 석실 | 40: 同 4호 석실 | 41: 7호 석실 | 42: 2호 석실 | 43: 13호 석실 | 44: 21호 석실 | 45: 22호 석실 | 46: 평여동 산본 나-2호 지석묘 | 47: 화장동 26호 지석묘

(모든 그림의 축척: 검 1/4. 촉·장신구 1/3, 동부 7 축척 불명)

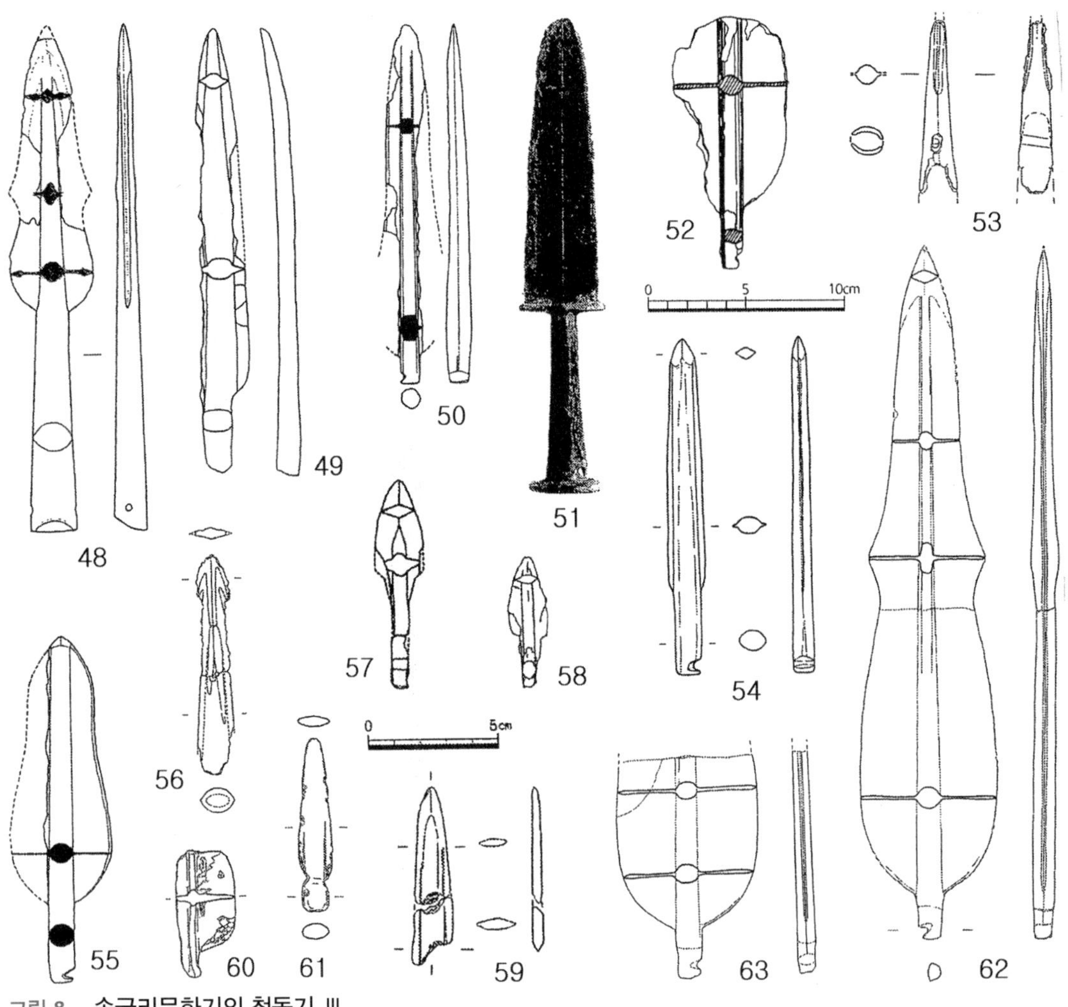

그림 8 송국리문화기의 청동기 Ⅲ

48:(전)익산 출토 | 49: 보성 덕치리 신기 1호 지석묘 | 57: 同 15호 지석묘 | 50: 순천 우산리 내우 38호 지석묘 | 55: 同 8호 지석묘 | 51: 전북대학교박물관 소장 | 52: 고흥 운대리 석곽 | 53: 순천 서평리 쌍암유적 | 54: 고흥 운대 13호 지석묘 | 56: 보성 봉릉리 지석묘 | 58: 제주 삼화지구(가-1) | 59: 同 화순리 창고천 10호 수혈 | 60: 同 Ⅱ구역 38호 주거지 | 61: 同 예래동 Ⅰ-1구역 48호 주거지 | 62: 여수 월내동 상촌지석묘Ⅱ 7호 지석묘 | 63: 同 2호 묘역지석묘.

경신무경식동촉 59와 호남지역의 석검을 모방한 51 동검은 재지의 석촉과 석검을 모방하여 제작한 것이므로 남한지역에서 청동기를 생산하였다는 결정적인 증거라고 하겠다.

대다수의 남한산 비파형동검 B군을 세분하면, 재가공품인데도 불구하고 대체로 주조 시의 형태를 유지하고 있으며 또한 남한형으로 특징이 변천하는 과정에 따라 검기에서 하반 부의 팽창 정도를 알 수 있는 속성은 검기의 각도이다. 그래서 B군 내에서 검기 각도를 살펴보면 3개의 군집으로 나누어진다.

B군의 비파형동검을 〈표 2〉의 동검들을 검기 각도를 중심으로 겹쳐보면 3개로 세분되는데, 이것은 3종류의 거푸집에서 주조한 동검이라고 상정하여 3개의 모형으로 상정한다. 그 결과 슴베가 가늘고 길며 홈이 없는 禮田同型은 가장 검기 각도[38]가 커서 거의 직각을 이루고 등돌기의 위치는 검기에서 측정하여 3개 모형 중에서 가장 낮다. 月內洞型은 검기 각도가 중간 정도이면서 짧은 슴베에 홈이 만들어져 있고 등돌기는 가장 윗쪽에 위치한다. 積良洞型은 검기 각도가 가장 예각을 이루며 슴베는 짧고 홈이 있다.

〈표 2〉처럼 예전동형은 대전에서 청도까지의 공간적 분포를 보이며, 〈그림 5〉의 15 대전 상대동 양촌 5호 석관묘출토품은 재가공품이기는 하지만 예전동형의 검기각도를 가지면서 칼등의 폭도 좁아서 예전동형을 모방하여 재가공한 것이다. 김천 송죽리유적의 17 동검은 검기는 그대로 살린 채로 동검의 날은 많이 마모된 것으로 추정된다. 송죽리동검처럼 슴베에 구멍을 뚫은 것으로 김해 신문동 동검이 있는데 슴베가 가늘고 검기의 형태와 각도는 21좌 동검과 일치한다. 그래서 신문동동검은 예전동동검을 2차 가공한 것으로 판단된다. 32 창원 덕천리동검도 예전동형에 속할 듯하지만 검신 파편의 상하를 바꾸어서 검기와 칼끝을 2차 제작한 것이므로 예전동형 동검을 사용했는지는 알 수 없겠으나, 제

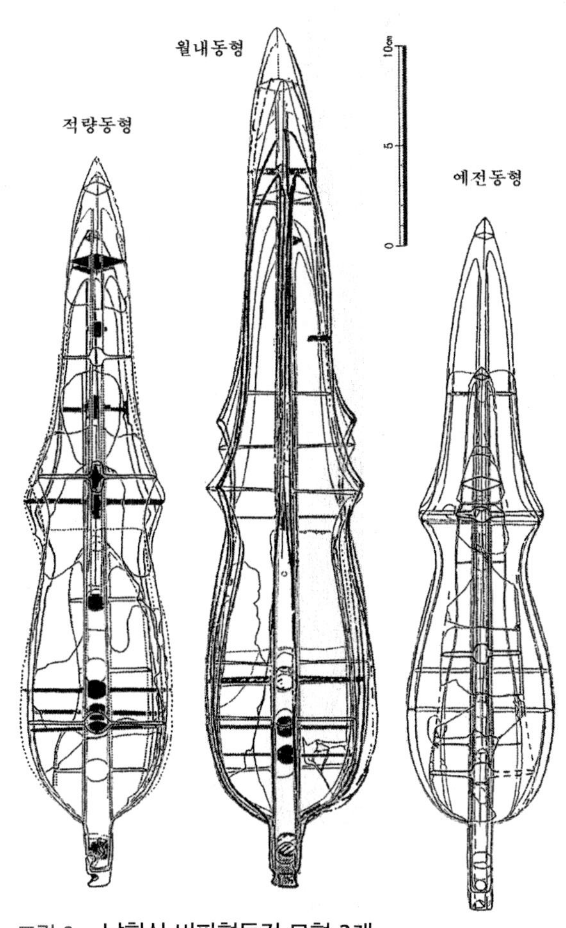

그림 9 남한산 비파형동검 모형 3개

표 2 남한산 비파형동검 모형의 3례

형식	비파형동검 · 출토지	
예전동형	대전, 김천	15, 17
	(전)청도, 김해	21좌우, 23
월내동형	(전)성주, 창원	19, 20좌우, 24
	여수	33, 41, 43, 63
적량동형	부여	12
	여수, 고흥, 순천	34, 42, 44, 62

---

38 검기 각도는 검기에서 측정한 칼날의 각도를 말함.

작의도는 예전동형을 모방했다고 판단된다. 예전동형은 슴베에 홈이 없고 가늘고 긴 특징이
므로 여수의 두 개 모형과는 제작지가 다르게 구분해야 할 것이다. 많은 변형이 일어나지 않
은 채로 발견된(전)청도를 생산지로 추정할 수밖에 없다. 월내동형은 적량동형과 함께 여수
반도에서 가장 많이 출토되므로 여수반도가 생산지로 결정해야 한다. 월내동형이 과연 성주
와 무주에도 공급이 되었는지 의문이지만, 창원 진동리 동검은 날이 재가공되었지만 검기각
도는 완벽하게 일치한다.

2) 남한산 비파형동검의 시간성

여수반도와 김해-부산지역의 교류를 석검으로 밝힌 것이 〈그림 10〉이다. 이종철(2023)은 심
부와 말단부가 대칭 돌출된 工字형의 석검을 병부과장식이라고 하고 여수반도와 그 주변에
분포가 집중되는 것에 주목하고 있다. 매우 유용한 해석이라 믿고 여수반도에서 생산된 적량
동·월내동형 비파형동검만이 아니라 이 병부과징식석검도 매개로 부산김해지역이 여수반
도와 활발한 교역이 있었던 것을 알 수 있다. 그렇다면 김해지역의 무계리지석묘를 포함하여
앞서 신문동 동검과 무계리지석묘의 동촉 등이 여수반도의 생산품일 것이고, 여수반도의 병
부과장식석검은 앞서 예전동형 비파형동검의 유통관계가 있었듯이 청도-김해 간의 교역관
계를 따라 고령-대구가 산지인 혼펠즈제 마제석검(황창한 2013)이 김해로 흘러들어오고 이것
으로 김해에서 제작한 병부과장석검과 여수반도의 남한형 비파형동검이 상호 교환된 것으
로 추정할 수 있겠다. 이종철은 병부과장식석검은 그 수량이 여수반도가 많아서 이 석검도
생산지는 여수반도이고 김해와 부산은 수급받은 지역으로 해석하였지만, 병부과장석검으로
는 김해 무계리나 부산 괴정동 석검이 奇形的으로 극대화된 형태이기 때문에 병부과장식석
검으로는 가장 발달된 것이라 생각되고, 이에 반하여 여수반도의 석검은 병부가 조금 돌출된
정도라서 과연 생산지보다 공급지역에서 더 효율적인 석검이 출토될 수 있을까 라는 의문도
생긴다.

　　또 하나의 연구는 남해안에 퍼져있는 지석묘의 매장주체부 석관묘의 개석을 여러 겹으
로 덮은 다중개석은 서해안과 남해안에 분포하며 창원-함안-진주의 관련성이 보인다(윤호필
2005). 여기에 이수홍(2013)은 다중개석묘는 여수반도에서 창원 덕천리유적 그리고 김해 율
하리·미음동 분절 유적에서도 확인된다고 한다. 그런데 분절유적은 부석식·석축식 구획묘
에 석관묘가 연접한 형태인데 2호 석관묘의 개석 상부 채움석 속에서 와질토기 완이 출토되
었다(동진숙·김유정 외 2013). 그래서 김해의 지석묘는 늦어도 기원전 1세기까지 존속한다는

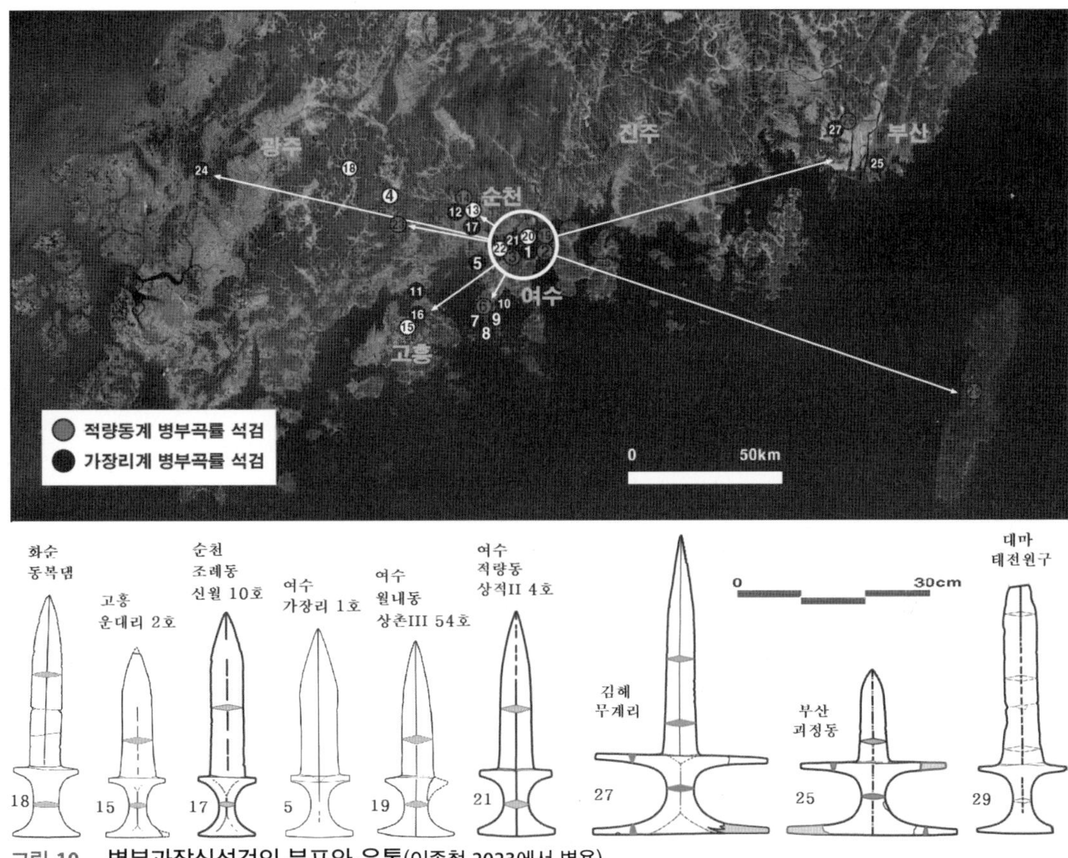

그림 10   병부과장식석검의 분포와 유통(이종철 2023에서 변용)

것을 알 수 있고, 여수반도의 다중개석묘[39]는 늦은 시점까지 존속할 가능성이 있는 것이다.
하여튼 여수반도와 김해지역 두 지역의 친밀한 교환관계가 형성된 것은 분명한 사실로 보인
다. 그런데 김해지역의 지석묘집단을 가락국 직전의 구간사회(이원태·박종평 외 2024)로 보았
기 때문에 하한연대는 기원전 1세기가 되고 청동기시대 만기문화가 지속되던 사회로 추정된
다. 그래서 여수반도의 남한식 비파형동검을 생산하던 정치체도 서기전 1세기까지 존속하였
던 것이 되겠다.

　　여수반도의 비파형동검이 세형동검시기라는 추정은 또 김해 신문리(예전동형)나 창원
진동리(월내동형) 동검이 세형동검의 영향을 받은 비파형동검이라는 주장(이양수 2016)과도

39　다중개석묘가 시간성을 가진 지역 간의 관계에서 형성된 문화현상일지는 구체적인 연구가 필요하다.
점판암 등의 퇴적암이 주로 분포하는 경상계 지층의 지역에서는 암질이 물러서 여러 겹으로 개석을 덮을 수
밖에 없고, 석재를 채취하기 유리한 장소가 해안일 것이다.

상통한다. 여수반도의 월내동형·적량동형 비파형동검의 상한연대는 현재로는 후기후반~만기초의 유물과 공반하므로 송국리유적의 선형동부의 주형이 출토된 시점과 비슷할 것이다. 이 선형동부 주형과 함께 송국리마을 Ⅲ기로 편년(安在晧 2021)된 1호 석관묘의 비파형동검은 적량동형에 속하며, 1단경첨근식석촉이 공반된 점을 주목할 필요가 있을 것이다. 이 형식의 석촉은 충남지역에서는 예외적인 석촉형식이다. 주 분포지역은 영남지역이며 특히 장신의 경우는 의기적인 성격이라는 해석(金元龍 1963)은 오래전부터 있었다. 이렇게 연결해 보면 송국리 1호 석관—김해지역 지석묘—여수반도의 청동기 생산과 상호 연계됨을 알 수 있다. 그런데 송국리에서 출토된 1단경첨근식석촉은 장신으로서 영남지역에서는 후기 후반대가 중심시기이며 서기전 1세기는 거의 마지막 시점일 것이다. 이런 상황에서 여수반도의 적량동형 동검이 청동기시대 후기 언제부터 생산된 것인가는 의문이 있게 된다.

3개의 모형은 각 특징에서 유사성과 차이로써 상호 관련된다. 홈이 없는 슴베가 가늘고 긴 형태의 예전동형은 한반도 비파형동검의 초기형이라는 琴谷洞식(宮本一夫 2002)이라는 학설도 있지만, 분포가 월내동형과 적량동형보다 북쪽에 있고, 또 슴베가 짧고 홈이 만들어진 월내동형과 적량동형이 세형동검에 가까운 슴베 형태라는 관점에서 한반도의 비파형동검 중에서 새로운 형태이며, 예전동형은 이른 시기의 남한식 비파형동검이 아닌가 추측된다. 이에 대해서는 후술하여 다시 논의해보고자 한다.

3 청동기 부장묘지의 3유형

청동기시대 무덤에서 청동기가 출토되는 사례는 적다. 청동기가 가지는 사회성 즉, 잉여생산과 대외교섭의 배경을 고려한다면 청동기를 무덤에 부장하는 행위 자체가 그 당시 사회상을 그대로 노출한 것이다. 그래서 청동기부장 양상을 진화론적 입장에서 3가지 유형을 설정하고, 각각의 시대상을 수장의 형태와 연결시키고자 한다.

1) 상촌형 묘지

여수시 월내동 상촌Ⅲ유적은 산 사면에 149기가 대략 5열로 나열되고, 5개의 군집으로 나누어지는데, 대부분이 구획묘이고 주변에는 석관묘가 조영된다. 그리고 가장 높은 곳에는 초대형의 상석을 둔 1호 묘가 입지한다. 이 1호 묘의 상석 직하에서 매장부가 발견되지 않았으

群	형식 무덤	유구석부			석부				석검		석촉			赤磨壺	土紡錘	단계
		ㄱㄴㅂ	ㄹㅅ	ㅁ	Ⅰ Ⅱ	ⅢⅥ	Ⅳ	Ⅴ	146	35	ac	bfg	hi			
8	115		■			▲							■			Ⅲ기
8	65		■									■	×			
7	125									■		×	■			
6	49-1				■					■		×	■			
5	116-2				×		▲	■				×	×			Ⅱ기
5	1	▲	■		■			■				×	×	▲		
4	101			■					■			■	■			
4	116								×			■	■			
3	18								■			■				Ⅰ기
3	102								■			■			▲	
2	54								■		■	■				
1	24										■	■				

므로 무덤으로는 볼 수 없고, 묘역임을 상징하는 묘표식의 성격(이영문·김진표 외 2012)이면서 산신 제단이거나 자연신에 대한 의례용 시설일 것이다. 이 1호 묘(제단)의 전방에는 통로로 추정되는 공간으로 가군과 나군의 사이와 다군과 마군의 사이이다. 이 통로를 기준으로 좌우의 무덤 피장자는 종족 또는 씨족집단이 달랐다는 것을 엿볼 수 있다.

(1) 개념

상촌Ⅲ유적은 여수반도에서는 최대급의 대규모 열상의 구획묘유적이다. 특히 3기에서 비파형동검이 출토되는데 이 3기의 무덤이 연접한다는 점이 주목할 점이다. 즉 청동기부장묘가 순차적으로 조영하여 열상 배열된 것을 上村類型이라고 명명하며 그 개념은 다음과 같다.

상촌유형 묘지의 존재는 청동기를 정치체 내부에서 직접 생산하는 단계의 사회임을 나타낸다. 청동기를 부장한 각각의 묘는 시기를 달리하며 조영된 것인데, 일렬상으로 배열된 무덤의 피장자들은 친족관계이고, 단순하게 표현한다면 정치체를 지배했던 시기가 다른 각각의 수장이다. 수장묘인 청동기부장묘가 연접된 것은 수장의 권력이 동일 씨족 내에서 계승된 것을 의미한다. 단순히 청동기만 부장한다고 해서 수장묘라고 평가해서는 안 된다. 무기형청동기에는 동검, 동모, 동촉이 있지만, 그 중에서 비파형동검을 부장한 무덤의 피장자가 가장 높은 신분임을 시사하므로 수장묘로 인식해도 좋을 것이다. 무덤에서 비파형동검 외에

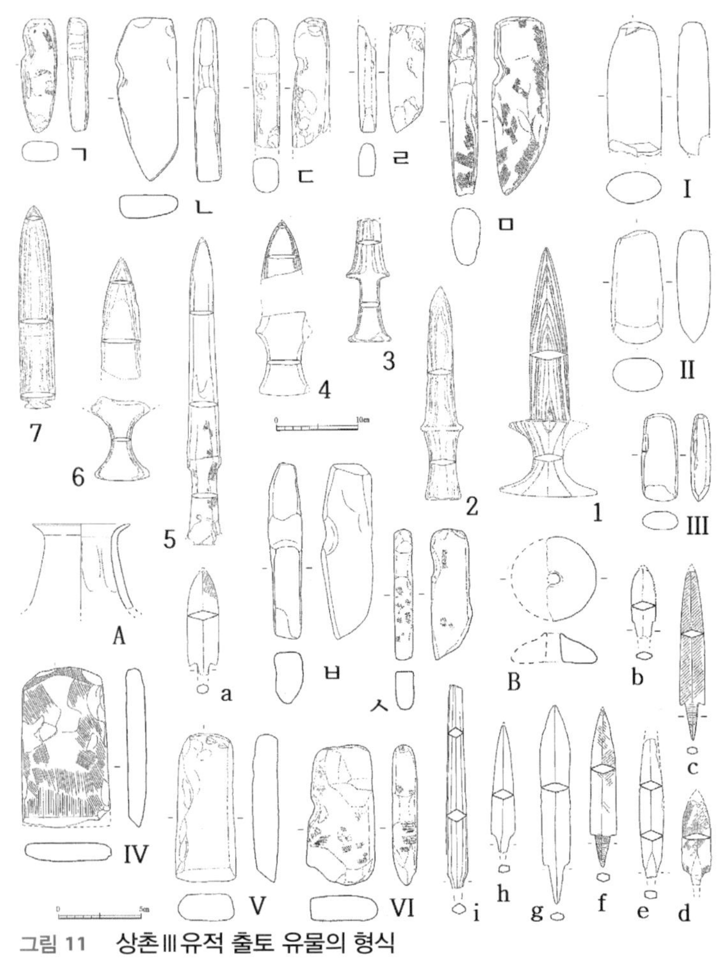

그림 11 상촌Ⅲ유적 출토 유물의 형식

도 동촉을 부장한다든지 소형의 비파형동검 또는 (병부과장형)석검 등을 부장하는 무덤도 있다면 이들은 수장층에 속한 인물일 것이다. 그런데 상촌유형 묘지에는 소수의 석검 부장묘가 있으므로 얕은 수장층은 존재하였을 가능성이 있다.

(2) 편년

출토된 유물의 분류는 〈그림 11〉와 같다. 무덤의 축조 순서를 알기 위해서 계기연대법으로 순서 배열한 것이 〈표 2〉이다. 유물의 분류는 세분하였으나 계기연대법으로 양식편년에 이용하기 위해서 유사한 몇 개의 형식들을 묶었다. 순서배열의 시간성은 석촉에서 일단 첨근식 중에 관부가 역자식인 것과 1단병식 석검의 병부가 상하 대칭인 형태 즉 2단병식석검의 계통인 것을 이른 시기로 설정하였다.

11기의 무덤이 8개 군으로 묶였는데, 각 군에서 최초로 출현하는 형식의 수가 격차가 큰 경계를 획기로 삼아 3개의 단계로 편년하였다. 그리고 이 양식편년을 통하여 1~2개 형식만을 출토한 유구의 시간성을 〈표 5〉에서 정할 수 있었다.

표 4 상촌Ⅲ유적의 양식편년

형식 단계	유구석부			석부				석검		석촉			赤磨壺	土紡錘
	ㄱㄴㅂ	ㄹㅅ	ㅁ	ⅠⅡ	ⅢⅥ	Ⅳ	Ⅴ	146	35	ac	bfg	hi		
Ⅰ기								■		■	■			▲
Ⅱ기	▲		■	■		▲	■	■	■		■	■	▲	
Ⅲ기		■			▲			■			■	■		

표 5　상촌Ⅲ유적, 순서배열하지 못한 유구의 단계설정

형식 유구	유구석부		석부				석검				석촉				단계
	ㄱㄴㅂ	ㄷ	I II	III VI	IV	V	146	2	35	7	ac	bfg	de	hi	
〈표 3〉							■				■	■			I기
	▲		■		▲	■	■		■			■		■	II기
				▲					■			■		■	III기
65-1														●	II~III기
52				●											(III기)
103									●						II~III기
23-1			●												II기
92													●		?
51						●							●		II기
9 100 122						●									II기
116-1					●										(II기)
13 48 120 121 주3	●														(II기)
12 71 113 118												●			I~III기
93											●				I기
124		●													?
57								●							?
53										●					?

　　상촌Ⅲ유적은 구획묘군집이므로 무덤 간의 중첩관계를 알 수 있는데, 본 양식편년의 시간성과 유구 간의 층서관계가 일치하는지를 살펴볼 수 있다. 12호(I~Ⅲ기) → 13호(Ⅱ기), 92호(?) → 93호(I기), 116호(Ⅱ기) → 116-1호(Ⅱ기)·115호(Ⅲ기)의 관계에서 어긋난 것은 없지만 92호 묘는 I기로 추정된다. 이렇게 보면 청동기가 부장된 묘는 단 3기에 불과한데, 92호(I기, 불명)·116호(Ⅱ기, 월내동형 비파형동검)·115호(Ⅲ기, 적량동형 비파형동검)로서 월내동형비파형동검이 적량동형비파형동검보다 이른 시기에 출현한 것으로 추정할 수 있겠다. 그래서 남한식비파형동검에서 검기각도가 큰 예전동형에서 월내동형으로 다시 적량동형으로 변천하는 것으로 상정해둔다.

　　상촌Ⅲ유적의 시기는 유구석부를 통하여 짐작할 수 있다. 〈그림 11〉의 ㄱ·ㄴ·ㅂ식은 김천 송죽리유적 Ⅱ식(Ⅱ기 이후, 안재호 2022)과 동형식이고, 방추차 B식은 조·전기문화의 특색을 가진 것이기도 하지만 안성 반제리유적에서도 출토되었으므로, 북방지역의 양식으로 청동기시대 조기뿐만 아니라 만기에도 유입해온 형식으로 봐야 한다. 그리고 적색마연호는 장경식으로서 소위 밀양-대구형(김미영 2011)이며 송죽리유적에서는 Ⅲ~Ⅳ기(C식)에 출현한

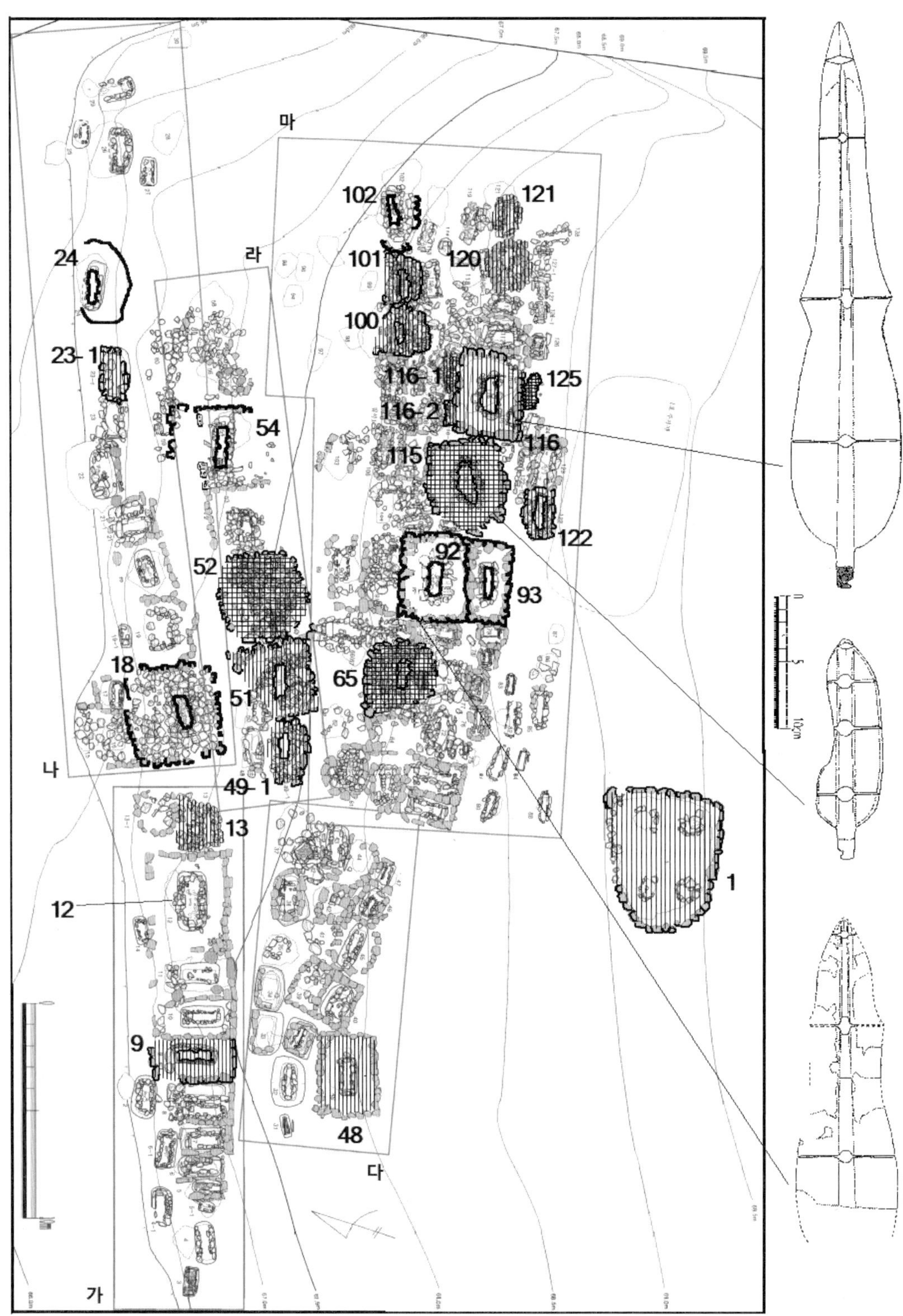

그림 12 월내동 상촌Ⅲ유적의 무덤 분포와 시기(□ Ⅰ기, Ⅲ Ⅱ기, ▦ Ⅲ기)

다. 3식의 석검은 호남지역의 특색을 가진 것(안재호 1990)이고 이를 모방 제작한 동검(그림 8-51)도 출토된 바 있다. 특히 유구석부 전체는 횡단면이 제형인 송국리문화기의 특징은 보이지 않으며, 방형이거나 장방형 또는 말각장제형을 띠며, 복부가 배부와 나란한 특징은 점토대토기문화기의 요소인 것이다. 그러므로 본 상촌Ⅲ유적의 Ⅰ기는 송국리문화기로서 후기에 속하지만 Ⅱ~Ⅲ기는 선점토대문화(안재호 2019)로서 만기에 해당한다.

(3) 무덤 조영의 특징

무덤은 5개의 군집으로 각 군집은 열상으로 조영되었고 또 각군집은 서로 인접하고 있다. 필자는 이 편년을 하기 전에는 5줄의 무덤이 순차적으로 조영되었을 것으로 추측하였으나, 양식편년의 결과를 보면 제Ⅰ기에는 나·라·마군집에서 함께 조영되었다. 그런데 군집 내에서는 구획묘의 규모가 큰 특징[40]을 보인다. 그러므로 송국리형마을에서 최초로 조영되는 무덤이 시조묘로서 가장 규모가 크다는 현상과 일치한다. 이것은 시기불명인 12호 묘도 가군집 내에서 최대형이므로 Ⅱ기인 9·13호 묘에 앞 선 Ⅰ기의 시조묘일 가능성이 있다. Ⅱ기의 48호 묘는 다군집 내에서 가장 규모가 큰데, 구획묘의 장축 방향이 다른 두 계열이 혼재하는데, 다군집의 묘 배열 속으로 마군집 묘의 연장으로서 개입된 것처럼 보인다. 그래서 다군집만은 다른 군집에 비하여 늦은 시점에 조영된 것이고, 독자의 묘열을 조영하지 못하여 가장 규모가 작게 형성되고 말았다.

그러므로, 상촌 Ⅰ기에는 가군집의 12호묘, 나군집의 18호묘, 라군집의 54호묘, 마군집의 92호묘가 시조묘에 해당하고, 51호와 54호에서는 부장품으로 병부과장식석검이 출토되었다. 그러므로 본 묘역에서는 나·라·마군집이 정치체의 중심 宗族(또는 씨족)집단임을 알 수 있으며, 시조묘나 수장묘에서 위신재인 병부과장식석검이나 청동검으로 부장한 것이다. 상촌사회에서 최종적인 지배권은 마집단에 속하게 되었으며, 이 이후부터 116호묘에서 115호 묘로 누세대로 이어지는 청동기부장묘는 수장묘로서 다음의 적량동유적의 사례와 비교하면 세습신분이라고 추정된다.

유적 내 최대규모인 1호 제단은 Ⅱ기에 조영된 것으로 보이는데, 다군집의 묘역이 조영되면서 모든 씨족집단의 묘역이 완성되면서 1호 제단을 산신제단 혹은 천신제단으로 묘역보다 더 높은 곳에 조성한 것이라 생각된다.

---

40 라군집의 54호 묘는 다음 단계의 52호 묘보다는 규모가 작게 보이지만 매장주체부와 구획묘의 외곽선이 평행한다는 원칙에서 보면 라군집 내에서 최대의 묘역을 가질 수가 있다.

2) 상적형 묘지

상적유형 청동기부장묘지는 청동기 부장묘가 누세대적으로 다수 조영되었으나 열상으로 배치되지 않고 산발적으로 조영된 묘지이다. 청동기를 직접 생산한 부족적인 집단이지만 수장의 권한이 세습되지 않고 선출된 사회단계이다.

〈그림 13〉의 상적 Ⅲ유적(李榮文·鄭基鎭 1993)은 구획묘와 지석묘로 나누어지며, 매장주체부는 모두 석관묘(보고서의 석실묘)이다. 비파형동검은 지석묘 14기 중에서 7호 묘에서만 월내동형 비파형동검이 출토되었고, 구획묘 21기 중에서는 6기에서 월내동형 1점과 적량동형 2점 그리고 형식을 알 수 없는 파편이 출토되었다. 그리고 17호 묘에서는 병부과장석검 1점이 부장되었다. 이 6기의 청동기부장묘는 인접하는 경우가 없고, 등간격으로 떨어져 분포하며, 둘 이상이 열상으로 조영되지도 않고 독립적인 분포를 띤다. 그래서 청동기부장묘의 피장자는 친족관계가 아니며, 종족이 다른 집단이라고 판단된다. 비파형동검을 부장한 무덤은 수장묘라고 한다면 각각의 수장은 선출된 신분이었을 것이다.

지석묘와 구획묘를 시간적으로 양단할 수는

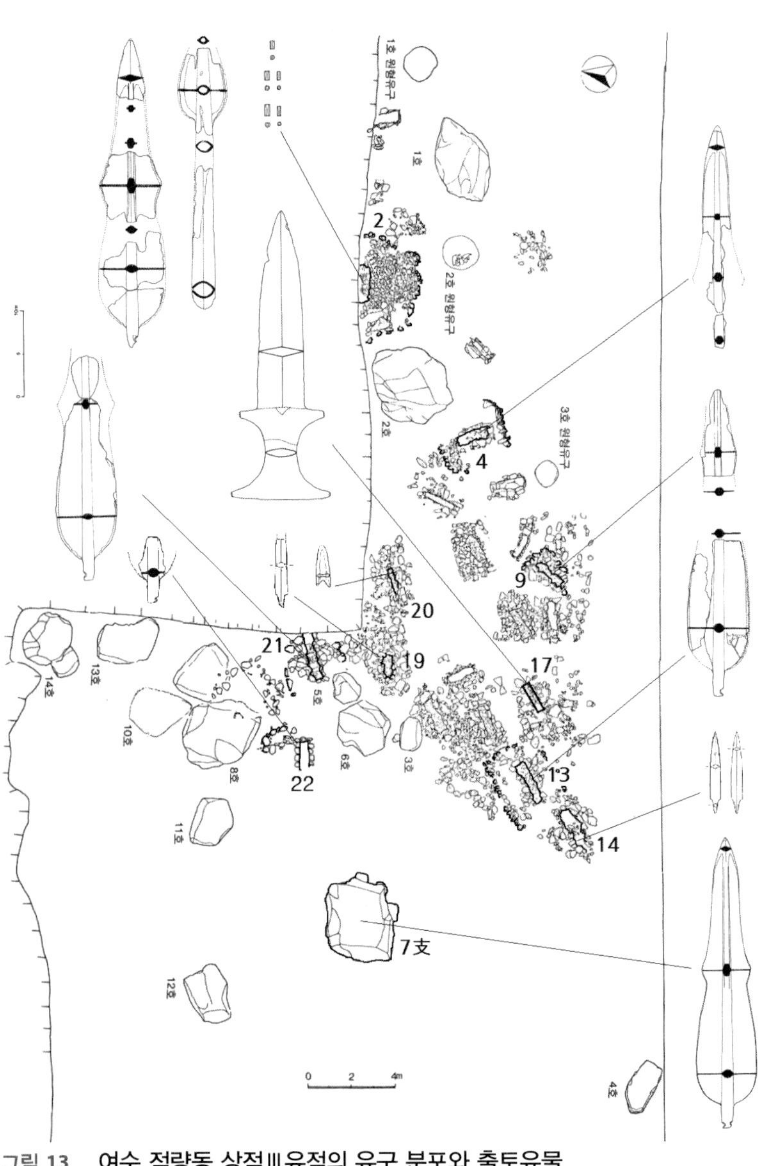

그림 13 여수 적량동 상적Ⅲ유적의 유구 분포와 출토유물

없겠지만, 청동기 부장양상을 보면 지석묘가 구획묘보다 이른 시기의 무덤으로 추정된다. 비파형동검을 두고 보면 7호 묘의 것은 완형이지만 6기의 구획묘에서 출토된 비파형동검은 모두 파손품이다. 상적·상촌유형은 청동기를 생산하는 단계임에도 불구하고 청동검의 파편이나 파손품을 부장하는 것은 석검의 파검풍습(조영제·류창환 1998)과 동일한 것이라 생각한다. 즉 파검 행위는 수장권의 계승의식으로서 앞선 수장의 권한을 끝낸다는 의미에서 권력의 상징인 석검을 부러뜨려서 부장하는 것이다. 파손품을 부장한 것은 구획묘사회 단계의 파검의례로 수장권 계승 의식

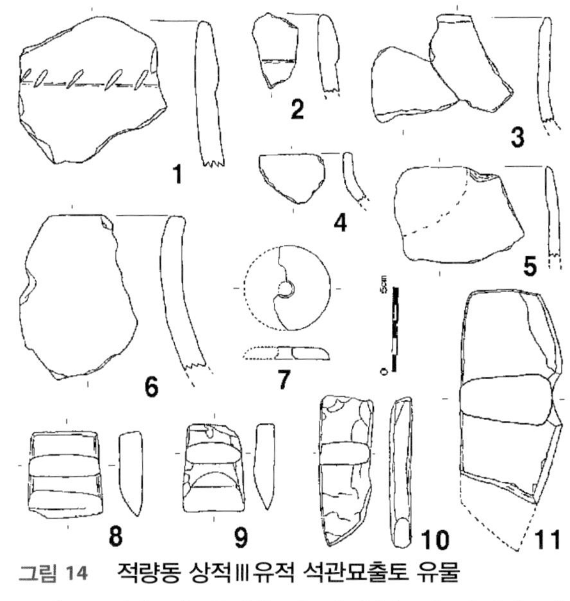

그림 14　적량동 상적Ⅲ유적 석관묘출토 유물
1~6·11: 2호　|　7: 3호　|　8: 23호　|　9: 9호　|
10: 1호

이지만, 7호 묘의 완형품[41]은 지석묘사회 단계의 집단 전체를 대상으로 한 매납품으로 이해된다.

　　지석묘사회의 무덤 유형은 후술할 송국리유형 묘지로서 월내동형 비파형동검이 매납되었으며, 구획묘단계에는 상적유형 묘지에서 월내동형 1점(13호 묘)과 적량동형 2점(2호·21호 묘)의 비파형동검이 공존한다.

　　지석묘는 상석의 대소 차이가 있지만 1·2·7·8호가 대형으로 분류할 수 있다. 1호를 제외한 3기는 기반식지석묘이며, 이 중에서 매장주체부는 보고서 기술에 따르면 7호가 송죽리 Ⅲ~Ⅳ기 마을에 등장하는 적석토광묘(안재호 2022)로 추정되고, 나머지는 위석토광묘와 유사한 평적식석관묘(혹은 목관묘)로 추정된다. 특히 7호 지석묘는 유적 서단부 지석묘의 묘역으로 추정되는 공간에 위치하며 주변 일정 공간은 공지로 비어있으므로, 피장자는 특별한 인물임을 알 수 있다. 그리고 구획묘 2·4·9·13·21호 묘는 지석묘와 혼재하며 모두 부석식이다. 이 중에서 유일하게 동모와 관옥 그리고 동검이 공반된 2호 묘의 묘역이 가장 넓다.

　　상적유적의 출토유물은 주로 구획묘에서 출토되는데, 크게는 두 시기로 나누어진다.

41　비파형동검은 석실(석관) 내부에서 출토되었으나 바닥과 벽석을 해체하는 과정에서 확인되었다고 하는데, 그래서 본래의 상면은 더 낮은 곳이었다고 추정하고 있으나, 이런 정황은 이금동유적의 사례처럼 상석 아래에 놓아둔 매납품임을 시사하는 것이라 판단된다.

〈그림 14〉의 1·2·7·8은 소위 미사리식 이중구연토기와 평면 방형의 편평편인석부이다. 대체로 조·전기의 문화요소이다. 아마도 묘지 하층에 전기의 유적이 있었던 것으로 추측할 수 있다. 그 외의 유물은 구획묘 소속으로서 3·4·6은 창원 상남유적 제사유구(이주헌 1999)의 호류에 유사한 기형이 있고, 11은 송국리문화기의 전형적인 유구석부이며, 10은 전술한 상촌Ⅲ유적의 ㅅ식 유구석부와 닮았다. 상남유적에는 파수부내만구연심발이 출토되므로 울산 입암리유적(김경화·최수형 2002)과도 상통하여 송국리문화나 검단리문화 중에서도 가장 늦은 시기로서 만기에 해당한다.

상적유적도 부족 또는 여러 宗族의 집단묘로서, 청동기부장묘는 여러 종족의 유력자가 피장자였을 것이며 각 시기의 수장은 특정 종족에서만 배출된 것이 아니라 정치체 내에서 유력마을의 지도자가 추대되었다고 가정하고 싶다. 이러한 정치체의 모습은 일본 요시노가리 환호마을이 모델(七田忠昭 2001)이 될 것이다.

3) 송국리형 묘지

청동기부장묘가 단 1기만 존재하는 유적을 송국리형묘지로 명명한다. 대표적인 유적으로는 부여 송국리유적, 창원 덕천리유적·진동리유적, 사천 이금동유적, 김천 송죽리유적 등이며, 청동기를 직접 생산하지 못하였던 정치체이고, 청동기는 매납품으로서 퇴장유물에 해당한다.

송국리형묘지의 비파형동검은 완형으로 출토되는데, 개인의 부장품이 아니라 퇴장유물로서의 매납품(안재호 1999, 2019) 인데, 완형품을 부장하는 이유는 자연신에게 공헌한 것이기 때문일 것이다. 〈그림 15〉에서도 피장자의 발치에 위치한 동검은 석촉과 관옥으로 덮여져 은폐된 상태로 출토되었으나, 피장자의 허리춤에 놓인 마제석검은 노출된 상태로 부장되었다. 이것이 송국리유적의 비파형동검이 부장품이 아니라 매납인 것을 보여주는 것이다. 그리고 관외에서 또는 무덤의 상석 아래이거나 벽석의 사이에서 출토되는 양상이 부장품이 아니라는 방증이다. 그러므로 이 송국리형 묘지의 비파형동검이 수장의 묘에서만

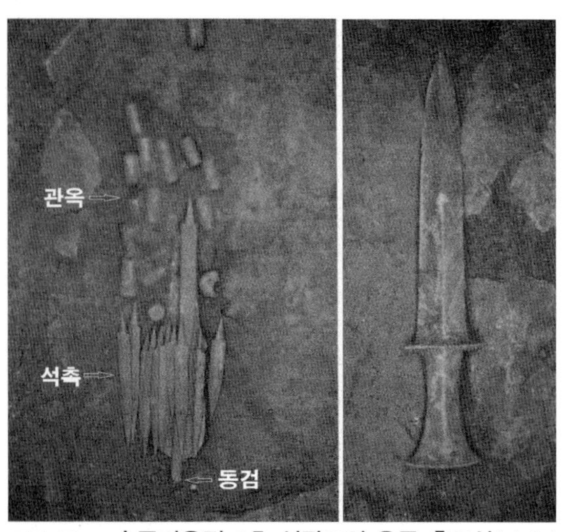

그림 15　송국리유적 1호 석관묘의 유물 출토상(이미경 외 2017에서)

출토되는 것이 아니라 소형묘에서도 출토되기도 하며, 집단이 이주하기 직전에 마을의 의기로 모셔두었던 것을 무덤에 묻은 퇴장유물인 것이다.

4) 월내동·적량동유적의 청동기부장묘 관계

월내동유적과 적량동유적은 낮은 구릉성 산지가 가로놓여 있어서 거리는 250m 이내로 가깝지만 가시권은 아니므로 각각은 별도의 정치체가 아닐까 추정된다. 적량동유적에서도 청동기부장묘가 있지만, 월내동 상촌Ⅲ유적과 작은 계곡을 사이에 두고 있는 상촌Ⅱ유적에서도 비파형동검 2점이 출토되었다. 그리고 여기에서 상촌I유적은 100m 거리에 위치한다. 더구나 3개소의 유적은 가시권에 있으므로 묘역은 달라도 하나의 묘지로 인식된다. 우선 무덤의 부장품으로만 보면 상촌I유적에서는 청동기는 없고 석검이 부장된 유적이므로, 청동기부장묘로만 보면 그 계층은 Ⅲ유적이 상층이고, Ⅱ·I유적 순서로 중·하층에 속한 집단의 묘역일 수도 있고, 또 한편으로는 하나의 정치체가 자연마을에서 수장사회로 진화해 나가는 시간적 추이로도 인식할 수 있다.

(1) 상촌Ⅱ유적의 청동기부장묘

상촌Ⅱ유적은 무덤의 형태를 보고서(이영문·강진표 외 2012)에는 여러 속성을 통하여 분류하고 있으나, 구획석이 없이 상석을 가진 지석묘와 구획된 묘역을 가진 구획묘 그리고 매장주체부만 가진 석관묘로 나눌 수 있다. 비파형동검은 7호 지석묘(석관묘)와 2호 묘역식지석묘(구획묘)에서 출토되었다. 그런데 이 두 형식의 무덤이 규모가 크지 않아서 앞서 상적유형이나 상촌유형과는 다르고, 덕천리유적이나 이금동유적과 같은 상황으로 송국리유형묘지로 추측된다.

〈그림 16〉의 무덤에서 출토된 유물 중에서 부장품으로 인정할 수 있는 것은 거의 석촉뿐이다. 그 외의 토기나 석부 등은 묘의 벽석 또는 개석 사이거나 매장주체부 외부에서 출토된 것이라서 묘의 조영 시기를 나타내는 유물은 아니고, 상촌Ⅱ유적의 상·하한을 제시할 수는 있다.

사천 이금동유적에서는 중기말에서 후기로 정치체가 교체되는데, 전 집단의 퇴장유물로서 마지막 지석묘에 비파형동검이 매납되고, 후 집단의 후기에 석관묘에 비파형동검이 매납된 것으로 해석한 바(안재호 2009) 있다. 본 상촌Ⅱ기유적의 경우도 중기문화(그림 16의 9·15·23·26·27)와 후기문화(1~8·11~13·21·24·25) 그리고 만기문화(14·22)의 유물이 잔존하지만 이 3개의 문화가 연속적일지 불연속일지는 알 수 없으나 상촌Ⅲ에서처럼 후기문화에서 만기문화로의 연속성은 있었다고 보고 싶다. 그래서 중기문화의 집단과 후·만기문화 집단 2개로 나눌 수 있으며, 중기문화는 하층의 주거지군이라면, 후·만기집단은 본 묘지의 유적에 해당할 것이다.

무덤은 크게 2개의 방향을 따라 연접되어 있는데, 남쪽에는 정동-서 방향의 16호-17호 묘열이 대략 여섯 줄의 군집(남묘역)이 있고, 북쪽에는 약간 남북으로 기울어진 방향의 다섯 줄의 무덤(북묘역)이 연접하고 있다. 그 경계가 남묘역의 10호 석곽과 북묘역의 7호 지석묘이다. 남묘역에는 만기의 유구석부가 출토되는데, 북묘역에서는 중기의 무문토기가 출토되고

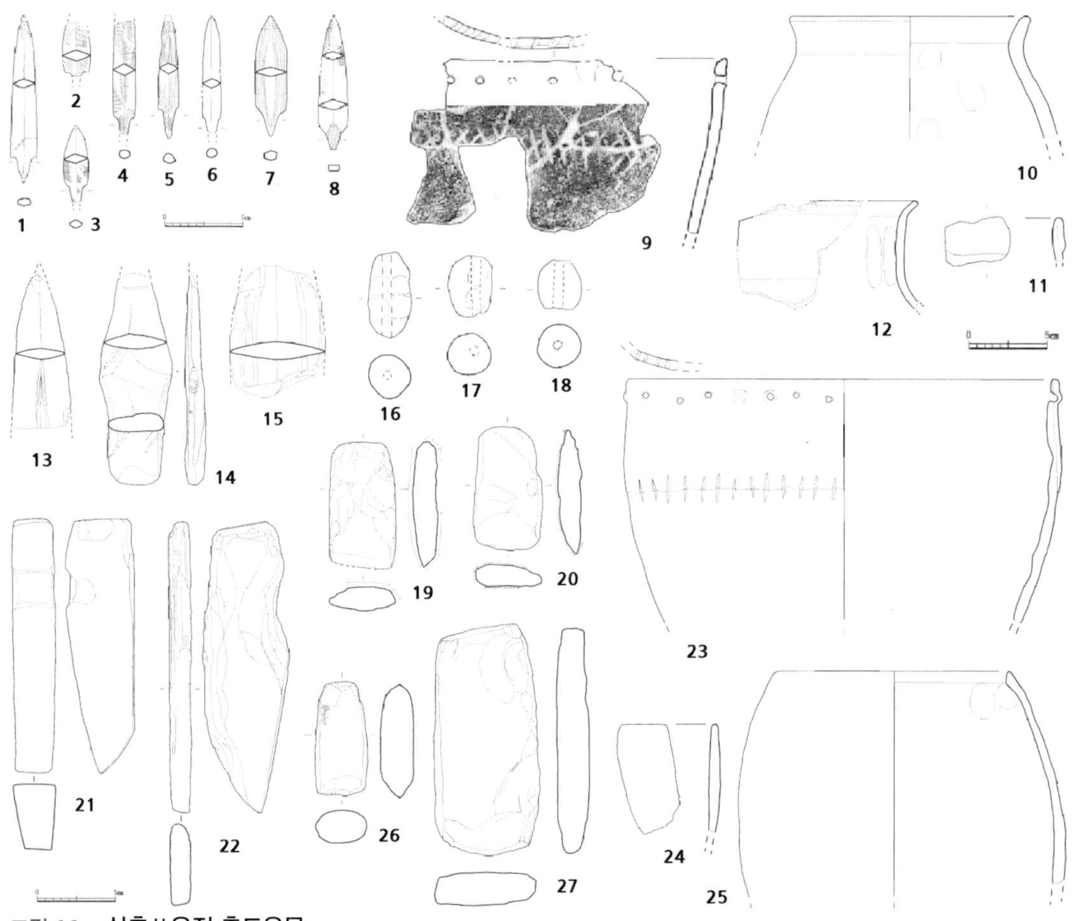

그림 16　상촌II유적 출토유물

1: 3호 지석묘　|　2·3·13~15: 1호 원형집석　|　4: 3호 원형집석　|　5: 17호 지석묘　|　6·20: 19호 지석묘　|　7: 16호 지석묘　|　8·17: 5호 지석묘　|　9: 2호 묘역지석묘　|　10: 10호 지석묘　|　11: 7호 지석묘　|　12: 12호 석곽묘　|　16: 19호 석곽묘　|　18: 20호 석곽묘　|　19: 3호 묘역지석묘　|　21: 14호 지석묘　|　22: 15호 지석묘　|　23: 1호 주거지　|　24·25: 3호 주거지　|　26·27: 2호 주거지

있다. 물론 이런 유물이 직접 무덤의 조영시기와 관계된 것은 아니겠지만, 중기토기가 노출된 북묘역이 중기문화와의 연관성을 제사하는 것은 아닌지 생각된다. 그래서인지 북묘역에는 2열의 지석묘와 3열의 구획묘가 연접하고 있으나, 남묘역에는 세 줄의 구획묘를 연접시키고 그 주변에는 석곽묘열을 배열하고 있다. 그래서 지석묘에는 아직도 중기문화가 잔존해 있었던 것은 아닌가 추측된다.

이런 가정 아래 북묘역의 최남단에 위치하는 7호 지석묘에서 완형의 적량동형 비파형동검은 매납품으로 중기문화를 내포한 지석묘사회의 종식을 시사하는 자료가 아닌가 생각된다.

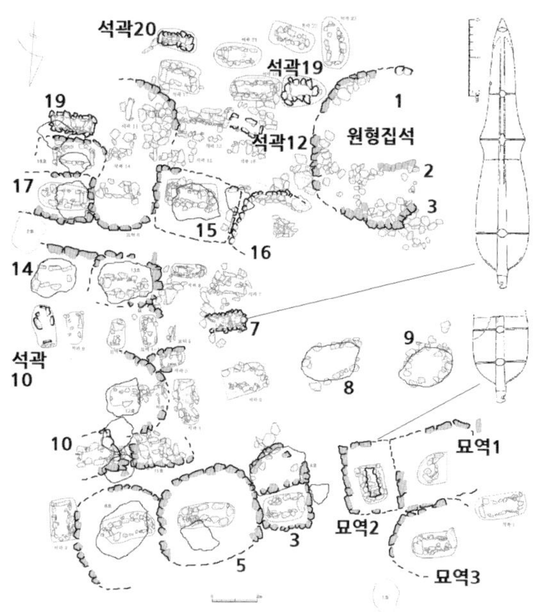

그림 17　　상촌Ⅱ유적의 유구와 청동검

그리고 북묘역 2호 구획묘에서 출토된 월내동형 비파형동검은 수장의 부장품으로 보고자 한다. 그래서 묘지의 형성은 「북묘역 지석묘군 → 북묘역 구획묘군 → 남묘역 구획묘군 → 남묘역 석관묘군」의 순서로 추정된다. 상적Ⅱ유적은 전반기에는 청동기를 소유하였으나 후반기에는 청동기부장이 없으므로 정치체 내에서 집단이 수장에 흡수되면서 초기의 고유한 권한을 상실한 것이라 판단된다. 여기에서는 비파형동검의 서열이 적량동형에서 월내동형으로 나타나 앞서 2개의 유적과는 뒤바뀌었으므로 두 형식의 비파형동검은 월내동·적량동집단 내에서 공존하는 시기도 있었다고 판단해야 할 것이다.

(2) 월내동·적량동유적의 청동기부장묘와 수장

월내동유적과 적량동유적은 1.3km 이내에 7개의 무덤군이 산포하므로 하나의 정치체가 형성한 것으로 봐야 할 것이다. 주요 무덤군의 시간성도 대체로 후기에서 만기에 걸쳐 있으며, 묘제에서도 대체로 동일하다. 중기의 유물인 복합문양을 시문한 심발이 주거지에서 출토되지만 중기의 석기는 보이질 않아, 송국리문화 속에 중기문화가 잔존한 상태로 정치체가 성립하였다고 판단된다.

비파형동검을 부장한 무덤을 중심으로 살펴보았듯이 각 무덤군은 약간의 성격을 달리하고 있는데 〈표 6〉처럼 정리된다. 이 속에서 수장의 동향을 살펴보면, 먼저 수장이 등장한

청동기 단계	비파형동검 소유형태		
	매납	선출수장의 부장품	세습수장의 부장품
후기 후반	상촌Ⅱ, 상적Ⅲ	상촌Ⅲ	
만기 전반		상촌Ⅱ, 상적Ⅲ	상촌Ⅲ
만기 후반		상적Ⅲ	상촌Ⅲ

시점은 후기 후반으로 두고자 한다. 후기 전반에 해당하는 단계는 송국리유적Ⅰ기와 관창리 유적 Ⅰ·Ⅱ기의 공반상으로 상정할 수 있고, 이에 상응하는 유물은 본 유적에서는 보이지 않고 오히려 만기의 유물이 많기 때문이다.

상적Ⅲ유적에는 구획묘 6기에서 비파형동검을 부장하고 있는데, 다른 유적보다 수가 많아서 수장의 존속기간이 더욱 길었다고도 할 수 있겠으나, 선출된 수장이므로 세습수장보

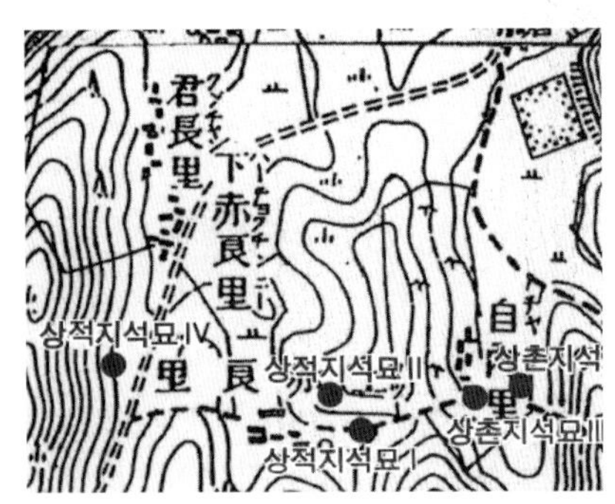

다는 그 재위 기간이 짧은 탓에 많은 수장묘가 존재하는 것이라 해석하고 싶다. 그리고 상촌Ⅲ유적의 청동기부장은 오직 수장묘 3기뿐이므로 수장을 보필할 수 장층을 형성하지 못하였다고 판단된다. 이럴 경우는 친족간의 세습이라기보다는 宗族 단위에서 선출된 수장일 것이다. 그래서 다른 종족보다 우위의 신분을

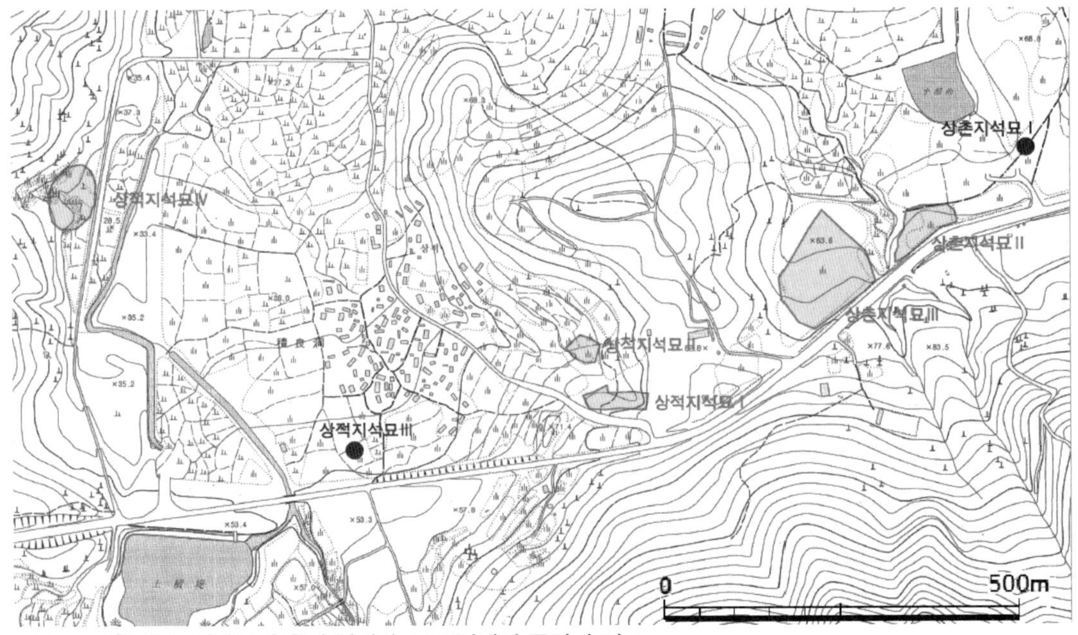

그림 18　월내동·적량동의 유적 위치와 1920년대의 군장리 지도

유지하였을 것이다. 위세품 성격의 청동기가 수장과 그 주위의 수장층에도 함께 부장되는 시기는 청동기가 다량으로 생산되는 시점부터이고, 비로소 친족 내에서 세습수장이 등장할 수 있는 여건이 형성되었다고 볼 수 있을 것이다.

청동기시대 후기 후반부터 말기까지 가장 발달된 수장 즉 세습수장은 상촌Ⅲ무덤군에 있다. 이 외 상적Ⅲ무덤군은 선출수장이 배출되고, 다른 무덤군에서는 수장의 흔적은 찾을 수 없다. 그러므로 모든 시기 동안 상촌Ⅲ집단이 최상위를 차지하고 그 아래에 상적Ⅲ집단 그리고 중하위 집단으로 상촌Ⅱ집단 최하위집단은 청동기를 부장하지 못한 4개집단이다. 이 모두를 하나의 정치체에 넣는다면 후기 전반에는 수장만 등장하고, 말기부터는 상촌Ⅲ의 수장은 최고위가 되지만 그 하위의 상적Ⅲ 수장은 수장층에 해당하게 된다. 그렇다면 동일한 무덤군에서는 수장+수장층의 계층이 형성되지 못하지만, 정치체 내부에서는 만기가 되면 수장+수장층이 형성되는 것이다. 이러하다면 만기부터는 월내동·적량동정치체는 초기의 군장사회 모습을 갖추게 된다. 선출직이나 세습직이나 수장의 권한의 차이가 없다면 월내동공동체와 적량동공동체와의 연맹체제의 정치체로 추정해야 할 것이다. 조선말경의 지도를 보면 상적유적의 북쪽 계곡은 해안으로 가는 통로이고 적량동과 인접한 하적량동을 지나면 君長里라는 지명이 있어 흥미롭다. 무덤군이 있는 곳은 묘지이고 이보다 북쪽에는 거주지역이 있어서 그곳에 이 당시 수장인 군장이 통치하던 읍락과 같은 마을이 있었음을 시사하는 자료가 아닌가 생각된다.

4 남한형 비파형동검의 생산과 대평리마을의 移轉

남한형 비파형동검은 형태적 특징이나 납동위원소와 X선투과방법 그리고 비파형동검 부장묘의 고고학적 정황 속에서도 재지 생산품인 것을 알 수 있었다. 특히 중점적으로 다루진 않았으나 재지의 석기를 모방한 청동기 즉 1단경식 석촉의 모방품(그림 6·8의 26·27·29·57·58)이나 무경식석촉 모방품(59) 그리고 석검의 모방품(51·61) 등은 모두 전남지역권이가나 송국리문화권과 관련된 것이다. 그러므로 상적형묘지과 상촌형묘지의 사회에서는 남한형 비파형동검을 비롯하여 소수의 청동기류가 생산되었다고 판단할 수 있었다. 그리고 예전동형동검은 이보다 이른 시기에 청도에서 생산되었다고 추정하였다. 이들 남한형 비파형동검은 주변으로도 유통되고 교환의 주요한 자원이 되었을 것이고, 여수반도의 정치체를 군장사회로 확정할 수 있게 되었다.

　그런데 학계의 일반적인 견해는 송국리동검이 가장 이른 것이라는 점이다. 본고에서는 송국리동검을 적량동형동검으로 분류하였는데 납동위원소분석을 통한 자연과학적인 분석자료가 없어서 구체적인 논의는 불가하지만, 본고의 논리에서 벗어나 단순한 고찰을 해보고자 한다.

　한반도 비파형동검의 기원을 요령지역에서 찾고 있다. 당연한 이야기이지만 요령지역의 청동기 출토유적과 관련된 청동기 생산지가 밝혀지지 않으면 청동기를 둘러싼 제문제는 사상누각일 것이다. 그리고 청동기의 제작 시기와 해당 지역의 양식편년과의 관계도 정립되지 않으면 안 된다. 앞으로의 연구를 기대하며, 이미 왕성하게 연구된 결과(吳江原 2007, 2013; 趙鎭先 2017; 이후석 2019, 2023)만 간단히 요약하여 본고에 이용하고자 한다.

　요령지역의 비파형동검과 관련된 시기의 각 지역문화의 병행관계는 대체로 쌍방문화(이도하자문화)-고대산문화-신락상층문화-한반도중기와 십이대영자문화-신성자문화-강상묘-송국리문화기(후기)가 선후관계를 이루며 하가점상층문화는 이 두 시기와 병행관계(천선행 2014; 이후석 2020)에 있다. 특히 요서의 산만자는 하가점상층문화의 후기단계에 해당하여 강상묘 이후와 병행할 것이다.

　〈그림 19〉에서 이후석(2019)은 1~5와 18~22의 비파형동검을 요동과 요서의 초기형이라고 하고, 이 내부에서 1·2 → 3~5 → 8·9의 시간 순서를 가지며, 요서에서는 23~25가 십이대영자문화와 하가점상층문화가 초원계통의 청동무기와 접점 시기로 초기 청동기보다는 늦게 보았다. 그런데 이 그림은 칼날 하반부의 곡률도를 측정하여 낮은 것에서 높은 것으로 요동과 요서를 분리하여 배열한 것이다. 즉 1·2는 147~118, 3~5는 125~101, 8·9는 86~73로서 만곡도가 줄어든다. 또 10~13은 만곡도가 101~80이지만, 검기각도는 11·12가 송국리동검과 같은 적량동형에 가까운 계측지이다. 요서지역의 20~22는 칼날 하반부의 만곡율이 85~75이면서 적량동형의 검기각도이므로 송국리동검과 가장 유사한 형태라고 하겠다. 그리고 24의 영성동검은 검기각도가 월내동형이며, 25의 산만자 거푸집은 예전동형의 검기각도를 가진다.

　요동과 요서에서 남한형 비파형동검과 유사한 형태가 보이지만, 남한형은 칼날 하반부를 떼어 놓고 보면 아랫부분이 팽창하여 상하 비대칭을 이루는데, 요동의 적량동형은 상하 대칭에 가까운 모양이므로, 요서의 동검이 남한형과 유사성이 높고, 북한의 금곡동식 동검은 동일한 특징을 가지지만 소형이며 칼날이 좁아서 남한형은 요서지역의 후반기 비파형동검을 모방하기도 하고 더욱 시각화하여 광형의 대형비파형동검을 제작하였던 것이다. 이것은 요서의 십이대영자 문화가 유하유역 혹은 요하이동으로 확산되는 시기에 한반도로도 전파된 것(吳江原 2007)일 수도 있고, 요동이나 요서지역이나 비파형동검 후반기에는 기술적 발전을 통하여 곡인검으로서의 특징을 극대화하여 칼날 하반부를 팽창시킬 수 있었던 것이라 생각되며, 그러한 풍조가 남한형을 배출시킬 수 있었던 요인이기도 하였을 것이다. 그 기원지가 굳이 요서만이 아니라 요동에서 시작하였을 것이라는 구상도 가능하다. 그러므로 형태적으로만 보면 요동의 후반기가 요서의 초기와 이어지며, 요동에서 요서로 전파되는 시점에 한

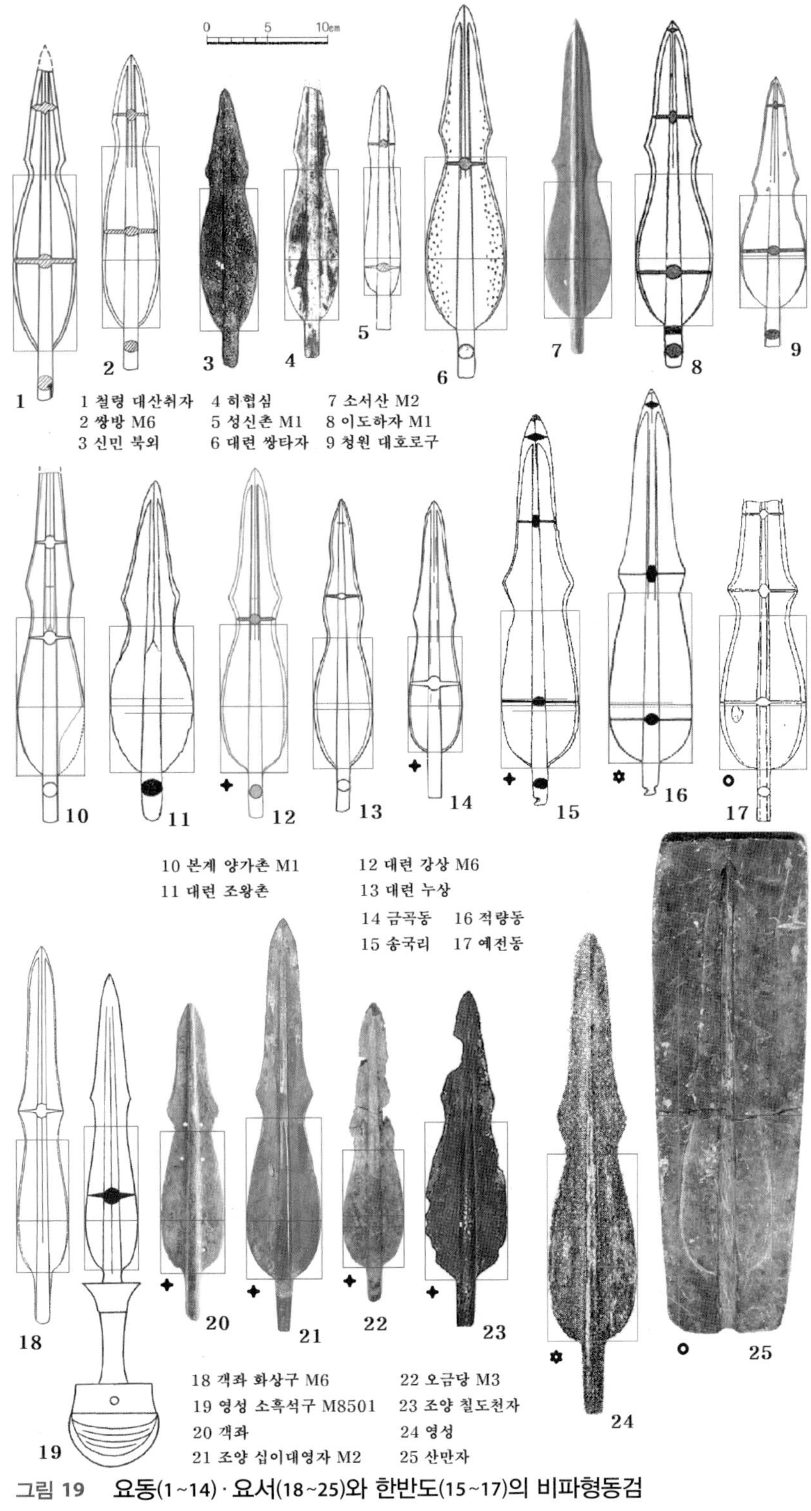

그림 19 요동(1~14)·요서(18~25)와 한반도(15~17)의 비파형동검
(+ ✿ ○ 3종의 검기 각도)

반도로도 전파되어 곡인이 팽창하는 특징을 공유하게 된 것이라 생각된다. 따라서 송국리동 검은 여수반도산인지 요동의 강상묘 비파형동검 생산지에서 유입된 것인지는 자연과학적인 분석만으로 알 수 있는 것이다. 한편 북한지역은 남한형과 같이 요동이나 요서에 필적할만 한 크기나 과장된 형태를 제작하지 못하고, 요동의 비파형동검에서 점차 폭이 좁아지는 방향 으로 흘러간 것이라 판단되므로, 남한형의 기원은 되지 못할 것이다. 송국리문화기에 남한형 비파형동검의 제작은 당연히 농경생산성의 확대에 있었을 것이다.

요령에서 칼날 하반부가 팽창해지는 시기는 요동의 강상묘 단계부터이고, 요서에서는 십이대등자문화부터라고 할 수 있다. 그 시기는 대략 서주 후기 또는 서주말~춘추초이후로 편년(이후석 2019)하고 있는데, 가장 칼날이 팽창한 영성이나 산만자의 동검 시기는 춘추시대 가 되어야 할 것이다. 비파형동검이 곡인으로의 특장을 최대의 가시적인 효과로 표현하려는 것은 정치체 간의 경쟁의식 속에서 탄생된 것이라고 봐야 한다. 그러므로 중원에서 춘추시대 의 정치적 상황이 요령지역에도 각 정치체 간의 경쟁을 부추겼을 것이다. 남한형 비파형동검 이 춘추시대 초기의 상황에 연동되어 비파형동검문화가 유입된 것이 아닐 것이고, 오히려 요 령의 정치체 간의 경쟁이 마무리되는 시점에 한반도로 남하하는 세력이나 문화가 흘러 들어 왔을 것이다. 그렇다면 춘추 중기 이후라고 상정할 수 있겠다. 그렇다고 해도 여수반도에서 의 청동기제작 시기가 이때라고는 말하기 어려울 것이다.

비파형동검의 생산이 왜 송국리문화의 중심지인 충남지역에서 시작하지 않고, 송국리 문화의 주변지역에 해당하는 여수반도나 영남내륙의 청도에서 시작되었는가라는 의문이 생 기게 된다. 지금까지 우리는 송국리문화=비파형동검문화라는 등식을 가정하고 논의해왔었 다. 오히려 송국리문화권에서는 비파 형동검이 아니라 세형동검문화가 다 른 지역보다 일찍 시작되는 양상은 새 로운 고찰을 필요로 한다. 세형동검문 화는 비파형동검문화에 대하여 선진 문화이고 발달된 정치체의 문화인 것 이다. 충남지역은 송국리문화기에는 이미 다른 지역보다도 선진문물이 많 이 유입되었으나 영남 또는 호남해안 지역은 여전히 구획묘나 지석묘사회

표 7　남한형 비파형동검의 성립 과정

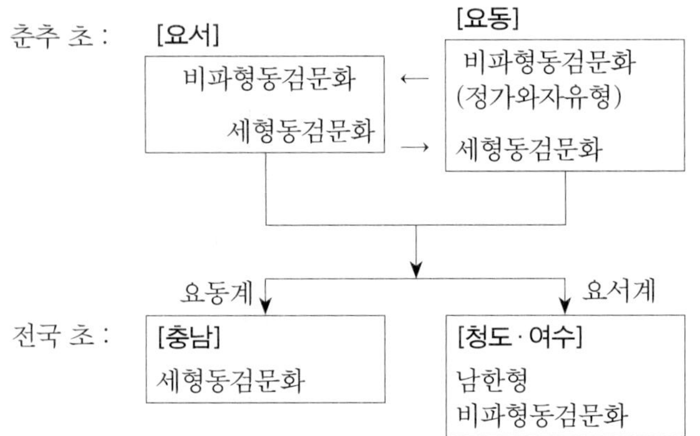

로서 송국리유형주거지는 성행하였으나, 심발중심의 생계형태이며 무문토기에는 문양을 시
문하는 중기사회의 틀에서 완전히 벗어나지 못한 상황이었던 것이다. 그럼에도 〈그림 4〉에
서 보듯이 비파형동검은 충남지역보다 압도적으로 많다는 이상현상을 보이는 것이다. 그러
나 충남지역이 선진문화로서의 송국리문화의 중심지이므로 청동기 생산과 소유에 있어서
도 주변지역보다 앞섰을 것이라는 확신을 가진다면「송국리문화 중심부=세형동검문화 수용,
주변부=비파형동검 생산」이라는 등식을 설정하지 않을 수 없을 것이다. 송국리문화 중심부에
서 선진문화를 수용 또는 정착할 수 있었던 것은 발달된 농경문화를 기반으로 하였을 것이
니 당연한 해석이다. 반면에 주변지역에서는 이미 시대적으로 퇴행하던 비파형동검을 소유
하게 된 것이라는 생각을 할 수 있다. 그러므로 두 문화권의 청동기문화는 동시기에 형성되
었든지 아니면 세형동검문화가 더 일찍 시작되었다고 볼 수 있겠다. 그런데 비파형동검의 중
심지가 왜 여수반도이냐라는 의문은 피할 수 없다. 여수반도는 보성강유역의 문화를 기반으
로 성장했을 것이지만, 대규모 마을이 부재하므로 거점마을의 성장이 여수반도의 청동기생
산을 가능하게 한 것이라고 판단하기는 어렵다. 그래서 필자는 여수반도의 집단 배후에는 진
주대평리유적군이 있었던 것이라 상정하고 싶다. 송국리문화 지수를 통한 전파루트로 여수
반도는 대평리유적군에서 전파된 것으로 추정한 바 있었고, 병부과장석검이나 다중개석묘
그리고 김해·창원지역의 월내동형·적량동형 비파형동검 등의 유물에서도 여수반도에서 김
해지역까지 깊은 유대감을 찾을 수 있고, 의례용기라고 할 수 있는 가지문토기의 경우도 그
중심 분포권은 보성강과 남강유역(송영진·김규정 2014; 송영진 2015)이다. 그리고 남강유역의
송국리문화는 창원-김해-부산으로 이어지는 수렵채집문화의 분포권(安在晧·金賢敬 2015)이
기도 하다. 진주 남강 대평리유적군은 영남 최대거점의 송국리형마을유적이지만 점토대토기
가 출토된 바가 없으므로 적어도 후기문화[42]에서 마을이 폐쇄된 것으로 이해할 수 있다. 따
라서 대평리마을(후기~만기 초)의 주력집단이 여수반도의 월내동·적량동마을(후기 말~만기)로
이주한 것이다고 추정된다. 이주의 원인은 다음과 같이 세형동검문화의 남하일 것이다. 일반
적으로 송국리형마을이 폐쇄될 때에는 마지막 단계에 점토대토기의 출현을 엿볼 수 있었는
데, 초대형의 마을임에도 불구하고 점토대토기는 한 점도 찾을 수 없었다는 것은 점토대토기
문화와의 접촉을 피하고자 한 것은 아닌가 추측되기 때문이다.

　　특히 대평리유적과 이금동유적의 마지막 단계에는 장방형의 지상식건물들이 밀집 조영

---

[42]　만기의 유물도 제사유구에서는 출토되므로 늦어도 만기 초라고 설정하고자 한다.

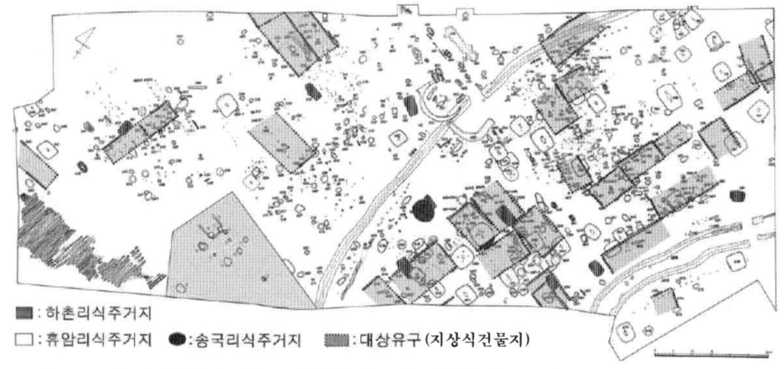

그림 20　진주 대평리 옥방 1지구의 지상식건물지(이수홍 2022에서)

되는데, 이것을 최초 발굴자인 김현(2002)은 토기가마라고 하였으나, 폐기장 또는 아궁이(양송이 2012; 김상현 외 2012), 지면식건물의 외부주구(丁海珉 2014), 의례와 취사공간(이수홍 2022) 등 다양한 의견이 제시되었다. 그러나 하촌리식·휴암리식·송국리식주거지의 상층에 위치하여 마을의 마지막 시점에 다수의 건물지가 조영된 것은 거주용이 아니면 이해되기 어려우며, 조·전기의 주거지만큼 대형인 장방형의 울타리로 조영된 공간에 노지를 설치하고, 연접하고 밀집한다면 도시의 구조(安在晧 2009)처럼 軍營化된 지상식건물지로 구성된 마을의 형태로 보는 것이 좋다고 판단된다. 이러한 남강유역의 마지막 단계에 보이는 마을의 변모는 문화교체기에 따른 지역내의 동요나 분쟁과 관련된 것이라 하겠다. 대평리유적에는 斷頭된 무덤이나 화살촉의 끝부분만 출토되는 무덤이 발견되므로 전쟁과 같은 긴장과 갈등의 상황이 다중환호와 관련된다는 주장(裵德煥 2020; 李柱憲 2000)이 주목된다. 점토대토기문화인과의 직접적인 분쟁이 있었던 것은 아니겠지만, 점토대토기문화의 남하 확산과 기후악화[43]로 인한 식료의 부족현상과 맞물려 후기사회가 동요하면서 마을의 고유한 영역을 벗어나 마을 간의 분쟁이 일어난 것이라 생각된다. 결국 이 여파로 대평리집단은 여러 갈래로 이주했겠지만 그중의 다수파는 여수반도로 재정착했고, 비파형동검의 생산과 소유를 요구하게 되었을 것이다.

다시 청동기로 돌아와서, 가설(표 7)에 붙이고자 하지만 정가와자유형에서 세형동검문화가 형성(李健茂 1994; 조진선 2004; 이후석 2023)될 때 비파형동검문화는 쇠퇴기에 접어들겠지만, 요서지역의 비파형동검[44]은 형태가 가장 극대화된 시점이기도 했을 것이다. 선진 충남지

43　氣候와 관련해서는 종합적인 고찰을 못 하였으나, 藤尾愼一郎(2024)도 서기전 10세기 후반「弥生 早期의 寒冷化說」을 해수면변동으로 海退·埋積淺谷·흑색모래층과 사구 형성의 현상이나, 화분분석, 방사성탄소농도, 질소동위체비연륜연대법 등으로 상정하였다.

44　藤尾愼一郎(2023, 2024)은 분자인류학의 한 방법으로 야요이인의 核게놈을 해석하여 야요이 조기에 일본으로 건너간 한반도계 核게놈 4개를 찾아내었는데, 그 중에는 한반도계청동기시대인으로서 서요하계와 한반도 신석기시대인의 혼혈 후예가 포함된다. 이 서요하계의 주민이 한반도형 비파형동검 3종의 제작

역에는 세형동검문화가 유입될 때, 또 다른 일파는 더욱 전통적인 사회였던 영남 내륙과 호
남해안지역에서 비파형동검문화를 뿌리내린 것이 아니겠는가 생각한다. 그 시기는 춘추말에
서 전국초라고 상정하고자 한다. 물론 남한지역에도 남한형 비파형동검을 생산하기 앞 단계
에도 비파형동검을 사용했겠지만, 그것은 북한지역(강원 경기북부지역 포함)이나 요령지역에서
수입된 것이고, 송국리동검이 그 전단계의 비파형동검이 아닌가 가정할 수도 있다.

5 수장과 무덤

수장의 등장은 주로 무덤을 통하여 계층을 분리하고 그 속에서 유추하는 것이 일반적인 연구였
다. 우리나라의 청동기시대에서는 특히 비파형동검과 지석묘를 둘러싼 연구가 대부분이었다.
　　필자는 마을연구를 통하여 마을의 발달과정 속에서 마을 내의 가옥군이 분할 배치되다
가 그 경계가 사라지고 핵가족화된 가옥이 통합되는 시점에 나타나는 대형가옥의 주인공을
수장으로 상정해왔다. 그러면서 검단리·이금동·사월리 마을처럼 대형가옥이 묘역의 공간
에 인접하여 조영되거나, 송국리·천상리 마을처럼 대형가옥이 광장의 전면 혹은 마을의 중
심부에 입지(안재호 2001)하는 경향을 찾은 바 있었다. 그리고 묘역을 조영하면서 시조묘에
대한 상징성으로서 대형무덤을 만들고 이를 기준으로 열상으로 혹은 연접하거나 무덤의 규
모가 결정된다고 추정(안재호 2012)하였다. 그러나 수장은 단위마을 또는 마을공동체 속에서
는 가장 사회적 신분이 높겠지만, 수장이라도 여러 형태가 있고 또 그 수장의 사회상도 다르
므로 유형화하여 사회상을 비교해 볼 필요가 있다. 그래서 무덤을 통하여 무덤의 규모와 부
장품에 따라 수장의 성격을 나누어 보고자 한다.
　　부장품을 통한 청동기시대 수장의 분류는 이미 김승옥(2006)과 배진성(2006)이 연구한
바 있다. 필자는 무덤을 바라보는 시각을 〈표 8〉처럼 구분하여 살피고자 한다. 무덤의 속성
과 그 속성의 변이는 각각의 요인에 따라 결
정되는 것으로 보았다(안재호 2020).

표 8　무덤의 속성과 결정 요인

무덤 규모	매장주체부	부장품
공동체의 노동력	축조의 주체	경제력(잉여 생산)

모델이 된 요서 비파형동검의 주인공일지 흥미로운 결과이다.

1) 무덤 조성의 의미

공동체의 구성원에 의해 만들어진 무덤은 그들 조상의 무덤이며, 청동기시대의 무덤은 기념물적인 건조물로서 거점마을의 한 요소로 인식(안재호 2006)된다. 묘역 특히 지석묘나 구획묘처럼 지상에 조영되는 거대한 기념물적 무덤은 마을 형성과 동시에 조영되는 것은 아니고, 대규모 마을의 출현 시기와 일치한다. 그러므로 조상 무덤의 조영은 마을에서 발생하는 구성원간의 갈등을 해소하기 위한 수단으로 인식된다.

조기와 전기처럼 가족으로 구성된 자연공동체 속에서는 조상이라도 무덤을 조영하지 않는데, 이것은 조상에 대한 추념이나 경제적 여건과는 관계없음을 시사한다. 잉여생산이 없는 상황에서 경제적 이해관계로 갈등이 높아질 리는 없지만, 동일 씨족이라도 구성원의 수가 많아지면 의사결정이나 개별적 서열 관계 등으로 내부의 갈등이 높아지게 된다. 이 갈등을 해소하기 위한 방책으로서 동일한 조상 즉 시조의 묘를 통한 의례 행위를 통한 공동체의 결속인 것이다. 의례와 수반하는 것은 '음식과 음료의 공공적 소비'(렌프류·반 2006: 206)인데, 이것으로 결속력은 가중되었을 것이다. 공동체의 결속은 경제적으로 생산성을 높이게 되고, 공동체의 정치적 위상도 높아질 것이다.

부족공동체의 경우는 각 씨족의 시조묘를 조영하여 씨족의 묘역을 만들고, 이를 통하여 씨족공동체의 결속력을 강화할 수 있다. 그리고 씨족 간의 강한 경쟁의식은 공동체 내부의 갈등을 유발하고 이를 통합한 유력자가 부족의 수장으로 등장하였을 것이다. 공동체의 결속

표 9 수장묘의 출현 과정

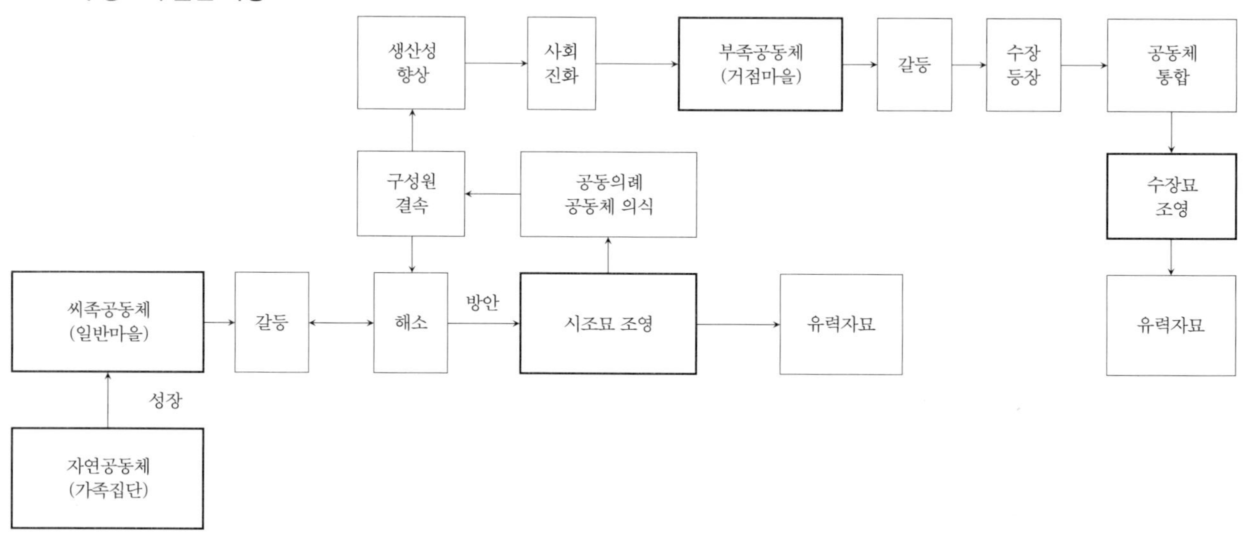

을 위해서는 수장의 묘가 특별한 상징으로 조영될 것이다. 이러한 예시로서 송국리마을이나 송죽리마을에서 찾을 수 있다(안재호 2021, 2022).

　　우리나라의 청동기시대 묘지의 형성은 경제적 정치적인 인물의 등장과 관련한 것이 아니라, 공동체의 결속의 수단이나 갈등의 해결자로서 피장자의 묘지를 둘러싼 의례 장소로서 중요한 의미를 가진 것이라 판단된다.

2) 무덤의 규모

큰 상석을 가진 지석묘는 마을공동체의 성인 노동력 다수를 동시에 모으지 않으면 안 되는 묘제이다. 예컨대 상석 10톤을 지속적으로 이동 운반하기 위해서는 동시에 약 400명이 필요하다. 다수의 군중을 동원할 수 있는 권한을 가진 수장을 상정(崔夢龍 1981)하기도 하지만, 계층화가 심화되지 못한 사회의 묘제로서 자발적 참여인 품앗이의 노동력일 수도 있다. 이에 반하여 대형 구획묘는 노동력을 많이 요구하는 묘제이지만 동시에 동원하지 않아도 장시간에 걸쳐 소수의 인원으로도 조영이 가능한 묘제이다. 이런 측면에서 지석묘와 구획묘는 상석의 크기와 묘역의 면적이라는 차이(안재호 2012)뿐 아니라, 단기간의 다수 노동력과 장기간의 소수 노동력이라는 차이도 있다. 수렵채집사회뿐만이 아니라 농경사회의 입장에서도 구획묘가 한층 발전된 묘제로 볼 수 있다.

　　소위 송국리형묘제(김승옥 2003)는 석관묘·석개토광묘·옹관묘로 구성되지만, 무덤 축조의 측면에서는 가족단위의 노동력만으로도 충분하다. 예컨대 송국리유적 1호 석관묘를 두고 보면 노동력의 축소는 송국리문화기의 계층·복합사회상과는 상반된 현상이다. 이것은 「지석묘 → 구획묘 → 단순 석관묘」라는 노동력 축소화의 과정 혹은 사회 발전상의 변천으로 이해할 수도 있고, 송국리문화가 수도작농경을 중시하는 사회로서 무덤의 대량 노동력을 농경으로 전환하여 잉여생산의 증진에 노력한 결과일 수도 있다. 또 한편으로는 송국리 1호 석관묘의 구조를 청동기 부장묘인 요동 쌍방유적과 유사 구조라는 지적(박양진 2014)처럼 기존 묘제와의 문화적 계통이 다른 묘제로도 인식할 수 있다. 그러나 송국리문화기에는 지석묘와 구획묘도 공존하므로 이 3자 간의 관계가 무엇인가라는 고찰이 필요하다. 지석묘가 남방문화라는 주장과 함께 수도작문화와 덮개식 토기가마 등과 연계할 수도 있겠지만 이에 관해서는 영역을 산동반도와 화남지역으로 좁혀서도 충분하다. 구획묘는 요서의 홍산문화기부터 전국시대에 걸친 적석총과 관련된 것(안재호 2010)으로 북방계 묘제이다.

　　빈포드는 문화가 내적으로 동질적이지 않다고 주장하면서, 문화체계는 기능적으로 상호 연관된 역할들의 조합이기 때문에, 유물형식을 동등하면서 유사한 특질들로 여기는 것은 잘못이며, 유물들이 문화체계에서 했던 역할을 판단할 필요가 있다고 한다(트리거 2006: 377-378). 청동기시대의 묘제를 둘러싼 복합사회에서의 계층 문제는 최소한 문화권역마다 구분되어질 필요가 있다는 결론에 도달한다. 즉 송국리·검단리·조동리·천전리 문화권을 구분하고 또 각 문화권 내에서도 우세-열세의 정도에 따라 지역을 나누고, 상호 혼합의 정도에 따라서도 나누어야 할 것이다. 또는 각 지역에서도 수장의 등장 이전과 이후로도 양상은 달라질 수가 있다. 예를 들면 송국리문화권의 중심부인 관창리-송국리유적에서는 송국리형묘제가 지석묘나 구획묘보다 우위에 있었다고 할 수 있는 것은 송국리마을 후반부일 것이다. 송국리문화와 검단리문화의 절충지역인 김해-진주의 남해안 벨트권은 구획묘가 상위층 묘제이며, 석관묘는 경작지와 주거역의 경계부에 입지하는 일반 유력인 묘이다. 이 지역의 구획묘는 면적의 크기가 사회적 위계를 대변하고, 지석묘는 앞 시기의 묘제이고 구획묘와 결합한 부석식구획묘(묘역식지석묘)로서 존속한다.

무덤 축조의 노동력과 관련하여 보면, 송국리형 묘제와 지석묘가 공존하는 충남지역은 복합사회라고 할 수 있으나, 지석묘에서 부석식구획묘로 변천하는 영남지역의 경우는 단순사회이다. 그러므로 복합사회에서 무덤을 통한 사회적 위계를 하나의 체계로는 설명할 수 없고, 예컨대 충남지역이라면 석관묘 계열과 지석묘 계열을 구분해야 한다.

상석이 있는 구획묘를 지석묘의 요소가 남은 것으로 해서 묘역지석묘라고 명명하고, 창원 덕천리 1호 묘(李相吉 1994)와 같이 묘역을 석축으로 조성한 것은 석축식지석묘, 김해 구산동 1호 묘는 부석식지석묘 등으로 부르고자 한다. 그리고 묘역을 구축하고 거대한 상석을 설치하지 않은 구획묘로 분류하고, 묘역시설에 따라 부석식·석축식·즙석식·주구식·위석식·묘광식 등으로 구분(안재호 2006)한다.

묘역지석묘와 구획묘는 묘역의 면적이 피장자의 위계를 나타내지만, 지석묘는 상석의 무게가 위계의 표지가 되며, 묘역의 면적은 묘지 내에서 차등에 따라 위계가 구별된다. 석관묘는 구획묘나 지석묘처럼 지상부의 구조물과 관련한 노동력으로 위계를 나타낼 요소가 없다. 송국리 1호 석관묘는 비록 청동검이 매납품일지라도 석검을 부장하고 있는데, 송국리마을의 위계를 고려하면 1호 묘는 최상위급으로 봐야 할 것이다. 이 1호 묘는 개석이 대형으로서 표면에는 성혈이 새겨져 있어서 지석묘의 전통을 엿볼 수 있다(孫晙鎬 2007). 지석묘라고 한다면 개석식지석묘가 되는데, 상석의 무게가 위계의 지표가 될 수 있겠다. 창원 신촌리유적의 10호 석관묘도 개석이 거대한 판상석 1장으로 덮여 있는데, 부장품으로는 청동제구슬

이 출토되고 있어서 위계로는 최상급이라고 볼 수 있다.

3) 매장주체부

렌프류·반(2006)은 대규모 노동력의 동원이 사회를 결정짓는 요소가 아니라고 하였지만, 얼(2008: 398)은 "기념비적인 건축물들과 위세품들의 존재와 분포를 chiefdom의 진화를 증명하는 증거"라고도 한다. 이것은 상반된 주장이 아니라 모델화된 사회상 이외에도 중간자적인 다양한 형태의 분절·군장사회가 존재하기 때문에 어떤 요소가 첨가되기도 하고 배제되기도 하는 것이라 이해해야 한다. 본고에서는 노동력의 동원에 대해서 그 목적이 공동체의 기념물이 아니라 개인적 위신재이거나 무덤을 조영하는 것이라면 달리 봐야 할 것이다. 그것도 마을 공간과는 무관한 강변이나 산록 또는 산정에 세워진 개인묘와 달리 마을 내부의 한정된 공간에 누대로 묘역을 조성하는 것과는 분명한 차이를 가진다. 송국리마을·이금동마을·송죽리마을 등과 같이 마을 구조의 한 부분을 이루는 장기적인 묘역에서 개인의 무덤이 넓은 면적을 차지하는 대형으로 조성된다면 그 피장자는 분명히 사회적으로 영향력이 있었던 인물이라고 봐야할 것이다. 이것은 개인 사이의 계서가 존재한다는 것이므로 군장사회의 요소가 내포된 것은 분명하다. 후기사회에는 개인묘역의 크기가 가옥 규모와 상통하며 대형가옥의 출현은 수장의 등장을 시사하는 것이지만, 대형묘역은 수장묘만 아니라 시조묘와도 연관되므로 묘역의 크기와 위계에 따라 부장품의 양상을 양면적으로 검토하는 것이 필요하다.

　　매장주체부는 석관묘가 주류이다. 할석석관묘가 규모면에서 판석석관묘보다 크다고 하여 석곽이라고도 분류하기도 하지만, 곽은 국가 출현 시기에 厚葬을 위한 부장공간으로서 출현한 것이므로 청동기시대의 매장주체부는 모두 관이라고 부르고자 한다.

　　판석이나 상형석관묘가 할석석관묘보다 이르지는 않다. 홍산문화의 우하량유적을 봐도 적석총의 매장주체부는 할석석관묘이고, 판석석관묘는 주변에서 확인된다(郭大順·王晶辰 외 2004). 지석묘와 구획묘가 조성된 사천 이금동유적(崔鍾圭·金賢 외 2003)이나 창원 덕천리유적(李相吉 1994) 등지의 유적에서 대형묘는 매장주체부가 할석석관묘인데 반하여 판석석관묘는 연접되거나 주변에 분포하는 양상을 보이므로 이 두 매장주체부의 형식은 위계를 나타내는 것으로 판단된다.

　　매장주체부의 형식은 무덤을 만드는 주체에 따라 결정된다. 물론 시대적 경향성에 따라 석관의 형태가 결정되겠지만, 그보다 더 우선되는 것은 피장자의 신분에 따라 무덤 축조의 주체가 달라진다는 점이다. 그리고 무덤 축조의 주체는 마을공동체 – 마을 – 구역 – 가옥의 구

성원으로 나누어진다. 예컨대 마을공동체 레벨의 무덤 조영은 최고위 계층에 해당하는 死者
의 장례로서 일종의 마을공동체장(사회장·국장) 형식을 띤다. 무덤은 마을공동체가 정한 규정
에 따라 무덤의 크기에서부터 매장주체부의 형식도 선정된다. 마을 내에서 최고계층의 유력
인 장례는 마을장(시민장)으로 마을의 장로 혹은 우두머리가 집행하며 마을에서 정한 장례의
양식을 따를 것이다. 그리고 일반인은 가족장으로 장례식이 진행되며, 개별 가족들이 주관하
는 장례에 따라 석관의 형식이 결정될 것이다. 그러므로 동시기라도 계층에 따라 채택되는
매장주체부의 형식은 달라질 수 있다는 점을 지적할 수 있다. 물론 마을공동체장과 마을장의
절차나 양식이 다르지 않고 동일하거나 유사할 수도 있지만 가족장의 예법과는 분명히 구분
되었을 것이다. 매장주체부의 조성에도 노동력의 차이가 개재하므로 계층은 사용된 석재의
량이나 내부 면적을 통하여 구분할 수 있겠다.

4) 부장품

무덤의 부장품은 피장자의 사회경제적 신분을 반영한 것이다. 계층사회일수록 부장품에는
가치재 혹은 위신재가 포함되고, 과시적인 부장양상이 나타나게 된다. 이런 시각에서 남한지
역의 청동기시대 무덤에 안치된 비파형동검 혹은 석검을 통하여 계층사회로 인식하였다. 그
러나 부장품의 질적 양적 양상은 무덤의 규모와 언제나 일치하지 않는다.

　　부장품은 공동체 내의 생산품이거나 대외 교류를 통하여 나타난다. 특히 가치재나 위신
재는 수장에 의해 엄격히 통제되며(렌프류·반 2006: 181), 이를 가능하게 하는 기반이 식료의
잉여생산이다. 즉 수장이나 상위계층 무덤의 부장품으로서 물품이 부장된다면 그 사히는 수
장을 정점으로 구축된 계층사회이며 잉여생산이 가능한 경제체제라고 할 수 있는 것이다.

　　남한 청동기시대 후기의 대형 지석묘나 구획묘에서 출토되는 부장품은 옥·석검·석
촉·적색마연토기·가지문토기가 일반적이고, 비파형동검·동촉 등의 청동기도 부장되는 예
가 소수 있다. 옥의 경우는 곡옥·관옥·환옥 등 대·소형으로 다양한 양상을 보이고, 진주 대
평리유적처럼 제작도구와 공방이 확인되므로 재지생산이 분명하다. 석검의 경우도 대형의
유절식석검은 전문장인이 제작하여 유통한 것(황창한 2013)이므로 마을단위에서 생산되던 이
단경식 석검보다는 가치재로 인식될 수 있고, 특히 병부가 과대하게 큰 석검이나 장식석검은
제작공정이 특별하여 의기성을 띠거나 비파형동검의 모방품으로서의 상징성을 가지고 있다.
석촉은 일반적인 형태가 대다수이지만 특별히 장신화된 일단경 첨근식의 경우는 의기로서
의 상징성을 가졌을 것이다. 적색마연토기나 가지문토기는 일상의 무문토기와는 제작방법과

공정이 달라서 특별제작된 것임을 알 수 있다. 그러므로 무덤에 부장된 유물이 일상적인 물품과는 구분하여 제작하고 상징성을 부여한 것은 분명한 것 같다. 즉 부장품을 양적으로 과시하기보다는 무덤의 공간에 맞추어 기본적인 물품만을 부장한 풍조가 시대적 가치였을 것이다. 그러므로 부장품을 통한 계층의 차이는 찾기가 어렵다. 이러한 시대적 사회적 조류는 잉여생산의 부재에서 나타났을 것이다. 잉여생산으로 물질이 풍부한 사회라면 잉여생산물을 이용한 제2차 생산이 자연스레 일어났을 것이고, 그로 인한 소유의 경쟁이 계층에 따라 표출되었을 것이다.

전장에서 송국리문화기에는 청동기생산이 없었다고 하였듯이 부장품의 우열의 차이가 무덤간에 나타나지 않는 것도 동일한 이유이다. 따라서 가치재나 위신재로써 부장품의 차별화가 일어나지 않은 지석묘와 구획묘 사회는 농경이든 채집이든 또는 혼합경제이든 간에 잉여생산 사회가 아니었다. 다만 후기 늦은 시점이나 여수반도에서는 청동기를 생산하고 누세대에 걸쳐 부장품으로 나타나는 현상은 다음의 세형동검문화기의 부장상에 가깝게 된다.

묘제나 무덤의 크기에 따라 부장품의 질이나 양적 차이가 병행하지 않는 것이 청동기시대의 일반적인 현상이다. 이것은 이미 부장품과 노동력이 상관성을 보이지 않는다는 점을 설명한 바 있었다. 부장품은 잉여생산과 연결되어 있다면, 신기술이나 전문성을 수반하지 않는 노동력만으로는 기대하기 어렵다. 그래서 청동기가 출토되는 거점마을에서 창원 덕천리유적은 초대형의 1호 묘에서는 관옥과 석촉만이 부장되었지만, 소형인 16호 묘에서는 비파형동검이 출토되었고, 사천 이금동유적 D4호 석관묘에서는 비파형동검이 출토되었으나 초대형 A1호 묘에서는 석검과 관옥이 부장되었을 뿐이다. 이것이 송국리문화권의 주변부에서의 현상인지 몰라도 부여 송국리유적에서도 1호 묘에는 비파형동검과 함께 관옥·석촉 그리고 석검이 출토되었으나, 이보다 묘광 규모가 큰 다수의 무덤에서는 부장품(金吉植 1994)이 전혀 없다. 그래서 비단 영남과 충남의 부장풍습은 동일하다고 볼 수 있으며, 역시 다량의 부장품을 채워 넣을 만큼 경제력을 갖추지 못한 사회였다.

6 首長의 분류

수장의 모습은 사회 성격에 따라 결정된다. 렌프류·반(2006: 179-181)의 사회는 엘만 서비스의 분류를 수정하여 "이동성 수렵채집집단(유단) – 분절사회(부족)-군장사회(chiefdom)-국가"

로 분류하였다. 이 중에서 남한의 청동기시대에 해당하는 내용을 간추리면 다음과 같다. 분절사회의 마을은 상호 간의 위계가 없으며, 중앙집중화나 전문적 생산 제품도 없고, 무덤의 부장품은 사회적 지위와 정합성도 없이 불균등하다. 이에 반하여 군장사회는 사람들 사이의 계서가 성립하고, 개인과 宗族의 위세와 계서는 군장과의 친연관계로 결정되며 계급으로의 진정한 분화는 아니라고 한다. 그리고 공예제품의 전문생산과 식료품의 잉여가 일어났으며, 군장 및 가신들의 거관과 전문장인들이 거주한 권력중심지가 있다. 또 군장의 무덤에 풍부한 부장품을 넣고, 출생을 통한 귀속지위가 인정되는데 옹관과 같은 유아 무덤의 차별적 배려에서 확인할 수 있다. 그런데 수많은 사람을 동원하여 조영한 공공기념물은 분절사회나 군장사회에서 모두 확인된다.

崔夢龍(1981, 1990)에 따르면 우리나라의 지석묘 사회는 유아장을 통하여 이미 족장사회(Chiefdom Society)에 도달하였으며, 지석묘는 "족장층과 같이 계급이 높은 자 또는 상당한 경제력을 갖추거나 그들과 관련된 혈연집단의 무덤"으로 간주하고 있다. 지석묘 조영과 노동력의 동원이라는 측면에서는 의미있는 해석이고 필자도 유력자와 그 계층의 구성원이라 판단하지만, Chiefdom은 국가 직전 단계의 사회이므로 노동력만으로는 부족하고 계층·복합사회의 지표가 필요하다.

수장의 성격은 주로 무덤과 부장품을 통하여 설명되었고, 특히 송국리문화기의 사회를 비파형동검의 부장과 생산을 가정한 것이었기 때문에 계층사회·복합사회로 인식하였다. 그래서 이 시기의 수장을 원거리교역을 통해 입수한 비파형동검 소유자로서의 개인성향의 족장사회와 잉여생산을 통하여 대규모 노동력을 동원하여 구축된 기념물인 지석묘사회를 집단성향의 족장사회로 구분(김승옥 2006)하였다. 그리고 공동체의 長으로서 제사권의 장악, 집단지배의 강화, 조상묘의 조성, 청동기 부장 매납묘로서의 특정인 등의 성격으로 규정(이상길 2006)하기도 하였다. 지역정치체의 형성기로서 國으로 규정(배진성 2006)한 것도 동일한 맥락일 것이다. 송국리문화기가 國의 형성기라고 규정한 武末純一(2002b)도 청동기 생산을 단서로 한 것이며, 특히 적량동유적처럼 청동기 부장묘가 다수로 나타나는 양상을 중시한 것(武末純一 2002a)이다.

이청규(2014a)는 송국리문화 전후 시기의 사회를 청동기를 소유한 '단순 족장사회(chiefdom)'에서 '복잡 족장사회'로 그리고 '군장사회'로의 발전과정을 제시하였다. 이에 따르면 석검을 부장한 사회는 수평적 공동체 내의 등급에 차이를 인정한 부족사회 혹은 초기 족장사회이며, 요하의 조양 십이대영자, 심양 정가와자 무덤의 주인공은 군장사회의 최상위급 지도

자로서 무기·차마구 등 복수 기종의 청동기를 부장한 '국'의 군장에 해당하고 그 정치체의 실체는 고조선이라고 하였다. 그래서 송국리문화기의 족장사회와 세형동검문화기의 군장사회로 분류하였다. 그리고 지석묘 축조집단은 평등사회에서 계층사회로의 과도기 단계이며, 족장은 집단성향의 지도자로 설명(이청규 2014b)하였다.

강봉원(1992)은 "부족사회(평등사회) → 군장사회, 족장사회, 추장사회(Chiefdom, 계급사회) → 국가"의 발달과정을 제시하고, 군장사회는 중앙집권적 행정 체제(조세와 부역)와 효율적 도시 분포를 띤다고 하였다. 이런 내용은 콜린 렌프류·폴 반(2006)의 사회분류와 유사하며, Chiefdom에는 다양한 형태의 사회가 내포하는 것으로 규정했다. 실례로서 푸에블로 그란데 유적은 원거리 무역, 특별주거지역, 대형 건설사업, 대형창고, 부장품의 양과 질, 무덤의 구조에서 현격한 차이 등의 특질을 보이는데 부족사회의 극성기 혹은 군장사회의 맹아기로 설정하였다. 이에 따르면 우리나라 청동기시대 후기는 부장품의 차이가 현격하지 않은 점에서만 차이가 있어서 부족사회(분절사회)의 극성기에 해당하겠다.

이상으로 남한 청동기시대 사회상을 구명하는 데에는 부장품보다는 지석묘가 우선되었으나, 지석묘의 시간성은 부장품인 전형 적색마연토기가 중기 늦은 시점이거나 후기에 속하는 것(안재호 2002)이고, 일반적으로 무덤의 조영은 대규모마을이 출현하는 역삼동·흔암리 유형 형성과 밀접한 관계가 있으므로 중기(안재호 2012)를 상회하지 않는다. 중기문화의 후반대에 송국리문화가 형성되는 시간관계를 염두에 두면 지석묘사회는 송국리사회의 직전으로 상정해야 한다. 그리고 남한의 구획묘는 지석묘의 부장품과 다를 바가 없고, 요서·요동의 적석묘와의 출현 배경을 보면 지석묘와 동시대이거나 늦지는 않을 것이다.

우리나라 청동기시대의 수장과 사회상에 대한 논의는 청동기 생산이 가장 중요한 이벤트임은 분명하다. 청동기는 우리나라에서 그 당시 생산되지 않았던 주석의 합금이므로 대외교역을 통해서만 생산할 수 있고, 청동기 제품을 입수한다고 해도 그 희소성에 대한 경제적 대가를 치루어야만 가능한 물품이다. 그런데도 청동기는 생산을 직접 담당하는 도구가 아니라 의례용이거나 무기로서 수장층의 위신재이므로 계층화를 공고히 하는 목적으로 소유한다는 점이다. 그리고 청동기 소유를 위한 대외교역을 가능하게 하는 것은 식료의 잉여생산이나 특산품 등의 가치재 생산이 없었다면 불가능하다. 그래서 청동기의 소유라는 것이 단순한 귀한 물건을 가졌다는 것이 아니라 사회의 정체성을 규정지을 만큼의 큰 의미를 내포하고 있다는 것이다.

청동기의 소유와 관련하여 2가지의 전제에 대해서 논의할 수 있다.

첫째, 대외교역에서 교환되는 물품은 교역 상호간에 가치재로서 인식되는 것이다. 그래서 식료품이 교환될 가능성은 없을 것이다. 한반도에서 고조선을 통하여 청동기를 입수하고자 한다면 아마도 한반도에서 생산되는 특산물이 교환의 대상이 될 것이다. 그 중에는 희귀 약초나 건어물 또는 호피 등의 피혁제품 등이 될 것이다. 그래서 청동기의 입수에는 발달된 농경을 통한 잉여생산체제가 필수 조건은 아닐 것이다.

둘째, 청동기의 생산체제에는 주석의 입수를 위해서 대외교역망은 당연히 형성되어야만 한다. 그런데 청동기의 생산은 고도의 기술을 요구하는 것이고, 누대에 걸쳐 청동기를 생산하기 위해서는 기술의 전승이 필요하다. 그러므로 한세대에 한두 번의 청동기를 생산해서는 기술의 전승은 단절될 수밖에 없을 것이다. 그러므로 매년 수차례의 청동기 생산이 지속되어야 한다는 것이다. 그 결과는 다수의 청동기가 만들어지고, 또 다양한 기종의 생산품으로 발전할 수밖에 없다는 것이다. 이런 상황에서 매 시기의 수장묘에 청동기가 부장될 수 있게 된 것이다. 그런데 이러한 청동기 주조기술의 전통을 유지하기 위해서는 전문장인을 위시한 생산체계(기술, 인력, 설비 등)가 필요하고 이를 뒷받침하는 것이 식료품의 잉여생산인 것이다.

사회상은 1단위 정치체의 모습이고, 이 정치체 내의 수장을 〈표 10〉처럼 설정한다. 이 정치체는 시대상이기도 하고 또는 다른 정치체와 비교되는 위상이기도 하다. 정치체란 정치적으로 독립된 혹은 자치적인 사회 단위로서 전체로서의 국가나 최소 규모의 수렵채집집단도 정치체가 될 수 있다(콜린 렌프류·폴 반 2006: 178). 그리고 당연히 정치체의 존속기간은 1세대에 불과한 경우도 수백 년이 경과하는 경우도 있다.

표 10 정치체의 수장과 사회 형태

수장		장로	추장	군장	연맹왕	소국왕
청동기	소유 / 방법	없음	마을 / 매납	수장 / 부장	수장 / 부장	수장·수장층 / 부장
	공급	없음	수입	단순 생산	복합 생산	복합 생산
	부장묘	없음	1기 단독	소수 분산·열상	1기 점상	소수 열상·면상
철기 부장		없음	없음	없음	소량	다량
묘지 유형		백석동유형	송국리유형	상적·상촌유형	괴정동유형	갈동유형
수장 성격		마을 장로	유력가족체의 장로	정치체 내 선출	정치체 내 선출	정치체 내 세습
사회		장로사회	추장사회	군장사회	연맹 소국	독립 소국
단계		청동기시대 중기	청동기시대 후기	청동기시대 만기	삼한 전기	삼한 중기

1) 장로사회

관창리마을, 송국리Ⅰ·Ⅱ기마을, 지좌리마을, 송죽리Ⅰ·Ⅱ기마을 그리고 청동기시대 중기의
마을이 이에 속한다. 후기마을 내에는 대형가옥은 없고 소수의 중형가옥이 중심을 이루고,
분립가족체 가족 형태를 유지한 마을이다. 그리고 위신재나 의례구로서 청동기를 소유하지
못한 분절사회이다.

2) 추장사회

1단위 정치체에서 대형가옥 1동만 조영되며, 청동기는 정치체를 대상으로 매납될 뿐 개인묘
에는 부장하지 않는 사회이다. 청동기를 자체 생산하지 못하고 외부로부터 수입한 거점 마을
이다. 대표적인 마을은 송국리Ⅲ기 마을, 송죽리 마을, 덕천리 마을, 이금동 마을 등으로 분
절사회에 해당한다.

추장이란 용어는《삼국사기》의 〈가락국기〉에 나타나는데 "… 이때 아도간, 여도간, 피도
간, 오도간, 유수간, 유천간, 신천간, 오천간, 신귀간 등 9간이 있었다. 이 酋長들이 백성을 아
울러 다스렸으니 … 대부분이 저마다 산과 들에 모여 살았고 우물을 파서 마시고 밭을 갈아
먹었다." 삼한소국인 駕洛國이 등장하기 전의 九干社會를 기술한 것으로 김해지역의 지석묘
집단 사회이다(인제대학교 가야문화연구소 2023). 특히 이 구간의 지석묘유적에는 변형비파형동
검·세형동검·기타 청동기 등을 부장한 무덤이 1기씩 확인된다.

3) 군장사회와 小國

콜린 렌프류와 폴 반(2006)의 chiefdom사회를 이희준은 대체로 우리의 삼한사회와 대비하
여 군장사회로 번역한 것같다. 적확한 번역이라고 생각하지만, 본고의 삼한사회는 이미 한반
도 내의 고대사에서는 사로국 우시삼국 가락국 등 무수하게 국이란 명칭을 사용하고 있었으
므로 마한의 가장 큰 정치체만 국으로 인식한 중국측의 인식에서 벗어나고자 한다. 그래서
삼한사회 즉 세형동검문화의 초기철기시대는 「소국시대」이고, 중국측에서 각 소지역단위의
읍락을 구심체로서 정치체를 가진 군장이 우두머리였다는 사회는 소국시대 직전의 사회로
인식하고자 한다. 따라서 본고의 군장사회는 콜린과 폴(2006)의 군장(소국)사회와 분절사회의
중간 형태로서 청동기는 생산하였으나 소량 특정 기종에만 국한된 생산체계였고, 청동기의
분배가 수장층에까지는 보급되지 못한 사회로 인식하고자 한다.

군장사회는 수장을 지지하고 있는 수장층이 형성된 사회로서 청동기를 생산한다. 다만

청동기는 생산 초기단계로서 위세적인 검·창의 무기형에 국한된다. 철기의 생산이 없는 시기로서 여수반도와 고흥반도의 정치체가 대표적이다. 그 중에서 확인할 수 있는 대표적인 유적은 여수 월내동유적과 적량동유적이다. 이 두 유적은 하나의 정치체로서 청동기를 부장한 무덤은 각각 한 세대를 대표하며 시기를 달리한다. 즉 청동기부장묘는 「월내동 상적유적 지석묘단계(추장사회) → 상적유적 구획묘단계(전기 군장사회) → 적량동 상촌유적 구획묘단계(후기 군장사회)」의 성격으로 변천한다. 시기는 만기로서 아직 송국리문화가 잔존한다. 20세기 초의 지도에 적량동유적의 북쪽 이웃 마을에 君長里라는 이름(그림 20)이 있어서 이 청동기시대 만기에 탄생하였던 여수반도의 군장사회가 전승되어 온 것이 아닌가 추정된다.

《삼국지》〈한전〉에 진왕에 臣屬된 군장들을 세력의 크기에 따라 신지(臣智)-험측(險側)-번예(樊濊)-살해(殺奚)-읍차(邑借) 순으로 불렀다고 한다. 즉 군장은 소국왕 아래의 수장층의 성격이며 단위 정치체의 수장은 아닌 것으로 기술되어 있다. 군장사회는 군장이 다스리는 독립된 1단위 정치체인 반면, 이러한 정치체가 연맹을 이루고 군장 사이에서 소국왕이 선출되는 단계를 연맹소국이라고 부르고자 한다. 연맹소국은 충남·호남지역의 세형동검문화기와 영남의 목관묘문화기의 정치체와 같은 것이지만, 본고에서는 연맹소국과 (독립)소국으로 단계적으로 나눈다.

청동기부장묘는 무기류 1점을 개인소유로서 부장하는 경우가 군장묘이며, 다수를 부장하는 청동기후장묘[45]가 등장하는 시점이 소국단계이다. 다시 소국단계에는 소국왕이 한 곳에서 여러 세대에 걸쳐 배출되는 시점부터는 독립소국이지만 그 이전에 여러 연맹체에서 각 시점마다 선출되는 단계의 소국을 연맹소국이라고 부르고자 하는 것이다. 즉 연맹소국의 왕묘에는 다수의 청동기가 부장되는데 이것은 그 소국왕의 출신 정치체에서 청동기를 생산하여 부장해 주는 것이 아니라 연맹소국에는 특정한 곳에 청동기 생산지가 있고, 이곳에서 생산된 청동기를 각 시기의 소국왕에 부장하는 것이다. 그러므로 연맹소국단계에는 지속적으로 한 곳에서 청동기후장묘가 등장하지 않는다. 다시 말해서 누세대를 걸쳐 청동기후장묘가 조영되는 시점은 자체적으로 청동기를 생산하는 체제를 갖추고 있어야 하며, 이를 유지하기

---

45 청동기후장묘는 청동무기류 2점 이상 혹은 청동거울과 검·모·과 등의 청동무기류를 조합한 유물을 부장한 무덤을 말한다. 다시 말해서 무기류는 인신살해의 기능을 가지고 있으므로 계층적 상징물로서 인식된 것이라 생각한다. 그리고 이 시기부터 수장을 옹립한 수장층의 묘에는 청동기를 복수로 부장하더라도 무기류는 1점 이하로 제한되고 또는 청동거울의 부장이 있어도 무기류가 부장되지 않는 「청동기부장체계」가 성립한다.

위해서는 안정된 잉여생산체제가 형성된 사회라야 할 것이다. 그것은 철기를 도입한 이후에야 가능한 환경이 조성되었을 것이다. 물론 철기 사용 이후에도 여전히 연맹소국의 체제를 유지한 곳도 있을 수 있고, 선진화된 정치체라면 독립적인 소왕국을 건설하였을 것이다. 이러한 정치체가 등장하는 시점부터를 삼한시대 중기[46]라고 설정한다.

　　다음의 표는 송국리문화기를 전후한 시기의 정치체를 시기 구분으로 연계시킨 모식도인데, 이것도 어디까지나 맹아적인 현상 즉 특정 선진지역에서 시작되는 시점을 기준으로 삼은 것이라, 각 사회의 존속은 지역마다 시기마다 정치체의 성격에 따라 천차만별의 양상을 보일 것이다.

표 11　시기구분과 정치체

靑. 조기-전기	중기	후기	만기	三韓. 전기	중기	후기	三國. 전기
家長社會							
	長老社會						
		酋長社會					
			君長社會				
				聯盟小國			
					(獨立)小國		
						準古代國家	
							古代國家

---

[46]　한편 삼한 후기를 영남지역에서는 고총고분의 입지와 부장상을 갖춘 목곽묘(신경철 1995; 안재호 2020), 중부지역에서는 적석총, 충남·호남지역에서는 주구묘가 조영되던 시기는 준고대국가에 해당할 것이다.

잉여생산물의 확인

잉여생산물은 공동체 성장의 획기, 장인의 등장, 시장의 형성, 대외교류, 수장의 출현, 마을망 형성 등의 지표가 된다. 그래서 잉여생산물은 사회의 성장 에너지이다. 잉여생산물에는 일상용의 식료와 특수 물품으로 나눌 수 있다. 곡물, 어로채집물, 수렵물, 도구, 장신구 등으로 삼을 수 있다. 일상적인 식료는 특수품목을 생산하는 장인을 육성하거나 수장의 권력을 보필할 수장층을 형성할 수 있는 자산일 것이다. 대부분의 잉여생산물은 고고학 자료로 남아 있지 못하므로, 자연과학적 분석으로 짐작만이 가능할 뿐이다. 그래서 다음과 같은 고고자료를 통해서 잉여를 추정할 수 있겠다.

대형토기의 출현과 증가가 잉여생산의 지표가 될 수 있다. 그러나 증가라는 것은 마을 단위의 수적 증가보다는 주거지 단위로 증가가 보여야 할 것이다. 그래서 마을의 주거지 수와 대형토기의 수의 비율이 직접적인 지표가 되겠다. 생산도구의 획기적인 증가도 마찬가지로 중요한 지표가 될 것이다. 저장혈과 고상창고 등도 잉여물의 저장시설일 수 있지만, 군집한다면 분명히 잉여생산단계라고 하겠다.

가치재로서 위신재와 같은 대외교역품은 분명히 잉여생산의 결과일 것이다. 그런데 대외교역품으로서의 경쟁력이 있어야 하는데, 일상용품의 하나인 곡물이 대외교역품으로 이용되지는 못할 것이다. 중국에서 불노초로 불리던 약용식품이나 고조선과 제나라와의 교역에 등장하는 동물 가죽, 그리고 장신구나 말린 해산물 등의 지역 특산물이 선정될 가능성이 있다. 그래서 석촉이나 석창의 증가도 주목할 필요가 있다. 이런 가치재의 생산에는 장인이 필수조건이고, 장인의 거주지도 마을 어딘가 분포하고 있을 것이다. 일반적으로 장인의 거주지는 수장 저택의 인근에 둔다고 하지만 사회발전 단계마다 다를 수도 있겠다.

인구 즉 주거지의 수적 폭등이 보인다면 이것도 잉여생산의 결과로 추정할 수 있겠으나, 생계의 삶이 어려운 시기에 오히려 가족의 수가 많았던 때도 있으므로 절대적인 것은 아니다. 다만 특정 시점에 인구가 폭증한다면 잉여생산을 매개로 일어난 현상으로도 해석할 수 있겠다.

제Ⅶ장　松菊里文化의 消滅과 小國의 登場

송국리문화는 지역에 따라 양상이 다르지만 송국리유형 주거지는 보편적으로 통용되고 있다. 그래서 「송국리유형 주거지=송국리문화 유적」이라는 인식 이상의 연구가 필요하다고 생각하지만, 앞서 사회상의 변천을 엿본 바와 같이 궁극적으로는 가옥의 형태가 취락의 경관을 결정하고 그것이 문화의 상징이 된 것이라 판단한다.

　　그래서 송국리문화의 소멸에 대해서는 상당한 혼란을 겪었다. 우선은 송국리문화를 잇는 것은 점토대토기문화라고 인정하면, 왜 남강유역에서는 그처럼 많은 송국리유형 주거지가 많은데도 불구하고 보령 관창리유적처럼 점토대토기가 단 1점도 출토되지 않는가? 그리고 왜 점토대토기문화인의 마을은 고지성이고 송국리형마을은 충적지나 낮은 산지에 조영되는가? 라는 의문에서 두 문화집단은 대부분의 지역에서는 오랜 시간동안 배타적인 관계이고 적극적인 교류가 이루어지지 않은 것은 단순히 적대적인 관계가 아니라 질병을 기피한 이유가 아닐까, 그리고 남강유역의 마을이 점토대토기문화를 계승하지 못하고 단절적인 종말을 맞이한 것이 질병에 의한 폐기가 아닐까도 생각한 바 있었다.

　　또 하나는 김해 내동지석묘(林孝澤·郭東哲 2000)에서 늑도기에 병행하는 야요이 중기의 호가 출토된 사례와 경주 전촌리유적(경상북도문화재연구원 2015)의 구획묘에서 삼각형점토대토기가 출토된 점 등은 송국리문화를 바로 연계하는 것이 원형점토대토기문화라는 것과 상반된 혼동이었다. 그러므로 특정 문화와의 교체로 인하여 송국리문화가 소멸한 것이 아니라, 사회체제의 변화가 그 요인이라는 것을 알게 되었다. 즉 거점취락을 중심으로 형성된 지역공동체가 소국으로 광역통합되면서 지역 수장이 사라지면서 송국리문화도 자연스럽게 소멸한 것이다.

　　김해의 소국 단계였던 가락국의 형성 이전에는 구간사회가 있었는데, 이 구간사회는 추장사회로서 지석묘를 조영한 집단이었고(인제대학교 가야문화연구소 2023) 연맹체였다. 구간의 각 추장사회 집단에는 변형비파형동검이나 세형동검을 소유하고 있었던 공통점을 가지고 있었다. 이 시기는 비록 삼각형점토대토기의 전반기에 해당하지만, 지석묘의 부장풍습은 송국리문화를 내세웠다. 그러므로 충남지역에서는 원형점토대토기 단계의 세형동검문화가 시작되면서 송국리문화는 소멸하고, 영남과 호남 남부지역에서는 그보다 늦은 서기 전후에 교체된 것이다. 물론 충남과 경기남부지역에서 송국리문화기에 출현하는 원형점토대토기문화는 소국의 문화가 아니므로 이 시기에 송국리문화가 소멸될 리가 없고, 점토대토기문화의 사회와 송국리문화 사회가 병존하였던 복합사회였던 것이 자명해졌다.

송국리문화는 후기의 지표이기도 하지만 서기 전후까지도 존속하므로, 청동기시대 만기와 세형동검문화 전반기까지도 송국리문화상의 변천을 통하여 구분할 필요가 있다. 이후 송국리문화 분포지역에서 군주체제의 소국이 등장하는 시기를 찾고 소국의 구조에 대해서 각 지역의 동향을 살피고자 한다.

1 김해지역의 송국리문화와 구간사회

《삼국유사》〈가락국기〉에 언급된 구간은 9개 집단의 추장들이 연맹한 지석묘사회였다. 9개의 지석묘집단은 무기형 청동기를 매납하는 송국리유형 묘지를 조영한 ① 덕천리(비파형동검) ② 신문리(변형비파형동검) ③ 천곡리 연지(비파형동검의 검파식) ④ 율하리(세형동검) ⑤ 내동(세형동검) ⑥ 회현리(세형동검, 동사) ⑦ 대감리(예안리, 세형동검) ⑧ 무계리(동촉) ⑨ 봉산리유적[47]이다.

청동기를 소유한 위 유적은 대형의 묘가 존재하고 대체로 다수의 무덤이 조영된 집단으로서 각 추장사회에서 중심집단으로 상정할 수 있다. 주변에는 중소 규모의 유적과 계층관계를 이루어 하나의 정치체가 되며, 각 추장사회는 소하천을 경계로 분립한다. 이 분묘유적의 인근에는 송국리유형 주거지로 구성된 마을이 위치하고 있어서 송국리문화의 집단임을 알 수 있다. 한반도 동남단에 위치한 김해지역은 충남지역에서는 가장 먼 송국리문화 사회이므

---

[47] 덕천리와 봉산리유적은 창원시에 속해있으나, 인문지리상으로는 낙동강변의 충적지와 지석묘군집으로 연결되는 고김해만 연안지역과 가깝다. 본고의 고김해만은 신석기시대 해진이 최고조에 달한 시기의 지형을 말한 것이 아니라 간척으로 만들어진 현재의 지형이 아닌, 과거 자연적으로 내만을 형성하였던 경관을 뜻한다.

로 가장 늦은 시기의 송국리문화일 것이란 추측이 가능하다.

〈그림 1〉의 청동기는 구간집단이 소유한 것으로 대부분은 송국리유형 묘지로서 청동기
는 매납유물의 성격일 것이다. 복수의 청동기가 출토된 예안리 유적의 경우는 상촌유형의 묘
지로 추정하고자 한다.

청동검은 우선 슴베의 직경에서 2-8 / 1-7b / 5-6-7a·c와 같이 3개로 나누어지고, 다
시 검신의 길이에서 5-7c / 6a·b-7a로 세분되어 4개로 군집된다. 특히 2-8의 군집은 예전
동식 비파형동검의 변형으로서 2차 가공품이다. 그러므로 각 군집 내의 동검은 동일한 거푸
집에서 제작된 형제검일지 아니면 시간성이 같을지 주목되고, 이것은 구간집단 간의 친연관

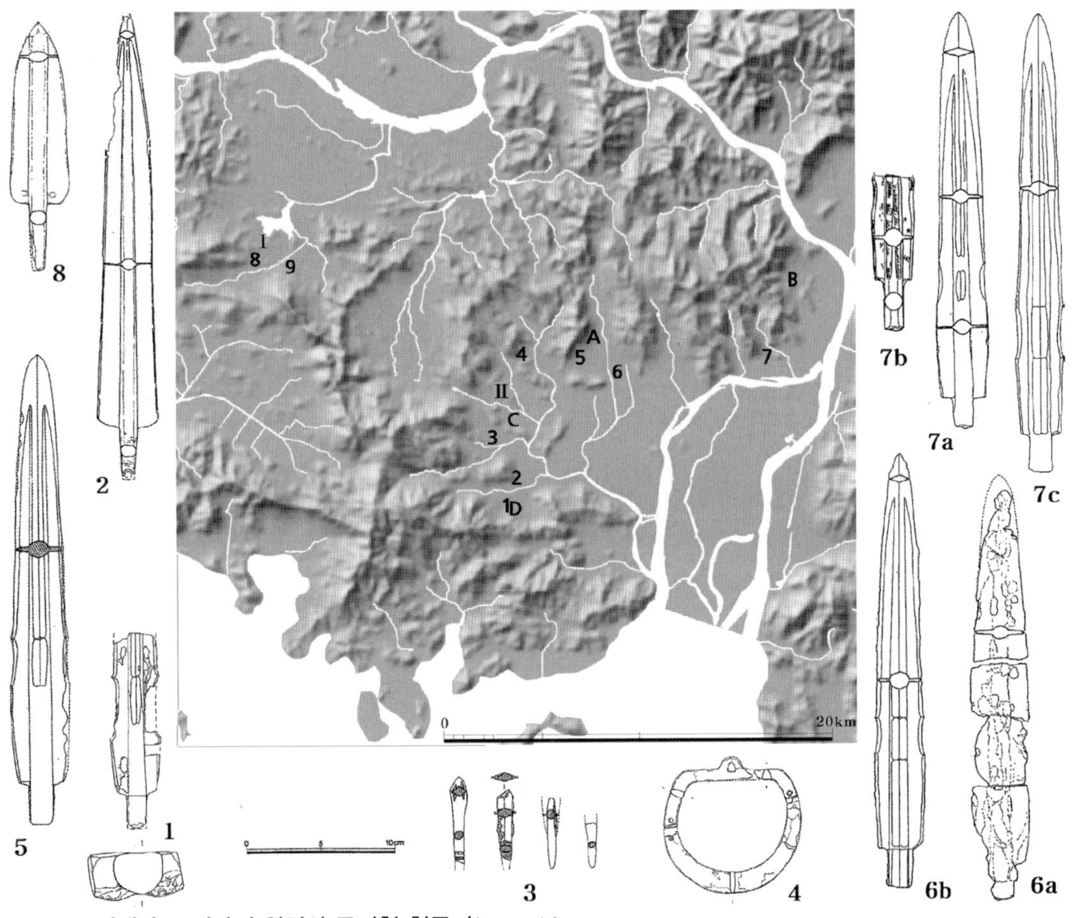

그림 1   김해 九干집단의 위치와 무기형 청동기(유물 1/5)

1: 율하리 B-9호 석관묘 | 2: 신문리 3호 석관묘 | 3: 무계리 구획묘 | 4: 천곡리 연지B 지석묘
| 5: 내동 1호 구획묘 | 6: 회현리 3호 옹관묘 | 7: 예안리 구획묘(채집) | 8: 덕천리 16호 석관
묘 | 9: 봉산리 지석묘 | A: 구산동 유적 | B: 대감리 유적 | C: 내덕리 유적 | D: 율하리
마을 | Ⅰ: 다호리유적 | Ⅱ: 양동리 유적

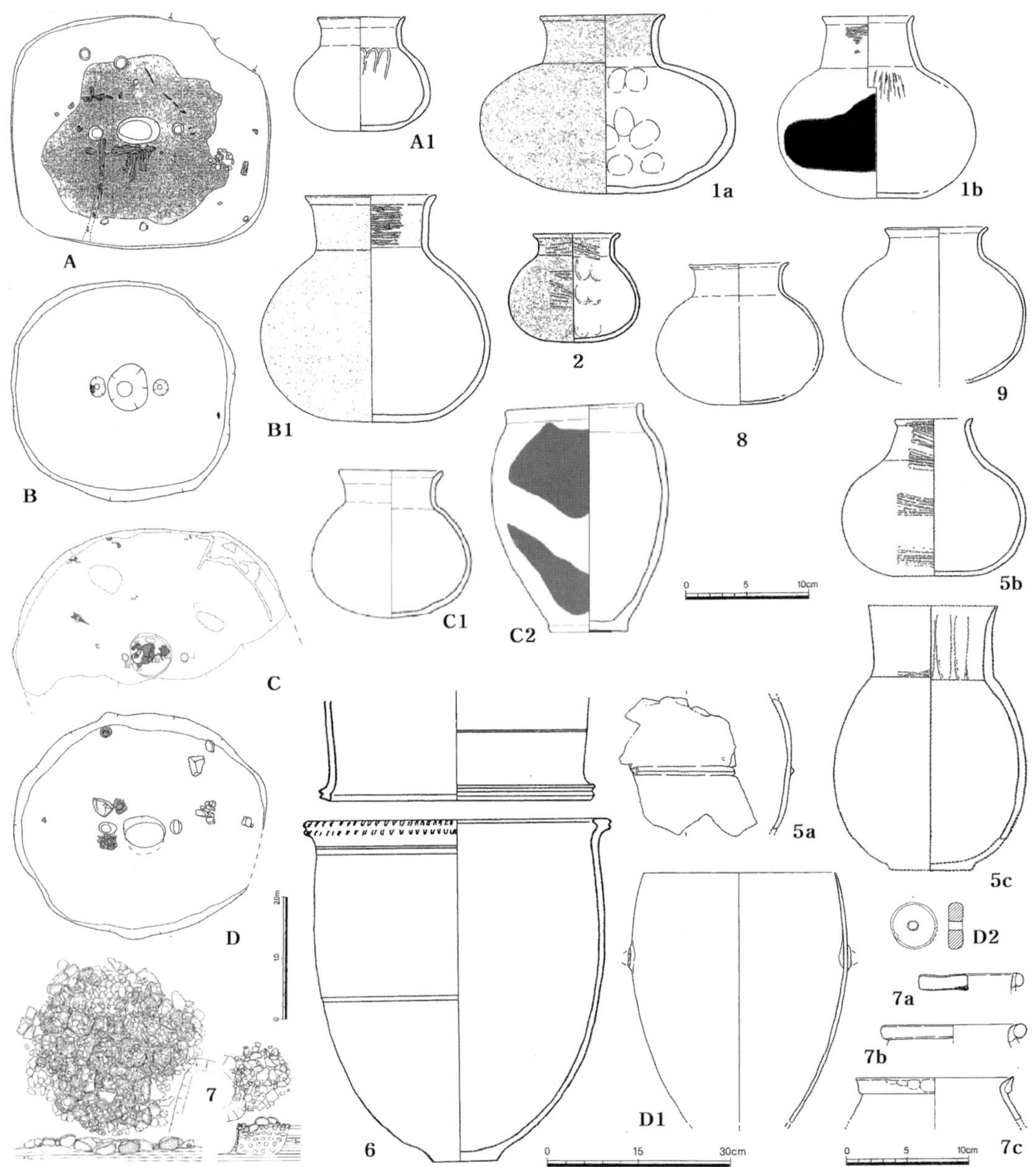

그림 2 김해 구간 관련 유적의 유구와 유물(유구 1/120, 5a·6·D1: 1/12, 나머지 1/6)

A: 구산동 A2-2호 주거지 ㅣ A1: 동 2322호 석관묘 ㅣ B: 대감리 감내 1호 주거지 ㅣ B1: 동 12호 석관묘 ㅣ C: 내덕리 6호 주거지 ㅣ C1·C2: 동 59호 석관묘 ㅣ D·D1·D2: 율하리 A1-2호 주거지 ㅣ 1a: 율하리 A1-10호 석관묘 ㅣ 1b: 동 C-4호 석관묘 ㅣ 2: 신문리 3호 석관묘 ㅣ 5a·5b: 내동 3호 지석묘 ㅣ 5c: 동 1호 구획묘 ㅣ 6: 회현리 D구 3호 옹관 ㅣ 7: 예안리 166호·167호 묘 ㅣ 7a~c: 동 채집품 ㅣ 8: 덕천리 16호 석관묘 ㅣ 9: 봉산리 2호 구획묘.

계를 나타낼지도 모르겠다. 2개 군집의 세형동검은 등날의 길이가 다양한데, 회현리 패총(6)

의 3호 옹관 출토 2점과 예안리고분군(7) 출토 3점은 각각 등날의 삭마 정도에 차이가 있다. 두 유적은 이미 비파형동검 부장 묘지의 유형이 군장사회에 들어선 양상일지, 아니면 비파형 동검문화와는 달리 후장풍습이 있는 세형동검문화의 영향으로 비록 추장사회라고 해도 부 장 양상이 비파형동검문화의 추장사회와는 다른 양상을 보이는 것인지는 알 수 없다. 2-8의 변형 비파형동검은 세형동검의 시기라는 주장(이양수 2015)도 있지만, 9개의 집단이 모두 동 일 시기에 청동검을 소유한 것은 아닐 것이다. 이 중에는 각 집단이 추장사회가 되는 시기에 따라 청동검을 외부로부터 수입하였을 것이다. 물론 구간사회를 전후반기로 나눌 수 있다면, 전반기에는 아직 구간사회가 완성되지 못하였을 것이지만, 후반기에는 구간사회를 이루고 이 시점에는 모든 집단마다 청동검을 소유하였을 것이다.

구간사회 전체집단에서 송국리유형 주거지가 발견되지는 못하였으나, 공통적으로 찾아 지는 것은 적색마연호·첨근일단경식석촉·1단병식 또는 유절식 석검이다. 적색마연호는 외 반구연 직립경이면서 동체고가 낮은 기형[48](그림 2의 A1·1a·b·2·5b·8)이 늦은 시기의 특징 으로 보인다. 이런 정황은 부여 구봉리 청동기부장묘에서 흑색마연장경호와 공반한 적색마 연호의 동체가 납작하고 직립경과 외반구연을 가진 속성과 일치한다.

내덕리유적은 송국리형마을이지만 묘역도 발견되었는데, 59호 석관묘에서는 송국리식 토기옹(C2)이 적색마연호와 공반되었다. 무문토기 또는 무문토기형 적색토기가 부장되는 경 우는 주로 부산지역의 지역색(이수홍 2013)이다. 또 율하리 C-4호 묘(1b)와 내동 3호 지석묘 (5b)에서 출토된 것과 같이 단경 내경경의 적색마연호는 함안-창원식으로서 구간사회에는 이른 시기에 유입하고 늦은 시기에는 내동유적에서 주로 출토되고 있다. 내동 지석묘에서는 야요이 중기 전반의 토기가 부장되고, 동일 집단으로 상정한 구산동유적은 야요이인 마을로 서 야요이 중기 초부터 형성되었다. 그러므로 내동-구산동집단은 야요이인이 구간의 일원일 가능성이 있다. 일본 야요이 전기의 적색마연토기가 내경경인 것과 상통하여 다른 집단의 직 립경과는 차별적인 특색을 가졌다고 보인다. 그리고 대부분의 구간사회의 무덤은 석관묘이 거나 구획묘인데 반하여 내동유적에서는 지석묘[49]를 채용하는 것도 특징이다.

예안리고분군(釜山大學校博物館 1993)의 최하층에서 2기의 원형집석유구가 발견되고 그

---

[48] 그림 2의 적색마연토기는 각 유적에서 비교적 동체가 낮은 것을 선별한 것인데, 동경/동고의 비율이 1.46 이상이다.

[49] 구산동지석묘는 상석은 자연석을 이용하였으나, 목관을 채용한 무덤이고 기념물로서 주변을 참배하 기 위해 석축식구획묘 형식을 취하고 있다.

주변에서 점토대토기(그림 2의 7a~c)와 세형동검(그림 1의 7b)이 출토되었다. 직접적인 부장품은 아니고 또 집석에서 매장시설이 검출되지도 않았지만, 166호(그림 2의 7좌)는 원형 부석식 구획묘이며, 167호(7우)는 지석묘의 매장주체부로서 김천 송죽리 19호묘(안재호 2023)나 여수 월내동 상촌Ⅱ의 7호 지석묘처럼 집석토광묘로 추정된다. 이 부근의 지석묘군은 3km에 대감리유적이 있는데, 묘제로는 대감리의 지석묘와 예안리의 구획묘로 나뉜 것이라 추측된다. 청동무기의 출토는 지금까지 살펴본 바로는 구획묘단계에서 많아지는 것도 이 두 유적을 통하여 이해할 수 있다. 대감리 12호 묘의 부장품인 적색마연호(그림 2의 B1)는 대형이고 동체가 높은 편으로서 이른 시기에 속한다. 그러므로 전반적인 추세는 대감리의 지석묘시대에서 예안리의 구획묘시대로 변천한 것이 대감리-예안리의 추장사회였다고 판단된다.

　　김해의 구간사회는 부산권과 창원권 그리고 일본열도와도 밀접한 관련을 가지고 있었다. 그중에서 내동-구산동집단과 회현리집단은 특히 야요이인의 구성 비율이 높았다. 그래서 구획묘 속에 옹관이 조영되기도 하고 구산동마을처럼 야요이인이 거주하는 마을도 형성하게 되었을 것이다. 武末純一(2009)은 이 야요이인들이 일본열도와 한반도 간의 철기를 유통시킨 주체로 인정하고 있지만, 그 역할은 구간사회의 한 부분으로써 작동한 것이고 집단의 독립된 경제활동은 아니다는 점을 분명하게 지적할 필요가 있다.

　　내동지석묘에서는 야요이 중기 전반의 수구I식토기(그림 2의 5a)가 부장되거나, 구산동유적은 원형점토대토기와 병행기인 야요이 중기 초두의 죠노고시식과 수구I식의 토기가 반출되는 야요이인의 취락이다. 그리고 구산동지석묘에서 검출된 A2-1호 묘에서 출토된 옹은 구연의 특징이 수구I식토기의 영향을 받은 것이므로 보고자의 주장처럼 내동집단의 성격과 상통한다. 그러므로 야요이토기를 통하여 구간사회는 중기 전반까지 지속된 것으로 탄소14연대에 따르면 서기전 3세기 말(藤尾慎一郎 2009)이 하한이다. 율하리유적에서도 늦은 요소가 발견되는데, A1-2호 주거지(D)에서 출토된 심발(D1)은 내만하는 뾰쪽 구순과 兩耳, 방추차(D2)가 소형인 점 등은 청동기시대 만기의 표지유물이다. 그래서 이러한 청동기시대 만기문화는 원형점토대와 삼각형점토대토기의 교체기문화와 병행하거나 두 문화가 선후관계를 가지는 것이 영남해안지역의 지역상으로 볼 수 있을 것이다.

　　그러나 구간사회에서 야요이 마을의 폐쇄가 구간사회의 종말을 의미하지는 않을 것이다. 추장사회에서 소국사회로의 전환만이 구간사회의 종식을 뜻하는 것이다. 김해지역의 소국은 무기형 청동기를 포함한 청동기의 다량 부장묘가 나타나는 것은 다호리유적이 유일하며 그 형성되는 시기가 바로 구간사회의 종식 또한 송국리문화의 소멸이 될 것이다. 이 다호리유적을《삼국유사》에 기술된 가락국으로 본다면(이원태·박종필 외 2024) 그 시기는 수구Ⅱ식 기의 말엽인 서기전 1세기 말이다. 이렇게 사회의 변천을 구축하면 서기전 2세기 초부터 1세기 후엽까지의 약 170년간의 기간이 비게 되는데, 이 시점이 예안리유적에서 3점의 세형동검이 개개의 군장묘에 부장된 시점이 아닐까 추정할 수 있다. 즉 김해권에서도 구간사회였던 추장사회에서 예안리의 군장사회를 거쳐 다호리유적의 소국단계로 발전하였다는 가설을 설정하고자 한다.

이미 앞장에서 여수반도의 추장사회 → 군장사회로의 변천을 살펴보았듯이 김해지역에서도 시간성은 달라도 사회변천은 동일한 과정을 겪는 것을 확인했다. 이러한 과정은 특정지역에서만의 현상은 아니고, 충남지역에서도 동일할 것이다. 이에 대해서는 각 지역의 연구가 진척되면 밝혀질 것이다.

2 송국리문화의 소멸 – 세형동검문화의 시작

송국리문화의 소멸은 결국 송국리유형 주거지의 소멸로 인식할 수 있다. 정치체의 변혁이 일어나면서 왜 가옥의 형태가 바뀌게 되는지는 본고에서는 밝힐 수 없다. 그러나 막대한 노동력을 동원해야 조영 가능한 지석묘나 구획묘와 같은 묘제가 사라지는 것은, 정치체의 에너지를 公共과 의례에 쓰기보다는 개인과 경제에 주력한 결과로 이해된다. 그래서 정치적으로는 취락공동체의 추장 권한을 소국의 군주체제에 귀속시키고, 공동체의 노동력을 관리하기 위해서라도 추장묘인 지석묘나 구획묘의 조영을 금지했을 것이다. 그래서 점토대토기문화의 목관묘를 채용하고, 무덤의 규모가 작아진 대신 추장묘에 투영된 노동력을 청동기라는 위신재 생산으로 전환시킨 것이다. 그리고 수장과 수장층에 공급할 다종다량의 청동기를 생산하기 위해서 전문장인을 육성 우대했으며, 이 배후에는 생계의 잉여생산이 필수적이었을 것이다. 결국 이렇게 소국의 형성과정에서 송국리문화는 사라지고 금속기를 부장하는 목관묘문화가 발달하게 된 것이다.

삼한 소국에 대해서는 고고학적으로 권오영(1996)은 일정한 지역권 내에 중심 마을로서 국읍이 있고 그 주변으로 여러 개의 일반마을로 이룬 정치체이며 臣智라는 정치적 추장이 지배하는 사회로 규정하였다. 이러한 정치체를 확인하기 위해서는 누세대로 청동기를 부장한 추장의 무덤을 확인해야만 비로소 실체가 밝혀지게 된다. 그래서 현재로선 기존 연구

를 종합하여 각 유적의 시간성을 추적하는 것이 소국 연구의 관건이라 생각한다. 한때 필자
는 청동기는 생산도구가 아니므로 소국 단계 이전에 속할 것이고, 소국은 철기의 사용부터라
고 생각한 바 있었다. 그러나 중국의 西周도 철기 생산 이전부터 개국하였고, 세계사적으로
도 Chiefdom 사회는 금속기의 사용이 중요할 뿐 굳이 철기만을 지칭하지는 않는다(콜린 렌
프류·폴 반 2006).

1) 철기와 세형동검의 출현 연대

세형동검문화에 대해서는 많은 연구가 진행되어있다. 그중에서 〈표 1〉처럼 선택하여 송국리
문화권 내의 지역의 연구사로 보면 대체로 5~7단계로 편년된다. 그리고 철기가 부장되기 전
3~4단계는 청동기만 출토되는 시기로 설정되고 있다. 연대는 대체로 철기의 출현을 중국 사
료의 전국 연나라의 정치적 행보와 관련하여 3세기말~2세기대로 설정하고 있다. 이에 상응
하는 연대관으로는 김일규(2019)가 철기와 공반하는 평장리유적의 동경을 중국측의 자료와
비교하여 2세기초엽~전엽으로 설정하기도 하였다. 그러나 이창희(2010)의 탄소14연대는 남
한지역 철기의 출현을 4세기 초~중엽[50]으로서, 이는 원형점토대토기 늦은 시점이라는 생활
유적의 편년에 따른 것이다. 그런데 철기가 무덤에 부장되는 시기는 철기 출현과 반드시 일
치하지는 않을 것이고, 여전히 세형동검문화기의 청동기가 주된 부장품으로 선정되었을 가
능성이 있고, 또 지역에 따라 부장품에 대한 관습 혹은 정치체 내부에서도 피장자의 성격이
나 사회적 상황에 따라서도 부장품에 차별성을 보일 수 있다는 다양한 경우가 존재할 것이
므로 두 연구자의 시간 차이가 난다고 생각한다.

　　필자는 이창희가 사용한 갈동유적 철기 부장의 3·6·9호묘의 탄소14연대는 이 3개의
연대가 중첩되는 연대치가 385~195cal BC이므로 중간 연대치를 택하여 300년 전후로 두고
자 한다. 이 연대는 이창희의 삼각형점토대토기 출현기에 해당하고 원형점토대토기의 늦은
시기와도 겹치므로 고고학적 정황과도 일치한다. 이렇게 하면 기존의 중국 사서에 의존한 연
대[51]보다 100년 전후로 이르게 된다.

50　藤尾愼一郎(2011)는 여러 연구자의 최신 연구를 종합하여, 야요이시대 철기의 사용은 전기말(BC.4C
전엽)에 보급되었고, 대다수의 초기 철기는 중기초두(4C 중경)로 결정하고 있어서 한일간에 부합하는 연대
이다.

51　세형동검문화의 연대에 대해서는 탄소14연대법의 결과를 통하여 결정하는 것이 자연과학과의 공조로

연구	단계	성격	시기	표지 유물(출현)	대표 유적
이청규 (1982)	I기	지석묘, 석관묘	~300	BI식동검, 선형동부, B식동경	문화동
	II기	전국 연나라의 영향인 동모·동사의 출현	300~200	BII·III식동검, C식다뉴경, AI식동모, 동착, 검파형·방패형·원개형·나팔형 동기, 소동탁	연화리 괴정동 탄방동 남성리 동서리 비하리 오금산 다송리 내동
	III기	전국 진과 영향인 동과 출현, 세문경 발달	200~100 (위만등장)	AII식동모, AII식동과, 동사, 동령류, A식거마구	둔포리 봉암리 용제리 대곡리 연계동 배반리 백운리 회현리
	IV기	철기 출현	100~50	BI·II식동모, BI·II·AI식동과, 간두령, 개궁모, 우각형동기, 입형동기	입실리 구정리 신천동 낙동리
	V기	장봉·광형의 동모·동과, 한식의 거마구	BC.50 ~AD.50	BIII·IV식동검, BIII식동모, C·D식동과, 한경, 방제경, 안테나식검파두식, B식거마구	비산동 평리동 만촌동
이건무 (1992)	I기	성립기, 비파형동검문화와 북방문화의 영향		I식세형동검·석제검파두식, 조문경, 방패형·검파형·나팔형 동기, 선형동부, 동착	연화리 괴정동 동서리 남성리 여의동 정봉리
	II기	발전기, 북방문화의 유입		II식동검, 동령류, 정문경, I류동모, 유견·장방형 동부, 동과, 동사, 동착, 동추	둔포리 탄방동 구봉리
	후반	정문경의 소형화			
	말	연의 철기문화 파급	3c말~2c초	20cm이상의 긴 동모	초포리 소소리 합송리
	III기	쇠퇴기, 한의 영향. 폭 길이가 짧은 內·긴 봉부의 동과		거마구(笠形동기·日傘대장식), 한경, 오수전, 소동탁, 동환	평리동 비산동
	후엽			등대 경부까지 등날·혈구 다수의 동검, 耳附동모, 조문 혈구의 동과,	신천동 구정동 입실리
조진선 (2005)	I기 1	연 진개의 동방경략	BC.3c.초	주형I1식검, 조문경(뇌문), 나팔형동기	
	I기 2		3c.전~중엽	주형II1식검, 검파·방패형동기, 조문경(성문), 선형동부, 동착	동서리 남성리 괴정동 연화리
	II기 1	秦의 중국통일 이형동기 소멸	3c.중~후엽	동모, 동과, 중국식동검, 동사, 장방형·선형동부, 동령, 정문경	구봉리 탄방동 정봉리
	II기 2a	진·한교체기	3c.후엽 ~2c.초	유견동부, 팔주령, 쌍두령, 간두령, II식정문경	대곡리
	II기 2b		2c.초~전엽	III식정문경, 병부동령	초포리 정암리 강림리

연구	단계		성격	시기	표지 유물(출현)	대표 유적
조진선 (2005)	Ⅲ기		漢·위만조선의 성립, 준왕의 남래, 철기 등장	2c초~말	Ⅱ2·Ⅲ식검, Ⅳ식정문경,	소소리 남양리 봉안리 궁평리 백운리 내동
	Ⅳ기	1a	위만조선의 멸망과 낙랑군의 설치	2c.말~ 1c.전반	마구류, 거여구, 다뉴소문 경, 간두령, 잠형령	신천동 팔달동 입실리
		1b		1c.후반	전한경, 중세형동모	다호리1 조양동38
		1c		AD.1c.전반	Ⅳ3식검, 한경, Ⅰ식방제경, 중광형동과	만촌동 사라리130
		2	전한·신·후한 교체기	1c.중엽~ 2c.전반	Ⅳ4식검, 방격규구경, Ⅱ식 방제경	양동리
미야 자토 (2010)	형성기		세형동검문화 형성	6~5c	선형a식·장방형동부A류	평양 신성동
	발전1기		동검 다뉴경의 다양화	4c후반	선형c식동부, 유공동착, 동 사	괴정동 동서리 남성리 여의동
	발전2기		세문경 형성, 세형a식동 모 출현		세형동모, 동과, A1세문경, 유견원인부, 장방형동부B류	구봉리
미야 자토 (2010)	발전3기		다양한 세문경, 이형청 동기B군 출현		세형a식동모, 유선동부	대곡리 궁평리
	발전4기		전국 연계 철기, 금속제 검파두식 출현	2c대	검파두식, 유리제품, 이형 청동기B류, 유공촉	초포리 합송리 솔뫼골 이화동
	종말기		낙랑-한식문물 등장	1c	유문동과, 이형과, 거마구, 한경	평리동 다호리 임당 양동리
윤형준 (2017)	Ⅰ기 1단계		목관묘문화 등장, 요령청동기문화 요소	4세기말? 3세기초?~	세형동검, 다뉴조문경, 원 개형·검파형·나팔형·견 갑형·방패형 동기, 선형동 부, 동착, 동사	동서리, 남성리, 괴정동, 선제리
	Ⅰ기 2단계		세형동검문화의 완성		유공식동모, 무문동과, 다뉴 세문경, 간두령, 이형동령, 유견·합인·장방형 동부	구봉리 / 초포리, 대곡 리, 신풍, 덕동, 갈동, 청 송리, 월성리, 예안리, 회현리
	Ⅱ기 1단계		서북한계 주조철부의 출현	2세기전엽~	유이식동모, 전국경	남양리, 임당, 신풍, 갈동
	Ⅱ기 2단계		무기류 철기로 대체			팔달동, 조양동, 다호리, 죽동리
김일규 (2019)	Ⅰ식			3c전반		동서리
	Ⅱ-1식			3c중엽		괴정동
	Ⅱ-2식					남성리
	Ⅲ-1식		미생전기말~중기초	3c말~2c극초	세형동과, 세형동모, 동사	구봉리
	Ⅲ-2식		철기 등장 (중서부지역)	2c초엽~전반		평장리(한경; 서한 초)
	Ⅳ식					낙동리 남양리
	Ⅴ식					

연구	단계	성격	시기	표지 유물(출현)	대표 유적
오강원 (2020)	I단계		350~300	A식동검, 조문경, 선형동부, 동착	문화동
	II단계		300~250	BI·BII·CI식동검, 원개형·경형·방패형·검파형·나팔형·견갑형 동기, 동탁	동서리 괴정동 남성리 연화리 선제리
	III단계		250~200	CII식동검, 정문경, 동령류, 유공식동모, 세형동과, 유견·장방형 동부, 동사	궁평리 오금산 신풍 원장동 대곡리 백암리 초포리
	IV단계	철기 공반	200~100	DI·DII식동검, 유이식동모	율북리 소소리 동문동 합송리 청송리 장재리 수촌리 원북리 정지리 호암동 오송 평장리 덕동 서당 원만성 효자4동 남양리 백운리 회현동
오강원 (2020)	V단계		100~BC1	한경, 방제경, 호형·마형 대구, 원통형동기	만정리 봉안리 우산리 팔달동 임당 양지리 교동 다호리
	VI단계		AD1~100	DII'식동검, 중세형·중광형 동모, 중광형동과	만촌동 비산동 평리동 다호리
	VII단계		101~150	광형동모	사라리 탑동
이후석 (2023)	1단계	정가와자유형 요소(비송국리문화권)	5c~4c전반	동검(청동검병), 동도, 다뉴번개무늬경, 동촉	중도동, 낙동면
	2단계 세형동검문화(금강–만경강권=마한)	조형(전가와자2기+동대장자유형)	4c후반~	동대장자식·상보촌류세형동검, 다뉴동경, 소형 경형동기, 동과, 동모, 동촉	수목리 오금산 오룡리3 대동리V → 오룡리5 → 괴정동 덕동 → 동서리 → 선재리 → 매곡리 남성리 → 여의동
		4c후엽~3c전반		검파두식, 다뉴동경, 경형·이형동기, 선형동부	

　　기원전 300년은 일본 야요이 新年代(藤尾愼一郎 2009)에 따르면 야요이 중기 초두(죠노고 시식, 4세기중경~말)와 전반(수구Ⅰ식, 3세기대)의 경계점에 해당한다. 武末純一(2010)은 김해 구

서 가장 유효하다고 생각한다. 이에 대해서 문헌 기록의 연대를 이용하는 것에는 다음과 같은 의문이 해소되어야 비로소 고고학 자료로 사용될 것이다. 첫째 중국왕조의 특정 유물은 그 조형을 포함한 형식 편년체계가 필요하다. 둘째 유물의 전파나 이동은 상위계층의 정치적 이동으로 기록을 남기기도 하지만, 문헌 기록에 남기지 않는 무수한 교류도 새로운 물질문화를 남긴다. 셋째 양 지역의 고고학적 비교는 유사하다고 동일한 것이 아니므로 분명한 형식적 분석과 전개가 밝혀져야 한다. 넷째 중간 형태의 유물이라는 것은 예컨데 송국리유형과 선송국리유형의 해석 논쟁과 같은 양상이라고 비판할 수도 있다.

산동마을의 야요이토기를 고찰하면서 수석리식토기에서 삼각형점토대토기 즉 늑도식토기로의 교체는 죠노고시식토기와 관련되며, 구산동마을 야요이인의 거주 목적은 원료철의 확보와 철기 생산기술의 습득으로 추정하였다. 구산동의 철기는 철도자와 주조철부 그리고 주조철부의 파편을 가공하여 인부를 만든 철기이다. 박경신(2016)은 한반도의 주철기술의 단계는 「완제품의 수입 → 수입 주조품의 2차 가공(단야) → 자체생산」으로 발전하며, 중부지역에선 2세기에 단야로가 확인되며 3세기가 되어야 송풍관과 철재가 발견되므로 비로소 철을 생산하였다고 한다. 그런데 이미 구산동유적에서는 2차가공이 이루어졌으며, 주조철부의 생산은 다호리유적 목관묘에는 서기 1세기 초(이원태·박종필 외 2024)부터 확인된다. 구산동의 2차가공품과 주조철부의 파손품은 주로 수구 I 식계와 공반하지만 죠노고시식계도 공존하므로 수구 I 식계의 초기부터 사용되었다고 봐야한다. 그런데 김해지역의 수구 I 식계토기는 일본열도의 수구 I 식토기보다는 그 제작이 조금 늦은 시점으로 본다면 구산동의 2차가공 철기는 대략 기원전 3세기 전엽 정도에 시작되었다고 판단된다. 김해 구산동 마을은 가락국의 전신인 구간사회의 일원이므로 세형동검문화를 기반으로 한다. 그러므로 철기문화와 함께 세형동검문화의 기원지는 당연히 한반도 서남지역이므로, 서남지역에서는 이미 주조철부를 생산하였던지 아니면 고조선계(鄭仁盛 2016)의 철기를 수입하였을 것이다. 그런데 한반도 서남지역의 수장묘에 철기를 부장하는 시점에는 자체적인 철기생산단계에 들어섰다고 보는 것이 타당할 것이다. 다만 이 시기 철기의 종류나 부장량이 그다지 많지 않기 때문에, 비유하자면 흡사 청동기 생산에서 여수지역의 월내동-적량동집단의 생산 정도에 머물러 있었던 과도기가 아닐까라는 추정도 가능하다. 문제는 서남지역에서 철기의 사용이 시작되었음에도, 철 생산과 수입을 구분하는 편년 연구가 없었다는 점이다. 철 생산의 가부는 당연히 생산시설이나 그 부산물로써 증명해 보이는 것이지만, 철기 자체를 통해서 서남지역의 고유한 형식이나 규격 또는 성분분석 등의 연구 과제를 남길 수밖에 없다.

　철기의 변천상을 대강 살피기 위하여 호서지역과 만경강유역의 무덤에서 청동기·철기·토기가 공반하는 양상을 〈그림 3〉으로 집성하였다. 이외에 철기만으로 공반하는 무덤도 있지만 이 경우는 청동기+철기의 공반상보다 이른 무덤은 드물 것이다, 그러므로 청동기후장묘가 집중하는 호남지역과 만경강유역에서 철기가 최초로 부장되었다면 〈그림 3〉의 무덤 중에 있을 것이다.

　무덤의 서열은 흑색마연장경호를 통하여 정할 수 있다. 이에 대해서는 만경강유역에서 후술하겠지만, 반제리유적의 흑색마연호(安在晧 2022)가 이른 형태의 것으로 인정하면, 동체

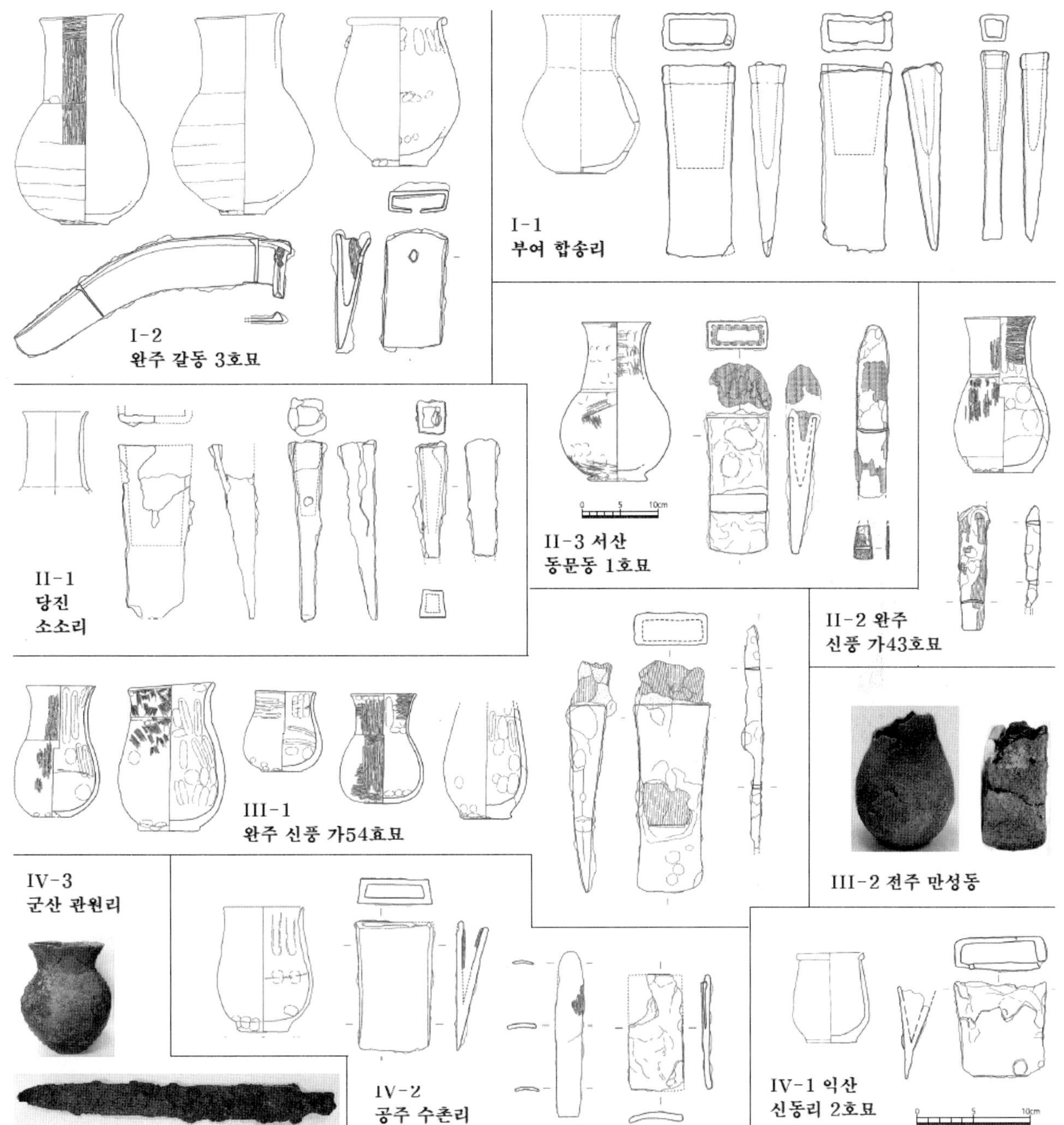

그림 3 호서와 만경강유역의 무덤에서 청동기·철기·토기의 공반상

부는 동고가 큰 주판알형에서 구형으로, 구경부는 직립에서 외반하거나 단경 또는 무경화의
방향성을 설정할 수 있다. 그리고 점토대토기는 구연 선단이 뾰쪽한 것이 삼각형으로 이행하

는 중간형으로 늦은 기준으로 삼았다. 이런 기준에 따라 나열하면 크게 Ⅰ~Ⅳ식의 4단계로 형식편년된다.

철기의 기종은 철부·철착·철겸으로 구성되며, Ⅱ·Ⅲ식기에는 철사와 철도자가 추가되고, Ⅳ식기에는 철검과 2차 가공품이 출현한다. 각 기종의 형태적 변화는 우선 주조철부는 합송리처럼 공부에 段을 이루는 것이 古式이다. 철착도 마찬가지인데, Ⅱ식부터는 단순한 공부의 형태를 띠게 된다. 철부의 길이가 긴 대형은 인부의 폭이 좁은 梯形인 것이 특징이고, 소형철부는 장방형으로서 Ⅳ식기에는 횡단면이 제형을 띠는 새로운 형식이 출현한다. 그리고 초대형은 Ⅳ식기에 제작된다. 이외에도 철촉과 철모 그리고 대형철부를 닮은 단조철부 등이 있다. 이러한 일련의 변화는 적은 수량을 통해서 임시방편으로 살펴 본 것이라 단언하지는 못하겠지만, 시간성에 따른 형식 변화와 기종 구성의 변천을 엿볼 수 있어서 수입된 것이 아니고 수장묘를 조영한 지역 내에서 자체 생산한 것이라고 추정된다. 향후 각 정치체 단위로 검토되기를 기대하고 〈그림 3〉의 변천에서 늦은 시점이 삼각형점토대토기가 출토되는 김해 구산동마을의 철기상과 연결될 수 있을 것이라고 판단된다.

그렇다면 〈그림 3〉의 어느 단계에서부터 서기전 300년에 시작하는 삼각형점토대토기가 공반하는지가 중요한 문제이다. 그래서 갈동유적에서 삼각형점토대토기가 출토되는 2기의 토광묘(金建洙·韓修英 외 2005 ; 湖南文化財研究院 2009)를 살펴보고자 한다. 완주 갈동유적에는 부장품으로 원형점토대토기가 부장되기도 하고 삼각형점토대토기도 부장되므로 분명히 삼각형점토대토기의 최초 출현 시점에 조영된 무덤도 있을 것이다. 그것이 〈그림 4〉의 4호와 6호 묘이다. 특히 4호 묘에서는 원형(3)도 출토되지만 완전한 삼각형(1)과 절충형(2)도 공반한다. 이 시점에 공반되는 흑색마연 파수부장경호는 파수의 형태가 조합우각형이며, 구경부가 동체부에서 완만하게 이어지고 내경하다가 외반하는 특징을 가진다. 즉 이미 앞 단계의 직립경의 특징을 보이지 않는다는 것이다. 6호 묘의 파수부호에서도 동일한 특징이며, 단순 흑색마연장경호(8)의 구경부 특징도 동일하다. 그러므로 출현기 삼각형점토대토기의 특징은 조합우각형파수부호[52]이며, 동시에 외반구경부라고 지적할 수 있다. 이런 특징을 가진 흑색마연호를 〈그림 3〉에서 찾으면 Ⅱ-2식기부터이고 Ⅲ식기에는 분명해질 것이다. 특히 Ⅲ-1식기의 신풍 가54호 묘의 흑색마연장경호는 다양한 형태가 집적되었는데, 이것은 원형점토

52　이 기종은 영남지역의 목관묘에서 와질토기로도 변화 발전하는 조합우각형파수부장경호의 조형에 해당하는데, 영남의 초기 목관묘에서는 구경부가 직립인 것이 차별적인 특징이다.

대토기 초기의 전형적인 특징을 채택하지 않고 다양한 형태로 제작되었음을 나타내고, 이것은 바로 새로운 형태의 삼각형점토대토기가 도래했다는 방증일 것이다.

Ⅱ-2식기부터 삼각형점토대토기가 공반된다고 하면 철기에서의 특징은 철사와 철도자가 출현했다는 점이다. 그리고 〈그림 4〉에서 관찰되듯이 장방형 주조철부의 공부가 제형과 유사한 형태를 띠기 시작한다는 것이다. 횡단면에서 梯形인 것(11)도 있지만, 철부의 표리면의 길이가 다른 것(11·12)이 있다면 이것도 제형부의 특징에 속할 것이다. 그러므로 기원전 300년 이후에 제작된 철기의 기준이 되는 것은 철사와 철도자 그리고 제형 주조철부로 규정할 수 있다.

한편 일본 야요이 전기말~중기초두 이후로 다양한 형태의 주조철부의 편 일부를 재가공하여 날을 만든 소형철기(村上恭通 1988·2020)

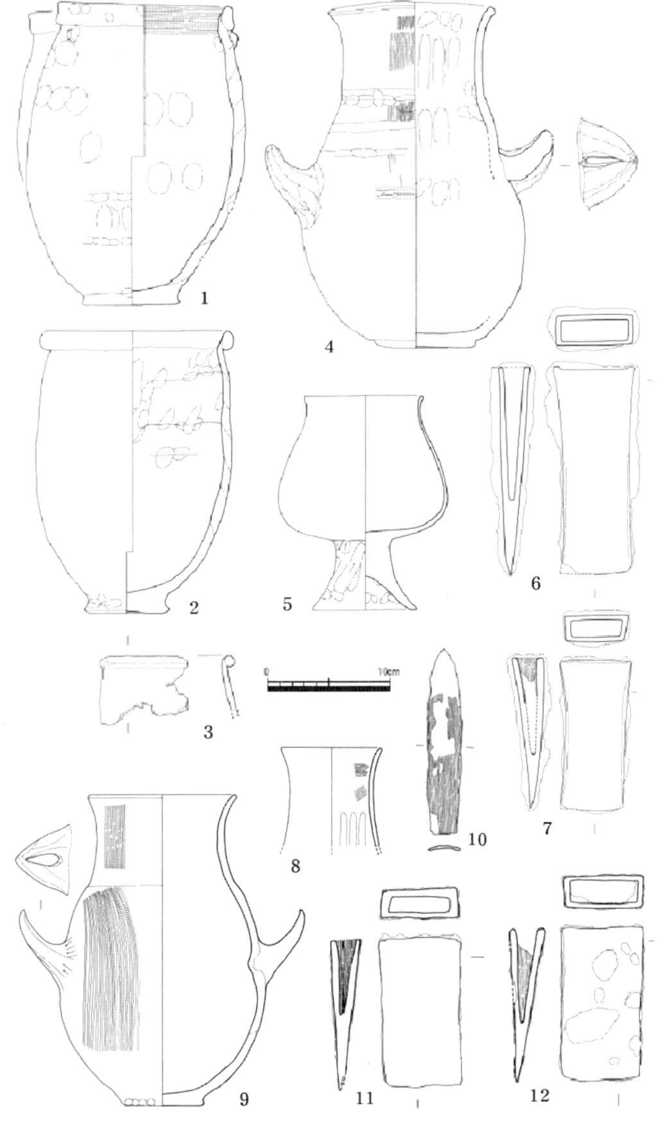

그림 4　완주 갈동유적 4호(1~7)·6호(8~12) 목관묘 유물

가 특징인데, 그중에서 중기초두에 나타나는 二條凸帶斧는 중국 전국시대 중·후기에 화북성과 요령성에 기원을 둔 것(藤尾愼一郎 2011)이다. 이 형식의 철부는 남한지역에서 삼한 중·후기에 출토되고 있어서 일본보다 늦게 출현하므로 한반도 서남지역의 세형동검문화와 철기문화가 일본열도에 동시에 전파된 것은 아니고, 야요이문화 속의 철기문화 일부는 박경신(2016)의 Ⅰ류 이조철대주조철부가 분포하는 지역과 관계됨을 알 수 있다. 이러한 정황은 여러 문제를 야기할 수도 있어서 향후의 중요한 과제로 남겨야 할 것이다.

이렇게 해서 기존의 전국계철기의 수입 단계를 벗어나 東夷世界라는 공감대 속에서 고조선계의 철기나 그 기술을 수용한 시점을 300년으로 잡고 삼각형점토대구연토기가 출현하는 시기로 상정하였다. 〈표 1〉의 성과에 따르면 각 지역의 세형동검문화의 정치체는 철기 생산 전후로 수장묘를 조영하고 있으므로 이 300년을 기준으로 전후 몇 년을 상정할 수 있을 것이다. 이 수장묘는 소국의 왕묘라고 추정되므로 왕묘의 수가 바로 정치체의 존속기간이 될 것이다.

그래서 소국왕은 1세대의 평균 기간을 대략 22년[53]으로 산출하여 통치 기간이 산정된다. 그래서 가장 이른 시기로 설정되는 청동기부장 묘는 만경강유역인데 대략 서기전 430년 전후로 계산된다. 이창희(2010)와 이재현(2003)·宮本一夫(2009)의 5세기 후반설에 거의 일치하는 결과이다.

2) 세형동검문화기의 정치체

소위 초기철기시대라고 불리는 시기의 무덤에서는 동검 1점만 부장되는 경우가 가장 많고, 2점 이상의 청동기가 부장되는 무덤도 상당수가 있다. 특히 다량의 청동기를 부장하는 습속은 이 시기부터 나타나는데, 이러한 부장상은 사회정치적인 계층화를 반영한 것이다. 그리고 청동기부장묘가 군집을 이루지만, 단독으로 발견되는 경우도 허다하다. 박진일(2022)은 비군집묘에서 군집묘로의 전개에 주안하고 있으며, 청동기를 부장한 비군집묘는 괴정동유형으로 서기전 5세기 무렵에 등장하고, 철기를 부장하는 군집묘로 이행하면서부터 원삼국시대가 시작된다고 한다.

이러한 전제 속에서 정치체를 고려하면 단독묘의 경우는 청동기를 厚葬한 예가 많은데, 동시기 최고의 신분을 가진 인물로 보지 않을 수 없고, 청동기의 제작 상황과 상징성을 고려하면 이것은 단순한 정치체가 아니라 삼한소국왕묘로 인정해야 하는 것이다. 그런데도 독립적으로 무덤이 조영되었고 동일한 양상의 무덤이 여러 구역에 산재해 있다고 한다면, 최고위의 청동기후장묘는 특정지역에 누대로 조영하지 않았다는 증거이므로 결국은 여러 구역에서 소국의 왕묘를 전술한 가락국 후반기의 양상처럼 번갈아 가며 조영한 것으로 해석할 수

---

53 위키백과의 〈마한〉에 따르면 청주 韓氏의 족보에 마한왕의 치세 기간이 기록되어있는데 2대(B.C.193년~)에서 마지막 9대(~B.C.17년)까지의 재위기간은 평균 22년이고, 東周시대의 왕은 평균 21년이었으므로 1세대를 21.5년으로 설정했다.

밖에 없다. 이에 반하여 청동기 후장묘가 한 곳에서 군집을 이루는 경우는 가락국 전반기와
같이 다호리유적처럼 특정의 유력집단 내에서 지속적으로 수장이 계승되었던 사회라는 것
이다. 이런 구도에서 보면 전자는 유력집단의 연맹체라고 볼 수 있고, 후자는 독립된 소국이
었을 것이다. 그러나 연맹체라고 해도 청동기를 다량부장한 것은 청동기 생산단계에 들어선
사회이기 때문에 가락국의 전신인 구간사회와 같은 추장사회 또는 군장사회로 볼 수는 없고,
엄연히 소국단계로서의 연맹체라고 봐야 한다. 이것을 「연맹체소국」이라면, 후자는 「독립소
국」이라고 명명하고자 한다. 물론 독립소국이지만 존속기간이 짧다면 이 또한 독립소국과
연맹체적 소국과의 연맹형태로 하나의 정치체가 운영되었을 수도 있겠다. 그래서 다양한 형
태의 소국을 상정할 수 있을 것이다.

　　〈그림 5〉는 이러한 정치체를 추정하기 위해서 청동기부장묘를 모두 관찰한 결과(국립청주
박물관 2019; 김효정 2021 참조) 유적을 3개의 유형으로 나누었다. 낮은 계층의 유적은 청동기 1점
을 부장한 무덤만을 조영한 유적(●)으로 李熙濬(2000)의 삼한소국 취락분포 정형에 따르면 촌

에 귀속된 묘지가 될 것이며,
피장자는 수장층의 일원일 것
이다. 이보다 높은 계층으로
는 복수의 청동기를 부장한
무덤이지만 무기형청동기를 2
점 이상 부장한 묘가 지표가
된다. 무기형청동기는 동검·
동모·동과가 대표적이며, 살
상이라는 기능에서도 위세품
이지만 청동의 무게에서도 다
른 청동기보다 비중이 높다.
그리고 동경의 경우는 그 제
작공정이나 정치함에서 어느
청동기보다 우수하고 신분적
인 상징성(이청규 2018)이 높으
므로 무기형청동기의 위세 정
도에 뒤지지 않는다. 그러므

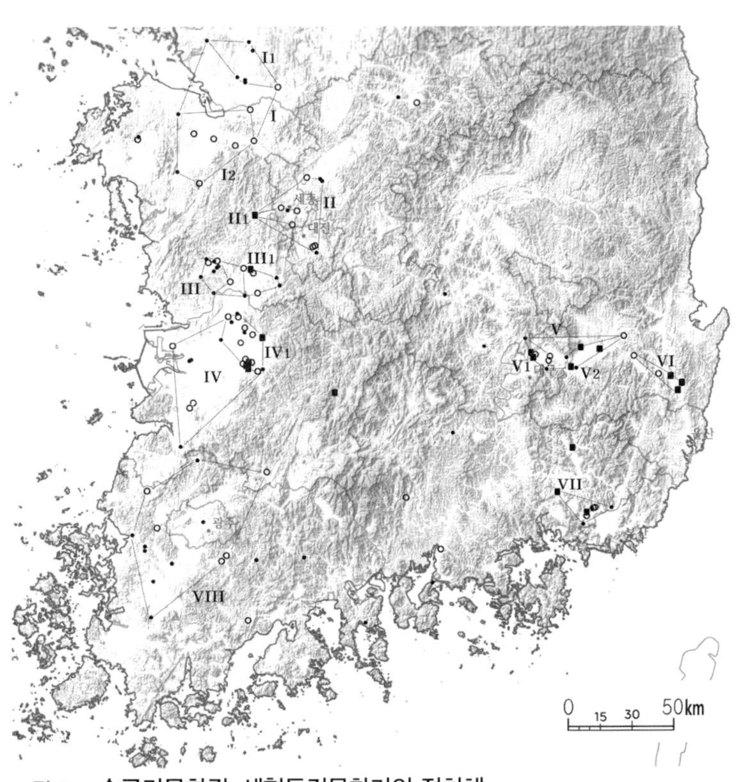

그림 5　　송국리문화권, 세형동검문화기의 정치체
■ 2점 이상 부장묘 2기 이상인 유적　|　○ 2점 이상 부장묘 1기 유적
|　● 1점 부장묘의 유적

표 2 　정치체의 공간적 길이(자전거 최단거리)

군집	유적간 최대 거리	국읍·읍락간 최대 거리
I	화성,남양리-홍성,신경리 / 85km	
I 1	화성,남양리-안성,만정리 / 46km	
I 2	아산,둔포리-홍성,신경리 / 55km	아산,남성리-서산,동문동 / 53km
II	청주,정증리-대전,문화동 / 42km	청주,오송-대전,괴정동 / 41km
III	논산,거사리-부여,회동리 / 44km	논산,원북리-부여,구봉리 / 23km
IV	익산,구평리-고창,송용리 / 78km	
IV1		군산,선제리-전주,효자동 / 48km
V	칠곡,심천리-영천,용전리 / 59km	대구,팔달동-영천,용전리 / 51km
V1	칠곡,심천리-대구,두산동 / 24km	대구,팔달동-대구,두산동 / 15km
V2		경산,임당동-영천,용전리 / 23km
VI	경주,사라리-경주,입실리 / 39km	경주,사라리-경주,입실리 / 39km
VII	창원,다호리-김해,예안리 / 35km	창원,다호리-김해,내덕동 / 21km
VIII	순창,동촌-영암,장천리 / 106km	함평,초포리-보성,우산리 / 82km

로 최고의 유력개인묘 즉 소국왕의 상징은 복수의 무기형 청동기나 동경을 포함한 무기형 청동기 1점 이상을 부장한 靑銅器厚葬墓로 상정하고자 한다. 그런데 이러한 청동기후장묘가 한 유적에 2기 이상 조영된 구역과 단 1기만 발견되는 구역이 있다. 이것도 중요한 지표가 되므로 단 1기만 조영된 유적은 읍락(◎)에 해당하고, 복수의 청동기후장묘가 조영된 구역의 유적은 국읍급으로서 편의상 국읍(■)으로 부른다. 실제로는 연맹체소국에서 소국왕으로 선출된 구역의 읍락이 소국의 행정중심지로서 국읍으로 승격할 것이다.

　　분포도를 보면 I~VIII군으로 묶어지며 각 군집 속에서 다시 1~2개 세분될 수도 있다. 참고로 김해권의 추장연맹체였던 구간사회는 서쪽의 창원 덕천리유적에서 동쪽의 예안리유적과의 거리는 현재의 자전거길로서 최단 35km에 달하고, 가락국시대의 전·후반대의 국읍집단이었던 다호리유적과 양동리유적의 거리는 20km이다.

(1) 충남 북부지역

충남 북쪽지역(I군)에서 청동기후장묘는 읍락 1~5기가 30km 이내의 거리를 두고 분포하며, 경기남부지역에는 존재하지 않는다. 김해권에서도 그러했고, 앞 장의 마을공동체의 크기가 거점마을에서 반경 15km(1일 왕복권역)정도의 범위를 가지므로, 읍락 간의 거리도 30km 내에 분포한다면 하나의 독자적인 정치체로 볼 수 있겠다.

　　이 5개의 읍락은 편년연구(표 1)에 따르면 「5동서리 → 3남성리 → 2궁평리 → 1소소

리·4동문동」의 시간 순서이며, 세형동
검문화 성립기부터 철기가 처음 출현
한 시점은 소소리·동문동 읍락이다. 소
소리와 동문동도 세형동검과 동과에서
는 동형식이지만, 〈그림 6〉처럼 검파두
식·장방형계 주조철부·흑색마연장경
호에서는 약간의 형태 차이가 있다. 미
야사토(20)의 분류에 따르면 검파두식
은 소소리가 이른 형식이고, 흑색마연
장경호도 경부가 직선인 소
소리가 이르다고 판단된다.
그리고 주조철부는 인부폭
이 좁은 특징이 합송리철부
와 동일 형식이지만 동문동
과의 관계는 알지 못하나, 두
유구 사이에는 시간차이를
둘 수 있고, 동문동 1호 묘는
장경호의 특징에서 삼각형점
토대토기 출현기 즉 늑도기
54(BC.300~)에 해당된다.

　　따라서 각 읍락은 대략
한 세대동안 통치하고는 다
른 읍락으로 계승되어갔던
것을 알 수 있다. 즉 소국왕
은 특정 읍락에서 누세대로
왕위를 계승한 것이 아니라

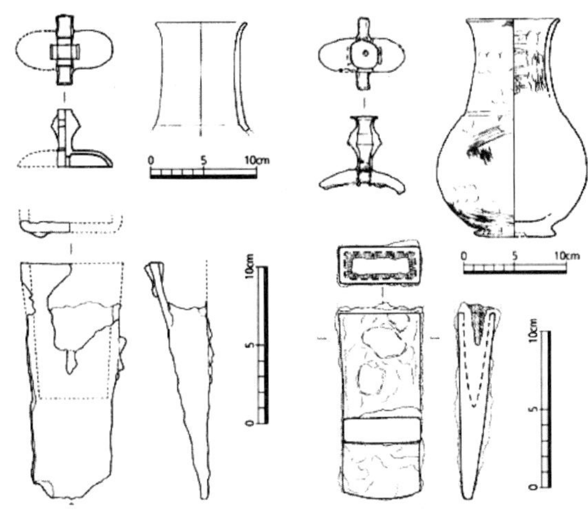

그림 6　소소리 묘(좌)와 동문동 1호 묘(우)

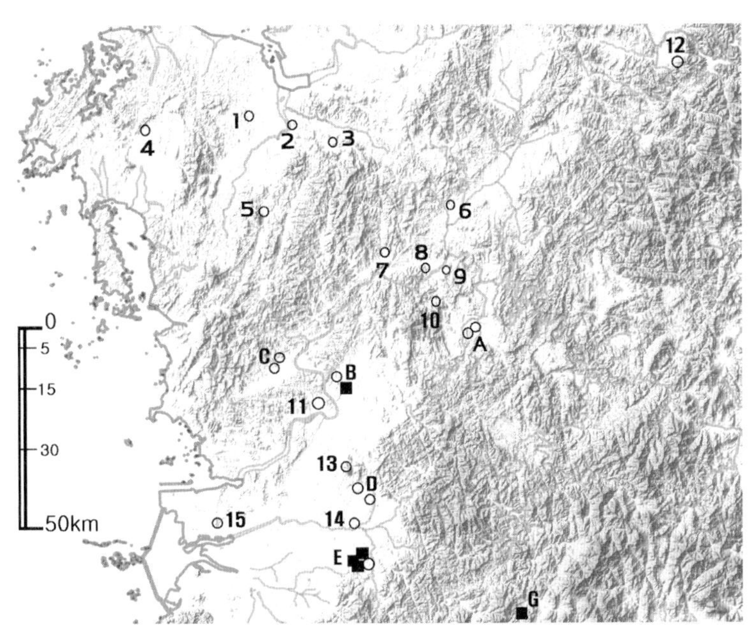

그림 7　호서·전북지역 세형동검기의 복수 청동기 출토 무덤 분포

A. 괴정동-탄방동　|　B. 원북리-연화리　|　C. 합송리-구봉리　|
D. 평장리-오금산　|　E. 신풍-덕동-만성동(원만성)-원장동-효자4
|　G. 남양리　|　1. 소소리　|　2. 궁평리　|　3. 남성리　|　4. 동문
동　|　5. 동서리　|　6. 오송　|　7. 수촌리　|　8. 봉안리　|　9. 장
재리　|　10. 봉암리　|　11. 청송리　|　12. 호암동　|　13. 오룡리
|　14. 용제리　|　15. 선재리

54　삼각형점토대토기의 단계라는 의미의 늑도기로서, 늑도유적의 흑색마연정경호와 동형식이라는 뜻은
아니다.

연맹체 내의 선출을 통하여 유력 읍락에서 탄생한 것이다. 청동기후장묘가 세대를 달리하면서 연계되어 조영된 소국왕묘라고 한다면, 늦도기 앞 4세대부터 개국한 것이라 판단하여 대략 390년 전후이므로 서기전 4세기 초엽[55]이 될 것이다.

(2) 금강유역

금강 상유역(그림 7의 A, 6~10)과 중류역(B·C, 11)으로 나누어진다. 상류역은 대전 괴정동유적과 탄방동유적이 5km 이내에 인접하므로 하나의 정치체 국읍으로 보았다. 그 나머지 5개소에 읍락이 있다. 전체 읍락군의 최대거리는 네이버 지도 도보거리 48km(괴정동에서 오송까지)이고, 읍락 간의 최대거리는 20km로서 모듬 읍락 간에는 1일 왕복이 가능한 간격을 두고 군집한다. 중류역에서는 인접한 읍락 합송리와 구봉리유적이 하나의 국읍을 이루고, 국읍격인 원북리에 인접한 연화리도 이에 속한다. 그래서 청치체는 3개소로 축소된다. 읍락 간의 최대거리는 23km이다.

연무읍은 각종 동령이 다수 출토되었으나 무기형동기가 없으므로 읍락으로 인정하지 않았다. 발굴된 사례를 보면 다뉴경을 복수로 부장하는 경우도 있는데 청동의기만을 부장하는 피장자의 신분은 제사장인 천군(이양수 2002)또는 청동장인집단의 수장일지는 몰라도 읍락의 수장은 아닐 것이라고 판단하여 제외하였다. 하여튼 금강 상류와 중류역의 2개의 읍락군을 각각 하나의 소국으로 인정할 수 있겠다.

① 금강중류권

5개소의 청동기후장묘가 조영된 지역이지만 읍락은 3개소로 묶인다. 그중에서 원북리유적은 2기의 청동기후장묘가 조영되어 있으므로, 이 정치체에는 6인의 소국왕이 재위한 것으로 추정된다. 철기 출현 이후의 3개 유적은 시간 비교가 되어있지 않으므로 간단히 살펴보고자 한다.

〈표 1〉을 정리하면 〈표 3〉의 결과를 얻을 수 있다. 금강중류권에서 철기출현 이후의 제 유적의 시간서열은 구분되지 못하였다. 그런데 이양수(2002)의 다뉴세문경을 중심으로 분류하면, 「원북리 나 6호 묘(Ⅲ-1식) → 청송리 묘(Ⅶ-2식) → 원북리 다-1호 묘(Ⅷ-1식)·합송리 묘(Ⅷ-1식)」의 순서가 된다. Ⅷ-1식의 두 유물 공반상에서 세분할 수 있는지 〈그림 8〉을 통해

---

[55] 1세대 기간에 맞추어 100년을 5등분하여 초엽/전엽/중엽/후엽/말엽으로 설정한다.

정치체	전반대	후반대(늑도기 이후)
금강중류	B연화리 → C구봉리	B원북리, C합송리, 11청송리
금강상류	A괴정동 → A탄방동 → 10봉암리	7수촌리·9장재리·6오송 → 8봉안리
만경강	15선제리 → D오금산 → 13오룡리, 14용제리	E신풍·덕동·원장동 → D평장리, E효자4·원만성

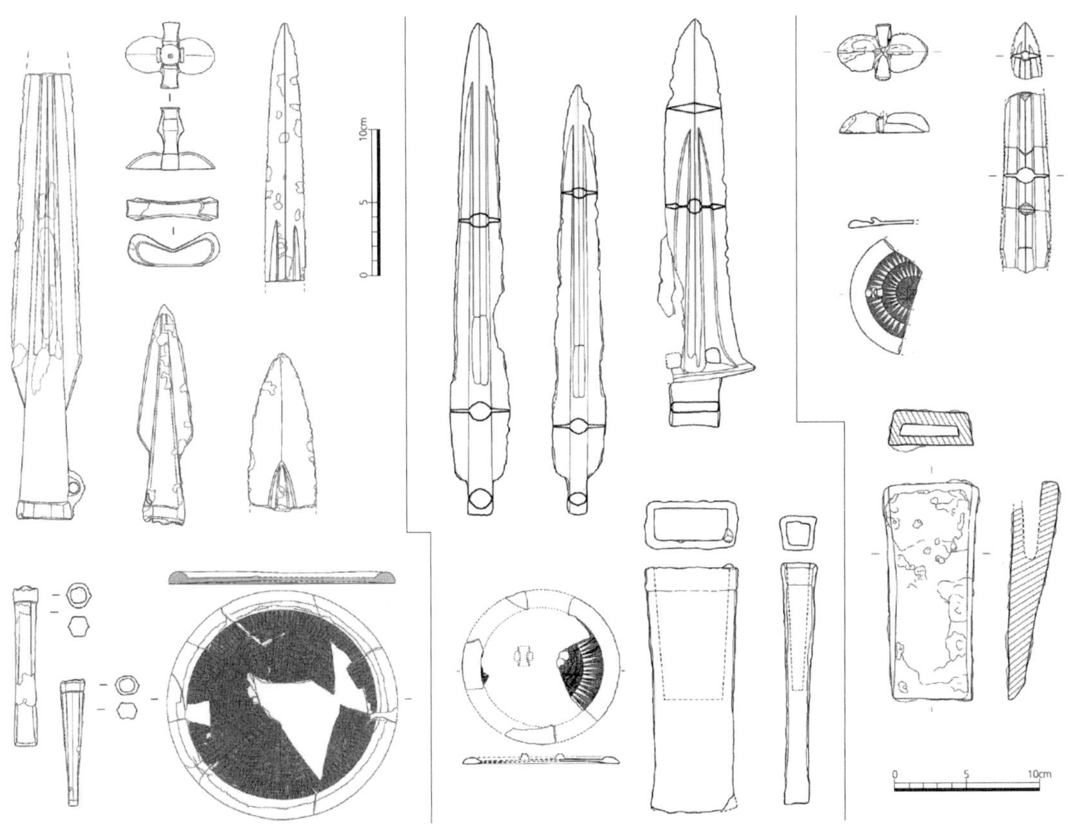

그림 8   청송리 묘(左), 합송리 묘(中), 원북리 다1호 묘(右)의 검·모·과·경·착 비교

서 살펴보고자 한다. 다뉴세문경을 제외하고 관찰하면, 의외로 청송리 묘에서 더 늦은 요소
가 발견된다. 즉 장신 동모는 호서지역에서 가장 긴 동모이고 더구나 공부에 귀가 부착된 것
은 모두 철기 출현 이후에 나타나는 형식이다. 그리고 세형동검도 폭이 좁고 칼끝이 길어서
원북리 다1호 묘의 동검보다는 늦을 가능성이 크다고 보인다. 그리고 검파두식은 Ⅳ단계로
서 합송리의 것과 동시기(미야자토 2010)에 속한다. 동과도 칼끝뿐이지만 원북리 것보다 조금
넓어서 중광형처럼 보이기도 한다. 동경은 Ⅶ-2식과 Ⅷ-1식의 관계처럼 청송리가 조금 이른
형식으로 설정되었으나 큰 차이는 나지 않고, 나머지 유물들을 보면 오히려 「합송리 묘 →

청송리 묘」의 순서로 파악하는 것이 좋다고 판단된다. 원북리 다1호 묘의 경우는 제형주형 철부나 세형동검은 늦은 형식일 것이므로 청송리 묘와 동시기에 둘 수 있으나 거울에서 늦은 것이다. 어쩌면 이 3기의 묘는 시간 차이가 적은 것으로 보는 것이 합당할지도 모르겠다. 그래서 금강중류의 청동기후장묘는 시기가 다른 6기가 지속적으로 조영되었으며, 철기 출현 이전의 2기의 무덤으로 보면 소국의 시작은 서기전 340년경 전후이고, 소국의 종말은 철기 출현 이후 4세대 기간으로 인 서기전 210년 즉 3세기말엽이다. 물론 이러한 결과는 현재의 자료에 국한된 것이고, 새로운 청동기후장묘가 발견되면 그 상·하한은 연장될 것이다. 특히 철기 생산 단계 이후에는 점차 청동기부장에서 철기부장으로 교체될 수밖에 없으므로 당연히 무기형동기 복수부장만이 기준이 될 수는 없을 것이므로, 시기에 따라서 소국왕묘에 대한 부장개념도 재검토되어야 할 것이다. 그리고 철기생산 이전의 무덤에 대해서도 과연 1세대 단위의 연속적인 시간성인지 아니면 더 넓은 시간폭을 가진다면 결락된 수장묘의 존재를 인정할 수도 있어서 그 기원은 더욱 올라갈 수도 있게 된다. 이러한 문제점을 찾기 위해서는 현재보다 더욱 정교한 유물의 분류와 계기연대법을 사용하지 않으면 해결할 수 없을 것이라 판단한다.

부장 유물을 관찰하면 철기출현 시점부터 주목되는 것은 청동기를 파손하여 부장한다는 점이다. 그 이전 시기에는 대체로 완형의 부장품이 많은 것에 대하여 분명히 소국왕묘에 대한 변화가 인지된다. 대체로 부장품 그것도 위세품에 해당되는 부장품을 파손하는 경우는 피장자에 대해 수장권한을 정지시킨다는 의식이 자리잡고 있는 의식이다. 즉 수장권의 계승 의식이라고 할 수 있다. 이러한 풍습 시기부터 수장의 사회적 위상은 한층 달라졌다고 봐야 할 것이다. 수장권한이 더욱 1인에 집중되는 시기로서 수장층의 확대와 함께 수장권한의 강화가 불러일으킨 현상으로 판단된다.

② 금강상류역

공주-청주-세종-대전에 분포하는 유적으로 청동기후장묘는 7개소에서 각 1기씩 발견되었으나 괴정동과 탄방동은 5km이내에 근접하여 하나의 국읍으로 판정된다. 그래서 국읍급 1개소 읍락 5개소로 구성된 지역이다. 〈표 3〉에서 늑도기 전에는 3개의 유적이 시기를 달리하며, 늑도기 이후에는 수촌리 오송 장재리는 동시기로서 봉안리보다 이르게 판정되었다.

동시기로 판정된 3기의 청동기후장묘에 대해서 공반유물을 살펴보고자 한다. 이 3기의 묘는 청동기에서는 유사한 형태가 많아 시기구분이 현재로는 어려우나, 토기에서는 대전과정동유적을 기준으로 하면 형식학적 변천을 찾을 수 있다. 점토대구연옹은 뉴가 부착된 것이 통상적으로 이른 단계이며 동최대경이 중하위에 있는 수촌리가 중상위에 최대경이 있는 장재리보다 이른 형식이다. 그리고 흑색마연장경호에서도 수촌리는 많은 변형이 일어났으나 아직 장경호의 특징을 가진 수촌리라고 한다면, 장재리는 동체부의 형태는 수촌리와 일치하지만 구경부가 짧아진 변형이고, 오송의 흑색마연호는 정경형식을 취하기는 했으나 구경부가 C자상이고 동체도 구형으로 흑색마연장경호에서 완전히 이탈하여 새로운 기종이 되었다. 그러므로 앞으로 연구가 세분화되면 「수촌리 → 장재리 → 오송」의 변화는 밝혀질 수 있을 것이다.

청동기후장묘 7기가 괴정동-탄방동 국읍에서는 초기에 2기가 조영되었으나 그 이후로는 주변의 읍락으로 이동되었음을 알 수 있었다. 늑도기 초기를 기준으로 앞 시기에는 3기, 뒷 시기에는 4기가 조영되었으므로 금강상류 소국의 시작은 서기전 4세기 전엽이며 3세기 말엽까지 지속되었다.

(3) 만경강유역

만경강유역에는 가장 많은 국읍과 읍락이 군집한다. 청동기후장묘가 14기가 확인되지만 연구자마다 시간성에 대해서 이견을 보이므로 모든 부장토기를 〈그림 10〉처럼 형식학적 변천으로 조립해 보았다.

흑색마연장경호는 대형과 소형이 있으며, 대형은 동고가 점차 낮아지고 동최대경은 위로 이동하고 경부는 짧아지면서 곡선화하는 방향성을 설정한다. 소형의 경우는 구경부가 단경화하는 사례만 보인다. 점토대구연옹도 대·소형이 있지만, 꼭지를 부착한 것을 이른 것으로 판단하고, 점토대구연의 끝이 뾰쪽하거나

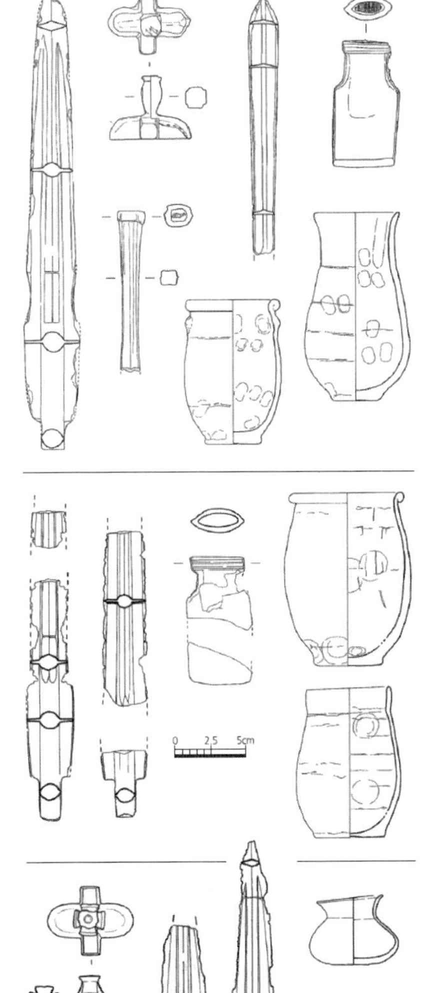

그림 9　　수촌리 토광묘(上)·장재리 1호 묘(中)·오송1-1호 묘(下)

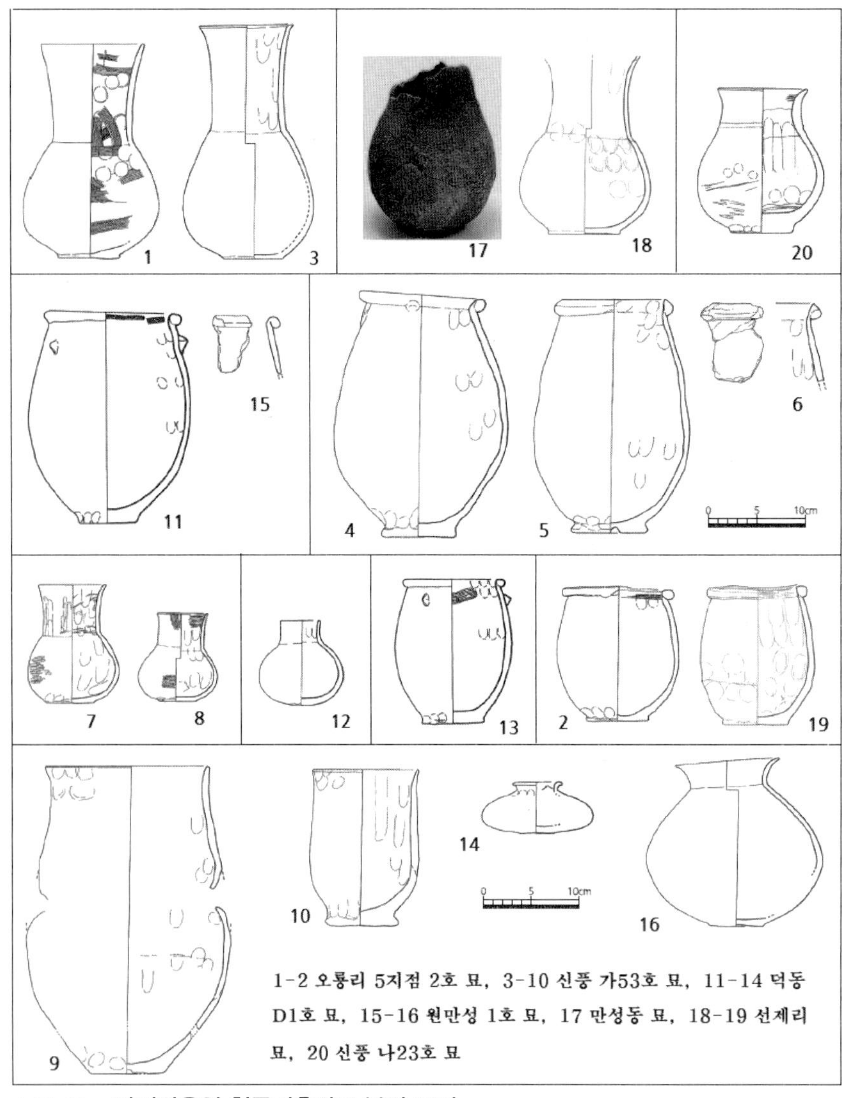

1-2 오룡리 5지점 2호 묘, 3-10 신풍 가53호 묘, 11-14 덕동 D1호 묘, 15-16 원만성 1호 묘, 17 만성동 묘, 18-19 선제리 묘, 20 신풍 나23호 묘

그림 10 만경강유역 청동기후장묘 부장 토기

구연내면이 평탄한 사면을 이루는 것을 늦은 것으로 간주한다. 그래서 각 기종에서 2~3단계로 나누어지는데, 이것을 종합하여 무덤의 시간 순서는 「덕동 D1호·원만성 1호 (→ 신풍 가53호) → 오룡리 5-2호 → 만성동·선제리 → 신풍 나23호」가 된다. 공반하는 다른 토기류를 보면, 〈그림 10〉의 신풍 가53호묘의 9는 조합우각형파수가 탈락된 옹이지만 관창리 F지구의 옹관과 동형일 것이다. 이와

공반하는 10은 발형의 송국리형 적색마연소옹으로서 송국리유적 Ⅰ기와 관창리유적 Ⅱ기에 출현하는 형식이다. 그리고 덕동 D1호 묘의 14번 편병은 부여 구봉리의 옹에서 더욱 동체가 납작해진 것이며, 원만성 1호 묘의 16은 축약저부만 다를 뿐 구연과 동체부는 흡사 영남의 가지문토기호를 연상시킨다. 그러므로 이 3기의 무덤은 앞서 시간순서와 상응하게 이른 형식임이 분명할 것이다. 다만 이 토기 편년은 청동기의 편년과는 어긋난다. 특히 선제리 묘는 선형동부와 검파형동기가 출토되므로 가장 이른 시기로 설정하는 것이 일반적인데, 재지생산이라고 해도 청동기 즉 위신재의 경우는 유통기간이 길고 전세되어 잔존하는 것이 일반적

표 4 만경강유역(Ⅳ1) 정치체의 철기 출현 이후의 청동기 복수부장묘

묘순서	토기편년	유구	검파형	세형동검	다뉴경 조문	다뉴경 정문	동사	동착	관옥 벽옥	관옥 유리	검파두식	동과	동부 선형	동부 방형	동모	한경
1		오금산		2	1											
		덕동 G2		1	1											
2	1	덕동 D1		1	×	1	1									
	1	원만성 1		2	×	?	2	1	○							
3	2	신풍 가53		1	×	×	×	×	×	○	1	1				
4	3	오룡리5-2		1	1	×	×	×	×	×	×	×				
5	4	만성동		1		1	1	×	○	×	1	×				
6		덕동 F2		×		×	×	×		×	1	1				
		효자4, 4		1		1	×	×		○	×	×				
		원장동 1		5		2	1	×		○	3	1		1		
7	4	선제리	3	8		×	1	1			×	×	1	×		
8	5	신풍 나23		1		1	1	×			1	1		1		
9		용제리		1			1	1				1				
10		평장동		2								1			1	1

인 현상이라고 봐야 할 것이다.

　토기의 상대편년을 어긋나지 않게 하면서 청동기의 편년을 감안하여 순서배열의 방법으로 나열한 것이 〈표 4〉이다. 그런데 오강원의 연구(2020)에 따르면 완주 신풍유적과 전주 원장동유적은 철기 이전의 Ⅲ기로 편년되었다. 신풍유적에서도 가53호 묘는 토기편년 2단계로서 늑도기 전이겠으나, 원장동유적의 1·5호묘에서는 철기가 출토되지 않지만, 5호묘에서는 무경식의 흑색마연장경호(박진일 2022)가 출토되었다. 이와 동형은 신풍유적 가54호묘(그림 3)는 늑도기 이후이므로 원장동유적도 후반대에 조영된 유적으로 볼 수 있다. 덕동유적의 경우도 철기 출현 전후시기에 모두 청동기후장묘가 조영되었다고 판단된다. 청동기후장묘 중에서 철기를 최초로 부장한 무덤은 만성동 묘인데, 출토된 흑색마연장경호가 경부가 곡선이거나 동체-경부의 경계가 완만해지는 시기부터 철기는 출현한다. 그리고 만성동·선제리·신풍나23호 묘에서는 늑도기의 흑색마연장경호가 확인된다.

　자세한 편년은 향후의 과제로 남기지만, 청동기후장묘가 한 구역에서 지속적으로 조영되지 못한 것은 만경강유역에서도 마찬가지이다. 그러므로 비록 동일 시기의 무덤이 존재할지라도 그것은 소국왕의 재위기간이 짧은 것으로 해석해야 할 것이다. 그래서 만경강유역의 소국은 늑도기 전에 6기의 소국왕묘가 조영되었으므로 그 기간은 약 130년간이므로 서기

전 430년 전후로서 5세기 후엽이다. 또한 소국의 마지막은 8세대로서 약 180년이 지난 서기
전 120년 즉 2세기 후엽이다. 이 시기는 대체로 영남지역의 소국이 시작되는 시점이라 정치
체 간의 상호 관련성이 있을 것이다. 만경강유역의 목관묘에서 청동기를 부장한 무덤은 비록
청동기후장묘는 아니라도 복수의 청동기를 부장한 무덤도 많고 청동기를 1점씩 부장한 무덤
은 더욱 많다. 그래서 수장층이 매우 발달한 지역이며 그만큼 소국왕권이 가장 강성한 지역
일 것이라 추측된다. 윤형준(2017)은 적석목관묘와 비군집묘의 피장자를 높은 위계로 보고,
원북리·신풍·덕동의 예처럼 상대적인 소량의 청동기를 부장한 묘가 군집하고 적석목관묘
의 묘제가 아닌 경우의 피장자를 보다 낮은 신분으로 설정하였다. 그래서 철기 출현 이후의
정치체의 구조에 대해서는 단순한 추측이 아니라 양식편년을 통한 철기 출현과 철생산 이후
정치체의 연구가 필요하다.

끝으로 이 정치체가 남한 내에서는 가장 일찍 개국하고 또한 가장 늦게까지 존속한 소
국이므로 그 실체가 目支國 또는 月支國일지는 향후의 연구를 기대해야 한다.

(4) 영남지역

영남지역에서 세형동검문화기의 청동기가 집중적이고 다수로 출토된 지역은 대구권·영천
권·경주권일 것이다. 그런데 대다수가 비발굴품으로서 공반유물이 불확실하여 그 시기를
알지 못하는 문제가 있다. 청동기후장묘는 충남지역의 분류처럼 청동무기류 2점 이상이거나
동경을 포함한 무기류 1점 이
상이 부장된 무덤이지만, 후기
로 가면 영남지역에서는 다호
리유적의 연구에서도 나타났듯
이 세형동검은 철검으로 교체
되기도 한다. 여기 최근 목관묘
발굴에서 청동기와 공반한 와
질토기를 통하여 몇몇 유적은
시간성을 파악할 수 있게 되었
다(이원태 2020).

〈그림 11〉에서 청동기후
장묘의 분포에서 가시권과 수

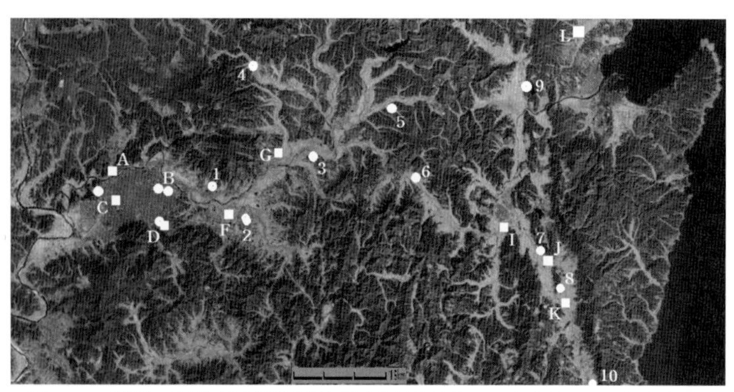

그림 11   대구–경주의 청동기후장묘 분포도 (■ 2기 이상, ● 1기인 유적)
A. 팔당동 ┃ B. 만촌동-신천동 ┃ C. 평리동-비산동 ┃ D. 지
산동-두산동 ┃ F. 임당동(2 신대동-갑제동) ┃ G. 양지리 ┃ I.
탑동 ┃ J. 구정동 ┃ K. 입실리 ┃ L. 성곡리
1. 신서동 ┃ 3. 어은동 ┃ 4. 신령면 ┃ 5. 용전동 ┃ 6. 사라
리 ┃ 7. 조양동 ┃ 8. 죽동리 ┃ 9. 안계리 ┃ 10. 창평동

계를 통하여 대구권·경산-영천권·경주권으로 나누고자 한다. 예컨대 신서동유적은 거리상
으로는 신천동과 임당동유적과 등거리이지만, 가시권으로는 임당동유적이 바라보고 있지만
신서동유적은 산이 가로막혀있기 때문에 경산-영천권에 소속시킨다, 그리고 사라리유적은
영천 용전리유적과 직선거리로는 가장 인접하고 있지만 수계상으로는 탑동과 관련이 깊으
며 경주권에 속한다.

　　대구권의 두산동과 지산동유적 그리고 만촌동(尹容鎭 1966)과 신천동유적, 또 만촌동과
신천동유적은 3km이내의 가시권에 인접하고 있으며 생계권역인 5km이내에 위치하는 유적
은 하나의 읍락으로 설정하여야 할 것이다. 이처럼 2개의 유적이 인접하는 경우는 경산에서
는 임당유적과 갑제동·신대동유적이 있고, 경주에서는 구정동과 조양동유적 그리고 입실리
와 죽동리유적이 인접한다. 그런데 이 인접하는 유적은 모두 하나의 읍락이면서 청동기후장
묘가 2기 이상을 조영한 정치체이므로 국읍으로 인식할 수 있다. 결국 장기지속은 아니지만
두 번 이상 소국왕을 배출한 국읍으로서 그 구성은 단독 국읍, 두 개의 읍락 또는 국읍-읍락
각 하나로 조합하는 3개의 타입이 나타난다. 대구, 경산-영천, 경주의 3개 지역권의 청동기
후장묘는 모두 철기 출현 이후에 조영된 것으로 알려져 있다.[56]

　　이렇게 해서 소국의 단위는 대구권에서 A~D, 경산-영천권은 F~G·1~5로서 대구보다
는 광역에 해당하고, 경주권은 I~K·6~8의 국읍과 읍락으로 구성된다. 읍락과 읍락 간의 도
보거리는 네이버지도에서 19km 이내로서 대략 5시간이 소요되는 거리이고 직선거리로는
15km전후이다. 그러므로 1일 왕복권 이내에 각 읍락이 분포하는 것이 된다.

　　본고와 기준은 다르지만 영남지역의 소국은 일반적으로 서기전 2~1세기에 성립한 것
으로 보지만, 김권구(2016)는 경산·경주·김해에서 읍락은 서기전 3~2세기에 반경 5km로
설정하고, 국은 서기전 1세기~서기 1세기에 성립하며 반경은 10km 이내지만 경주는 20km
가 넘는다고 한다. 즉 원형점토대토기단계의 읍락에서 고식와질토기단계의 國으로 성장하는
것으로 보았고, 특히 경주의 국 영역이 매우 넓은 것은 경주 안계리유적에서 울산 달천철장
까지 포괄하기 때문이고, 본고에서처럼 주요 읍락 간의 거리를 계측한 것은 아니다.

　　정인성(1998)의 토기의 속성분석을 통한 세형동검문화의 초기 연구에서 세분되어 있고,
이재현(2003)은 교역을 통한 위세품의 변천에 대해서 편년하였다. 이양수(2007)는 동과의 속

56　어은동·만촌동유적은 매납유구라는 의견(後藤直 2006)도 있지만, 본고에서는 무덤으로 인식한다.

성을 세밀히 분류하여 유적을 편년하였다. 그리고 방제경에 대해서는 북부구주산이라는 의견(田尻義了 2020)도 있지만, 이재현(2003)은 경북지역에서 먼저 제작되던 방제경의 생산이 중단되고 다시 부산·김해에서 생산되었다고 한다. 전한경이 들어오던 목관묘시기에 청동검과 유리옥을 수장묘에 부장하는 습속이 정착(이원태·박종필 외 2024)되면서, 소국 자체적으로 동경의 원활한 보급이 필요하게 되어 방제경이 제작되었을 것이고, 편년의 기본적인 틀은 소형화와 문양의 퇴화의 방향성(田尻義了 2020)일 것이다. 이상의 연구와 함께 영남지역 와질토기의 편년(이원태 2022)과 다호리유적의 양식편년(이원태·박종필 외 2024)을 참고하여 영남지역의 청동기후장묘에 대한 시간성을 파악하고자 한다. 다만 청동기와 같은 위세품은 일반재와 달리 전세성이 강하고, 특히 한·낙랑 또는 북방의 수입품은 그 제작 시기와 지역의 편년체계와 일치하지도 않으므로 발굴되지 않은 청동기후장묘의 연대추정에는 근본적인 문제가 잠재되었다는 점을 지적해 둔다.

① 대구권(V1) 정치체

이청규(2018b)는 대구에서 가장 이른 유적은 팔달동·신천동유적으로 원삼국시대가 시작하는 서기전 1세기 전반이고, 평리동과 비산동은 이보다 늦은 서기전 1세기 후반대라고 한다. 단조철기만 부장된 월성동 목관묘가 팔달동보다 이른 시기라는 주장(박진일 2018)도 있고, 영남의 철기는 한사군 설치 이후에 출현한다는 설(김일규 2014)도 있다. 하지만 팔달동유적이 청동기를 부장하는 최초의 유적이라는 것에는 이견이 없다. 청동기 부장양상이 충남지역에 비하면 열악하거나 지속적이지 못하다는 이유로 국의 수장급으로는 볼 수 없고 地區의 國이거나 읍락의 수장 정도로 추정(이청규 2018b)하기도 하지만, 각국의 군주는 경제력·정치력에 따라 부장품의 차이가 생길 수밖에 없으므로 절대적 기준에 따를 수는 없다.

대구권에는 국읍급의 정치체는 4개소이지만, 발굴된 유적은 수장의 수가 드러났으나 파괴되어 수습된 유적 중에서 평리동과 지산동은 복수의 청동기부장묘가 있었던 것으로 추정하고자 한다. 우선 〈표 5〉를 종합하면 「신천동·팔달동 → 비산동·평리동 → 지산동·만촌동」의 순서가 된다.

평리동은 훼룡문경과 철제비는 시간차아가 있을 것이다. 그래서 훼룡문경은 원개형동기와 동탁이 공반하고, 철제비는 소형방제경과 공반하며 이는 사라리 130호분과 동시기일 것이다. 이에 비하여 훼룡문경과 동탁은 목관묘 전반기에 두어야 할 것이다. 지산동유적은 방제경 6점 중에서 2종으로 분류하면, 일광경의 명문 8자가 남아있는 것과 이보다 좀 더 큰

연구	단계	유적 유구	특징	유물	연대
정인성1998	1	팔달동, 임당동	지석묘문화와 공존기	AⅠ·BⅠ식 세형동검, 견갑형동기, 오르도스식 동검	BC. 3세기대
	2	임당동	동검외 청동기부장 교섭주도의 상위중심집단 없음	AⅠ식 세형동검, 의기성동기, 세형동과, 유견동부	2세기대
	3	팔달동, 임당동, 평리 동, 비산동, 만촌동	철기사용의 보편화 외래계유물의 이입과 대외교섭	한경, 입형동기, 개궁모, 동전, 거마구	1세기대
	4		청동기 소멸	쌍조식검파두식	AD. 1세기대
이재현2003교역	Ⅰ		마한(청동기)과의 교역	세형동검, 동과, 동부, 청동령, 동사, 반리문경	
	Ⅱa	팔달동, 임당동	청동기, 철기의 생산	성운문경, 소동탁, 대구	BC.2세기 말~ 1세기 전반대
	Ⅱb	비산동, 신천동, 다호리 1호, 조양동 5호, 입실리, 죽동리, 구정동	장신화, 장식화한 동검, 동모, 동과	BC. 1세기 중~ 후엽
	Ⅱc	지산동, 평리동, 어은동, 조양동 38호, 만촌동, 안계리	방제경과 와질토기의 생산	이체자명대경, 훼룡문경, 거마구, 호형대구, 개궁모, 마면, 재갈, 마탁, 오수전, 안테나식동검	기원 전후
	Ⅲ	양동리, 내덕리,	후한경, 연호문방제경 제작	박국경, 광형동모	
이양수2007동과	ⅠA1식	구봉리 봉안리 (동서리) / 전국 연의 영향, 모방 제작		다뉴세문경 출현	BC.4c.말~3c.초
	ⅠA2식	초포리 백암리 소소리 봉암리 신천동		다뉴세문경	
	ⅠB1식		辛庄頭 30호묘	다뉴세문경의 마지막 단계	250년 전후
	ⅠB2식	합송리 초포리 남양리 평장리 구정동 신천동		동경	2c.중엽~1c.전엽
	ⅠC2식	입실리			2c.전엽~1c.전엽
	ⅡC2식	구정동 죽동리 용전리			2c.후엽~1c.중엽
	ⅡC3식	용전리			1c.전~중엽
	ⅡD3식	평리동 비산동			BC.1c.후엽
	ⅡE4식	비산동 만촌동			

거울로서 이체자명대경의 명문이 변형되고 일부는 문양화된 것이다. 그래서 전자는 입주형이나 십자형의 검파두식과 조합되고, 후자는 쌍조형 안테나식의 검파두식과 공반하는 것으로 나눌 수 있다. 두산동의 소형방제경은 성운문경을 모방한 것이지만 그마저도 퇴화형으로 이재현(2003)의 Ⅱc기의 늦은 시점이라 생각한다. 평리동의 소형방제경은 가장 최소화되었으며 문양도 와문으로만 구성되고 그나마 불균질하여 사라리 130호묘의 방제경보다 더 늦

표 6 대구권 정치체의 왕묘

단계	유적 유구	대표 유물	비교대상 유구	연대
1	신천동	간두령, 동과 동모		이양수 ⅠB2식기-2c.중엽~1c.전엽
2	팔달동 100호 묘	세형동검, 동모		BC, 1세기 전엽 (이원태 2022)
3	평리동	훼룡문경, 원개형동기, 동탁, 입주형 십자형 검파두식		
4	지산동(古)	(갑제동 이체자명대경 충실형) 방제경	김해 신문동 1호 묘의 이체자명대경, 와질옹	AD.1c 초엽~전엽 (다호리 Ⅰb~Ⅱa기)
5	팔달동 120호 묘	무문토기옹, 흑색마연장경호, 철검, 동모	다호리: C식철검, Ⅱ식흑색마연장경호, 4식무문토기옹	AD, 1c 전엽 (다호리 Ⅱa기)
6	지산동(新)	쌍조식검파두식, (지산동(古) 방제경의 퇴화형) 방제경		
7	두산동	세형동검, 소형방제경(성운문경 모방 방제경)		이재현 Ⅱc기 늦은 시기-1c.말
8	팔달동 90호 묘	동과 동모 / 무문토기	다호리: Ⅲb기의 개·두형토기 (AD. 1세기 말엽)	
9	비산동	안테나식동검, 소형중광형·광형 동과 동모 호형대구		
10	만촌동	동검, 중광형동과		
11	평리동	방제경, 철제s자형비, 안테나식동검, 소형 중광형동과		사라리 130호 묘(1세기 중엽, 이후)

은 것으로 경북지역에서 생산된 마지막 단계의 방제경으로 판단된다.

모두 국읍에 해당하여 하나의 유적에서 2~3인의 유력 피장자가 존재한다. 각 국읍에서 조영된 청동기후장묘는 〈표 6〉처럼 배열할 수 있는데, 연구자마다 절대연대에 대한 기준이 달라 그대로 인용은 어렵지만 수장묘가 가장 늦은 시점은 늦은 단계의 평리동이 아닌가 판단된다. 즉 철제S자상비·소형의 중광형동과·안테나식동검·퇴화된 소형방제경이 표지유물로 상정할 수 있다. 이 시점은 대략 목곽묘출현 이전이지만 사라리130호묘보다는 늦은 서기 100년 정도로 잡아두고자 한다.

〈표 6〉에서 보면 각 국읍의 수장묘라고 해도 지속적으로 조영된 것이 아니라 대구권의 정치체 속에서 그때 그때마다 유력한 수장이 소국왕으로 선출된 것이라 추정 가능하다. 그래서 11대의 소국왕을 상정할 수 있다면 그 총 재위 기간은 약 240년이 되므로, 대구권의 소국의 시작을 서기전 140년으로서 2세기 중엽 정도로 잡아두고자 한다.

② 경산-영천권(V2) 정치체

청동기후장묘는 임당동유적 3기, 양지리유적 2기이고 나머지 신서동·갑제동·신대리·신령면·어은동·용전리유적 각 1기만 조영되어 총 11기의 수장묘가 확인된다. 특히 임당동에는 청동기부장묘가 27기인데, 수장묘는 3기이고 나머지 24기는 수장층의 묘로서 타의 추종을 불허할 정도로 수장층이 두터우며 옹관에서도 동검의 파편이 출토되고 있다. 이것은 임당동

국읍이 다른 국읍·읍락과 달리 넓은 충적지의 중앙 낮은 구릉에 입지하고 있어서 경산-영천권 정치체의 중심이라는 것을 시사한다.

이청규(2018b)의 편년에 따르면 경산-임당권의 Ⅵ2 정치체는 「경산 임당 → 경산 양지리·영천 용전리·어은동」으로 대구권과 동시기이지만, 후반부의 무덤은 서기 1세기 후반대에 위세품의 생산과 교역을 주도했던 최고의 실력자이지만 비군집묘이므로 역시 국의 왕묘로는 인정하고 있지 않다. 그러나 경산-영천의 30km에 이르는 지역에서 당대 최고의 위세품을 부장한 인물은 국왕으로 인정해야 하고, 청동기후장묘가 단독이든 복수의 유적이든 그 왕묘가 조영된 기간의 차이일 뿐 동일 정치체에서 최고위인 군주였음은 틀림없다. 다만 통치권을 특정 집단에서 영속적으로 장악한 것이 아니라, 정치체의 상황에 따라 당대의 소국왕을 군장(수장층) 속에서 선출하였을 것이다.

11기의 수장묘는 대체로 와질토기와 공반하여 그 시간성을 파악할 수 있다(이원태 2020, 2022, 2024).

이원태의 목관묘 편년에 따르면 〈표 7〉처럼 정리되는데, Ⅰ-2기인 것이 〈그림 12〉의 3기가 된다. 이중에서 임당동 AⅠ-121호 묘의 와질옹은 동최대경부위가 각이 진 것으로서 3기 중에서는 가장 늦은 시기에 속할 것이다. 이 무덤에서는 초기목곽묘에서 자주 출토되는 철제쇠스랑과 다호리유적에서는 중반대부터 제작되는 타날문단경호가 공반되어 늦은 시기

표 7　경산-영천권 정치체의 왕묘

단계	유적 유구	대표 유물	비교대상 유구	연대
1	신령면	동검, 동과	동검등날-절대 직하까지	
2	양지리 2호 묘	동검, 동과		1기-BC.1c.전엽
3	신서동B 13호 묘	동검, 청동검파부철검		2기-BC.1c.중엽 (古)
4	임당AⅡ-4호 묘	동검, 검파두식부철검		2기-BC,1c,중엽 (新)
5	용전리	동경, 동검, 동모, 동과		3기-BC,1c.후엽
6	갑제동	청동검부속구, 이체자명대문동경, 입주부십자형검파두식	지산동 고단계 방제경의 모델	미야자토(2010) 검파두식 5단계-BC.1c
7	양지리 1호 묘	성운문경, 동검, 동모, 동과, 오수전		4기-1c.전엽
8	임당AⅠ-74호 묘	검파두식 2점, 철검, 판상철부15, 오수전	(파괴분) 다호리 단조철부	다호리Ⅱb기-1c.중엽
9	임당AⅠ-121호 묘	검파두식부철검 2점, 오수전, 쇠스랑	다호리-와질옹·타날단경호	2기? 다호리Ⅲb기-1c.말?
10	어은동	한경, 방제경	평리동 늦은 단계 방제경	1c.말
11	신대리 75호 묘	훼룡문동경, 청동검파철검		7기-2c.전엽

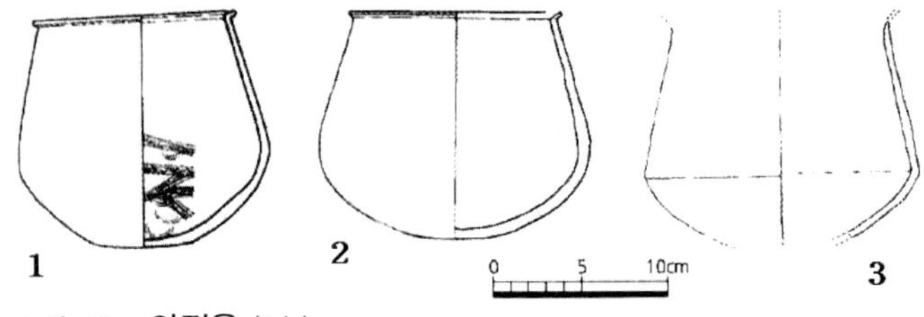

그림 12 와질옹 (1/6)
1. 신서동B 13호 묘 │ 2. 임당동AⅡ-4호 묘 │ 3. 임당동AⅠ-121호 묘

로 이동될 수도 있을 것이다. 그래서 다호리유적의 양식편년에 따르면 1세기 말엽에 해당한다. 한편 이른 형식의 2점 중에서는 동고가 조금 더 높고 동상반부가 외측으로 부푼듯한 형태의 신서동이 임당동보다 이르다고 판단하고자 한다. 이

양자는 동일 시기라고 해도 그 시간순서는 신서동 → 임당동의 관계이며, 신서동읍락에서 소국왕이 선출되어 재위에 있었던 기간이 짧았을지도 모르겠다. 그리고 보면 초기의 정치체는 모두 금호강이북지역에서 청동기후장묘가 발견되고 이남지역으로 왕권이 이동된 것은 임당동국읍이 성장하면서부터이다. 하여튼 신령면에서 발견된 세형동검은 등날이 절대 조금 아래까지만 세워진 것이므로 가장 이른 형식으로 판정되고, 양지리 2호 묘는 와질토기로써 목관묘 1기에 편년(이원태 2022)되었다.

갑제동유적은 이체자명 전한경이 출토되었는데 서기전 1세기 후반에서 기원후 1세기 전반의 押督國 유력자의 묘로 발표(김권구·권순철 외 2018)하였으며, 대구 지산동유적 이른 단계의 방제경은 이 전한경식을 모방한 것이다. 그리고 미야자토(2012)의 검파두식 편년에 따르면 가장 늦은 시점인 서기전 1세기로 편년하고 있다. 그래서 지산동보다는 이른 서기전 1세기 후반대로 설정할 수 있겠다. 어은동유적은 방제경으로 보면 평리동 방제경과 동범경(尹容鎭 1981)으로 확인되므로 가장 퇴화형으로 인정되며, 이재현(2003)의 Ⅱc단계 혹은 Ⅲ단계 이른 시점까지도 볼 수 있겠다.

이렇게 각 청동기후장묘를 편년하면 가장 많은 임당동유적에서도 연속적으로 수장묘가 조영되지 못하였고, 역시 경산-영천권역에서 여러 읍락을 경유하면서 수장묘 즉 압독국왕이 선출되었음을 알 수 있다.

압독국의 시작을 알 수 있는 자료는 한대의 유물이지만, 이것도 어디까지나 출토유구의 상한연대를 제시할 뿐이다. 이원태는 목관묘 1기의 연대를 서기전 2세기 말에서 1세기 전엽으로 잡았는데 절대연대를 추정할만한 자료는 없지만, 목곽묘의 출현 시점을 기준으로 1단계 33년씩 역산한 것이라 찬반의 의견이 있을 수 있다. 경산 양지리 1호 묘에서는 서기전 1세기 중엽에 생산한 오수전(권욱택 2020)과 서기전 2세기 말~1세기 1/4분기에 제작된 성운문경(박지영 2014) 그리고 서기전 1세기 전엽~중엽에 해당하는 이체자명대경(岡村秀典 1984)

이 출토되었다. 그러므로 양지리 1호 묘는 서기전 1세기 중엽이 상한연대가 된다. 〈표 7〉에서 양지리 1호 묘는 7번째의 압독국왕을 배출한 국읍이므로 이를 기점으로 1세대 연대로 내려가면 11번째의 신대리는 서기 40년 전후가 되어야 하는데, 이 연대 역시 상한이 되겠다. 한나라에서 제작된 위신재 또는 위세품이 한반도까지 유통되기 위해서는 일반적인 구도에서는 한나라 내부의 최상위층에서 먼저 소비되고 이를 대체할 새로운 위신재가 생산되는 시점에 중위계층에서 비로소 소비할 수 있었을 것이다. 그런 연후에 다시 중위계층에도 그 유통이 일반화된 이후라야 규제받지 않는 대외교역품으로 반출될 수 있었을 것이라 추정해 보면, 한나라에서 생산된 지 적어도 2세대 정도의 시간 경과 즉 생산 후 50년이 흐른 시점이 될 것[57]이다. 이렇게 계산한다면, 신대리 수장묘는 서기 90년전후의 시점이고 이원태의 편년과 크게 차이가 나지 않게 된다. 이에 따라 양지리 1호 묘의 조영 실제 연대도 기원전후가 되고, 이를 기점으로 위로 6세대기간 즉 서기전 130년 전후가 된다. 2세기 후엽으로 대구권보다는 1세대 정도의 늦은 시점이 압독국의 등장시기라고 판정하고자 한다.

③ 경주권(Ⅵ) 정치체

경주는 검단리문화 분포지역으로서 송국리유형 주거지가 발견된 지역은 아니다. 그런데 석축식·부석식 구획묘가 대구-영천을 통하여 유입되었고, 이것이 언양까지 전파(안재호 2020)되었으므로 두 문화가 혼재하는 지역으로서 검토하게 되었다.

경주의 사로국에 대한 논의는 많다. 그 중에서 고고자료와 결부된 학설로서, 朱甫暾(2003)과 최병현(2018)은 서기전 1세기 초에 선주민과 위만조선계 유이민으로 사로국이 형성되었다고 한다. 장기명(2024)은 대구 경산과 동시기인 서기전 2세기 중엽 6촌의 회의체로 보면서 거점마을에는 지석묘 목관묘 고지성환호 등을 이용하여 공동체를 결속하였다고 한다. 이와 달리 서기 전후 군집화하는 목관묘단계는 국의 등장으로 보지만 사로국은 3세기 전후 대형목곽묘의 등장으로 보기도 한다(김대환 2023).

이청규(2005)는 서기전 2~1세기경 중심지 기능이 강화된 읍락에 국이 성립했다고 하

57　목관묘의 편년에서 주로 한경의 연대를 차용하고 있는데, 전한경은 전세가 안된다는 입장에서 중국의 생산시기를 그대로 적용하여 목관묘의 연대가 상향되어 있다. 2세대의 기간이 경과되어 유입한다는 것이 과하다면 적어도 1세대정도는 늦추어 볼 필요는 있을 것이다. 그런데 한편으로는 삼한의 통치수단으로서 한경 등의 가치재를 分與한다는 의견도 있는데 이럴 경우에는 생산시기와 삼한에서의 매장 시기가 비슷해질 수도 있겠으나, 한나라에서 분여용의 생산이 있지않고는 이마저도 1세대정도의 시간차이는 둬야하지 않을까 생각된다.

며, 사로국은 서기 2세기 목곽묘 단계에는 지구국의 중심이었지만, 3세기에 지역국으로 확대한다고 한다. 이는 읍락에 국이 형성되고 다시 성장하여 지구국으로서의 사로국이 등장하고 주변으로 영역을 확대하여 지역국으로 발전한다는 주장이었다. 이에 이희준(2011)은 서기전 2세기말~1세기초에 사로국이 성립하였으며, 구성 읍락은 월성부근·사라리·덕천리·죽동리·안계리·중산리 등을 추정하고, 탁월한 묘가 복수로 나타나지 않아 지배 종족은 출현하지 못하였고 사로국의 주수나 거수도 고정된 한 읍락에서 배출되지 못한 상태가 초기의 사로국이었다고 한다. 그러다가 2세기 중엽에서 3세기 초에 국의 기반을 확립하면서 비로소 지역국으로서의 사로국이 성립하였으며 비로소 국읍이 경주 도심에 고정되었다고 한다. 여기에 김용성(2016)은 서기전 2세기 후반에 준왕의 남래 이후 제2차파급이라고 할 수 있는 고조선 유이민 집단의 이주와 관련되어 순수목관묘가 조영되는 시기로서, 사로국은 이를 조금 지나 서기전 1세기 후반에 성립하고, 경주지역의 지리적으로 구분되는 6개 지구에 자리했던 세력이다고 한다.

위 연구의 일반적인 견해는 사로국은 소국으로서 이르면 서기전 100년을 전후한 시점에 우열이 없는 6개의 읍락으로 성립하였다는 것이다. 〈그림 11〉의 분포도에서 국읍급은 탑동과 구정동(조양동)·입실리(죽동리)유적이고, 나머지 사라리유적은 읍락 규모이다. 지금은 이렇게 4개의 국읍·읍락이 알려져 있지만, 목관묘유적의 일부만 발굴된 덕천리유적과 사로국 후기의 중심고분군이라는 월성북고분군(최병현 2018) 주변에도 청동기후장묘가 존재할 가능성이 있다. 그런데 월성북고분군은 탑동과 하나의 국읍일 것이다. 그리고 금척리고분군 주변에서도 목관묘유적이 존재할 것으로 추정해 본다. 이렇게 해서 사로국의 6촌이 구성될 것이며, 이웃한 촌의 중심에 위치하는 청동기후장묘 묘지 간의 거리는 10km전후가 된다.

각 청동기후장묘의 시간성을 알아보자. 경주권에서 가장 이른 시기 Ⅰ-1기의 수장묘는 입실리유적에 있었을 것이다. 그것은 다뉴세문경이나 동탁·간두령이 출토되는 것은 다른 유적에서 찾을 수 없기 때문이다. 반면에 늦은 시기로 보이는 팔찌나 동포 대구 등의 장신구가 보인다. 철도공사로 발견 당시에 3개소에서 유물이 출토되었으므로(국립청주박물관 2019) 형식학적 분류에 따르면 〈그림 13〉처럼 나눌 수 있다. 당연히 이대로 공반유물로 실현되지는 않겠지만, 각 단계에서 주류를 이루는 유물은 본 분류일 것이다. 입실리 고단계는 동검과 동모 그리고 동과를 비교하면 울산 교동리 1호 묘의 다음 단계라고 추정한다. 입실리 신단계의 연대를 추정하면, 닻형령은 닻형철기의 조형으로 서기전 1세기 전반대로 편년(고상혁·김훈희 2014)되고, 대형 판상철부는 조양동 38호 묘(BC.1c, 후엽)에서도 출토되었고, 다호리유적에서

는 Ⅱa기(AD.20년전후)부터 생산[58]된다. 마탁은 조양
동 5호 묘(BC.1c 전엽, 이원태 2022)에서도 중단계의 마
탁과 공반한다. 이런 정황을 감안하면 입실리 신단계
는 조양동과 비슷한 시기로 둘 수 있겠으나 이보다
늦은 사라리 130호 묘나 탑동의 묘에서 출토된 팔찌
를 포함한다면 조양동 38호 묘 다음 단계로 둘 수 있
으므로 서기전후로 보아도 충분할 것이다. 입실리 중
단계는 마탁이 고단계의 동탁과 신단계 마탁의 중간
형식이고, 세형동검과 쌍령도 중간형식으로 둘 수 있
다.

　　　이원태의 편년을 이용하면 Ⅰ-3기의 조양동 38
호묘, Ⅰ-6기에는 사라리 130호묘와 탑동 1호 묘이
다. 그런데 Ⅰ-6기로 편년된 2기의 무덤에서 조합우
각형파수부장경호의 동체부가 계란형인 탑동 1호 묘
가 Ⅰ-7기의 특징에 가까워 분리할 수 있다. 그리고
탑동 2호 묘에는 사라리에서만 출토된 방제경이 부
장되며, 또 청동삼엽문환두대도도 공반하므로 가장
늦은 Ⅰ-7기로 둘 수가 있을 것이다.

　　　이외 남게 되는 수장묘는 죽동리, 구정동·구정
동 평리 유적을 〈표 8〉의 배열로 정리할 수 있다.

　　　대구의 경우는 호형대구와 마형대구가 있는데,
경주 황성동 590유적 11호목관묘와 조양동 60호묘
에서는 마형대구가 부장되었으므로, 호형대구는 수
장의 상징이고 마형대구는 수장층의 신분에 부장된

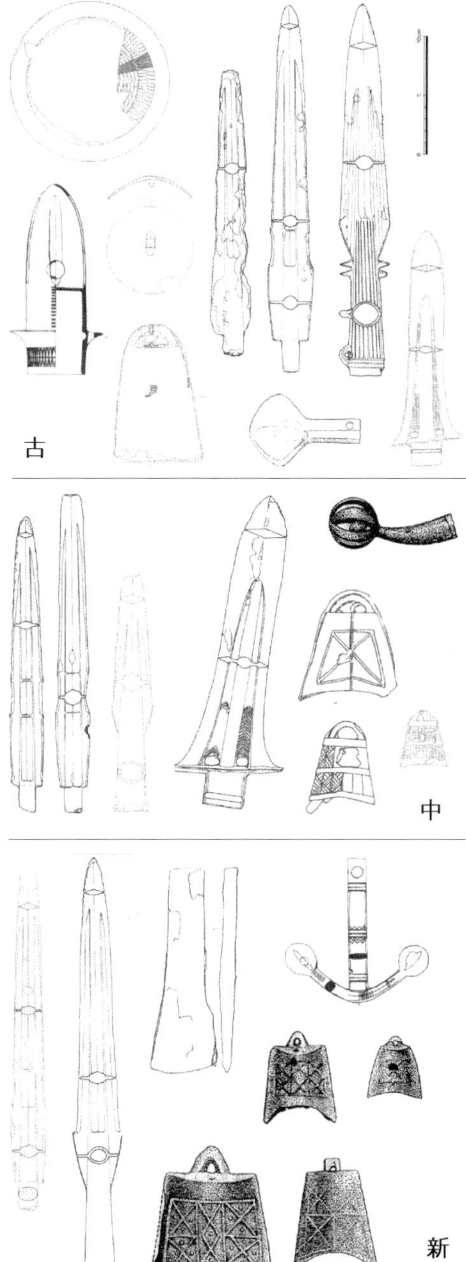

그림 13　경주 입실리유적 3단계 분류

58　판상철부의 생산에서 김해권이 경주권보다 약 40년 정
도 늦은 것은 두 지역에 대한 연구자 간의 편년 차이 때문일
수도 있겠으나, 목관묘단계에서 청동기의 종류나 수량의 차이는 분명히 경주권이 압도한다. 그러므로 철기
생산에서도 두 지역의 기술적인 차이가 존재한다고 인정해야 하면 이 시기 경주권이 김해권보다는 선전지
역으로 판단된다.

단계	유적 유구	세문경	원개형기	동탁	쌍령	간두령	동과	동모	마탁	세형동검	검부속구	동포	한경	팔찌	방제경	호형대구
(1)	입실리 (古)	1	1	2	1	1	1	1		2						
(2古)	입실리 (中)				1	×	1	1	3	2						
(2中)	구정동 2				2	×	1	3	1	2						
(2新)	구정동 평리				2	×	2	3	×	2						
(3古)	죽동리					耳附	1	1	1	1	2	25				
3 新	조양동 38호 묘						×	×	×	1	×	4				
(4)	구정동 1						1	×	2	1	×	×				
(5)	입실리 (新)						1	4	1	×	×	×	1			
6 古	사라리 130호 묘									2	3	9	×	12	4	2
6 新	탑동 1호 묘									×	1	×	1	×	×	×
7	탑동 2호 묘									2	3	8	1	4	1	1

계층성을 나타낸다. 이러한 양상은 대구-영천에서도 동일하다.

이상에서 총 11기의 수장묘가 확인되었다. 역시 특정유적 즉 국읍에서 왕묘가 지속적으로 조영되지 못하고 여러 지역으로 이동하여 읍락의 연맹체 성격을 띠고 잇음을 알 수 있다. 가장 늦은 탑동 2호묘는 이원태의 편년에 따르면 Ⅰ-7기로서 서기 2세기 전엽이다. 이 다음 시기가 되면 초기목곽묘가 출현하므로 타당한 연대일 것이다. 그래서 이를 기점으로 10세대를 거슬러 올라가면 입실리 고단계는 기원전 1세기 초가 되며, 경산-영천권의 소국 탄생보다 1세대 정도가 늦은 시점에 해당한다. 이상 11개소의 수장묘로 구성된 정치체가 사로국 전반기의 실체일 것이다.

(5) 전남지역

전남권은 다른 지역처럼 청동기후장묘가 복수로 조영된 읍락은 존재하지 않고 또 읍락이 일정 지역에 군집하는 양상을 보이지 않지만, 4개소의 유적이 거의 등간격으로 분포한다. 이 중에서 백암리와 대곡리유적은 인접하여 하나의 국읍으로 볼 수 있고, 나머지 3개소는 읍락이 된다. 각 유적에는 청동기후장묘가 1기씩 조영되는데, 읍락연맹체로서 소국이 존재했을 것이다. 자연지리적으로는 초포리-신연리를 1단위로, 또 우산리를 포함한 대곡리-백암리를 1단위로 하는 소국체제도 설정할 수 있겠으나, 읍락의 수가 적으므로 현재로는 전체를 아우르는 정치체로 설정해두고자 한다.

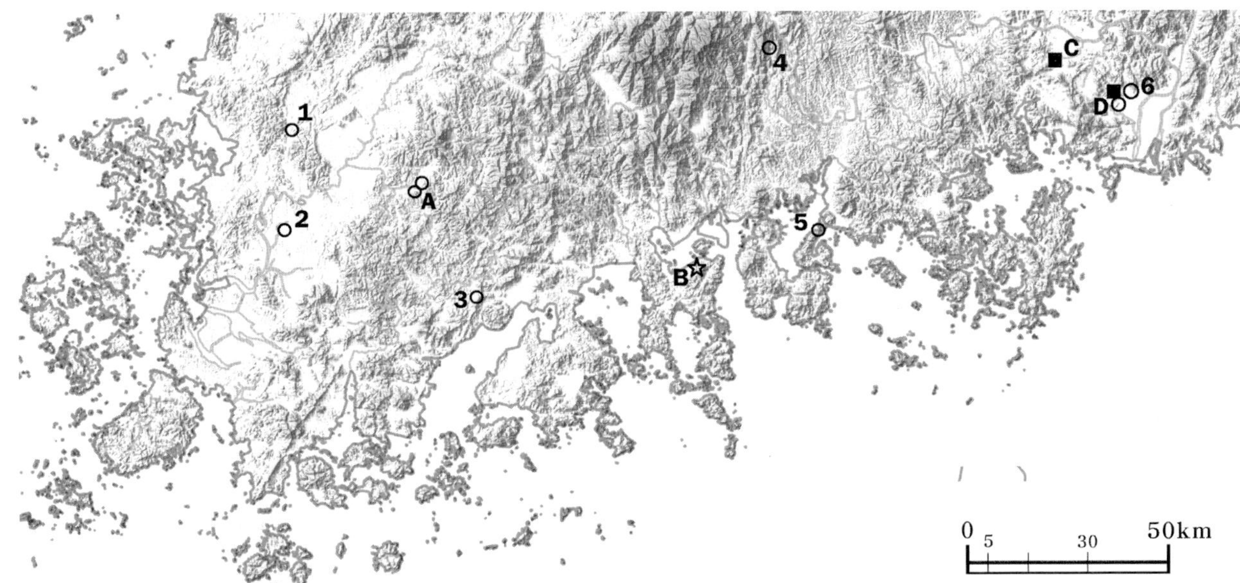

그림 14   전남과 경남지역의 청동기후장묘 유적 (■ 청동기후장묘 2기 이상 유적, ○ 1기 유적)

A. 화순 대곡리-백암리 | B. 여수 월내동-적량동 | C. 창원 다호리 | D. 김해 양동리-내덕리-신문리

1. 함평 초포리 | 2. 영암 신연리 | 3. 보성 우산리 | 4. 사천 마도동 | 5. 산청 백운리 | 6. 김해 김해의숲

① 전남 중·서부지역권

초포리와 신연리읍락은 32km 거리이고, 신연리에서 대곡리-백암리 국읍까지는 39km, 대곡리에서 우산리까지는 40km로서 가락국의 범위인 창원 다호리유적에서 예안리유적까지 36km 전후의 거리나 충남북부지역의 30km과 유사한 범위로 인정하여 하나의 국읍으로 보고자 한다. 그러나 읍락 간의 거리가 1일도달권에 조금 벗어나서 정치체의 결속력은 약하다고 봐야 할 것이다. 하여튼 앞으로 그 간격을 좁힐만한 청동기후장묘가 발견되기를 기대한다.

이 5개의 무덤은 〈표 1〉의 연구를 종합하면 「대곡리 → 초포리 → 우산리 3호」의 순서가 된다. 우산리 3호 묘에는 이조철대주조철부가 출토되므로 늑도기의 마지막 단계일 것이다. 이것은 1호 묘에서 철제재갈이 부장된 것으로도 일본 야요이시대처럼 이른 시점이 아니라 삼한 중·후기에 속하는 것임을 짐작할 수 있다. 편년이 없는 신연리와 백암리유적은 초포리유적과 비슷한 시기일 것이지만, 신연리가 조금 이른 것 같다(그림 15). 초포리 시기부터 철기가 도래했다는 설(이건무 1992 ; 미야자토 2010)을 따르면 철기 이전 시기의 무덤은 대곡리와 신연리 뿐이다. 그렇다면 대략 4세기 후엽이 소국의 시작이고 3세기 후엽까지 지속되었을 것이다.

조진선(2020)은 탄소14연대에 비판적인 입장이면서 대곡리 적석목관묘의 관재를 시료로 탄소14연대치로서 400calBC을 상정할 수밖에 없고 본인의 기원전 3세기 후엽설과 어긋

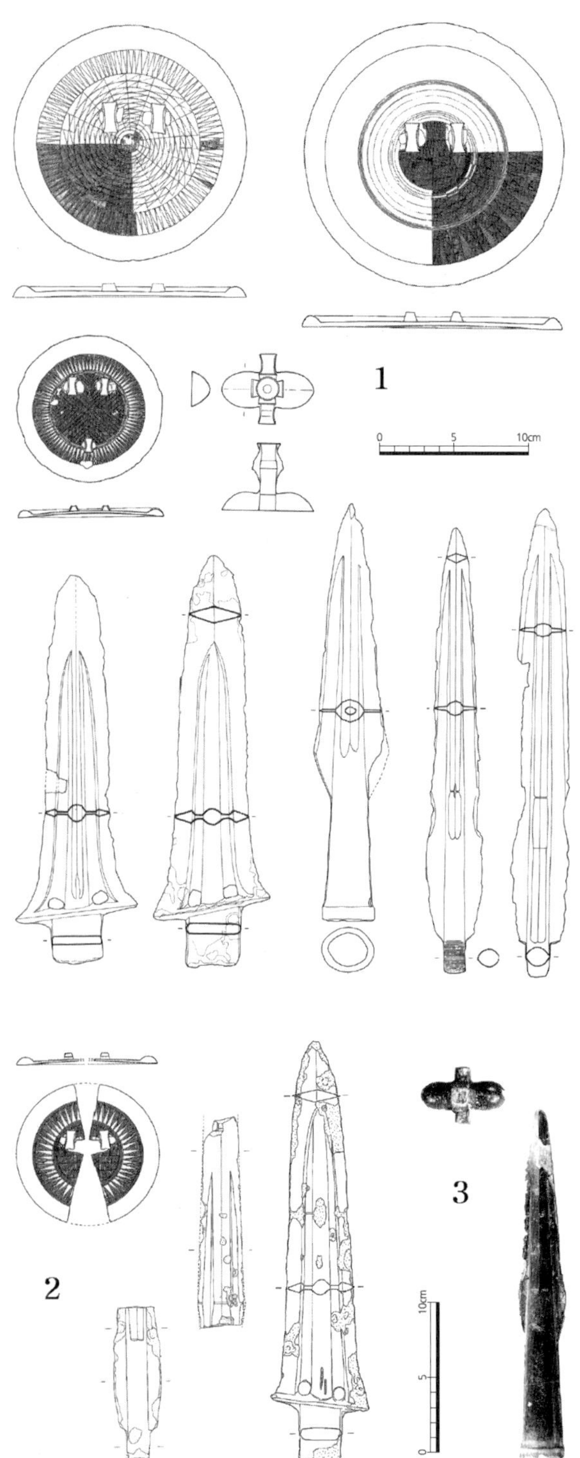

그림 15　전남지역 초포리(1)·백암리(2)·신연리(3)유적의 비교 청동기

난다는 점을 지적하였다. 그런데 이 5개의 시료에서 2000년 이후에 개발된 AMS법으로 측정한 것은 서울대 분석 3개뿐인데, 이 3개의 연대가 겹치는 것은 2σ의 범위 조금 밖이지만 대략 390calBC가 된다. 이 연대치는 오차의 범위가 큰 분석이라는 점과 잔존한 목관은 아무래도 목재의 표면은 부식되고 속재만 남아있었을 것이므로 연대치는 무덤의 연대보다 큰 고목효과가 있을 가능성이 있을 것이다. 그래서 오히려 가장 연대치가 낮은 서울대1 사료의 연대에서 대곡리의 연대를 구하는 것이 타당할 것이다. 그 연대는 대략 370~90calBC인데, 필자는 철기의 출현을 서기전 300년으로 설정하였고, 대곡리 묘는 이로부터 1세대 앞선 시기로 설정되었으므로 탄소14연대와도 부합하는 것이라고 생각한다.

② 전남 동부지역권-여수반도-

정인성(1998)은 낙동강유역권의 지석묘사회에서 세형동검문화사회로의 변천에는 토착민이 문화 수용을 통한 문화변동의 결과가 아니라 이주민으로 인하여 복합사회가 형성되었다고 보았고, 1단계는 세형동검문화의 마을과 지석묘사회가 주거역을 달리하며 병존하는 단계로 보았다. 이러한 모습은 〈표 1〉에서 세형동검문화 형성기에는 한반도 전체에서 공통적으로 보이는 현상이다. 그러나 여수반도의 경우는 여수반도에서 보성까지의 범위에 세형동검문화의 읍락으로 추정되는 유적은 없고 전남지역에서 세형동검문화권과 비파형동검문화권이 뚜렷하게 구분되는 상황이다. 그러므로 여수-고흥반도권의 경우는 독자적으로 비파형동검을 생산하는 군장체제를 유지하면서 오히려 거제·마산·김해 등지로 비파형동검을 수출하여 세력을 확장하려고 노력했을 것이다. 그래서 어쩌면 한반도내에서 가장 늦게 세형동검문화를 받아들인 지역으로서 그만큼 소국의 출현은 늦었을 것으로 추정된다.

이에 반하여 경남해안지역은 세형동검문화권과 비파형동검문화권이 중첩되고 있어서 낙동강유역권과 동일한 양상이지만, 여수-고흥반도의 영향으로 경북지역권보다는 그러한 공존상태가 더 유지되었을 가능성이 있다고 판단된다. 이런 정황을 감안하면 소국의 출현은 「대구-경주권 → 영남 남해안권 → 여수-고흥권」의 순서가 될 것이다.

여수-고흥권에서의 소국 출현은 유적 조사부족으로 명확하지 않다. 다만 순천 연향동 대석 2호 주거지가 송국리유형이면서 내만구연심발 또는 무경옹과 삼각구연점토대토기가 공반하고 있는 것을 최성락·이동희(2021)가 지적하고, 또 보성강유역에서는 늦은 시기의 삼각구연점토대토기만 확인되므로 상대적으로 송국리유형주거지가 이만큼 늦게 전존하는 현상을 지적하였다. 대석 2호 주거지의 삼각구연점토대토기는 점토대외면을 촘촘히 지두압흔하고 동체부는 구경보다 좁으면서 장동인 특징은 화천이 함께 출토된 군곡리식토기에 해당하는 것으로 판단되는데, 서기 1세기대에 해당하는 것으로 보인다. 그러므로 소국의 출현은 이보다 더 늦은 것은 분명하지만, 과연 금속무기를 다수 부장한 무덤은 언제 나타날지는 알수 없으나 삼한사회의 동향은 2세기 중엽의 목곽묘 출현과 그 뒤이은 3세기 후반의 마한의 제형분 등장일 것이다. 이 두 묘제의 출현으로 사회가 한 단계 변동할 것이므로, 호남 동부지역은 일단 2세기 중엽 영남의 목곽묘 등장 시기에 소국이 출현한 것으로 가정해 두고자 한다.

(6) 제주도

제주도에도 송국리유형주거지를 포함한 송국리문화가 전파되었으나, 청동기후장묘는 발견되지 않았다. 김경주의 연구(2018)에 따르면 송국리유형 주거지는 탐라 후기까지 지속되는 특징을 보이지만, 대체로 송국리유형에 가까운 주거지는 탐라전기까지이며 그 이후는 제주도화한 것이라 한다. 청동기와 철기를 사용한 예래리유적에서도 서기전 1세기 말까지 파쇄품만 출토되고, 가족체와 분리된 수장은 등장하지 못한 단계였다. 대체로 중국 한대의 청동기가 출토되는 서기 1세기부터는 대외교섭을 중시하여 耽羅國 또는 州胡國의 출현을 상정

(강창화 2009 ; 장창은 2018)하고 있다.

《삼국지》와《후한서》에는 주호 또는 州胡國으로 등장하므로 탐라국 이전의 대외교역을 주도한 정치체로 본다면 소국의 형태로 인정해도 좋겠다. 다만 중국 동전 등이 출토되는 제주의 여러 유적을 통해 소국으로 연결하기 어렵다는 것은 늑도유적이나 군곡리패총 등의 남해안지역 제유적을 소국의 단위로 보지 않는 것과 같다. 다만 이러한 대외교역의 거점이 성장하여 결국 소국 형성에 이르는 것이라 생각한다. 소국의 성격은 금속기를 다량으로 부장하는 수장급 무덤이 누세대로 조영되는 정치체라야 하므로, 제주에서는 용담동유적이 가장 이른 시기의 무덤일 것이다. 용담동유적에 대해서는 2~3세기대라는 여러 주장(李淸圭 1995, 2008 ; 권오영 2009 ; 김경주 2012 ; 김진환 2017)들이 있었으나, 서현주(2019)의 마한소국과 관련된 2세기 중·후엽의 주호국 유물로 보는 견해가 가장 주목할 만하다. 용담동철기부장묘[59]의 장신철검은 울산 하대유적의 초기목곽묘 44호에 잠시 보이고 평양의 낙랑계 무덤에서 찾을 수 있지만, 최근 발굴성과에 따르면 마한소국과 관련된 것이 분명해 보인다. 다만 2세기 후반대이며 주호국의 성립은 영남지역의 목곽묘사회가 개시되는 현상과 연동된 것이라 판단된다. 주호국 정치체의 형태는 연맹소국으로 파악하고 용담동유적과 같이 금속기유물을 다량 부장한 무덤이 제주 다른 지역에서 발견될 것을 기대하고 싶다. 송국리문화의 소멸 즉 소국의 등장을 〈표 9〉와 같이 정리할 수 있다.

각 지역의 소국이 등장하는 시기를 추정해 보았다. 그런데 과연 청동기의 출현 순서에서도 만경강권 → 금강상류권 → 충남북부권·금강중류권인지 재확인이 필요하다. 즉 만경

표 9 송국리문화의 소멸과 소국의 출현 광역편년

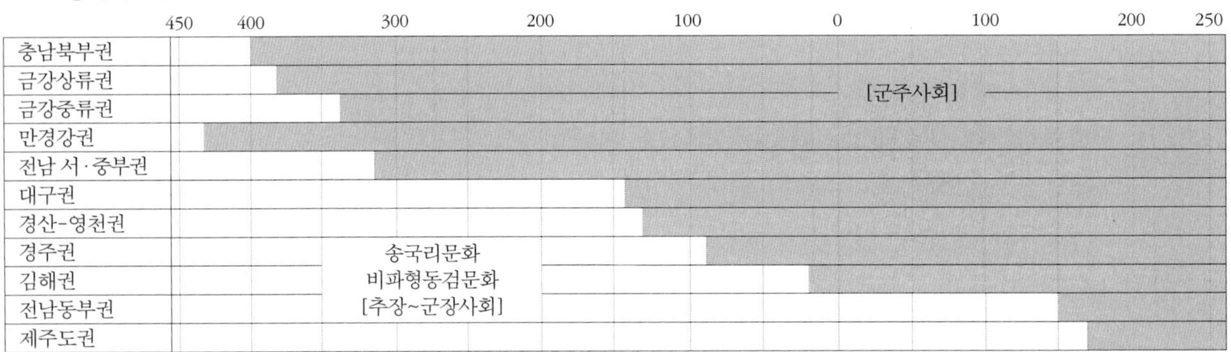

---

59 용담동의 궐수문철제장식구는 철모나 철검의 자루에 결합하거나 철제마구에도 장식된다. 경주에서만 보면 조양동 목관묘와 구정동 목곽묘에서 출토되어 1세기부터 4세기까지 지속되며 시간성을 반영할만한 속성이 아니라 수장의 상징물처럼 나타나는 성격이다.

강유역의 오금산 묘나 덕동D1·G2호 묘 또 원만성 1호 묘가 대전 괴정동 묘나 예산 동서리 묘보다 이른 시기로 볼 수 있냐는 것이다. 이 세 지역의 무덤에서 충남의 무덤에는 검파형동기·나팔형통기·원형동기 등 요령 정가와자유적의 이형청동기를 부장하고 있어서 이른 시기로 설정되었고, 만경강유역의 무덤에서는 조문경이 단계 구분의 기준이 되고 있다. 그런데 이형청동기는 요령에서도 최고의 수장묘에 부장되는 것이므로 그것이 한반도로 유입되려면 상당한 시간이 경과해야 가능한 일일 것이다. 그 직접적인 증거가 앞서 토기의 형식에서는 늦은 시기로 판명된 검파형동기를 부장한 선제리 묘의 사례일 것이다.[60] 그렇지 않고 요령의 시기와 동일하다고 가정하면 그 피장자는 요령에서 정치적인 이유로 이주한 집단의 수장묘 일 것이다.

3) 시기 구분의 재고

각지에서 송국리문화의 소멸 시기를 파악하였으므로 후기로 설정하였던 송국리문화의 시기를 재고할 필요가 발생하였다.

앞서 청동기시대를 조기-전기-중기-후기-만기로 설정하고, 이러한 시기구분이 남한 내 모든 지역에 공통적으로 적용되기를 기대했다. 그런데 충남지역에서 소국이 탄생하고 철기가 등장한 이후에도 다른 지역에서는 여전히 송국리문화가 지속된다고 하여 청동기시대 만기라고 부를 수가 없게 되었다. 만경강유역에서 소국시대가 개시되었으므로 적어도 남한 내에서는 이 시점 이후로는 기존의 초기철기시대라든가 아니면 이참에 새로운 시대명으로 구분되어야할 것이다. 이제부터 정치체가 연맹체 국의 시대로서 새로운 시기구분이 필요하게 되었다. 이 시기는 요령의 고조선도 정치체로서는 철기가 보편화된 고대국가는 아니고,

---

60　허준양(2016)의 연구에 따르면 동검의 구분마연 기술 분류에서 A1식에서 A2식으로 변천하는데, A1 식은 동서리와 괴정동유적이 속해있고, 만경강유역의 오룡리5-1호는 A2식으로 분류된다. 그리고 흑색마연 장경호는 조형인 鄭家窪子型壺(吳江原 2002)가 단경에서 장경으로 또 구연은 직립에서 완만한 외반으로, 동체부가 구형보다는 둥근 주판알형에 가까우면서 작게 퇴화하는 과정으로 변천한다. 그런데 오룡리유적의 5-1호와 2호의 흑색마연장경호는 1호에서는 동체부가 2호(그림 10-1·2)에서는 구경부에서 약간의 변화가 있다. 그러므로 둘은 상호 동시기일 가능성이 있다고 보면, 오룡리5-2호 묘는 〈표 4〉에서 묘 순서 4번째에 해당하므로 만경강유역의 1번째에 해당하는 묘에서는 동검 구분마연 기술 A1식과 조형에 가까운 정가와자 형호가 출토될 가능성이 있다고 추정된다. 그러므로 이형청동기가 공반되지 않는다고 해서 늦은 단계로 편 년할 수는 없다. 다만 괴정동 묘의 흑색마연장경호가 조형에 가장 근접한 이른 형식이므로 금강 상류역에서 청동기후장묘가 더 출토될 가능성도 있겠다.

아직은 청동기부장 풍습을 유지한 소국의 범주에 머물러 있었을 것이므로 『소국시대』로 부를 것을 제안한다. 그 시기는 지금은 남한만을 기준으로 서기전 450~400년으로 한다. 소국시대의 후반기는 철기를 사용·생산하였으므로 분명히 세계사적 국가의 개념에도 적용된다. 그 전반기의 정치체도 동일한 군주체제였으므로 비록 철기를 사용하지 않았어도 「國」의 시대로 봐야하고, 이미 철기문화에 대한 인식은 가지고 있었으나, 물질적으로는 청동기시대에 머무르고 있을 뿐이었다.

소국시대는 읍락에서 세형동검문화의 청동기후장묘가 등장하는 시점부터이므로, 이보다 앞선 시기에는 원형점토대토기문화와 함께 소수의 세형동검문화가 형성되기 시작하는 단계는 만기에 속하게 된다. 이 만기의 개념은 원형점토대토기문화와 기존의 무문토기문화가 공존 또는 문화접변을 일으키는 단계로 설정한 바 있었는데 여기에 세형동검문화의 형성기 즉 비파형동검문화와 공존하는 양상도 첨가하여야 한다. 이러한 분류는 혼란을 불러올 수 있겠지만, 지금까지의 시기구분은 문화사적인 구분이었으나 소국 탄생 이후의 역사는 정치형태나 사회상을 기준으로 설정해야 한다는 의식의 전환이 필요하다.

그리고 소국 출현 이후의 충남지역이 아닌 곳에서는 소국시대의 만기문화를 지속하였던 추장사회 또는 군장사회였다는 것이다. 그중에서 김해의 구간사회는 추장사회였고, 여수-고흥반도권에서는 한 단계 발전한 군장사회를 이루고 있었다는 것이다.

끝으로 소국의 형성이 곧 세형동검문화의 시작은 아니다. 이 둘의 사이에는 그 간간이 짧든 길든 군장사회를 경유할 가능성이 있다. 이 군장사회는 앞 시기의 추장사회와는 달리 청동기를 생산한다는 점에서 큰 차이를 보이지만 생산을 통하여 수장층을 형성하지는 못한 단계라는 점이다. 그 비근한 예로서 송국리취락 Ⅲ기가 되면 선형동부의 주형을 통하여 청동기 생산을 하였다고 해도 인근의 연화리유적과 같은 단계는 아니었을 것이란 점이다. 그래서 현재 발굴된 범위 내에서의 송국리취락은 추장사회에서 군장사회로 발전한 모델이 될 것이다.

송국리취락이나 관창리취락을 편년하면서도 어찌하여 송국리문화의 형성 시기가 이른 유적임에도 불구하고 취락이 3단계로만 편년되지 못하고 더구나 늦은 시기에는 점토대토기문화의 요소가 발견되느냐는 것이 의문이었다. 충남지역의 연구자로서는 당연한 사실로 인식하였는지는 몰라도 영남의 연구자로서는 의문투성이일 수밖에 없었다. 이제 충남지역의 소국 탄생이 서기전 5세기 말까지도 올라가게 되었고, 반면에 영남 해안지역에서는 서기전 2세기말까지도 송국리문화가 잔존할 수 있다는 지역색이 밝혀지게 되어 남은 문제의 해결에 혼란은 피할 수 있게 되었다.

4) 소국의 구조

김해지역에서 추장사회에는 삼각형점토대토기문화 전반기로서 구획묘·지석묘 또는 석관묘
의 부장양상은 송국리문화에 따랐고, 생활양식은 삼각형점토대문화였던 것이 아니었나 색각
된다. 혹은 이 구간사회는 송국리문화가 중심인 집단과 삼각형점토대토기문화를 영위하였던
집단으로 구성된 복합사회였을 것이다. 이 뒤를 이은 가락국은 삼각형점토대토기문화에 와
질토기문화가 융합된 또 새로운 체제의 복합사회일지 하나의 문화체계였던 단순사회였는지
는 남은 과제이다. 이러한 양상이 하나의 모델이지만, 송국리문화에서 소국사회로의 전환에
따른 모든 지역에 적용할 수 있는 패턴이라고 판단된다.

일반적인 소국사회의 구조는 〈그림 16〉처럼 국읍-읍락-촌-소촌의 수가 정삼각형의 형
태를 띠면서 촌과 소촌으로 구성되는 촌락과 그 상위의 읍락 그리고 국읍은 자체적으로 마
을공동체이지만 상호 위계로 조직되어 하나의 소국으로 형성된다고 상정하고 있다(李熙濬
2000; 李在賢 2003). 그러나 앞서 살펴보았듯이 대부분의 소국에서는 한 구역에서 최상위의 무
덤이 누대에 걸쳐 조영되지 않고, 대체로 떨어진 여러 구역에서 조영된 청동기 집중 부장묘
는 각각 1기에 불과하고, 이러한 무덤의 분포가 일정한 지역에 군집하여 다른 지역과 구분된
것을 파악할 수 있었다.

다종다량의 청동기를 부장한 무덤을 조영할 수 있었다면 일반적인 해석으로는 그곳에
서 청동기가 생산되었다고 볼 수 있고, 그러한 청동기생산은 누대에 걸쳐 수장묘의 부장품
으로 공급할 수 있었을 것이다. 그러나 그런 청동기후장묘는 한 구역의 집단 내에서 단 1기
만 조영했다는 것은 이해되지 않는 현상이고, 주변 구역으로 돌아가면서 조영되어 간다면 그
런 무덤들이 분포하는 특정한 지역 내에서 순환하면서 수장묘가 조영되고 청동기생산도 공
동으로 관리되었다는 것을 가정할 수 있다. 그러므로 위세품에 해당하는 청동기의 생산은 모
든 읍락마다 있었던 것이 아니라 특정
지역에 생산시설을 두고 연맹체 소국
에서 통괄했다고 판단된다. 그래서 소
국왕이나 각 군장의 무덤에 부장하던
청동기도 결국은 소국의 통치 개념에
서 일률적으로 결정하였을 것이다. 그
리고 특정 시기에 특정 읍락의 수장
즉 군장이 연맹체 소국의 국왕으로 선

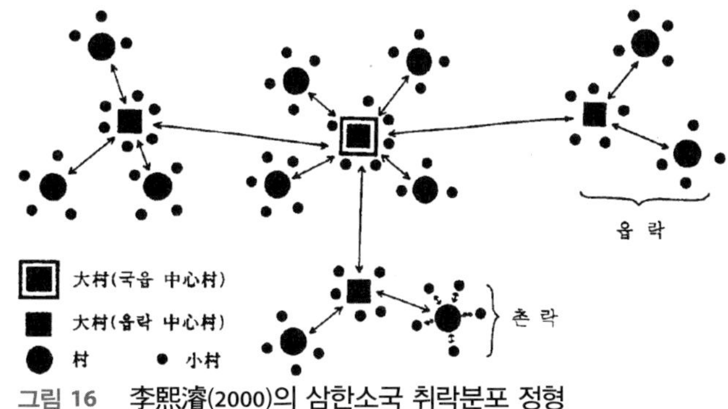

그림 16　李熙濬(2000)의 삼한소국 취락분포 정형

출되면서 그 읍락도 국읍으로 승격한 것이라 생각된다. 연맹체 소국에는 소국왕 아래에는 각 읍락의 수장 즉 군장이 있고, 《삼국지》동이전의 기록에서 신지(臣智)-험측(險側)-번예(樊濊)-살해(殺奚)-읍차(邑借)의 서열로 불렸을 것이다. 각 읍락은 촌과 소촌을 거느려서 하나의 정치체를 형성하였으면서 소국의 일부로 존재하기도 하고 때로는 독립된 정치체로 성격을 바꿀 수도 있었을 것이다. 1개의 읍락이 국읍으로 성장하여 지속작으로 통치한 경우는 적고 대체로 1개의 읍락에서는 1인 또는 복수의 소국왕을 배출하였기 때문에 연맹체였다는 〈동이전〉의 기록도 이해된다. 군장으로 존재할 때에는 청동기부장이 소국왕보다는 박장으로 부장되고 촌과 소촌의 장은 다시 그보다 더 낮은 수준의 청동기를 부장할 수 있었을 것이다. 그러므로 이 소국체제는 어쩌면 청동기부장을 통하여 그 위계를 가장 잘 나타내려고 한 것이다. 이에 대해서는 1단위의 소국 내 청동기 부장을 시간의 토대 위에서 관찰하면 명확해질 것이라 생각하고 이것도 과제로 남길 수밖에 없다. 그리고 무엇보다도 동일 시기의 소국 내의 수장층이 각 읍락에서 어떻게 형성되고 발전해 나가는지는 소국의 성장과 직결된 과제일 것이다.

　　소국의 최하위 소촌의 수장은 청동기시대 중기까지의 수장인 장로였고, 촌의 수장은 지석묘사회 즉 후기의 수장인 추장으로 불렸을 것을 그대로 답습하여 사용되어 왔을 것이다. 그리고 청동기를 생산하던 만기나 소국단계의 읍락의 수장이 군장으로 존재했다는 것이 소국의 기본 구조로 상정하고자 한다.

참고로 삼한 소국의 구조와 유사한 사례로는 일본 사가현 간자키(神埼)지방의 거점취락인 요시노가리유적을 둘러싼 『國』의 수장에 대한 七田忠昭(2013)의 연구이다. 즉 요시노가리의 국을 구성하는 유력집단의 묘지는, 야요이 중기 초두부터 유력마을의 묘지에 세형동검을 부장하다가, 중기 전반에는 요시노가리 분구묘에 집중 매장되며, 중기 후반 이후에는 한경이나 소환두철도 등의 위신재를 부장한 분묘가 다시 여러 유력집단의 묘지로 이동하는 현상에서 국의 역대 수장으로 판단하고 있다. 야요이시대 중기 이후

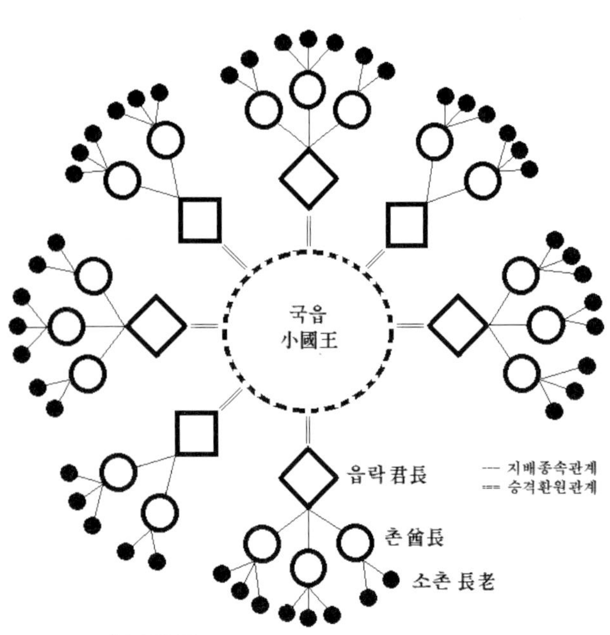

그림 17　소국의 구조

지역사회 전체의 유력마을에서 국의 수장이 公立된 것이며, 매장방식은 시기에 따라 출신지 마을의 묘지이든지 요시노가리의 분구묘였든지 변화가 있었다는 것이다. 한반도에서 일본 열도로 세형동검문화가 전파된 시기는 야요이 전기말(조진선 2016)부터인데, 청동기문화만의 전파가 아니라 소국의 사회구조도 모방이 일어난 것이 아닌가 추정된다. 이러한 사회구조는 세형동검문화의 기원지인 요령지역에서도 동일한 지의 검토가 또 남은 문제가 되겠다.

맺음말

송국리문화를 통하여 I장에서는 시기구분을 하였다. 송국리문화는 남한에 국한된 지역문화이지만, 한국고고학에서 시기구분은 현재 요령을 포함한 동북지역을 포함시키지는 못해도 최소한 한반도 전체를 통하여야 한다. 그랬을 때 조기의 설정은 필수적이라고 판단한다. 그리고 점토대토기문화 자체가 세형동검문화와 철기문화를 포함하고 있기 때문에 청동기시대에서 분리하기 위해서라도 만기의 설정이 필요할 것이다. 만기는 소국단계의 시작과 관련되므로 각 지역에서 다양한 양상을 보일 것이라 생각한다. 앞으로의 연구는 송국리문화에서 시작된 후기와 만기에 대해서 집중할 필요가 있겠다.

II장에서는 송국리문화의 기원을 서주 중기의 동방원정으로 인하여 촉발된 동이족과 회이족의 이주 그리고 기후악화에 따른 요령지역의 주민이 남하하였다고 추정했으나 시론에 불과하다. 송국리문화는 고조선과 요동의 동이와의 관계에서 성립한 것이므로 지금부터 심도 있는 연구가 진행될 수 있을 것이다.

III장은 계기연대법을 설명하였다. 이 연구법은 순서배열보충법으로 부르다가 페트리의 계기연대법과 다르지 않다는 것을 인식하게 되었다. 마을고고학을 위해서는 양식편년이 필요하고 양식편년은 계기연대법만이 유일한 방법이다. 그러나 아직 본 연구법이 완전하지 않으므로 보완이 필요하고, 순서배열의 조작 방법을 컴퓨터프로그램으로 바로 결과를 얻을 수 있어야만 일반화시킬 수 있을 것이다. 그러나 보완의 필요성은 청동기시대 주거지의 공반유물이 너무나 빈약한 탓이다. 오히려 공반상이 풍부한 삼한 삼국의 고분자료로써 양식편년한 것은 양호한 결과를 보이고 있다. 그러므로 송국리형마을의 주거지 편년에서 나타난 문제점은 피할 수 없는 자료의 한계로 봐야 할 뿐 본 연구의 문제[61]로는 생각하지 않는다.

61　유물 실측의 순간에 행복을 느끼는 입장에서 사족을 달면, 계기연대법은 유물의 적절한 분류가 무엇보다 중요하다. 물론 적절하다는 것이 대충 간단한 의미가 아니라 어디까지나 객관적 분류를 토대로 삼아야

Ⅳ장은 송국리문화의 10개 요소를 통하여 이를 각 유적 각 지역을 지수화하여 문화등고선을 작성하고 그에 따라서 송국리문화의 전파 경로를 유추할 수 있었다. 이에 따르면 육로전파와 해로전파가 있으며, 빠르게 이동하는 경우는 수전농경에 적합한 곳을 찾기 위함이 아닌가 생각한다. 본고에서 밝히지 못한 것이지만, 해로전파는 동시다발로 일어난 것은 아닐 것이며 지역에 따라 시간 차이가 있다고 생각된다. 다음으로 송국리문화의 지역색과 마을공동체간의 문화적 유사성에 대해서 살펴보고, 논쟁이었던 선송국리유형의 실체와 송국리유형의 개념 재고에 대해서 검토하였다. 이 부분은 더 많은 유적의 사례를 통하여 재논의되어야만 뚜렷해질 것이다. 본고에서는 단지 접근 방식에 대해서 시도해 본 것에 불과하다.

Ⅴ장에서는 송국리형마을에서 수장이 등장하는 시점에 나타나는 고고학적 현상을 살펴보았다. 후기에 등장하는 수장은 사회의 대표자라면 중기로부터 이어온 가장을 중심으로 한 혈연가족체의 대립이라고 할 수 있다. 그래서 수장은 이 가족체의 해체와 동반하여 등장하고, 수장의 저택으로서 대형가옥이 조영된다. 그리고 각 가족단위의 가옥공동체에서 가장의 가옥이었던 중형가옥도 이 수장 저택 인근으로 집중하게 된다. 이것은 향후 더욱 성장한다면 수장층의 형상과도 관련될 것이라 추정한다. 그렇게 해서 마을 내부에도 중심권역이 형성된다. 이 중심권역에는 고상창고군과 농경신을 모신 사당인 독립동지주건물이 조성되면서, 수장은 마을의 잉여생산물의 장악과 의례의 주재자가 되면서 경제적으로나 사회적으로 우두머리에 서게 된 것이라 판단된다. 이러한 배경에서 비파형동검을 입수할 수 있었고, 神物로서 거점마을의 상징물이 되었으며 주변 마을도 아우를 수 있었을 것이다. 수장의 제의권은 자연신을 모시는 의식도 있었겠지만, 해체된 가족체를 하나로 통합하기 위해 조상묘역을 조성하여 조상신을 모시는 조령신앙의 공동체 의례을 주재하면서도 통합할 수 있었을 것이다.

Ⅵ장은 비파형동검의 소유와 생산을 수장의 성격과 관련시켜 사회상을 상정하였다. 현재 비파형동검문화는 주로 그 기원문제와 전개과정을 중심으로 연구되고 있으나, 어려운 점은 청동기의 시간성일 것이다. 즉 청동기는 정치체에서 매우 특별한 대상이므로 유구의 조영 시점과 청동기의 생산 시기가 동일하지 않다는 것이다. 이것을 명확히 하기 위해서는 유적간

<hr>

한다. 송국리문화의 양식을 편년하면서 옹인지 호인지 구별이 안되는 송국리식토기에서는 구연-목-동체-저부의 경계를 찾는 방법으로서 작도된 도면상에서 각 부위의 변곡점을 찾아 표현하는 작업이 중요하므로 개선해야 한다는 것을 느꼈다. 변곡점은 토기제작자가 점토띠를 쌓고 손으로 눌러 형태를 잡아가는 과정에서 생기는 것이므로 반드시 의도성이 숨어 잇는 것이다. 이 변곡점을 확인하고 작성된 송국리식토기는 비로소 형식의 차이가 분명해질 것이다.

의 위계 관계와 청동기의 생산지를 규명해야 하고 생산과 유통의 문제에 더욱 신중하게 접근해야만 비로소 청동기의 본모습이 드러날 것이다. 이러한 기본적인 문제를 도외시한 연구는 사상누각이라 생각한다. 한반도의 비파형동검이 생산되었을 후보지로는 여수반도의 월내동·적량동 집단과 청도나 성주의 고고학적 집단에 대해서 면밀한 조사와 깊은 관심이 필요하다. 이 지역들은 남한 내에서 최초의 청동기 생산지인데도 불구하고 관련되는 마을의 형태와 생산시설에 대해서는 전무한 상태이다.

수장과 사회의 성장과정은 청동기시대 조·전기에는 가족단위의 자연공동체에서는 가장이 중심이었고, 대규모 마을이 등장하는 중기에는 경험과 지식이 풍부한 장로가 리드였을 것이다. 후기의 수장은 추장이며 이후는 비파형동검과 소수의 청동기를 생산하는 군장사회가 형성되고, 세형동검문화를 가지면서 광역의 지역정치체를 형성한 소국의 군주 왕이 등장하였다. 왕은 최초에는 여러 군장의 연맹체에서 옹립된 연맹왕이었으나, 후반부에는 독립소국왕으로 발전했을 것이다.

Ⅶ장에서는 송국리문화의 소멸을 소국의 등장과 결부하여 논하였다. 결국은 마을공동체였던 추장사회가 지역공동체로서 통합된 것이 소국사회일 것이다. 그러므로 문화와 사회가 병행하는 것이 아니라, 사회의 활동이 바로 문화로 표현된다는 점을 인식하게 된다. 소국의 출현은 역사시대의 시작이므로 각지에서의 소국의 태동과 성장은 이제부터는 가장 중요한 고고학 주제가 될 것이다. 소국사회는 만경강 유역이 가장 이른데, 대략 서기전 430년 전후로 설정하였다. 그러므로 세형동검문화가 시작되는 이 시기부터는 초기철기시대든 소국시대든 다른 시대명칭을 사용해야 할 것이다. 필자는 이 시점과 영남지역의 목관묘 출현 시점그리고 목곽묘 출현 시점을 기점으로 각각을 삼한 전기·중기·후기로 규정하는 것을 상정하고자 한다.

이상이 본서의 내용인데 많은 미해결 숙제만 남기게 되고 연구의 종점에 이르고 말았다. 본서의 내용이 옳고 그름을 보기보다 저자의 사적 의견으로 받아들여 주면 감사하겠다. 앞으로 또 논문을 작성할 수 있을지 모르겠으나 본서는 사색의 너비를 기존보다 확장시킨것에 불과하고, 본질적인 문제는 누군가를 통하여 또다시 논의되길 기대한다. 특히 부족했던부분은 송국리형마을의 분석사례를 군집적으로 또는 다양한 지역에서 검토되었다면 더 많은 정보를 얻을 수 있었을 것이다. 그런데 마을고고학의 연구는 특정인에 의해 주도되어서는안 되고 다수의 공동연구가 주효하다. 그러므로 집단적 공동연구로서 마을고고학이 열리기를 기대한다.

　또 하나의 주효한 연구는 고고학의 기본이라고 할 수 있는 양식편년이다. 양식편년이 가능하다면 그 당시 선사든 고대든 사회의 모습을 파노라마가 펼쳐지듯이 관찰하여 시대상 복원이라는 숙원을 완성할 수 있다고 믿는다. 유물과 유구를 관찰하고 분석하는 이유가 우선은 편년으로 시간성 파악이라는 목적의식을 가질 필요가 있겠다. 그런데 이모든 방법의 연구에는 유물과 유구의 절대연대를 파악하지 않으면 여전히 갑론을박을 거듭하며 혼동만 가중시킬 수 있으므로 탄소14연대를 적극적으로 활용해야 한다. 탄소14연대치라도 절대적으로 오차의 범위가 20년 이내로 짧아야 하며, 유물이 다수 출토된 유구의 경우는 3점 이상의 시료를 채취하여야 효과적인 자료로 활용할 수 있을 것이다. 탄소14연대 측정의 시료에도 탄화물이나 미세탄화물이 포함된 토양 그리고 토기부착탄화물 등 다양한 것들이 있으므로 주의 깊게 노력해야 할 것이다. 필자가 본고를 작성하면서 우리가 분류한 동일 형식이 선사시대든 역사시대든 과연 중심지와 주변지의 차이에도 동일한 시기일지에 대한 의문은 남았다. 이런 의문은 계층·환경·생계 심지어 집단의 차이가 있어도 동일시기로 판단하는 것이 사실인가 하는 의문이 해결되지 못하면 연구가 쌓일수록 혼돈은 더욱 깊어질 것이다고 생각한다.

　본 연구의 최초 목표와 달리 송국리문화와 야요이문화·사회와의 관계에 대해서 다루지 못하였다. 송국리문화와 관련하여 야요이 조기의 돌대문토기와 마제석기 그리고 단도마연토기 등의 유물과 송국리유형주거지와 지석묘 그리고 취락상에 대해서는 너무나 방대한 일본측의 연구가 축적되어있어서 종합적인 정리만으로도 본고에서 다루기에는 시간과 역량이 부족하였다. 이에 대해서는 송국리문화의 관점에서 주제 별로 검토하지 않으면 새로운 관점을 찾기는 힘들 것이다. 이 또한 향후의 과제로 남길 수밖에 없다.

　끝으로 선학제현들의 견해와 학설을 모두 본서에 실어 담을 수 없었던 점은 필자의 역량부족으로 인정해주면 좋겠다. 기억하는 한 인용하여 나은 논지를 이끌고자 노력하였으나 논문과 저서를 펼치면 빠뜨렸다는 뒤늦은 탄식을 또다시 할 것이다. 그런 측면에서 학회나 연구회의 참가가 정보 획득의 중요한 장이 된다는 점을 깨닫게 된다. 선학제현의 양해를 바라며, 또 기탄없는 비판으로 제삼의 결론이 도출되길 기원하며 본고를 마치며, 뜨거운 열정으로 발굴하고 학술보고서 작성에 혼신의 노력을 기울이신 일선의 연구자에게 깊은 감사의 인사를 올린다.

참고문헌

가종수, 2016, 「자바의 사원부조에 새겨진 가옥」, 『인도네시아의 전통가옥』, 국립아시아문화전당웹진-Asia.

甲元眞之, 2002, 「東北아시아 先史時代의 生業活動」, 『韓國 新石器時代의 環境과 生業』, 동국대학교 매장문화재연구소 편, 애드웨이.

姜秉學, 2013, 「서울·京畿地域의 早期~前期文化 編年」, 『韓國 靑銅器時代 編年』, 서경문화사.

강봉원, 1992, 「'성읍국가'에 대한 일 고찰」, 『先史와 古代』 3, 한국고대학회.

姜仁求·李健茂 외, 1979, 『송국리 I 』, 國立中央博物館.

강인욱, 2005, 「한반도 출토 비파형동검의 등장과 지역성에 대하여」, 『한국상고사학보』 제49호.

姜仁旭, 2007, 「두만강 유역 청동기시대 문화의 변천 과정에 대하여」, 『한국고고학보』 62, 한국고고학회.

姜仁旭, 2009, 「東北아시아 靑銅器時代 속의 北韓」, 『東北아시아的 觀點에서 본 北韓의 靑銅器時代』, 韓國靑銅器學會.

강진표, 2010, 「최근 발견된 비파형동검 출토 유적」, 『요령지역 청동기문화의 전개와 한반도』, 韓國靑銅器學會.

강창화, 2009, 「고대 탐라의 형성과 전개」, 『유적과 유물을 통해 본 제주의 역사와 문화』, 국립제주박물관 편, 서경출판사.

慶南發展研究院 歷史文化센터, 2009, 『金海 栗下里遺蹟 II 』

慶南發展研究院 歷史文化센터, 2009, 『馬山網谷里遺蹟 I 』

경상북도문화재연구원, 2015, 『경주 전촌리 유적』

고상혁·김훈희, 2014, 「영남지역 목관묘 출토 닻형철기 연구」, 『嶺南考古學』 68號, 嶺南考古學會.

고일홍, 2014, 「한국 고고학의 고대 국가형성 연구를 위한 일 검토」, 『고고학』 13-1호.

郭鍾喆, 1988, 「編年表 作成을 위한 방법적사례의 정리」, 『古代研究』 第1輯, 古代研究會.

곽종철·이진주, 2002, 「우리나라의 논유구 집성」, 『韓國의 農耕文化』 第6輯, 京畿大學校 博物館.

國立光州博物館, 2003, 『高興 雲垈·安峙 支石墓』

국립중앙박물관, 2000, 『특별전 겨레와 함께 한 쌀-도작문화 3000년-』

국립청주박물관, 2019, 『한국의 청동기 자료 집성 I · II · III 』

宮里修, 2005, 「無文土器時代의 취락 구성」, 『韓國考古學報』 56, 韓國考古學會.

권덕영, 2016, 「고대 동아시아의 황해와 황해 바닷길」, 『중국 山東의 역사와 문화』, 한성백제박물관.

권오영, 1996, 『三韓의 國에 대한 研究』, 박사학위논문, 서울대학교 대학원.

권오영, 1997, 「斯盧六村의 位置問題와 首長의 性格」, 『新羅文化』 14, 동국대학교 신라문화연구소.

권오영, 2009, 「고대 제주와 동아시아」, 『유적과 유물을 통해서 본 제주의 역사와 문화』, 국립제주박물관 편, 서경문화사.

權旭宅, 2020, 「韓·日出土古代中國貨幣」, 『新·日韓交涉の考古學』 -弥生時代-, 新·韓日交涉の考古學研究會.

金建洙·韓修英 외, 2005, 『完州 葛洞遺蹟』, 湖南文化財研究院.

金慶柱, 2010, 「제주지역 송국리문화의 수용과 전개」, 『韓國靑銅器學報』 No.6, 韓國靑銅器學會.

김경주, 2012, 「龍潭洞鐵器副葬墓와 그 被葬者의 性格」, 『인류학 고고학 논총』 영남대학교 문화인류학과 개설 40주년 기념논총, 학연문화사.

김경주, 2018, 「제주지역 점토대토기문화의 정착과 변천과정」, 『韓國靑銅器學報』 No.22, 韓國靑銅器學會.

金慶柱, 2018, 「耽羅 前期의 聚落構造와 社會相」, 『耽羅文化』 제57호, 제주대학교 탐라문화연구원.

김경주·안재호, 2024, 「제주 예래동취락의 변천-철기시대를 중심으로-」, 『호남고고학보』 76.

김경택·정치영 외, 2011, 『松菊里Ⅶ』, 한국전통문화대학교 고고학연구소.

김권구, 2012, 「청동기시대-초기철기시대 고지성 환구에 관한 고찰」, 『韓國上古史學報』 第76號.

김권구, 2016, 「영남지역 읍락의 형성과 변화-경주·경산·김해지역을 중심으로-」, 『韓國古代史研究』 no.82. 韓國古代史學會.

김권구·권순철 외, 2018, 「경산 갑제동 발견유물에 대한 고찰」, 『신라문화』 51, 동국대학교 신라문화연구소.

金權九·裵成赫, 2007, 『金泉松竹里遺蹟Ⅱ』, 啓明大學校 行素博物館.

金權中, 2008, 「2. 遺構」, 『泉田里』, 江原文化財研究所.

金權中, 2013, 「江原 嶺西地域 靑銅器時代 早期~前期文化의 編年」, 『韓國 靑銅器時代 編年』, 서경문화사.

김규정, 2006, 「無文土器 甕棺墓 檢討」, 『先史와 古代』 25, 韓國古代學會.

金奎虎·藁科哲男, 2013, 「송국리 유적 출토 관옥의 산지 특성 분석」, 『松菊里Ⅷ』, 한국전통문화대학교 고고학연구소.

金吉植, 1994, 「扶餘 松菊里 遺蹟 調査 槪要와 成果」, 『마을의 考古學』 제18회 한국고고학전국대회 발표요지.

김대환, 2023, 「분묘 자료로 본 사로국의 집단 통합과 동인」, 『영남고고학』 97, 영남고고학회.

金度憲, 2010, 『嶺南地域의 原始·古代 農耕 研究』 博士學位論文, 釜山大學校 大學院.

金度憲, 2011, 「원시·고대의 목제 절굿공이 검토」, 『湖南考古學報』 38, 湖南考古學會.

김도헌·이지혜, 2010, 『安東苧田里遺蹟』, 東洋大學校博物館.

金美京, 2006, 「美松里型 土器의 변천과 성격에 대하여」, 『韓國考古學報』 第60輯, 韓國考古學會.

김미경 외, 2017, 『부여 송국리』, 국립부여박물관.

김미영, 2011, 「嶺南地域 頸部內傾赤色磨研壺 研究」, 『慶南研究』 5, 경남발전연구원 역사문화센터.

金秉模, 1981, 「韓國 巨石文化 源流에 關한 研究(1)」, 『韓國考古學報』 10·11合輯.

金秉模·俞炳隣, 1997, 『安眠島古南里貝塚』 7次, 漢陽大學校博物館.

김상현 외, 2012, 「2) 대상유구」, 『晉州 草田 環濠聚落遺蹟』, 한국문물연구원.

金承玉, 2001, 「錦江流域 松菊里型 墓制의 研究」, 『韓國考古學報』 45, 韓國考古學會.

김승옥, 2006, 「분묘 자료를 통해 본 청동기시대 사회조직과 변천」, 『계층 사회와 지배자의 출현』, 韓國考古學會.

김승옥, 2006, 「송국리문화의 지역권 설정과 확산과정」, 『湖南考古學報』 24輯, 湖南考古學會.

김승옥, 2015, 「편년과 지역적 이해」, 『한국 청동기문화 개론』, 중앙문화재연구원 학술총서 26.

金永培·安承周, 1975, 「扶餘 松菊里 遼寧式銅劍出土 石棺墓」, 『百濟文化』 第七·八合輯.

김용성, 2016, 「영남지방 목관묘와 사로국」, 『韓國古代史研究』 82, 한국고대사학회.

金元龍, 1963, 「金海 茂溪里 支石墓의 出土品-靑銅器를 伴出하는 新例」, 『東亞文化』 第1輯, 東亞文化研究所.

金元龍, 1964, 「韓國稻作起源에 대한 一考察」, 『震檀學報』 25-27합집, 震檀學會.

金元龍, 1974, 「傳茂朱出土 遼寧式銅劍에 대하여」, 『震檀學報』 38.

김일규, 2014, 「嶺南地域 철문화의 출현과정과 전개」, 『嶺南考古學』 69號, 嶺南考古學會.

김일규, 2019, 「평장리 출토 漢鏡을 통한 세형동검문화기의 기년 연구」, 『韓國考古學報』 第111輯, 韓國考古學會.

金壯錫, 2003, 「충청지역 송국리유형 형성 과정」, 『韓國考古學報』 51, 韓國考古學會.

김장석, 2008, 「송국리단계 저장시설의 사회경제적 의미」, 『한국고고학보』 67, 한국고고학회.

金壯錫, 2008, 「무문토기시대 早期설정론 재고」, 『한국고고학보』 69, 한국고고학회.

金材胤, 2009, 「沿海洲 · 吉林 考古資料로 본 東北韓 靑銅器時代 形成過程」, 『東北아시아的 觀點에서 본 北韓의 靑銅器時代』, 韓國靑銅器學會.

金正基, 1974, 「韓國竪穴住居址考(二)」, 『考古學』 第三輯, 韓國考古學會.

김진환, 2018, 「耽羅形成期 墓制의 諸樣相」, 『湖南考古學報』 第59輯, 湖南考古學會.

김한식, 2002, 「남부지역 송국리형주거지 연구」, 『湖西考古學』 第6 · 7合集, 湖西考古學會.

金 賢, 2002, 「大坪 無文土器 窯에 대한 一檢討」, 『晋州 大坪 玉房 1 · 9地區無文時代 聚落』, 慶南考古學研究所.

김효정, 2021, 「청동의기로 본 세형동검문화의 의례 연구」, 석사학위논문, 부산대학교 대학원 고고학과.

나건주, 2005, 「중서부지방 송국리유형 형성과정에 대한 검토」, 『금강고고』, 충청매장문화재연구원.

羅建柱, 2006, 「自開里 遺蹟 靑銅器時代 聚落의 變遷과 松菊里類型의 形成過程에 대하여」, 『唐津 自開里 遺蹟(Ⅰ)』, 忠淸文化財研究院

羅健柱, 2016, 「湖西地域」, 『編年』 靑銅器時代의 考古學 2, 서경문화사.

도성재, 2001, 「충남 보령시 주교면 관창리에서 출토된 석기유물들에 대한 고고암석학적 연구」, 『寬倉里 遺蹟』, 高麗大學校 埋藏文化財研究所.

동진숙 · 김유정 외, 2013, 『分節遺蹟』, 釜山博物館.

武末純一, 2002a, 「遼寧式銅劍과 國의 形成-積良洞遺蹟과 松菊里遺蹟을 中心으로-」, 『淸溪史學』 16 · 17合併號.

武末純一, 2002b, 「日本 北部九州에서의 國의 形成과 展開」, 『嶺南考古學』 30號.

武末純一, 2009, 「茶戶里遺蹟과 日本」, 『考古學誌』 特輯號, 昌原 茶戶里遺蹟 20周年紀念, 국립중앙박물관.

武末純一, 2010, 「金海 龜山洞遺蹟 AⅠ區域의 彌生系土器를 둘러싼 諸問題」, 『金海 龜山洞 遺蹟X』 考察編, 慶南考古學研究所.

문영롱 · 이정범, 2012, 「화분분석을 이용한 강경천 하류지역의 고환경 복원」, 『야외고고학』 제14호, 한국문화재조사연구기관협회.

미야자토 오사무, 2010, 『한반도 청동기의 기원과 전개』, 사회평론.

바이윈씨앙, 2011, 「중국의 지석묘」, 『중국 지석묘』, 국립나주문화재연구소.

박경신, 2016, 「二條凸帶鑄造鐵斧의 編年과 展開樣相」, 『韓國考古學報』 第98輯, 韓國考古學會.

朴性姬, 2014, 「渼沙里類型의 出現과 消滅」, 『嶺南考古學』 70, 嶺南考古學會.

박순발, 1999, 「欣岩里 類型 形成過程 再檢討」, 『湖西考古學』 창간호, 호서고고학회.

박순발, 2016a, 「청동기시대의 시말-그 전환의 획기」, 『청동기시대의 고고학 2』, 서경문화사.

박순발, 2016b, 「중국 山東의 역사문물과 한국고대사」, 『중국 山東의 역사와 문화』, 한성백제박물관.

박양진, 2014, 「제3장 청동기의 계통」, 『道具論』 청동기시대의 고고학 5, 서경문화사.

박영구, 2009, 「남부동해안지역 무문토기문화 전개양상」, 『영남고고학』 51, 영남고고학.

朴榮九, 2013, 「南部東海岸地域 靑銅器時代 聚落의 變遷」, 『韓國上古史學報』 第79號, 韓國上古史學會.

朴姿姸, 2002, 『靑銅器時代 住居址 內의 遺物分布에 대한 硏究』 碩士學位論文, 嶺南大學校 大學院.

박정재, 2020, 「한반도의 홀로세 기후변화와 고대 사회 변동」, 『기후 변화와 신석기시대 문화 변동』, 한국신석기학회.

박정재, 2021, 「한반도의 홀로세 기후변화와 선사시대 사회 변동」, 『대한지리학회지』 vol.56, no.2, 통권 203호.

박준형, 2013, 「산동지역과 요동지역의 문화교류」, 『韓國上古史學報』 第79號, 韓國上古史學會.

박지영, 2014, 『한반도 남부 출토 전한식경의 유통체계』, 석사학위논문, 전북대학교대학원.

박진일, 2018, 「금호강 유역 전기 와질토기」, 『금호강과 길』 2018 기획전, 국립대구박물관.

박진일, 2022, 『삼한의 고고학적 시·공간』, 진인진

方輝, 2014, 「중국 북방 지구 商나라 말기~西周 전기 "夷式簋"의 전파와 족군 변동」, 『韓國上古史學報』 第85號, 韓國上古史學會.

裵德煥, 2020, 「靑銅器時代 防禦集落으로 본 首長의 出現」, 『福岡大學考古學論集 3』, 武末純一先生退職記念事業會.

배재훈, 2018, 「인도네시아 술라웨시의 전통 건축 통코난」, 『아시아문화의 창』, 무등일보·아시아문화원.

裵眞晟, 2003, 「無文土器의 成立과 系統」, 『嶺南考古學』 32, 嶺南考古學會.

裵眞晟, 2005, 「檢丹里類型의 成立」, 『韓國上古史學報』 第48號, 한국상고사학회.

裵眞晟, 2006, 「無文土器社會의 威勢品 副葬과 階層化」, 『계층 사회와 지배자의 출현』, 韓國考古學會.

裵眞晟, 2014, 「石製工具의 確立과 展開」, 『考古廣場』 第14號, 釜山考古學會.

배진성, 2015, 「美松里型土器文化의 動態와 分布圈」, 『東北亞歷史論叢』 47호, 동북아역사재단.

배진성, 2020, 「분묘 출토 적색마연호에서 본 한일교류」, 『考古廣場』 第26號, 釜山考古學會.

백두문화재연구원, 2019, 『홍성 목현리 유적』

釜山大學校博物館, 1993, 『金海禮安里古墳群 Ⅱ』

北野博司 (山本孝文 譯), 2007, 「土器 野外燒成 技術에 대한 實驗考古學的 硏究의 발자취」, 『土器燒成의 考古學』, 서경문화사.

브루스 트리거(성춘택 옮김), 2010, 『브루스 트리거의 고고학사』 개정신판, 사회평론.

서광수, 2004, 「부여 나복리 유적의 절대연대 측정」, 『扶餘 羅福里 遺蹟』, 忠淸南道歷史文化硏究院.

서현주, 2019, 「고대 제주와 마한소국의 교류양상」, 『한국상고사학보』 vol.104, 한국상고사학회.

석광준, 1974, 「오덕리 지석묘 발굴보고」, 『고고학자료집』 제4집, 사회과학출판사.

小林正史 (孫晙鎬 譯), 2007, 「民族誌 事例의 比較分析에 기초한 덮개형 野外燒成의 基本 特徵과 多樣性」, 『土器燒成의 考古學』, 서경문화사.

孫晙鎬, 2002, 「錦江流域 松菊里文化段階의 支石墓 檢討」, 『古文化』第60輯, 韓國大學博物館協會

孫晙鎬, 2006, 『青銅器時代 磨製石器 研究』, 서경문화사

孫晙鎬, 2007, 「松菊里遺蹟 再考」, 『古文化』 70집, 한국대학박물관협회.

손준호, 2021, 「군집 저장공」, 『일본 문화의 기원 松菊里문화』, 진인진.

宋滿榮, 1995, 『中期 無文土器時代 文化의 編年과 性格』碩士學位論文, 崇實大學校 大學院.

宋滿榮, 2002, 「南韓地方 農耕文化形成期 聚落의 構造와 變化」, 『韓國 農耕文化의 形成』 제25회 한국고고학 전국대회, 韓國考古學會.

송만영, 2012, 「강원 영서, 영동지역 청동기시대 편년 병행 관계」, 『崇實史學』第29輯.

송아름, 2020, 「청동기시대 장식석검의 시·공간성과 그 의미」, 『한국고고학보』 제115집, 한국고고학회.

송영진, 2015, 「경남 해안지역 마연토기의 전개」, 『중앙고고연구』 제16호, 중앙문화재연구원.

송영진·김규정, 2014, 「호남지역 마연토기의 변화와 특징」, 『한국청동기학보』 no.14, 한국청동기학회.

송의정·홍진근 외, 2010, 『昌原 鳳山里遺蹟』, 國立金海博物館.

宋正炫·李榮文, 1988, 「牛山里 내우支石墓」, 『住岩댐水沒地域文化遺蹟發掘調査報告書Ⅱ』, 全南大學校博物館.

송호정, 2003, 『한국 고대사 속의 고조선사』, 푸른역사.

신경철, 1995, 「三韓·三國時代의 東萊」, 『東萊區誌』, 동래구지편찬위원회.

沈奉謹, 1980, 「慶南地方出土 青銅遺物의 新例」, 『釜山史學』 4, 釜山大學校 史學科.

沈奉謹, 1998, 「晉州上村里遺蹟出土 新石器時代 甕棺」, 『文物研究』제2호, 동아시아문물연구학술재단.

沈奉謹·李東注 외, 2001, 『晉州上村里先史遺蹟』, 東亞大學校 博物館.

深澤芳樹·李弘鍾, 2005, 「松菊里式土器의 打捺技法 檢討」, 『송국리문화를 통해 본 농경사회의 문화체계』, 서경문화사.

안승모, 2011, 「松菊里遺蹟 出土 炭火米 考察」, 『考古學誌』第17輯, 국립중앙박물관.

安在晧, 1991, 『南韓 前期無文土器의 編年』慶北大學校 文學碩士學位論文.

安在晧, 1992, 「松菊里類型의 檢討」, 『嶺南考古學』 11, 嶺南考古學會.

安在晧, 1993, 「古墳의 編年」, 『金海禮安里古墳群Ⅱ』, 釜山大學校博物館.

安在晧, 1995, 「考察」, 『蔚山檢丹里마을遺蹟』, 釜山大學校博物館.

安在晧, 1996, 「無文土器時代 聚落의 變遷」, 『碩晤尹容鎭教授 停年退任紀念論叢』, 碩晤尹容鎭教授 停年退任 紀念論叢刊行委員會.

安在晧, 2000, 「韓國 農耕社會의 成立」, 『韓國考古學報』 34, 한국고고학회.

安在晧, 2001, 「中期 無文土器時代의 聚落 構造의 轉移」, 『嶺南考古學』 29, 嶺南考古學會.

安在晧, 2001, 「無文土器時代의 對外交流」, 『港都釜山』 第17號, 釜山廣域市史編纂委員會.

安在晧, 2002, 「赤色磨研土器의 出現과 松菊里式土器」, 『韓國 農耕文化의 形成』, 학연문화사.

安在晧, 2004, 「中西部地域 無文土器時代 中期聚落의 一樣相」, 『韓國上古史學報』 제43호, 韓國上古史學會.

安在晧, 2006, 『青銅器時代 聚落研究』, 釜山大學校 大學院 博士學位論文.

安在晧, 2009, 「南韓 青銅器時代 研究의 成果와 課題」, 『동북아 청동기문화 조사연구의 성과와 과제』, 학연문화사.

安在晧, 2009, 「青銅器時代 泗川 梨琴洞聚落의 變遷」, 『嶺南考古學』 51, 嶺南考古學會.

안재호, 2010, 「각 지역의 경작 유구」, 『한국고대의 수전농업과 수리시설』, 서경문화사.

安在晧, 2010, 「韓半島 青銅器時代의 時期區分」, 『考古學誌』 第16輯, 韓國中央博物館.

안재호, 2010, 「韓半島 青銅器時代文化의 成立과 展開」, 『청동기시대의 울산 태화강문화』, 울산문화재연구원.

안재호, 2012, 「墓域式支石墓의 出現과 社會相」, 『湖西考古學』 26, 호서고고학회.

安在晧, 2014, 「檢丹里遺蹟 再考」, 『韓國青銅器學報』 第14號, 韓國青銅器學會.

安在晧, 2014, 「青銅器時代 遺物과 社會의 變遷」, 『청동기시대 한·일 농경문화의 교류』, 韓國青銅器學會.

安在晧, 2015, 「中國 双陀子3期土器의 基礎的編年」, 『韓國上古史學報』 第90號, 韓國上古史學會.

安在晧, 2016, 「型式學的屬性分析法의 理解」, 『考古廣場』 17號, 釜山考古學研究會

안재호, 2016, 「청동기시대의 시기 구분」, 『編年』 청동기시대의 고고학 2, 서경문화사.

安在晧, 2016, 「中國 大嘴子遺蹟 3期聚落의 變遷」, 『한국상고사학보』 제93호, 한국상고사학회

안재호, 2018, 「송국리문화의 기원과 지역상」, 『청동기시대 송국리유적, 왜 중요한가?』, 서울대학교박물관·중부고고학회 공동 학술대회.

安在晧, 2018, 「生産과 流通의 樣式編年」, 『韓國青銅器學報』 第22號, 韓國青銅器學會.

安在晧, 2019, 「松菊里文化의 起源 再考」, 『嶺南考古學』 83號, 嶺南考古學會.

安在晧, 2019, 「青銅器時代 智佐里遺蹟의 樣式編年」, 『韓國青銅器學報』 NO.25, 韓國青銅器學會.

安在晧, 2020, 「青銅器時代 智佐里聚落의 形成過程과 社會相」, 『韓國青銅器學報』 No.26, 韓國青銅器學會.

안재호, 2020, 「하대 목곽묘집단의 사회적 위상」, 『울주연구』 제18호-우시산국 실존을 증명하다-, 울주문화원.

안재호, 2020, 「경주의 청동기시대 문화와 사회」, 『경주의 청동기시대 사람과 문화, 삶과 죽음』, 국립경주문화재연구소·한국청동기학회.

安在晧, 2021, 「寬倉里遺蹟의 編年과 變遷」, 『考古廣場』 28號, 釜山考古學會.

安在晧, 2021, 「松菊里聚落의 編年과 社會相」, 『考古廣場』 제29호.

安在晧, 2022, 「金泉 松竹里聚落의 變遷」, 『嶺南考古學』 92.

安在晧, 2022, 「安城 盤諸里聚落의 變遷相」, 『한국청동기학보』 제30호.

안재호·김유현 외, 2021, 「松菊里文化의 傳播와 聚落網」, 『한국고고학보』 2021권 4호.

安在晧·金賢敬, 2015, 「青銅器時代 狩獵採集文化의 動向」, 『牛行 李相吉敎授 追慕論文集』, 진인진.

양송이, 2012, 「(4) 대상유구」, 『진주 평거동 유적』, 慶南文化財研究院.

吳江原, 2002, 「鄭家窪子型壺의 型式變遷과 地域的 分布樣相」, 『科技考古研究』 제8호, 아주대학교 박물관.

오강원, 2007, 「비파형동검문화 십이대영자 단계 유물 복합의 기원과 형성 과정」, 『고조선단군학』 16, 고조

선단군학회.

吳江原, 2013, 「비파형동검을 통하여 본 기원전 8~7세기 요동 북부지역 청동기제작 기술과 지역 간 기술 교류」, 『湖南考古學報』 44輯.

吳江原, 2020, 「남한지역 세형동검의 출현과 전개」, 『한국고고학보』 제117집, 한국고고학회.

吳相卓·姜賢淑, 1999, 『寬倉里遺蹟』, 亞洲大學校博物館.

外山秀一, 2014, 「한반도의 청동기시대 도작농경과 지형환경」, 『人間과 環境』 청동기시대의 고고학 1, 서경 출판사.

禹姃延, 2002, 「中西部地域 松菊里複合體 硏究」, 『韓國考古學報』 47, 韓國考古學會.

우장문, 2013, 『우리나라와 인도네시아의 고인돌 연구』, 학연문화사.

禹枝南, 2023, 「金海 龜山洞」 A2-1號 基壇墓의 第1基壇 木棺墓 出土 土器」, 『金海 龜山洞 支石墓』, 三江文化財硏究院.

劉莉·陳星燦(심재훈 옮김), 2006, 『중국 고대국가의 형성』, 학연문화사.

兪珊瑛, 2004, 「고대 동고(銅鼓)와 벼농사 농작의례」, 『도작농경사회의 제사와 의례』, 국립광주박물관.

尹德香, 1988, 「德峙里 신기 支石墓」, 『住岩댐水沒地域文化遺蹟發掘調査報告書Ⅲ』, 全南大學校博物館.

尹容鎭, 1966, 「大邱市 晩村洞 出土의 靑銅遺物」, 『考古美術』 7-11.

尹容鎭, 1981, 「韓國 靑銅器文化 硏究-大邱坪里洞出土 一括遺物檢討-」, 『韓國考古學報』 第10, 11合輯.

윤재빈, 2017, 「청동기시대 동남해안지역 편인석부 편년」, 『韓國靑銅器學報』, 韓國靑銅器學會.

윤재빈, 2024, 「호서지역 점토대토기문화의 석기상과 그 의미」, 『한국청동기학보』 제34호, 한국청동기학회.

윤형준, 2017, 「한반도 남부 목관묘 문화의 흐름」, 『부여 청송리 유적』, 국립부여문화재연구소.

윤호필, 2005, 「靑銅器時代 多重蓋石 무덤에 관한 연구」, 『咸安 鳳城里遺蹟』, 慶南發展硏究院 歷史文化센터.

윤호필·김미영 외, 2010, 『경남의 청동기시대 문화』, 경남발전연구원 역사문화센터.

李康承·姜炯台 외, 2001, 「大田 문화동·탄방동·비래동 유적 출토 청동기의 성분조성과 납동위원소비」, 『考古學誌』 第12輯, 한국고고미술연구소.

이건무, 1992, 「한국식동검문화」, 『특별전 한국의 청동기문화』, 국립중앙박물관.

李健茂, 1992, 「松菊里型住居分類試論」, 『韓國史學論叢』 擇窩許善道先生停年紀念, 一潮閣.

이건무, 1994, 「한국식 동검문화의 성격-성립배경에 대하여-」, 『동아시아의 청동기문화』 문화재연구소 국제학술발표대회논문집 제3집.

이동곤, 2018, 『진안지역 청동기시대 분묘의 편년과 형성과정』 석사학위 논문, 동국대학교대학원.

이명훈, 2016, 「청동기시대 옹관묘의 전개양상」, 『한국상고사학보』 제93호, 한국상고사학회.

李白圭 1974, 「京畿道出土 無文土器 磨製石器」, 『考古學』 3.

李相吉, 1994, 「昌原 德川里遺蹟 發掘調査報告」, 『영남고고학회·구주고고학회 제1회 합동고고학회』, 영남고고학회.

李相吉, 2000, 「청동기 매납의 성격과 의미」, 『韓國考古學報』 42.

이상길, 2006, 「祭祀와 權力의 發生」, 『계층 사회와 지배자의 출현』, 韓國考古學會.

이성주, 2022, 「경산지역의 원삼국시대 문화; 소국 형성과정에 관하여」, 『경산지역 청동기~원삼국시대 문화 전개양상』 제1회 경산시립박물관 학술대회, 경산시립박물관·한국청동기학회.

李秀鴻, 2005, 「檢丹里式土器의 時空間的 位置와 性格에 대한 一考察」, 『嶺南考古學』 36, 嶺南考古學會.

이수홍, 2013, 「釜山 靑銅器時代 後期文化의 地域相」, 『港都釜山』 第28號, 부산시사편찬위원회.

이수홍, 2022, 「남강유역 청동기시대 구획구의 구조와 성격」, 『嶺南考古學』 93號, 嶺南考古學會.

이양수, 2002, 『多鈕鏡으로 본 韓半島 南部 社會發展』, 석사학위논문, 부산대학교 고고학과.

이양수, 2009, 「韓國式銅戈로 본 韓·中·日 三國의 交差編年」, 『新羅文物研究』 3, 國立慶州博物館.

이양수, 2012, 「탕구의 위치로 본 요령식동검의 제작기술과 의미」, 『考古廣場』 11.

이양수, 2016, 「김해 회현동 D지구 옹관묘에 대하여」, 『考古廣場』 18, 釜山考古學研究會.

이영문, 1991, 「韓半島 出土 琵琶形銅劍 形式分類의 試論」, 『博物館紀要』, 단국대학교 중앙박물관.

李榮文, 1997, 「韓國 琵琶形銅劍 文化의 諸問題」, 『호남고고학의 제문제』 韓國考古學會

李榮文, 1998, 「韓國 琵琶形銅劍 文化에 대한 考察」, 『韓國考古學報』 38, 韓國考古學會.

이영문·강진표 외, 2012, 『麗水 月內洞 上村 支石墓 Ⅱ』, 東北亞支石墓研究所.

李榮文·鄭基鎭, 1992, 『麗川 五林洞支石墓』, 全南大學校博物館.

李榮文·鄭基鎭, 1993, 『麗川 積良洞 상적 支石墓』, 全南大學校博物館.

李暎澈, 2013, 「據點聚落의 變異를 통해 본 榮山江流域의 古代社會」, 『韓日聚落研究』, 韓日聚落研究會.

이용운, 2013, 『홍성 신진리유적』, 충청남도역사문화연구원.

이원태, 2020, 「영남지방 목관묘 출토 전기와질토기 편년」, 『영남고고학』 제88호, 영남고고학회.

李元太, 2022, 『嶺南地域 原三國時代 土器 研究』, 博士學位論文, 동국대학교 대학원 考古美術史學科.

이원태·박종필 외, 2024, 「다호리유적 묘지의 변천과 사회상」, 『考古廣場』 34, 부산고고학회.

李在賢, 2003, 『弁·辰韓社會의 考古學的 研究』 博士學位論文, 釜山大學校大學院.

李鍾宣, 1977, 「年代決定法」, 『敎養으로서의 考古學』, 서울대학교 출판부.

李柱憲, 2001, 『昌原上南先史遺蹟』, 國立昌原文化財研究所.

이주헌, 2009, 「경주 지역 목관·목곽묘의 전개와 사로국」, 『文化財』 42권 3호, 문화재연구소.

이창호·최대균 외, 2014, 『아산 동암리유적』, 충청남도역사문화연구원.

이창희, 2010, 「점토대토기의 실연대-세형동검문화의 성립과 철기의 출현연대-」, 『문화재』 Vol.43,No.3, 국립문화재연구소.

李昌熙, 2016, 「청동기시대의 연대」, 『編年』 청동기시대의 고고학 2, 서경문화사.

李淸圭, 1982, 「細形銅劍의 型式分類 및 그 變遷에 對하여」, 『韓國考古學報』 13, 韓國考古學會.

李淸圭, 1988, 「南韓地方 無文土器文化의 展開와 孔列土器文化의 位置」, 『韓國上古史學報』 第1號, 韓國上古史學會.

李淸圭, 1995, 『濟州島 考古學 研究』, 학연문화사.

李淸圭, 2002, 「韓國의 原始·古代 南方文化論에 대하여」, 『강좌 한국고대사』 제9권, (재)가락국사적개발연구원.

李清圭, 2003, 「고조선에 대한 고고학적 연구-『한국 고대사 속의 고조선사』에 대한 비평-」, 『역사와 현실』 48.

이청규, 2005, 「사로국 형성에 대한 고고학적 검토」, 『신라문화학술제논문집』 26.

이청규, 2008, 「茶戶里遺蹟의 靑銅器와 辰弁韓」, 『茶戶里遺蹟 發掘成果와 課題』, 창원 茶戶里遺蹟 發掘 20 周年 國際學術 심포지엄, 국립중앙박물관.

이청규, 2014, 「총설」, 『道具論』 청동기시대의 고고학 5, 서경문화사.

이청규, 2014, 「청동기와 사회」, 『道具論』 청동기시대의 고고학 5, 서경문화사.

이청규, 2018, 「다뉴세문경의 부장 방식과 그 의미」, 『민족문화논총』 voi,.no.69, 영남대학교 민족문화연구소.

이청규, 2018, 「금호강 유역 〈국國〉의 형성과정에 대한 고고학적 시론」, 『금호강과 길』 2018 기획전, 국립대구박물관.

이종철, 2016, 「병부과장식석검과 그 제작집단에 대한 시론」, 『한국상고사학보』 제92호, 한국상고사학회.

이종철, 2023, 「마제석검의 병부곡률과 유통 관계 試論」, 『한국고고학보』 2023권 2호, 한국고고학회.

李亨源, 2002, 『韓國 靑銅器時代 前期 中部地域 無文土器 編年 硏究』 碩士學位論文, 忠南大學校 大學院.

李亨源, 2005, 「松菊里類型과 水石里類型의 接觸樣相」, 『湖西考古學』 第12輯, 湖西考古學會.

이형원, 2006, 「천천리 취락의 편년적 위치 및 변천-송국리유형의 형성과 관련하여」, 『華城 泉川里 靑銅器時代 聚落』, 한신대학교박물관

李亨源, 2007, 「盤松里 靑銅器時代 聚落의 構造와 性格」, 『華城 盤松里 靑銅器時代 聚落』, 한신대학교박물관.

李亨源, 2011, 「中部地域 粘土帶土器文化의 時間性과 空間性」, 『湖西考古學』 24.

이형원, 2012, 「중부지역 신석기~청동기시대 취락의 공간 구조와 그 의미」, 『고고학』 11-2, 중부고고학회.

李弘鍾, 1993, 「松菊里式 土器文化의 登場과 展開」, 『先史와 古代』 4, 韓國古代學會.

李弘鍾, 2000, 「無文土器가 彌生土器 성립에 끼친 영향」, 『先史와 古代』 14, 韓國古代學會.

李弘鍾, 2002, 「松菊里文化의 時空的展開」, 『湖西考古學』 第6·7合輯, 湖西考古學會.

李弘鍾, 2005, 「松菊里文化의 文化接觸과 文化變動」, 『韓國上古史學報』 第48號, 韓國上古史學會.

이홍종, 2007, 「송국리형취락의 공간배치」, 『湖西考古學』 17.

李弘鍾·姜元杓 외, 2001, 『寬倉里遺蹟』, 高麗大學校 埋藏文化財硏究所.

李弘鍾·孫晙鎬 외, 2002, 『麻田里 遺蹟』A地區, 高麗大學校 埋藏文化財硏究所.

이홍종·허의행 외, 2011, 『청동기시대 유물집성』, 서경문화사.

이후석, 2019, 「요령지역 비파형동검의 등장과 그 배경」, 『韓國考古學報』 第111輯.

이후석, 2020, 「요동지역 비파형동검문화의 체계와 사회」, 『崇實史學』 第45輯.

이후석, 2023, 「북한지역 비파형동검문화의 네트워크와 상호작용」, 『한국고대사연구』 109.

이후석, 2023, 「남한지역 세형동검문화의 형성 과정」, 『한국고고학보』 2023권 3호.

李熙濬, 1983, 「形式學的 方法의 問題點과 順序配列法(seriation)의 檢討」, 『韓國考古學報』 14·15, 韓國考古學會.

李熙濬, 1984, 「韓國考古學 編年硏究의 몇 가지 問題」, 『韓國考古學報』 16, 韓國考古學會.

李熙濬, 1986a, 「페트리 繼起年代法(sequence dating)의 編年原理 考察」, 『嶺南考古學』 1. 嶺南考古學會.

李熙濬, 1986b, 「相對年代決定法의 綜合考察」, 『嶺南考古學』 2. 嶺南考古學會

李熙濬, 2000, 「삼한 소국 형성 과정에 대한 고고학적 접근의 틀」, 『韓國考古學報』 43, 韓國考古學會.

이희준, 2011, 「경주 황성동유적으로 본 서기전 1세기~서기 3세기 사로국」, 『新羅文化』 第28輯, 동국대학교 신라문화연구소.

인제대학교 가야문화연구소, 2023, 『가락국, 청동기에서 철기로』, 주류성

林炳泰, 1969, 「漢江流域 無紋土器의 年代」, 『李弘稙博士回甲紀念 韓國史學論叢』

임영진·박수현 외, 2011, 「인도네시아 수마트라섬 파세마고원의 거석유적」, 『湖南考古學報』 第38輯.

林孝澤·河仁秀, 1988, 「金海 內洞 第2號 큰돌무덤」, 『東義史學』 8, 東義大學校 史學會.

林孝澤·郭東哲, 2000, 「金海 內洞 第3號 큰돌무덤」, 『韓國 古代史와 考古學』 鶴山 金廷鶴博士 頌壽記念論叢, 學研文化社.

장기명, 2024, 「영남지방 초기 국의 등장 배경과 사로국 구조」, 『한국상고사학보』 vol.123, 한국상고사학회.

장웨이(이유진 번역), 2011, 『제나라는 어디로 사라졌을까』, 글항아리.

庄田愼矢, 2004, 「湖西地域 出土 琵琶形銅劍과 彌生時代 開始年代」, 『湖西考古學』 第12輯.

庄田愼矢, 2007, 「無文土器 燒成技術의 變遷過程과 그 背景에 대한 素描」, 『土器燒成의 考古學』, 서경문화사.

장창은, 2018, 「고대 耽羅國 연구의 쟁점과 이해방향」, 『耽羅文化』 57호, 제주대학교 탐라문화연구소,

田鎰溶, 2007, 『서천 옥북리 유적』, 충청문화재연구원.

全榮來, 1985, 「日本稻作文化의 傳播經路」, 『韓國文化와 圓佛敎思想』 文山金三龍博士回甲記念論叢.

정상훈 외, 2012, 『燕岐 大平里遺蹟』, 百濟文化財研究院.

鄭仁盛, 1998, 「낙동강 유역권의 細形銅劍 文化」, 『嶺南考古學』 22號, 嶺南考古學會.

鄭仁盛, 2016, 「燕系 鐵器文化의 擴散과 그 背景」, 『嶺南考古學』 74號, 嶺南考古學會.

丁海珉, 2014, 「南江流域 青銅器時代 早·前期 住居址 研究」 碩士學位論文, 慶尙大學校 大學院.

趙鎭先, 2005, 『細形銅劍文化의 研究』, 學研文化社.

조진선, 2014, 「청동기의 제작과 사용」, 『한국 청동기문화 개론』, 진인진.

趙鎭先, 2016, 「細形銅劍文化의 日本列島 波及」, 『湖南考古學報』 第53輯, 湖南考古學會.

趙鎭先, 2017, 「遼西地域의 琵琶形銅劍文化와 種族」, 『한국상고사학보』 제96호.

조진선, 2020, 「한국 청동기-초기철기시대의 시기구분」, 『한국청동기학보』 제27호, 한국청동기학회.

조진선·이은우, 2021, 「남한지역 청동기-초기철기시대 청동기의 산지추정과 의미」, 『한국상고사학보』 제114호.

朱甫暾, 2003, 「斯盧國을 둘러싼 몇 가지 問題」, 『新羅文化』 第21輯, 동국대학교 신라문화연구소.

지영준, 2024, 『청동기시대 평택 용이·죽백동 취락의 변천 연구』 석사학위논문, 동국대학교 대학원.

千羨幸, 2005, 「한반도 突帶文土器의 형성과 전개」, 『韓國考古學報』 57, 韓國考古學會.

천선행, 2020, 「청동기시대 성립 전후의 지역 관계망 형성과 변화」, 『한국고고학보』 제116집.

정의도·김상현 외, 2014, 『釜山 加德島 獐項遺蹟』, 한국문물연구원.

鄭漢德, 2000,『中國 考古學 研究』, 學研文化社.

崔夢龍, 1981,「全南地方 支石墓社會와 階級의 發生」,『韓國史研究』35.

崔夢龍, 1990,「湖南地方의 支石墓社會」,『韓國考古學報』25.

최병현, 2018,「원삼국시기 경주지역의 목관묘·목곽묘 전개와 사로국」,『중앙고고연구』제27호, 중앙문화
　　　재연구원.

崔盛洛, 1984,「韓國考古學에 있어서 形式學的 方法의 檢討」,『韓國考古學報』16, 韓國考古學會.

최성락·이동희, 2021,「'호남지역 원삼국시대 편년과 지역성'에 대한 반론」,『湖南考古學報』第69輯, 湖南
　　　考古學會.

崔鍾圭, 1991,「무덤에서 본 三韓社會의 構造 및 特徵」,『韓國古代史論叢』2.

崔鍾圭, 2006,「勒島遺蹟의 構造」,『勒島 貝塚Ⅴ』考察編, 慶南考古學研究所.

崔鍾圭·金賢 외, 2003,『泗川 梨琴洞 遺蹟』, 慶南考古學研究所.

최주, 1996,「슴베에 홈이 있는 琵琶形銅劍 및 琵琶形銅鉾의 國産에 대하여」,『先史와 古代』7호.

최주 외, 1998,「대전광역시 비래동 출토 비파형동검의 조성 및 납동위원소비」,『한국전통과학기술학회지』
　　　4·5권.

忠淸南道歷史文化研究院, 2004,『扶餘 甑山里 遺蹟』

忠淸南道歷史文化研究院, 2004,『扶餘 羅福里 遺蹟』

충청남도역사문화연구원, 2012,『論山 院南里·定止里遺蹟』

七田忠昭, 2013,「弥生時代 據點聚落의 構造變化와 首長의 墳墓」,『韓日聚落研究』, 서경출판사.

콜린 렌프류·폴 반 (이희준 옮김), 2006,『현대 고고학의 이해』, 사회평론.

平郡達哉, 2011,「嶺南地域 出土 가지무늬토기에 대한 基礎的 研究」,『嶺南考古學』57, 嶺南考古學會.

平郡達哉, 2013,『무덤 자료로 본 靑銅器時代 사회』, 서경문화사.

T. 더글라스 프라이스(이희준 옮김), 2013,『고고학의 방법과 실제』한강문화재연구원 학술총서 5, 사회평론.

티모시 얼 (김경택 옮김), 2008,『족장사회의 정치권력』, 도서출판 考古.

하문식, 1990,「한국 청동기시대 묘제에 관한 한 연구」,『博物館紀要』6, 단국대학교 중앙박물관.

河仁秀, 2004,「新石器時代 韓日文化交流와 黑曜石」,『韓日交流의 考古學』, 嶺南-九州考古學會 第6回 合同
　　　考古學大會 資料集.

하인수, 2019,「즐문토기사회의 이식에 관한 시론」,『중앙고고연구』제28호, 중앙문화재연구원.

河眞鎬·李濟東 외, 2010,『大邱 梅川洞遺蹟』, 嶺南文化財研究院.

한겨레문화재연구원, 2012,『金海 大甘里 甘內遺蹟』.

한국고고학회, 2010,『한국 고고학 강의』개정신판, 사회평론.

한국고고환경연구소, 2007,『土器燒成의 考古學』, 서경문화사.

韓國靑銅器學會 編, 2013,『韓國 靑銅器時代 編年』, 서경문화사.

許宏 (김용성 옮김), 2014,『중국 고대 성시의 발생과 전개』한빛문화연구총서 8, 진인진.

허준양, 2016,「韓國靑銅劍의 成立 時期와 造形」,『韓國考古學報』第99輯.

湖南文化財研究院, 2009,『完州 葛洞遺蹟(Ⅱ)』

華玉冰, 2010,「石棚墓와 蓋石墓의 발전과 변화」,『靑銅器時代의 蔚山太和江文化』, 蔚山文化財研究院.

화이빙 (하문식 옮김), 2019,『중국 동북지구 석붕 연구』, 사회평론 아카데미.

黃昌漢, 2008,「靑銅器時代 裝飾石劍의 檢討」,『科技考古研究』14號, 아주대학교박물관.

황창한, 2013,「대구지역 청동기시대 석기생산 시스템 연구」,『嶺南考古學』67號.

甲元眞之, 1980,「朝鮮支石墓の再檢討」,『古文化論攷』鏡山猛先生古稀記念

岡崎敬, 2002,『稻作の考古學』, 第一書房 (再刊)

岡田精司, 1998,「大型建物遺構と神社の起源」,『日本古代史 都市と神殿の誕生』, 新人物往來社.

岡村秀典, 1984,「前漢鏡の編年と樣式」,『史林』第67卷第5号, 史學研究會.

ゲ・イ・メドヴェヂェフ(В・Е・Медведев) 他, 1983,『シベリア極東の考古學』③東シベリア篇, 河出書房新社

古澤義久, 2017,「韓半島における農耕の開始と擴散」,『農耕の起源と擴散』アジアの考古學 3, 高志書院.

広瀬和雄, 1998,「彌生時代の神殿」,『日本古代史 都市と神殿の誕生』, 新人物往來社.

宮本一夫, 2002,「朝鮮半島のおける遼寧式銅劍の展開」,『韓半島考古學論叢』, すずさわ書店.

宮本一夫, 2007,「中國・朝鮮半島の稻作文化と彌生の始まり」,『彌生時代はどう變わるか』, 學生社

宮本一夫, 2008,「細形銅劍と細形銅鉾の成立年代」,『東アジア青銅器の系譜』新弥生時代の始まり第3卷, 雄山閣

近藤義郎, 1959,「共同體と單位集團」,『考古學研究』6-1. 日本考古學研究會.

金鍾徹, 1987,「慶尙北道清道郡禮田洞出土の遼寧式銅劍」,『東アジアの考古と歴史』岡崎敬先生退官記念論文集, 同朋社.

端野晋平, 2018,『初期稻作文化と渡來人』, すいれん舍.

唐津市教育委員會, 1982,『菜畑遺蹟』

大貫靜夫 외, 2007,『遼寧を中心とする東北アジア古代史の再構成』, 東京大學大學院人文社會系研究科.

藤口健二, 1986,「朝鮮無文土器と弥生土器」,『弥生文化の研究3』弥生土器Ⅰ, 雄山閣.

藤尾愼一郎, 2003,『彌生變革期の考古學』, 同成社.

藤尾愼一郎, 2004,「1 韓國・九州・四國の實年代」,『弥生時代の實年代』, 學生社.

藤尾愼一郎, 2009,「弥生時代の実年代」,『弥生農耕のはじまりとその年代』新弥生時代のはじまり 第4卷, 雄山閣.

藤尾愼一郎, 2011,『〈新〉弥生時代』歴史文化ライブラリー 329, 吉川弘文館.

藤尾愼一郎, 2023,「弥生人の成立と展開Ⅱ」,『國立歴史民俗博物館研究報告』第242集.

藤尾愼一郎, 2024,『弥生人はどこから來たのか』歴史文化ライブラリー 587, 吉川弘文館.

藤尾愼一郎・今村峯雄 외, 2006,「彌生時代の開始年代」,『彌生時代の新年代』, 雄山閣.

Montelius,O.(濱田耕作 譯), 1932,『考古學研究法』, 岡書院.

武末純一, 2011,「はじめに」,『列島の考古學 彌生時代』, 河出書房新社.

武末純一, 2013,「タタキ技法はいつまでさかのぼるか―彌生早・前期の甕を中心に―」,『みずほ別冊 彌生研究の群像』七田忠昭・森岡秀人・松本岩雄・深澤芳樹さん還暦記念.

武末純一, 2013,「彌生時代の権」,『福岡大學考古學論集 2』, 福岡大學 考古學研究室.

武末純一, 2018,「近畿の前期彌生土器甕のタタキ面」,『磨斧作針―橋本博文先生退職記念論集―』, 六一書房.

福岡縣教育委員會, 1984,『曲り田遺蹟』

寺澤薫, 2000,「王權誕生」,『日本の歴史02』, 講談社

山崎賴人・武末純一, 2020,「韓半島出土弥生系土器の特徴」,『新・日韓交渉の考古學』-弥生時代-, 新・日韓交渉の考古學-弥生時代-研究會.

山岸常人, 2006,「序 古代社會と建築・都市」,『記念的建造物の成立』シリーズ 都市・建築・歴史 1, 東京大學出版會.

三阪一德, 2022,『土器製作技術がらみた稲作受容期の東北アジア』, 九州大學出版會.

小林謙一, 2009,「近畿地方以東の地域への擴散」,『彌生農耕のはじまりとその年代』, 雄山閣

小田富士雄, 1986,「北部九州における彌生文化の出現序說」,『九州文化史研究紀要』第三十一號, 九州大學文學部.

松下孝幸, 2017,「壹岐と對馬の彌生人」,『Ⅱ 彌生時代のクロスロード ～壹岐・對馬～』記錄集, 古代史シンポジウム實行委員會.

ア・ペ・オクラドニコフ(A・P・Okladnikov) 他, 1975,『シベリア極東の考古學』①極東篇, 河出書房新社

安在晧, 2020,「韓半島の青銅器時代の展開と早期弥生文化」,『新・日韓交渉の考古學』-弥生時代-, 新・日韓交渉の考古學-弥生時代-研究會.

有光教一, 1959,『朝鮮磨製石劍の研究』京都大學文學部考古學叢書 第二册, 考古學談話會.

劉軍, 1995,「河姆渡遺跡」,『東アジアの稲作起源と古代稲作文化』報告・論文集, 和佐野喜久生 編

輪内遼, 2016,「彌生時代の權衡」,『古文化談叢』第76集, 九州古文化研究會.

李健茂, 1991,「韓國無文土器の器種と編年」,『한일교섭의 고고학』야요이시대편, 六興出版.

李進熙, 1983,『日本文化と朝鮮』, 日本放送出版協會.

庄田愼矢, 2006,「比來洞銅劍の位置と彌生曆年代論」,『古代』第119号.

田尻義了, 2020,「韓半島の弥生系青銅器」,『新・日韓交渉の考古學』-弥生時代-, 新・日韓交渉の考古學-弥生時代-研究會.

田中琢, 1978,「型式學の問題」,『日本考古學を學ぶ』(1), 有斐閣選書.

鄭德坤 (松崎寿和譯), 1979,『中國考古學大系 3』周代の中國, 雄山閣.

鄭漢德, 1996,「美松里型土器形成期に於ける若干の問題」,『東北アジアの考古學 第二』〔槿域〕, 깊은샘.

佐原眞, 1983,「弥生土器入門」,『弥生土器 Ⅰ』, ニューサイエンス社.

佐々木高明, 1991,『日本史誕生』日本の歴史①, 集英社

酒井龍一, 2001,「彌生社會と情報ネットワ―ク」,『彌生時代の集落』, 大阪縣立彌生文化博物館 編, 學生社.

中間研志, 1987, 「松菊里型住居」『東アジアの考古と歴史』中, 岡崎敬先生退官記念論集, 同朋舍.

中尾篤志, 2018, 「漁撈具からみた西北九州・北部九州の弥生遺蹟」, 『Ⅲ 海でつながる弥生人』資料集, 古代史
　　　　シンポジウム實行委員會.

池橋宏, 2005, 『稻作の起源』, 講談社.

池橋宏, 2008, 『稻作渡來民』, 講談社.

志摩町敎育委員會, 1987, 『新町遺跡』

陳文華, 1989, 「中國の稻作起源をめぐる諸問題」, 『中國の稻作起源』, 六興出版.

村上恭通, 1988, 「東アジアの二種の鑄造鐵器をめぐって」, 『たたら研究』第29号, たたら研究會.

村上恭通, 2020, 「弥生・原三國時代以前の鐵器をめぐる交流」, 『新・日韓交渉の考古学』-弥生時代-.

崔鍾圭, 2004, 「梨琴洞遺蹟からまた松菊里文化の一斷面」, 『福岡大學考古學論集-小田富士雄先生退職記念
　　　　-』

秋山進午, 1968, 「中國東北地方における初期金屬器文化期の樣相(下)」, 『考古學雜誌』54-4, 日本考古學會.

春成秀爾, 1990, 『彌生時代の始まり』, 東京大學出版會

春成秀爾, 2006, 「弥生時代の年代問題」, 『弥生時代の新年代』新弥生時代のはじまり 第1卷, 雄山閣.

出原惠三, 2019, 「彌生文化の成立と管狀土錘」, 『高知考古學研究』第3号, 高知考古學研究會

片岡宏二, 1999, 『弥生時代 渡來人と土器・靑銅器』, 雄山閣.

平林彰, 1994, 「甕棺」, 『繩文時代研究事典』, 東京堂出版

下條信行, 2000, 「遼東形伐採石斧の展開」, 『東夷世界の考古學』, 靑木書店.

後藤直, 2006, 『朝鮮半島初期農耕社會の研究』, 同成社.

郭大順・王晶辰 外, 2004, 『牛河梁遺址』, 學苑出版社, 北京.

大連市 文物考古研究所, 2000, 『大嘴子』, 大連出版社.

閆淑敏・張玉安, 2018, 「耳璫的起源」, 『文物世界』

聶曉莹, 2021, 『嵩山東南麓龍山晚期至二里頭時代的石制品研究』, 專業碩士學位論文, 鄭州大學.

時西奇・井中偉, 2018, 「商周時期大型倉儲建築遺存刍議」, 『考古學研究』2018年第7期, 中國國家博物館

王迅, 1994, 『東夷文化與淮夷文化研究』, 北京大學出版社

劉金友・田野, 2024, 「遼海地區先秦時期甕棺葬淺析」, 『北方文物』2024年第1期.

劉丹・張立東, 2023, 「中國北方地區新石器時代儲粮遺存的研究回顧與思考」, 『農業考古』2023年第4期.

劉紅艳, 2010, 「甕棺的出現與研究」, 『文敎資料』2010年5月号.

李芽, 2013, 『中國古代耳飾研究』研究生學位論文, 上海戲劇學院

李英華, 2010, 「漢水中流地區史前腰坑與甕棺」, 『江漢考古』2010年1期.

李洪甫, 1987, 「贛楡發現秦代鐵石權」, 『文物』1987年 期 , 文物出版社

林澐, 1980, 「中國東北系銅劍初論」, 『考古學報』1980-2, 科學出版社.

井中偉・王立新, 2013, 『夏商周考古學』, 科學出版社

趙賓福, 2009, 『中國東北地區夏至戰國 時期的考古學文化研究』, 科學出版社.

趙曉軍, 2007, 『中國古代度量衡制度研究』, 博士學位論文, 中國科學技術大學 科學技術史學科.

中國社會科學院考古研究所 외, 2018, 『甕棺葬與古代東北文化交流研究』甕棺葬與古代東北文化交流(中國·
　　　黃驊) 國際學術研討會論文集, 科學出版社.

陳國梁, 2020, 「困窮倉城: 偃師商城第ⅩⅢ号建築基址群初探」, 『中原文物』2020年第6期.

陳東杰·李芽, 2012, 「中國原始社會耳飾研究」, 『中原文物』2012年第2期.

賀國娟·劉聰, 2020, 「獅子山楚王陵出土石质石权研究」, 『博物院』第3期 总21期.

芦金峰·于新, 2020, 「從二里頭文化看夏代晚期箭鏃的形制及演變」, 『殷都學刊』第2期.